dtv

»Ich lade neue Männer nicht in mein Haus ein ... Das ist gegen meine Religion. Sex beweist nichts. Diesmal würde ich den Mann nicht heute heiraten und hinterher zu ändern versuchen.« Genau 20 Jahre nach ›Angst vorm Fliegen‹ zieht Erica Jong eine Bilanz ihrer ersten 50 Jahre. Ehrlich und respektlos, witzig und selbstironisch erzählt sie von ihrer exzentrischen Kindheit, von ihrer Mutter und ihrer Tochter, von Ehen und Scheidungen, von Psychoanalysen und Depressionen, von Sex und Treue, von Liebhabern und besten Freundinnen. Ein höchst unterhaltsames, warmherziges Buch, das aufklärt, amüsiert und vor allem Mut macht.

Erica Jong, 1942 in Manhattan geboren, wuchs in New York auf und studierte an der Columbia University Englische Literatur. In den Jahren von 1966 bis 1969 lebte sie mit ihrem zweiten Ehemann in Heidelberg. Sie schrieb Zeitschriftenartikel und drei Lyrikbände. Mit ihrem 1973 in Amerika erschienenen Roman ›Angst vorm Fliegen‹ wurde sie weltberühmt. Heute lebt sie als Schriftstellerin in New York. Sie ist mit einem Rechtsanwalt verheiratet und hat eine Tochter.

Erica Jong
Keine Angst vor Fünfzig

Deutsch von Elke vom Scheid

Deutscher Taschenbuch Verlag

*Für meine Tochter Molly.
Nun bist du an der Reihe.*

Ungekürzte Ausgabe
März 1998
Deutscher Taschenbuch Verlag GmbH & Co. KG,
München
© 1994 Erica Mann Jong
Titel der amerikanischen Originalausgabe:
›Fear of Fifty‹ (Chatto & Windus, London/HarperCollins, New York)
© 1995 der deutschsprachigen Ausgabe:
Hoffmann und Campe Verlag, Hamburg
ISBN 3-455-11043-6
Umschlagkonzept: Balk & Brumshagen
Satz: Dörlemann Satz, Lemförde
Druck und Bindung: C.H.Beck'sche Buchdruckerei,
Nördlingen
Gedruckt auf säurefreiem, chlorfrei gebleichtem Papier
Printed in Germany · ISBN 3-423-08432-4

Beantworten wir ein Buch aus Tinte mit einem Buch aus Fleisch und Blut.

> RALPH WALDO EMERSON,
> *The Heart of Emerson's Journals*

Inhalt

Vorwort	13
1. Keine Angst vor Fünfzig	31
2. Wie meine Eltern waren und dieses ganze David-Copperfield-Zeug	52
3. Die verrückte Lesbierin auf dem Speicher	84
4. Wie ich zur Jüdin wurde	113
5. Wie ich dazu kam, das andere Geschlecht zu sein	131
6. Sex	174
7. Die Muse verführen	201
8. Angst vor dem Ruhm	237
9. Baby, Baby, Baby	259
10. Scheidung und die Folgen	281
11. Doña Juana wird klug oder Regeln für den Umgang braver Mädchen mit bösen Buben	315
12. Venezianerin werden	339
13. Das pikareske Leben	359
14. Wie man sich verheiratet	395
15. Männer sind nicht das Problem	421
16. Frau genug: Interview mit meiner Mutter	444
17. Geburten, Tode, Schlüsse	467

Danksagungen

Besonderen Dank meinen unerschrockenen Lektorinnen Gladys Justin Carr, Vizepräsidentin und Mitverlegerin, sowie Tracy Devine, beide bei HarperCollins in New York, sowie Carmen Callil und Alison Samuel von Chatto & Windus in London. Dank auch an Ed Victor, Joni Evans, Ken Burrows und Mari Schatz, meine ersten Leser – Abteilung Buh und Beifall – und inoffiziellen Lektoren. Bei meinem ersten Buch nahm ich Kürzungsvorschläge und Anregungen übel. Beim vorliegenden, meinem fünfzehnten, bin ich dafür zutiefst dankbar. Dennoch bin ich für die Fehler des Buches, wie für die in meinem Leben, allein verantwortlich.

Vorwort

Tritt nie nach einer Hundenummer auf

»*Wenn du dich in der Filmversion deines Lebens selber spielst, weißt du, daß du auf dem absteigenden Ast bist*«, pflegte mein Vater mich zu warnen, als ich neun war. Ich hatte keine Ahnung, wovon er redete.

Er hatte das Showbusineß aufgegeben, um im Tschatschke*-Geschäft ganz groß herauszukommen, doch obwohl er mit Keramikgegenständen und falschen antiken Puppen handelte, stammten all seine Metaphern noch aus der anderen Branche, die er mit Mitte zwanzig verließ.

»*Tritt nie nach einer Hundenummer auf*«, war sein anderer Lieblingsspruch. Was das bedeutete, begriff ich ebenfalls nicht. Oder was es mit mir zu tun hatte. Doch mein Leben sollte mir diese beiden Lektionen beibringen.

»*Du könntest genausogut aufgeben, Mom*«, sagt meine Tochter. »*Du bist eine Autorin der siebziger Jahre.*« »*Siebziger Jahre*« benutzt meine Tochter als Synonym für »*Steinzeit*«. »*Die Kinder in meiner Klasse sagen, daß du Pornographie schreibst. Ist das wahr?*«

Ich erkläre Molly, daß Frauen, die an Grenzen rütteln, oft nicht gerade respektvoll behandelt werden, und gebe ihr Angst vorm Fliegen *zu lesen. Darin versunken, sitzt sie im Sommer, in dem sie dreizehn wird, im Zug von Venedig nach Arezzo. Alle paar*

---

* Ein köstliches jiddisches Wort, das Talmi oder Nippes bedeutet.

Minuten schaut sie zu mir auf und fragt: »He, Mom, ist das wirklich passiert?« *oder* »Wer war dieser Kerl überhaupt?«

Ich sage ihr die Wahrheit. So lustig, wie ich kann. Nach etwa hundert Buchseiten verliert sie das Interesse und nimmt Der Fänger im Roggen *zur Hand.*

Ein Jahr später, auf einer Buchtournee für The Devil at Large, *meine Erinnerungen an Henry Miller, vertraut Molly dem Journalisten Wilder Penfield III vom Toronto Star an:* »Ich lese ganz bewußt kein Buch von meiner Mutter, weil (sie) mir wirklich Angst machen. Ich habe hundert Seiten von Angst vorm Fliegen gelesen, und ich war ganz nervös! Dauernd habe ich sie gefragt: ›Hast du das wirklich getan?‹ Ich war so schockiert, daß ich mit dem Lesen aufhören mußte.«

Sie lächelt befriedigt, während jedes Wort, das sie sagt, niedergeschrieben wird. Sie möchte unbedingt den Refrain über »Die Ehemänner meiner Mutter« *zum besten geben (*»Abgang Ehemann Nr. 1 in die rechte Kulisse, Auftritt Ehemann Nr. 2 aus der linken Kulisse« *und so weiter), aber ich werfe ihr einen strafenden Blick zu und trete unter dem Tisch nach ihr.*

Mit vierzehn weiß Molly bereits, daß ich ihr Material bin, genau wie sie manchmal meines war. Wenn sie schon mit einer schriftstellernden Mutter fertig werden muß, dann wird sie sich mit Worten rächen.

Um Worte ist Molly nie verlegen.

Keiner könnte sie dazu bringen, nach einer Hundenummer aufzutreten.

Da bin ich also mit fünfzig, ein Jo-Jo zwischen den Generationen. Ich bin auf eine Art fehlendes Glied in der Evolutionskette reduziert. Ich habe all diese Ratschläge meines Vaters und all diese Refrains meiner Tochter im Kopf. Irgendwie muß ich der ganzen Sache einen Sinn abgewinnen.

So wurde das vorliegende Buch geboren.

Er ist fünfzig, sie nicht.

Als ich fünfzig wurde, war eine öffentliche Feier das letzte, was ich wollte. Drei Tage vor meinem Geburtstag reiste ich mit meiner damals dreizehnjährigen Tochter in einen Kurort in den Berkshires, schlief mit ihr im selben Bett, kicherte mit ihr abends vor dem Einschlafen, trieb den ganzen Tag Sport (als wäre ich eine Sportkanone und keine Couchpotato), lernte schicke, fettarme vegetarische Speisen zu kochen, ließ meine Mitesser entfernen, mein schlaffes Fleisch massieren und meine Muskeln dehnen und dachte über die zweite Hälfte meines Lebens nach.

Diese Gedanken wechselten zwischen Entsetzen und Akzeptanz hin und her. Fünfzig zu werden, dachte ich, ist wie Fliegen: Stunden der Langeweile, von Augenblicken schieren Schreckens durchsetzt.

Als am Abend meines Geburtstags mein Mann ankam (der am selben Tag Geburtstag hat, aber ein Jahr älter ist), mußte ich mich erst an die Störung meiner weiblichen Welt gewöhnen. Das Essen schmeckte ihm, aber über den ganzheitlichen Humbug machte er sich lustig. Sein kritisch-satirischer männlicher Blick machte meine Einkehr nicht völlig zunichte, färbte aber doch irgendwie ab. Ich leistete innere Arbeit im Gewand äußerlichen Trainings, und seine Anwesenheit erschwerte diese innere Arbeit.

Echte Männer mögen keine Kurorte.

Im Jahr zuvor, als er fünfzig geworden war, hatte ich eine Party für ihn gegeben. Ich verschickte Einladungen, auf denen stand:

Er ist fünfzig.
Sie nicht.
Kommt und helft uns feiern.

Ich konnte mich den Fünfzig noch immer nicht stellen, also wußte ich, daß ich an meinem fünfzigsten Geburtstag von ihm kein entsprechendes Fest wollte. Ich wollte auch nicht tun, was

Gloria Steinem getan hat: eine öffentliche Wohltätigkeitsveranstaltung geben, Geld für Frauen sammeln, in voller Pracht in einem Abendkleid auftreten, die hübschen Schultern mit Glimmer gepudert, und sagen: »So sieht es aus, wenn man fünfzig ist.«

Wer müßte diese tapfere Selbstbehauptung älterer Frauen nicht bewundern? Aber ich schwankte hin und her zwischen dem Wunsch, mein Geburtsdatum im *Who's Who* zu verändern, und dem Wunsch, nach Vermont zu ziehen und mich in Jogginghosen und Birkenstock-Sandalen dem organischen Gartenbau zu widmen.

Ich brauchte etwas Privates, Weibliches und Kontemplatives, um diese widerstreitenden Gefühle zu sortieren. Ein Kurort war perfekt. Und meine Tochter war die perfekte Gefährtin – trotz ihrer frechen jugendlichen Sprüche, die keinen aussparten, ihre Mutter am allerwenigsten. Dennoch geht es bei einer Frau, die fünfzig wird, irgendwie um Frauenarbeit, Mutter-Tochter-Arbeit – aus der die gesamte Männerwelt ausgespart bleibt, sogar diejenigen ihrer Vertreter, die einem lieb und wert sind.

Mein Mann und ich haben unsere Geburtstage immer groß gefeiert – teilweise, weil sie auf denselben Tag fallen, aber auch, weil wir uns erst in der Mitte des Lebens und nach dem Ruin vieler Beziehungen kennengelernt haben und daher großen Wert darauf legen, daß wir beide während des Zweiten Weltkrieges geboren wurden, in einer Welt der Bezugsscheine und der Angst vor Invasionen der Achsenmächte, an die wir uns nur aus zweifach erzählten Familiengeschichten undeutlich erinnern. In einem Jahr reisten wir mit unseren Töchtern nach Venedig, in meine magische Stadt, in einem anderen Jahr gaben wir eine große Party in unserer neuen Wohnung in New York, die wir gemeinsam gekauft hatten – das endgültige Zeichen von Bindung in einer Welt, in der die Ehen sterben wie die Fliegen.

Doch fünfzig Jahre alt zu sein ist für eine Frau anders als für einen Mann. Für mich war Fünfzigsein ein radikaler Übergang auf die andere Seite des Lebens, und das war etwas, was wir nicht miteinander teilen konnten. Sollte er sich doch über die »New-Age«-Kontemplation lustig machen. Ich brauchte sie so, wie Frauen sie schon in der Antike gebraucht haben. Die Venus von Milo sieht sich dabei zu, wie sie sich in die Venus von Willendorf verwandelt – wenn sie nicht aufpaßt.

Du sagst dir, du solltest über die Eitelkeit hinaus sein. Du liest feministische Bücher und erwägst, dich in Alice B. Toklas zu verlieben. Doch jahrelange Gehirnwäsche ist nicht so leicht zu vergessen. Die Schönheitsfalle ist tiefer, als du dachtest. Nicht so sehr der äußere Druck hält einen gefangen, sondern der innere. Du kannst dir nicht vorstellen, im mittleren Alter zu sein – du warst doch die niedliche Kleine, die immer, selbst wenn sie übergewichtig war, das gewisse Etwas besaß.

Jahrelang war ich vor dem Gesetz Single geblieben, da ich die Langeweile und die Fallen von etwas fürchtete, das nicht zufällig »Bund der Ehe« heißt; jetzt empfand ich es als größte Herausforderung, innerhalb einer zärtlichen Beziehung meine geistige und spirituelle Unabhängigkeit zu bewahren. Das bedeutete ständiges Verhandeln um Prioritäten, ständige laute Kräche, ständige Machtkämpfe. Wenn man so viel Glück hat, sich für Kräche und Streits sicher genug zu fühlen, dann hat man in der Tat Glück. Wenn man sich genügend geliebt fühlt, um zu schreien und zu kreischen und seine Macht offen zu gebrauchen, dann hat die Ehe eine Chance von fünfzig zu fünfzig.

Ich war zu einer solchen Ehe nur deshalb gelangt, weil ich an einen Punkt gekommen war, wo ich keine Angst vor dem Alleinsein hatte. Ich entdeckte, daß meine eigene Gesellschaft mir lieber war als Verabredungen mit Männern. Ich schätzte meine Einsamkeit, fühlte mich sicher in meiner Fähigkeit, für mich selbst und meine Tochter zu sorgen. Da traf ich plötzlich einen Seelengefährten und Freund.

Berühmt dafür, über Beziehungen zu schreiben, die vor Sex

flammten, um dann – räusper – auszubrennen, überraschte ich mich selbst mit einer neuen Version.

Die Gespräche zündeten. Der Sex war anfangs verheerend. Erschlaffung in ungeeigneten Momenten und Kondome, schlapp auf der Tagesdecke zurückgelassen. So viel Angst vor Bindung auf beiden Seiten, daß Ekstase unwichtig schien. Dafür redeten und redeten wir. Ich stellte fest, daß ich diesen Menschen mochte, bevor ich wußte, daß ich ihn liebte – was an sich schon eine neue Faszination war. Ich lief immer wieder weg, nach Kalifornien, nach Europa, nur um ihn von weit entfernten Orten aus anzurufen. Wir fühlten unsere Verbindung so stark, daß es schien, als seien wir unser ganzes Leben lang zusammen gewesen.

Hat irgend jemand gewagt, über die Verheerungen von Safer Sex im Zeitalter von Aids zu schreiben? Hat irgend jemand zu sagen gewagt, daß die meisten Männer lieber Kondome um den Hals tragen würden, um den bösen Blick abzuwehren, als sie über ihre Schwänze zu ziehen? Hat irgend jemand die Traumata angejahrter Liebhaber aufgezeichnet, die alles mitgemacht haben, von der technischen Jungfräulichkeit der fünfziger Jahre über die sexuelle Gefräßigkeit der sechziger und die Gesundheit und Fitneß der siebziger Jahre, als man seine Liebhaber in Sportclubs kennenlernte, über die Dekadenz der achtziger mit langen Limousinen und kurzen Kleidern und Männern, die die Herren des Universums verkörperten, bis zum Aids-Terror der neunziger Jahre, der mit der natürlichen Geilheit auf Kriegsfuß steht?

Und dann sind da die ewigen Fragen von Liebe und Sex: Kann es Freundschaft zwischen Männern und Frauen geben, solange die Hormone wüten und herrschen? Wie hängt Sex mit Liebe zusammen – und Liebe mit Sex? Sind wir wirklich durch unsere Sexualität kategorisiert oder besteht nur die Gesellschaft darauf? Was ist »normal«? Was ist »schwul«? Was ist »bi«? Und spielt irgend etwas davon tief in unserer Seele eine Rolle? Sollten wir diese Etiketts nicht loswerden, um wirklich offen für uns selbst und für einander zu sein?

Was passierte im zweiten Teil meines Lebens mit mir? Ich bekam mein Selbst zurück, und ich mochte dieses Selbst. Ich bekam den Humor, die Intensität und die Ausgeglichenheit, die ich in der Kindheit gekannt hatte. Und ich bekam sie mit einer Dividende zurück. Nennen Sie sie Gelassenheit. Nennen Sie sie Weisheit. Ich wußte, was wichtig war und was nicht. Liebe zählte. Der sofortige Orgasmus nicht.

Mit fünfzig sehe ich mich um, und ich sehe die Frauen meiner Generation mit dem Älterwerden kämpfen. Sie sind verwirrt, und die Antwort auf ihre Verwirrung ist nicht ein weiteres Buch über Hormone. Das Problem umfaßt mehr als Menopause, Gesichtslifting oder die Frage, ob man mit jüngeren Männern schlafen soll. Es hat mit dem gesamten Selbstbild in einer Kultur zu tun, die die Jugend liebt und Frauen als menschliche Wesen nicht liebt. Die Fünfzig erschrecken uns, weil wir nicht wissen, was in aller Welt wir werden können, wenn wir nicht mehr jung und niedlich sind. Wie in jedem Stadium unseres Lebens gibt es für uns keine Rollenmodelle. Fünfundzwanzig Jahre Feminismus (und Gegenschlag) und noch einmal Feminismus, und wir stehen noch immer am Rand eines Abgrunds. Was soll jetzt aus uns werden, nachdem die Hormone uns verlassen haben?

Es mag vielleicht so aussehen, als hätte es in den letzten paar Jahren eine Flut von ermutigenden Büchern für Frauen in der Lebensmitte gegeben, doch wie sehr haben sich die Dinge wirklich verändert? Fünfzig Jahre lang hat man uns darauf trainiert, uns in der Mitte unseres Lebens selbst aufzugeben. Ist das so leicht rückgängig zu machen?

Ich denke mir, wenn ich verwirrt bin, sind Sie es auch. Schließlich sind wir die Jo-Jo-Generation: Wir wurden erzogen, wie Doris Day zu sein, in den Zwanzigern sehnten wir uns danach, Gloria Steinem zu sein, und waren in unseren mittleren Jahren dazu verdammt, unsere Töchter in der Ära von Nancy Reagan und Prinzessin Di aufzuziehen. Jetzt haben wir Hillary Rodham Clinton, Göttin sei Dank. Aber Sexismus gedeiht (wie Fußpilz) noch immer an dunklen, feuchten Orten.

Was war das für eine Achterbahnfahrt! Unser Geschlecht war in und außer Mode, als die Säume höher und tiefer und wieder höher und wieder tiefer wanderten, als der Feminismus aufstieg und fiel und aufstieg und fiel und wieder aufstieg, als Mutterschaft gepriesen und dann verdammt und dann wieder gepriesen und verdammt und erneut gepriesen wurde.

Aufgewachsen in der Ära illegaler Abtreibung (als eine Schwangerschaft in High School oder College das Ende der Ambitionen bedeutete), wuchsen wir in die Sexuelle Revolution hinein, ein im wesentlichen unechtes Medienereignis, das prompt durch guten, altmodischen amerikanischen Puritanismus ersetzt wurde, als die Aids-Epidemie zuschlug. Die Tragödie, eine ganze Generation einiger der Begabtesten unter uns zu verlieren, wurde wie zu erwarten in einen Vorwand dafür verwandelt, die Lebenskraft und ihren Botschafter, Eros, zu erschlagen. Sex war out, war in, war out, war in, war out – eine neue Wendung dessen, was Anthony Burgess in *Uhrwerk Orange* das »alte In-Out« nannte.

Der Punkt war: Wir, die Jo-Jo-Generation, konnten uns in unserem erotischen oder sozialen Leben auf nichts verlassen.

Denken Sie an die Ratschläge, die man uns gab, als wir heranwuchsen. Und dann denken Sie an die Welt, in die wir hineinwuchsen!

»Trag das Herz nicht auf der Zunge!«
»Laß die Männer nicht wissen, wie intelligent du bist!«
»Wenn er die Milch hat, warum sollte er die Kuh kaufen?«
»Man kann genauso leicht einen reichen Mann lieben wie einen armen.«
»Liebe geht durch den Magen.«
»Ein Mann jagt eine Frau, bis sie ihn einfängt.«
»*Diamonds are a girl's best friend.*« (Diamanten sind der beste Freund eines Mädchens.)

Wenn wir dumm genug gewesen wären, das Leben unserer Mütter und Großmütter zu leben, aus dem diese Sprüche stammen, dann wären wir alle Tütenladys, die in Mülltonnen wühlen. Wenn wir dumm genug gewesen wären, das Leben zu führen, das die Zeitschriften und Filme der sechziger und siebziger Jahre empfahlen, dann wären wir alle an Aids gestorben.

In dem Glauben erzogen, Männer würden uns beschützen, stellten wir häufig fest, daß wir sie beschützen und unterstützen mußten. In dem Glauben erzogen, wir würden uns ganztags um unsere Kinder kümmern (zumindest, solange sie klein waren), stellten wir oft fest, daß eine finanziell abgesicherte und behütete Mutterschaft ein Luxus war, den sich nur wenige von uns leisten konnten. In dem Glauben erzogen, Weiblichkeit bestehe aus Weichheit und Konzilianz, stellten wir oft fest, daß unser schieres Überleben – bei einer Scheidung, beruflich, sogar zu Hause – davon abhing, daß wir diese Vorstellungen von Weiblichkeit revidierten und uns heftig für unsere eigenen Bedürfnisse stark machten.

Immer waren wir zerrissen zwischen den Müttern in unseren Köpfen und den Frauen, die wir werden mußten, einfach, um am Leben zu bleiben. Mit einem Fuß in der Vergangenheit und einem in der Zukunft hinkten wir durch erste Liebe, Mutterschaft, Ehe, Scheidung, Beruf, Menopause, Witwenschaft, ohne je zu wissen, was oder wer wir sein sollten, an jedem Wendepunkt wie Pioniere neues Terrain absteckend.

Wir waren Pioniere in unserem eigenen Leben, und der Preis des Pioniers ist ewiges Unbehagen. Die Belohnung ist das verblüffende Gefühl von Stolz auf unser unter Schmerzen erreichtes Selbst.

»Ich habe es geschafft!« rufen wir schockiert und erstaunt aus. »Ich habe es geschafft! Das kannst du auch!«

Haben sich die Männer oder die Frauen verändert? Oder beide? Mein Vater und mein Großvater, obwohl Sexisten, hätten es niemals fertiggebracht, ihre Kinder zu verlassen, um sich mit jüngeren Frauen davonzumachen. Sie mögen Schweine gewesen sein. Vielleicht waren sie untreu. Aber zumindest waren sie Schweine, die für ihre Familien sorgten. Warum hatte die Generation, die ihnen folgte, keine derartigen Skrupel?

Haben die Frauen sie vom Haken gelassen? Oder war es die Geschichte? Oder fand zwischen den Geschlechtern irgendeine enorme Veränderung statt, die wir noch immer nicht erkannt oder benannt haben?

Als die Frauen stärker wurden, schienen die Männer schwächer zu werden. War das Schein oder Realität? Als die Frauen kleine Krümel von Macht gewannen, begannen die Männer sich völlig paranoid zu benehmen – als hätten wir sie zu Invaliden gemacht.

Müssen alle Frauen schweigen, damit die Männer sprechen können? Müssen alle Frauen auf Beine verzichten, damit die Männer laufen können?

Die Frauen meiner Generation erreichen die Fünfzig in einem Zustand von Verwirrung und Wut. Keines der Dinge, auf die wir zählten, ist eingetroffen. Noch immer schwankt der Boden unter unseren Füßen. Jeder Psychologe oder Psychoanalytiker wird Ihnen sagen, am schwersten zu bewältigen sei Unbeständigkeit. Und wir haben in unserem persönlichen Leben einen Grad von Unbeständigkeit kennengelernt, der jeden schizophren machen würde. Vielleicht waren unsere Großmütter besser imstande, mit der erwarteten Unterdrückung fertig zu werden, als wir imstande waren, uns an unsere vielgepriesene Freiheit anzupassen. Und unsere Freiheit ist ohnehin umstritten. Unsere »Freiheit« ist noch immer ein Wort, das wir in Anführungszeichen setzen können, um einen Lacher zu erzielen.

Jahrzehntelang konnten wir nicht damit rechnen, Mutterschaftsurlaub zu nehmen und hinterher wieder unsere Jobs zu bekommen, von bezahlbarer Kinderpflege ganz zu schweigen. Es gab keine Tagesbetreuung, keine Amerikanerinnen, die Kindermädchen sein wollten, und doch wurden (und werden) wir dafür bestraft, diejenigen anzuheuern, die Jobs als Kindermädchen brauchten.

Amerikas schmutziges Geheimnis ist, daß jede berufstätige Frau das Gesetz brechen mußte, um ihre Kinder unterzubringen. Ich habe das Gesetz gebrochen. Die meisten von uns haben das. (Arme Frauen nehmen Betreuerinnen ohne Fachausbildung in Anspruch, Frauen der Mittelklasse finden Kindermädchen ohne Aufenthaltsgenehmigung. Suchen Sie nach einer Person mit blitzsauberer Weste, und Sie werden bei einer Frau landen, die keine Kinder hat. Oder bei einem Mann.)

Bei steigenden Erwartungen und sinkendem Lebensstandard fragten wir uns, was in aller Welt da schiefging. Nichts ging schief. Wir waren bloß in einer Kultur erzogen worden und wurden in einer anderen erwachsen. Jetzt erreichen wir die Fünfzig in einer Welt, die wieder viel Wind um den Feminismus macht. Aber diesmal haben wir guten Grund, skeptisch zu sein.

Die Jo-Jo-Generation ist auf ihre Art eine verlorene Generation. Wie Zuschauer bei einem Tennismatch drehen wir den Kopf ruckartig von einer Seite zur anderen.

Kein Wunder, daß wir Genickstarre haben!

Vielleicht betrachtet sich jede Generation als verlorene Generation, und vielleicht hat jede Generation recht. Vielleicht gab es in den zwanziger Jahren besonders fortschrittliche Frauen, die sich nach der Sicherheit im Leben ihrer Großmütter sehnten. Doch die erste Welle des modernen Feminismus trug ihre Verfechterinnen wenigstens auf einer Woge der Hoffnung voran. Und die zweite (der späten sechziger und frühen siebziger Jahre) ließ uns von der weltweiten Gleichberechtigung der Frauen träumen. Meine Klassenkameradinnen und ich dagegen haben in unserem noch nicht allzu langen Leben gesehen, wie die Erwartungen der Frauen stiegen und enttäuscht wurden, stiegen und erneut enttäuscht wurden. Die Kürze der Zyklen war schwindelerregend – und machte wütend.

Die Medien versuchen noch immer, uns mit Platitüden zu trösten. Fünfzig ist fabelhaft, hören wir. Wir sollen uns Hämorrhoidensalbe auf unsere Falten schmieren und Premarin einwerfend in den Sonnenuntergang marschieren. Wir sollen Jahrhunderte der Unterdrückung für einen neuen Hut vergessen, auf dessen Rand »Fünfzig ist fabelhaft« steht.

Was ist mit unserem Bedürfnis – von Männern wie von Frauen –, uns auf den Tod vorzubereiten, und das in einer Kultur, die sich über jede Spiritualität als »New-Age«-Anmaßung lustig macht? Was ist mit unserem Bedürfnis, uns selbst als Teil des Schöpfungsflusses zu sehen? Was ist mit der tiefen Einsamkeit, die unsere individualistische Kultur hervorbringt? Was ist mit unserer Ablehnung von Gemeinschaft und gemeinsamen Werten? Was ist mit dem Spott unserer Gesellschaft über alle Aktivitäten außer Verdienen und Ausgeben? Was ist mit unserer eigenen Verzweiflung, wenn wir Lügner und Manipulatoren reich und mächtig werden sehen, während die, die die Wahrheit sagen, immer wieder ausmanövriert werden und durch jenes poröse »Sicherheitsnetz« fallen, das die Lügner mit Schlupflöchern für sich und ihre Kinder versehen haben?

Doch vor allem, was ist mit Sinn und mit Geist? Das sind keine leeren Worte. Das sind die Nährstoffe, nach denen wir immer mehr hungern, wenn wir älter werden.

»Im Herzen bewegt sich mehr als nur das Blut«, schrieb die Dichterin Louise Bogan in ihren letzten Jahren. Als menschliche Wesen sehnen wir uns nach irgendeinem Ritual, das uns sagt, daß wir Teil eines Stammes, Teil einer Spezies, Teil einer Generation sind. Statt dessen bietet man uns Hormontherapie oder aufmunterndes Gerede darüber an, wie schick es ist, eine fabelhafte Fünfzigjährige zu sein.

Seien wir deutlich: Dieses aufmunternde Gerede beleidigt unsere Intelligenz. Wir können nicht so leicht vergessen, daß wir in einer Welt aufgezogen wurden, die sich über reife Weiblichkeit lustig machte. Wir können nicht von heute auf morgen Generationen uralter Witze über alte Fuchteln, Kühe, Scharteken, Hexen und Weiber vergessen. »Malende Damen in den

Wechseljahren«, pflegte mein Großvater über die Frauen zu sagen, die in der Art Student League mit ihm ein Atelier teilten. Und ich merkte nicht einmal, wie sexistisch und altersverachtend das war. Ich tat diese Frauen einfach ab, genau wie er, und war mir kaum darüber klar, daß ich meine eigene Zukunft abtat.

Bloß weil jetzt neue Schlagworte über die Sender ausgestrahlt oder auf Hochglanzseiten gedruckt werden, können wir nicht erwarten, unverzüglich ein gesundes Selbstbild zu besitzen. Wir sind mehr als nur Konsumentinnen von Zeitschriften, Fernsehshows, Make-up, kosmetischer Chirurgie und Kleidern. Wir haben innere Narben, innere Wunden, innere Bedürfnisse. Man kann uns nicht fünfzig Jahre lang wie eine bewegliche Habe behandeln und uns dann plötzlich politische Willfährigkeit abschmeicheln, weil man (mit ziemlicher Verspätung) entdeckt hat, daß wir zur Wahl gehen.

Die Fünfzigjährigen seien zu beneiden, wird da in die Welt hinaustrompetet, weil die Generation des Baby-Booms dieses früher gefährliche Alter erreicht habe und wir nun die Dinge steuerten – oder vielmehr unsere Ehemänner und Brüder.

Doch ich schaue mich um und sehe die besten Köpfe meiner Generation noch immer gegen das System kämpfen. Regisseurinnen betteln noch immer männliche Studiochefs um Geld an, Schriftstellerinnen und Redakteurinnen müssen ihre Sache noch immer männlichen Verlagsleitern und Chefredakteuren schmackhaft machen, Schauspielerinnen balgen sich noch immer um die Handvoll Rollen, die wirklich ihr Leben widerspiegeln, Künstlerinnen werden noch immer wesentlich geringer bezahlt und seltener ausgestellt als ihre männlichen Gegenstücke. Überall geben sich Frauen mit dem halben Laib Brot oder sogar mit Krumen zufrieden. Und diese Frauen sind keine Verliererinnen, sondern die energischsten und klügsten. Sie jammern nicht, sie klagen nicht, und faul sind sie ganz bestimmt nicht, doch sie sind einem erbarmungslosen doppelten Maßstab unterworfen.

Während mittelmäßige Männer befördert und mit Platinauszeichnungen, Börsenoptionen, knackigen Ehefrauen, neuen Familien, neuen Autos, neuen Flugzeugen, neuen Booten versorgt werden, werden wir mit zunehmendem Alter immer unbrauchbarer für Arbeitgeber. Natürlich sind wir spirituell stark – wer hat je daran gezweifelt? Aber spirituelle Stärke allein überwindet keine Diskriminierung.

In einer Welt, in der Frauen dreimal so hart für halb soviel arbeiten, werden unsere Leistungen verunglimpft, Ehe ebenso wie Scheidung gegen uns verwendet, unsere Mutterschaft als Hindernis für unseren Erfolg benutzt, unsere Leidenschaft als Falle, unsere Einfühlung in andere als Vorwand, uns unterzubezahlen.

In unserer Blütezeit schauten wir uns auf der Welt um und sahen eine Epidemie von Vergewaltigungen, über die in den Zeitungen häufig nicht einmal berichtet wurde. Wir fingen an, wütend zu werden, richtig wütend, zum zweitenmal in unserem erwachsenen Leben. Doch jetzt wußten wir, daß die Zeit knapp war.

Endlich lernen wir, unsere Wut zu nutzen und zu verwenden, um die Welt zu verändern. Aber wir haben nicht aufgehört, uns gegeneinanderzustellen. Und ehe das nicht geschieht, wird Schwesternschaft weiterhin eine tröstliche Theorie statt alltäglicher Realität sein.

Das ist das nächste große Tabuthema: Wann werden Frauen lernen, sich nicht auseinanderzudividieren, sondern sich zusammenzutun? Und wie können wir das lernen, solange die Gesellschaft uns noch immer gegeneinander ausspielt?

Mit fünfzig reißt die Verrückte auf dem Speicher sich los, trampelt die Treppe hinunter und zündet das Haus an. Sie will nicht länger gefangen sein. Die zweite Welle von Wut ist reiner als die erste. Auf einmal spielen die Unterscheidungen zwischen Frauen keine Rolle mehr. Alt oder jung, braun oder weiß, lesbisch oder hetero, verheiratet oder ledig, arm oder reich – wir alle werden diskriminiert, einfach, weil wir Frauen sind.

Und wir wollen nicht mehr in die alte Welt der Ungerechtigkeit zurück. Wir können nicht. Es ist zu spät.

Die Wut in der Lebensmitte ist eine wilde Wut. In den Zwanzigern, als wir Erfolg und Mutterschaft noch vor uns hatten, konnten wir uns einbilden, irgend etwas würde uns vor der Zweitklassigkeit retten, entweder Leistung oder Ehe oder Mutterschaft. Jetzt wissen wir, daß nichts uns retten kann. Wir müssen uns selbst retten.

Meine Bücher wurden immer blindlings und aus Leidenschaft geschrieben. Trotz der Tatsache, daß ich irgendwie zweiundzwanzig Jahre lang meinen unsicheren Lebensunterhalt als professionelle Schriftstellerin verdient habe, kann ich nicht auf Bestellung schreiben. Ich muß einen tiefen inneren Drang spüren, der sagt: Dieses Buch existiert noch nicht; ich muß es machen. Ich schreibe immer, als hinge mein Leben davon ab – denn das tut es.

Am Anfang von *Wendekreis des Krebses* zitiert Henry Miller Ralph Waldo Emerson mit dem Ausspruch, an die Stelle von Romanen würden schließlich Tagebücher oder Autobiographien treten – faszinierende Bücher, wenn ein Mann es nur verstünde, aus dem, was er für seine Erfahrungen hält, das auszuwählen, was wirklich seine Erfahrung ist, und die Wahrheit wahrheitsgetreu aufzuzeichnen. Tatsächlich haben Frauen diese Prophezeiung eher erfüllt als Männer. Schriftstellerinnen haben Emersons Vorhersage aufgenommen und eine ganze Literatur daraus gemacht – eine Literatur, die auch die Art und Weise verändert hat, wie Männer Bücher schreiben.

»Nichts als die Wahrheit«, darum geht es mir. Und wir leben eindeutig in einem Zeitalter, in dem Dokumentationen oder Zeugenaussagen für uns die Kraft haben, die früher Fiktion zu haben pflegte. Die Romane und Memoiren, die wir als Führer durch unser Leben annehmen, haben die Qualität der Unmittelbarkeit, der wahrheitsgetreuen Wahrheit auf Kosten von falscher Bescheidenheit, Scham oder Stolz.

Auch wenn es schwer ist, ohne den Trost einer Maske die Wahrheit zu sagen, »eine Autobiographie muß so sein, daß man sich selbst wegen Verleumdung verklagen kann«, wie Thomas Hoving sagte, anscheinend ohne zu wissen, wen er zitierte. Mary McCarthy nennt in ihren *Intellectual Memoirs* George Orwell als Quelle: »Eine Autobiographie, die nichts Schlechtes über den Autor sagt, kann nicht gut sein.« Und dann gesteht sie mehr Sünden, als selbst ihre Verleumder ihr anlasten könnten – und wir sind hingerissen. Aber sie ist ja auch tot, was bei einer Frau immer charmanter ist, als wenn sie noch lebt.

Die Angst vor Kritik hat mich während meines schreibenden Lebens viele Male zum Schweigen gebracht. Und die Kritik war oft heftig, persönlich und verletzend. Aber Kritik, wie jeder, von Aphra Behn über George Sand bis zu George Eliot und Mary McCarthy, wußte, ist eines der ersten Dinge, die eine Autorin zu ertragen lernen muß. Sie schreibt nicht von Erfahrungen, die die dominante Kultur als »bedeutend« beklatscht, sie schreibt ohne Garantie. Sich gegen das Belächeltwerden abzuhärten, ist sicherlich die wichtigste Aufgabe einer Schriftstellerin.

Oft habe ich mich selbst dazu überlistet, aufrichtig zu schreiben, indem ich mir sagte, daß ich das Geschriebene nicht veröffentlichen würde (oder nur unter einem Pseudonym – vielleicht sogar einem männlichen). Später pflegten mich Briefe, die ich von Lesern erhielt, oder das Bedürfnis des Verlegers nach einem Markenzeichen doch zu überzeugen, das Buch mit meinem Namen zu zeichnen. Doch während des Schreibvorgangs konnte ich nur dann frei sein, nur dann den Zensor loswerden, der mir über die Schulter schaute – meine Mutter? meine Großmutter? –, wenn ich mir selbst versprach, meine Worte niemals an die Öffentlichkeit dringen zu lassen.

Auf diese Weise schrieb ich *Angst vorm Fliegen* und viele weitere Bücher (einschließlich des vorliegenden). Oft ist die Niederschrift von Entsetzen, Schweigen und dann von wilden Ausbrüchen privaten Gelächters begleitet, die mir plötzlich die ganze Angst der Mühe wert erscheinen lassen.

Doch die große Entschädigung dafür, in einer Kultur fünfzig zu sein, die unfreundlich zu älteren Frauen ist, besteht darin, daß man sich weniger um Kritik kümmert und weniger Angst vor Konfrontation hat. In einer nicht für Frauen gemachten Welt folgen Kritik und Lächerlichkeit uns an jedem Tag unseres Lebens. Gewöhnlich sind sie Anzeichen dafür, daß wir etwas Richtiges tun.

Ist man mit fünfzig zu jung, um eine Autobiographie in Angriff zu nehmen? Natürlich. Aber mit achtzig ist man vielleicht zu alt.

Mit fünfzig beginnt die Zeit selbst kurz zu erscheinen. Das Gefühl der verrinnenden Zeit ist in letzter Zeit schlimmer geworden durch die Aids-Epidemie und den Tod so vieler Freunde, die noch in den Dreißigern, Vierzigern und Fünfzigern waren. Wer weiß, ob es überhaupt eine bessere Zeit geben wird? Die Zeit ist immer jetzt.

Mit neunzehn, mit neunundzwanzig, mit neununddreißig, sogar – Göttin stehe mir bei – mit neunundvierzig glaubte ich, ein neuer Mann, eine neue Liebe, ein Umzug, ein Wechsel in eine andere Stadt, ein anderes Land würden mein inneres Leben irgendwie verändern.

Jetzt nicht mehr.

Ich weiß, daß mein Innenleben meine eigene Leistung ist, ob es in meinem Leben einen Partner gibt oder nicht. Ich weiß, daß eine weitere leidenschaftliche Liebesaffäre in jedem Fall nur eine zeitweilige Ablenkung sein wird – selbst wenn »zeitweilig« zwei oder drei Jahre bedeutet. Ich weiß, daß meine Seele das ist, was ich nähren und entwickeln muß, und daß die Probleme, den eigenen Berg zu erklettern, mit oder ohne Partner nicht so sehr verschieden sind.

In einer Beziehung braucht man noch immer Autonomie,

Getrenntheit, Intimität. Außerhalb einer Beziehung braucht man noch immer Eigenliebe und Selbstwertgefühl.

Ich schreibe dieses Buch von einem Ort der Selbstakzeptanz aus, um meine Wut zu läutern, und unter wildem Gelächter.

Ich bin alt genug, um zu wissen, daß Lachen und nicht Wut die wahre Offenbarung ist.

Ich nehme an, daß ich nicht so verschieden von Ihnen oder Ihnen bin.

Ich möchte ein Buch über meine Generation schreiben. Und um über meine Generation zu schreiben und vollkommen aufrichtig zu sein, kann ich nur mit mir selbst anfangen.

1

KEINE ANGST VOR FÜNFZIG

Wenn jemand sagt: »Ich hab es, meine Lieben,
Schon fünfzig Mal gesagt!« so will er schelten;
Spricht jemand: »Fünfzig Vers hab ich geschrieben«,
So liest er sie, was soll die Wette gelten?
Ein Räuberhauptmann stiehlt mit fünfzig Dieben;
Mit Fünfzig ist die Lieb um Liebe selten;
Dagegen kauft man freilich, das ist wahr,
Gar mancherlei für fünfzig Louis bar.
    LORD BYRON, *Don Juan*

Ich habe mich auf ein unbesonnenes Abenteuer eingelassen, als ich anfing, von mir zu sprechen: man kommt ins Erzählen und findet kein Ende. Meine ersten zwanzig Jahre hatte ich mir schon lange erzählen wollen; nie habe ich die Hilferufe vergessen, die ich als junges Mädchen an die Frau richtete, die mich – Leib und Seele – in sich aufnehmen würde: nichts würde von mir zurückbleiben, nicht einmal eine Handvoll Asche. Ich beschwor sie, mich eines Tages dem Nichts wieder zu entreißen, in das sie mich stürzen würde. Vielleicht wurden meine Bücher nur geschrieben, damit diese alte Bitte Erhörung finde. Mit fünfzig Jahren hielt ich den Augenblick für gekommen . . .
    SIMONE DE BEAUVOIR, *In den besten Jahren*

Hier bin ich also mit Molly in dem Kurort, sehe meinem fünfzigsten Geburtstag ins Auge und fühle mich grauenhaft deprimiert. Ich bin nicht mehr die jüngste und auch nicht die niedlichste Person im Raum. Niemals werde ich Madonna, Tina Brown oder Julia Roberts sein. Wer auch immer die Frau des Monats sein mag, wenn dieses Buch erscheint – auch sie werde ich nicht sein. Jahrelang waren das meine Werte, ob ich es mir eingestand oder nicht, aber solche Werte kann ich mir nicht mehr leisten.

Jedes Jahr springt mir auf den Straßen von New York ein neuer Jahrgang von Schönheiten ins Auge. Mit schlankerer Taille und blonderem Haar, mit geraderen Zähnen und mehr Energie, um zu konkurrieren (und weniger Zynismus gegenüber der Welt), ersetzt die Klasse von 1994 oder 1984 oder 1974 unerbittlich meine Klasse – Barnard 1963! Einunddreißig Jahre seit dem College. Die meisten meiner Altersgenossen sind *grand-pères*, wie meine Tochter sagen würde. Auf Partys drängen sie mir Babybilder der Kinder ihrer Kinder auf.

Da ich spät angefangen habe, habe ich noch keine Enkelkinder, doch es gibt ein paar Großneffen, die in Lausanne und in Litchfield County herumkrabbeln. Die Kinder meiner älteren Schwester bringen mich dem Großelternstand näher und näher. Ich bin jetzt die ältere Generation, und ich bin nicht immer sicher, ob mir das gefällt. Die Verluste scheinen manchmal deutlicher umrissen als die Gewinne.

Die erstaunliche Energie postmenopausaler Frauen (von Margaret Mead versprochen) ist vorhanden, doch der Optimismus, um sie zu nähren, fehlt. Die Welt scheint sich immer fester im Griff von Materialismus und Oberflächlichkeit zu befinden. Image, Image, Image ist alles, was sie sieht. Als Image werde ich allmählich entschieden verschwommen.

Was ist aus unseren fünfundzwanzig Jahren Protest geworden, weil wir keine Plastik-Barbiepuppen sein wollten? Was ist aus der Wut von Naomi Wolf geworden, die Schönheitsmythen analysierte, oder von Germaine Greer, die wild die »alten Weiber« feierte, oder von Gloria Steinem, die uns zeigte, wie man anmutig das Alter akzeptiert und sich endlich nach innen wendet?

Ist all unsere Angst (und unsere versuchte Selbstverwandlung) bloß weiteres Futter für Talkshows, während die Jugendkultur sich unerbittlich weiterfrißt? Sind wir bloß eine Horde alter Weiber, die sich im Dampfbad unterhalten und sich gegenseitig aufheitern?

Wir schreiben und reden und geben einander Kraft, aber die Besessenheit von Neuheit und Jugend scheint sich nicht zu ändern. Unsere Welt ist eine Welt sich verschiebender Videobilder, die realer und potenter sind als bloße Worte. Das Fernsehzeitalter ist da, und wir Wortmenschen sind Relikte einer Vergangenheit, in der das Wort die Welt verändern konnte, weil das Wort noch gehört wurde.

Heute ist das Bild alles. Und die Zeit des Bildes ist immer JETZT. Geschichte existiert nicht mehr in der flackernden Light-Show.

Das waren einige meiner Gedanken, während ich mit Molly in dem Kurort in den Berkshires herumlief, Step-Aerobics machte, mich im Wasser trimmte, rasche Spaziergänge und andere Fitneßrituale absolvierte und mein eigenes Bild im Spiegel mied. Molly zerrte mich zu jedem Kurs aus dem Bett, und ich verlor dieselben paar Pfunde, die ich immer verliere (und hinterher wieder zunehme), trank Wasser, dünstete meine Poren aus und fühlte mich wiederhergestellt – doch die düstere Stimmung wollte sich nicht heben. (Ich stand vor der ewigen Frage: liften oder nicht liften – und sollte ich es vor der nächsten Buchtournee machen lassen?)

Schlimmer als der Kummer über meinen unvermeidlichen physischen Niedergang (und die Frage, ob ich ihn »reparieren« sollte oder nicht) war mein Kummer über den Pessimismus der Lebensmitte. Nie wieder, dachte ich, würde ich einen Raum betreten und irgendeinen hinreißenden Mann kennenlernen, der mein Leben verändern würde. Ich erinnerte mich an die verrückten Affären, die mit einem Aufblitzen der Augen und einem Adrenalinstoß begonnen hatten, und an den Aufruhr der Gefühle, zu dem sie unweigerlich führten. Indem ich Aufruhr mied und mich der Stabilität in die Arme schmiegte, indem ich meine Tendenz ablegte, mein Leben alle sieben Jahre über den Haufen zu werfen, hatte ich mich auch selbst beruhigt. Ich wollte Kontemplation, nicht Langeweile; Weisheit, nicht Kummer; Gelassenheit, nicht Stillstand. Die sexuelle Energie, die immer das nächste Buch hervorgerufen hatte, die Abenteuerlichkeit eines Lebens, das nirgends seßhaft wurde, hatten mit fünfzig angefangen, mir überstürzt und töricht vorzukommen. Endlich hatte ich mich »niedergelassen«, um meinen Garten zu bebauen. Jetzt brauchte ich nur noch herauszufinden, wo mein Garten war und was ich darin anpflanzen wollte.

Denn das ist letztendlich die Frage, nicht wahr? Sterblichkeit und Tod kann man nicht »reparieren«, selbst wenn man ein Doppelkinn und Tränensäcke wegoperieren kann. Auf Hochglanzpapier sieht man vielleicht gut aus, aber im Leben sind noch Narben da. Die wirkliche Frage hat damit zu tun, wie man sich in einer erbarmungslos außengesteuerten Gesellschaft nach innen richtet, wie man inmitten von Materialismus Spiritualität nährt, wie man nach seinem eigenen Trommelrhythmus marschiert, während abwechselnd Rock, Rap und Hip-Hop ihn übertönen.

Thoreau ist als Autor unser Prüfstein bei der Definition des zentralen amerikanischen Dilemmas: Hüte dich vor jedem Unternehmen, das neue Kleider erfordert. Darin sind zeitgenössische Frauen eher Thoreaus Erben als Männer. Bill W. und die Philosophie der Anonymen Alkoholiker sind der Prüfstein unserer spirituellen Philosophie (ob wir Alkoholiker sind oder nicht), denn Amerikaner dürsten immer nach dem Geist, suchen ihn an allen falschen Stellen (Schnaps, Drogen, Geld, neue Kleider) und finden sich endlich nur, indem sie sich verlieren und den Materialismus aufgeben, mit dem sie aufgezogen wurden.

Es geht hier um Sterblichkeit und nicht um Gesichtslifting. Können wir unsere Sterblichkeit umarmen, sie sogar zu lieben lernen? Können wir unser Wissen an unsere Kinder weitergeben und dann dahinscheiden in dem Bewußtsein, daß dieses Dahinscheiden die richtige Ordnung der Dinge ist?

Das ist das Problem, vor dem ich und alle meine Altersgenossen mit fünfzig stehen. Wir haben die spirituelle Hohlheit unseres Lebens satt. Ohne geistigen Sinn ist es unmöglich, sich dem Altern und dem Tod zu stellen. Und wie können Frauen diesen geistigen Sinn in einer Gesellschaft finden, in der ihre dauerhafteste Identität vor allem die der Verbraucherinnen ist, wo jeder Kampf um Autonomie und Identität vom unermüdlichen Diktat des Marktes konterkariert wird – eines Marktes, der uns noch immer als Konsumentinnen von allem sieht, von Hormonen bis zu Hüten, von Kosmetik bis zu kosmetischer Chirurgie?

Ich wandere mit meiner Tochter in dem Fitneßparadies herum und weiß, daß mein Körper nicht das Thema ist. Es geht darum, ob ich das Recht auf meine unsterbliche Seele habe oder nicht. Allein der Satz klingt suspekt. Frauen? Unsterblich? Seele? Man hört förmlich das Spottgeschrei. Doch ob Frauen das Recht auf ihre eigenen Seelen haben, ist die ganze Frage. Es ist keine Sache von Spleen und Mode. Es ist keine Sache von »New Age« oder »12-Stufen«-Humbug. Es ist die Essenz dessen, ob uns gestattet wird, im vollen Sinne menschlich zu sein oder nicht.

Wenn man seine eigene Seele besitzt, braucht man mit fünfzig keine Angst zu haben.

Ich erinnere mich an einen Augenblick genau drei Jahre vor meinem fünfzigsten Geburtstag, als die Altersuhr in mir unerbittlich tickte.

Ich sitze in einem Flugzeug in die Schweiz, um an der Hochzeit eines früheren Liebhabers teilzunehmen, der inzwischen zum Freund geworden ist. Er ist ein schöner Römer, zehn Jahre jünger als ich, und im Begriff, eine deutsche Prinzessin zu heiraten, die wiederum zehn Jahre jünger ist als er. Ich freue mich für die beiden und bin gleichzeitig untröstlich. Es ist nicht so, als wären der Bräutigam und ich noch ineinander verliebt; wir haben bloß früher einmal endlos darüber gesprochen, wie wir uns schließlich zusammentun würden (da keiner von uns jemals heiraten würde), und nun heiratet er doch und ich nicht.

Ich bin noch nicht ganz siebenundvierzig, und ich möchte nicht wieder heiraten, denke ich. Ich bin frei. Meine Freiheit sieht so aus, daß ich in eine *ménage à trois* über eine große Entfernung verwickelt bin, und zwar mit einem anderen wundervollen Italiener, ferner in ein heimisches Dreieck mit einem

Mann, der sich nicht entschließen kann, seine Frau zu verlassen, und außerdem treffe ich mich noch mit den verschiedensten Männern, die ebenso vor einer Bindung zurückscheuen wie ich mittlerweile. Mein Leben ist ein geselliger Zirkus, aber ich kann mich nie entspannen und mit einem Buch im Bett zusammenrollen. Obwohl ich es vielleicht leugne, bin ich zu dieser Hochzeit wie üblich auf der Suche nach dem perfekten Mann unterwegs. Natürlich glaube ich nicht an den perfekten Mann. Natürlich hoffe ich trotzdem, ihn kennenzulernen.

Die Hochzeit findet in dem kleinen Rathaus eines Schweizer Bergdorfes statt, das aussieht, als gehöre es auf eine Kuckucksuhr. Die schöne Braut und der Bräutigam unterschreiben die Heiratsurkunde und sprechen ihr Gelübde (er sagt »si«, sie sagt »ja«), woraufhin der Standesbeamte, der sie getraut hat, mit einem Plumps zu Boden fällt und seine Haut das schieferne Blaugrau eines plötzlichen Herzstillstands annimmt. Mir ist absolut klar, daß er tot ist, gestorben, *morto*, während die Angehörigen laufen, um einen Krankenwagen zu rufen, und sich hektisch gegenseitig beruhigen. (Zumindest versichern die Deutschen einander, er werde wieder gesund; die Italiener dagegen murmeln düster »*maledizione, maledizione*«.)

Sehr bald rast überflüssigerweise ein Krankenwagen mit dem unwiederbringlich verstorbenen Standesbeamten ins Hospital, und die stille Hochzeitsgesellschaft wandert in gedämpfter Stimmung die verschneiten Straßen hinauf zu einem Empfang im eleganten Chalet der Brautmutter. Toasts werden ausgebracht, Champagnerkelche klirren. Die deutschen Verwandten tun so, als sei nichts Schlimmes passiert, und die italienischen ringen unablässig die Hände und fassen sich in die Leistengegend, um den bösen Blick abzuwehren.

Die Hochzeit wird von diesem Ereignis verfinstert, obwohl alle es leugnen. Doch das Baby, das nach der gebotenen Frist von neun Monaten zur Welt kommt, ist schön und blond und in jeder Hinsicht vollkommen. Und Braut und Bräutigam sind so glücklich wie Candide und Kunigunde in dieser besten aller möglichen Welten. Der Tod hat das Leben verdunkelt, aber das Leben geht weiter.

Bei dem abendlichen Hochzeitsessen im sehr feudalen, aber hinreichend rustikalen Jagdschloß eines weiteren Verwandten der Braut sitze ich neben einem hübschen jungen Playboy aus Monaco, Mailand, Paris und London, der beim Anblick der Platzkarte mit meinem Namen folgenden witzig gemeinten Vorschlag macht: »Sie schreiben unartige Bücher. Werden Sie auch mit mir unartig sein?«

Mir sinkt das Herz in die Magengrube, und inmitten der Feierlichkeiten überfällt mich Düsternis. Mein Ruf ist eine Art schmutziger Witz, und mein bester Freund hat soeben geheiratet. Ich trinke zuviel, tanze zu hektisch, küsse Braut und Bräutigam und trete am Arm eines schwulen Freundes (dessen Hausgast ich bin) hinaus in den Schnee. Um drei Uhr früh werde ich in seinem Gästezimmer unter dem Dach aufwachen, händeringend und weinend.

Am Morgen hat sich der Dunst verzogen, verbannt von der Sonne auf dem Schnee. Ich fahre mit meinem Freund durch die Alpen bergab, mache bei einem Forellenhof halt, um zu essen und zu reden, passiere den Comer See und Mailand und lande schließlich in Venedig, wo mein Liebhaber mich erwartet.

Wie immer ist der Sex zwischen uns eine magische Aufhebung der Zeit, und für drei Tage bin ich glücklich. Wir sitzen in seinem Boot, das in der Lagune schaukelt, und sehen zu, wie das Spiegelbild Venedigs im Wasser schwankt. Wir lieben uns zu seltsamen Zeiten an seltsamen Orten und gehen seiner Verwandtschaft aus dem Weg. Wir trennen uns und versprechen uns, »eines Tages« zusammenzusein. (Ich werde den Palazzo neben dem seiner Frau kaufen, und er wird mich morgens und abends besuchen – per Untergrundtunnel vermutlich.)

Doch das neue häusliche Glück meines alten Freundes hat die Gleichung verändert. Natürlich brauche ich meine eigene Seele, um den Fünfzig ins Auge zu sehen, aber brauche ich nicht auch einen Partner und einen Freund?

Sicher könnte ich noch ein paar Jahre so weitermachen, indem ich mir Ehemänner ausborge. Leihweise sind sie immer zahlreich zu haben. Aber das ist nicht der Punkt. Ich mag meine eigenen Häuser, meine eigenen Bankkonten, eine wundervolle Tochter und eine gewisse Kontrolle über meine Zukunft haben, aber die Wahrheit ist, daß ich mich in der Welt preisgegeben fühle. Ich kann weder das Altern noch das Schicksal meiner Bücher kontrollieren. Ich bin einsam. Ich brauche vielleicht keinen Ehemann, aber ich brauche ganz sicher einen Freund.

Zum erstenmal in meinem erwachsenen Leben denke ich über die Ehe meiner Eltern nach. Wehmütig denke ich zurück an die Ehe, wie ich sie einst kannte. Am Ende des Tages waren meine Eltern Freunde – sie kicherten im Bett und lasen einander laut aus dem *New Yorker* vor. Sie schienen ihres Lachens nie müde zu werden. Ich erinnere mich an ihr mit Büchern bedecktes Bett und ihre angeregten Diskussionen, durchsetzt von laut vorgelesenen Zitaten von S. J. Perelman.

Ich bin fast fünfzig, und ich habe niemanden, dem ich im Bett laut vorlesen kann. Ich habe Liebhaber und ich habe Freunde. Aber der Freund, der auch ein Liebhaber war, hat soeben geheiratet. Und das wirft ein Licht auf meine Einsamkeit.

Warum sind alle unabhängigen Frauen, die ich kenne, allein? Und warum heiraten all meine männlichen Freunde jüngere Frauen? Ich kehre nach New York mit einem plötzlich in meinem Panzer geöffneten Riß zurück. Und wenn Freunde mich mit einem Freund bekanntmachen wollen, sage ich zu meiner eigenen Überraschung ja.

Die Ehe meiner Eltern ist natürlich der Anfang von allem. Sie war achtzehn, er neunzehn, als sie sich in den Catskill Mountains kennenlernten. Er war aus Brownsville, sie aus Washington Heights. Sein Vater und seine Mutter waren polnische Juden mit einem deutschen Namen: Weisman. Ihre Eltern waren russische Juden aus England mit einem russischen Namen: Mirsky.

Sie verliebten sich wegen einer Trommel. Er, da er sah, daß sie malen konnte (und sie für attraktiv und heißblütig hielt), lud sie ein, »seine Trommel zu bemalen«. Sie sah, daß er hübsch und blauäugig und ein guter Schlagzeuger war, und stimmte zu. Sie bemalte seine Trommel und flirtete mit ihm. Er schmeichelte sich in ihr Bett. Am Ende des Sommers beschlossen Eda Mirsky und Samuel Nathaniel (Seymour) Weisman zu heiraten. Sie waren sehr jung, und es war die Zeit der Großen Depression.

Ihr Vater sagte: »Was? Einen *Barabantschik* (Trommler auf russisch) heiraten?«

Seine Mutter sagte: »Ich glaube, sie benutzt dich.«

Aber Pheromone sind stärker als elterliche Warnungen. Am 3. März 1933 heirateten sie.

Ihre frühen Jahre waren hart. Er arbeitete die ganze Nacht in kleinen Lokalen – Bal Musette, Bal Tabarin –, und sie blieb allein zu Hause. Zu viele Sängerinnen und zu viele Joints führten ihn in Versuchung. Sie, bis in die frühen Morgenstunden alleingelassen, fragte sich, ob sie einen Fehler gemacht hatte. Ihr Vater war inzwischen ein wohlhabender Porträtmaler und kommerzieller Künstler mit berühmter Kundschaft. Er führte ein Leben zwischen Orientteppichen und feinem Porzellan, das sich sehr von dem russischen *Schtetl*, in dem mein Großvater Mirsky geboren war, unterschied.

Sogar während der Depression waren die Eltern meiner Mutter wohlhabend – obwohl mein Großvater einer Jugend in äußerster Armut in Odessa entflohen war und meine Großmutter, wie so viele Großmütter, unter ihrem Stand geheiratet hatte. Sie lebte in London als Tochter eines russischen Försters und Holzhändlers und wurde nach russischer Art vor dem Ersten Weltkrieg umworben und verheiratet. Ihre Eltern hatten ein Lebensmittelgeschäft im East End Londons, bis der Reichtum ihres ältesten Sohnes sie davon erlöste und sie sich auf seinem Landgut zur Ruhe setzten. So hatte die Familie meiner Mutter ihren Aufstieg in der Welt bereits begonnen, als sie selber einen mittellosen Musiker heiratete und ganz von vorn anfangen mußte.

Meine Mutter, in die Realität als Ehefrau eines armen Troubadours gestürzt, wachte auf wie vor ihr meine Großmutter. Die Ehe ist für die Jungen nie leicht. (Für die in mittleren Jahren ist sie noch schwerer.) Meine Mutter malte, arbeitete bei Bloomingdale's, wo sie die Verwendung von Künstlermaterial demonstrierte (das sie mit nach Hause nehmen durfte), entwarf Kleider und Stoffe, und mein Vater bekam seinen ersten Job bei einer Broadway-Show, Cole Porters *Jubilee*, wo er mit der Band auf der Bühne *Begin the Beguine* spielte.

»Ich habe dieses Lied lanciert«, prahlt er noch immer.

Der Erfolg winkte am Horizont. Doch als meine Mutter 1937 ihr erstes Kind erwartete (meine ältere Schwester), stellte sie meinem Vater ein Ultimatum: das Showbusineß oder wir.

»Habe ich dir je von der Zeit erzählt«, fragt sie, »als Daddy zwanzig Showgirls mit nach Hause brachte und ich mit deiner älteren Schwester hochschwanger war? Na, die Mädchen waren so schön, und ich war so schwanger, daß ich am nächsten Morgen mein Fahrrad bestieg, den ganzen Weg nach Riverside Drive fuhr und mir dabei schwor, so lange weiterzustrampeln, bis ich dieses Baby verlieren würde.« Sie lacht. »Ich war im achten Monat!«

Doch das Baby ließ sich nicht verlieren. Es klammerte sich fest wie ein Rankenfüßler, wie es die Art von Babys ist. Und mein Vater gab schließlich tatsächlich das Showgeschäft auf.

Wie kann jemand zwischen Liebe und Arbeit wählen? (Frauen waren jahrhundertelang dazu gezwungen, und endlich erkennen wir, wie unmöglich die Wahl ist.) Ich weiß, daß mein Vater alles zu einem Erfolg gemacht hätte, was er sich in den Kopf setzte: Er besitzt diese Zähigkeit. Doch meine Mutter nahm übel, daß er ein reisender Troubadour war, während sie wegen der Mutterschaft darauf verzichtet hatte, eine berühmte Künstlerin zu werden, und sie sollte diesen Krieg gewinnen.

Als meine ältere Schwester geboren war, zog meine Mutter,

erschöpft von der nicht nachlassenden Plackerei, ein Baby großzuziehen, wieder in das komfortable Heim ihrer Eltern. Mein Vater arbeitete noch immer nachts, und meine Mutter hatte noch immer eine Menge Bewunderer.

»Wieso hatte ich, eine verheiratete Frau mit einem Säugling, eigentlich all diese Bewunderer?« fragt sie rhetorisch. »Aber ich hatte sie.«

Einer war Arzt – jemand mit einem richtigen Beruf. Meine Mutter dachte an Scheidung.

Der Bruder meines Vaters kam, um seine Sachen nach Brooklyn zurückzuholen.

»Bleib nicht bei ihm, wenn du nicht glücklich bist«, sagte meine Großmutter (die in ihrer Ehe genau das getan hatte) zu meiner Mutter. »Ich werde dir helfen, so gut ich kann.«

Beinahe wäre ich nicht zustande gekommen.

Doch die Pheromone behielten die Oberhand, und meine Eltern taten sich wieder zusammen. Seymour wurde Reisevertreter für *Tschatschkes*. Eda wurde erneut schwanger. 1942 kam ich zur Welt.

»Wir werden geboren, und was davor passierte, ist ein Mythos«, sagt V. S. Pritchett irgendwo. In *Sprich, Erinnerung* erzählt Vladimir Nabokov von einem leeren Kinderwagen auf einer Veranda, der seine Geburt erwartete. Wir verwundern uns über die Tage vor unserer Bewußtwerdung, weil sie in Wirklichkeit unsere Sterblichkeit vorhersagen (mit der Frieden zu schließen wir unser ganzes Leben brauchen – wenn wir es überhaupt je tun).

Was wäre, wenn ich nie geboren worden wäre? Was, wenn dieses Ei und dieses Spermium sich nie getroffen hätten? Wäre das schlimmer als der Tod? Oder besser? (Ich bin auf dem Weg zu dieser endgültigen Vernichtung des Selbst – also sollte ich die Frage besser bald entscheiden. Mehr Zeit liegt hinter mir als vor mir.)

Ich denke an diesen Bruch in der Ehe meiner Eltern als an die Zeit, in der ich in der Luft schwebte und mich fragte, ob ich überhaupt einen Körper bekommen würde. Hervorgegangen aus ihrer Liebe, die ambivalent war wie jede Liebe, kam ich als kränkliches Kind zur Welt, mit entwässernder Diarrhöe, einem Blutschwamm am Hals und einer Milchallergie.

Um welche Zeit wurde ich geboren? Ich frage meine Mutter das immer wieder, da ich mir mein Horoskop stellen lassen will. (Meine Geburtsurkunde ist verlorengegangen. Das Krankenhaus, in dem ich geboren wurde, ist geschlossen worden, und die Akten sind in den Archiven der Stadt nicht mehr zu finden.)

»Wer weiß?« sagt sie. »Es war Krieg. Es gab zu wenige Ärzte. Die Schwester setzte mir eine Äthermaske auf, um die Tatsache zu vertuschen, daß ich entbunden hatte, bevor der Arzt kam. Ich biß der Schwester in die Hand! Ich schrie: ›Das Baby ist schon geboren! Wagen Sie es nicht, mich zu betäuben!‹«

Also kam ich inmitten feministischer Wut zur Welt: Meine reizbare Mutter biß der Krankenschwester in die Hand und verweigerte die Anästhesie.

Ich muß schrecklich ausgesehen haben.

»Müssen wir das mit nach Hause nehmen?« soll mein Vater angeblich gesagt haben, als er mich zum erstenmal sah. (Entweder war ich aus dem Bettchen gefallen und hatte davon das berühmte Angiom, oder ich war damit geboren worden. Jedenfalls waren sich alle darin einig, daß ich in einem ziemlich verkorksten Zustand war.)

»Alle Babys dieser Station starben an infektiöser Diarrhöe«, sagt meine Mutter.

»Alle?«

»Ich glaube schon. Du warst die einzige Überlebende – also war ich entschlossen, dich am Leben zu erhalten.«

(Ob diese Epidemie für sämtliche Babys tödlich war oder nicht, kann ich nicht verifizieren. Doch das wichtige daran ist, daß meine Mutter überzeugt war – und ist –, ich sei die einzige Überlebende einer Babyseuche gewesen.)

Mein Vater war eindeutig enttäuscht, daß ich kein Junge war, und versuchte, einen aus mir zu machen. Er brachte mir Trommeln, Basketballspielen und Verachtung für alle weiblichen Beschränkungen bei. Lange Zeit dachte ich, ich sei ein Junge in Mädchenkleidern. Als verschiedene Analytiker Anspielungen auf etwas namens »Penisneid« machten, schrie ich sie nieder. Ich dachte, ich hätte einen Penis. Warum hätte ich neidisch sein sollen?

»Ich liebte dich mehr, weil ich so kämpfen mußte, um dich am Leben zu erhalten«, sagt meine Mutter. Und dann erzählt sie wieder die alte Familiengeschichte von laktosefreier Milch, die auf mitternächtlichen Streifzügen ausgekundschaftet werden mußte, und wie ich beinahe »verhungert« wäre, wie sie mich trotz des häßlichen purpurroten Angioms liebte – das wunderbarerweise in den ersten beiden Monaten verschwand und nur ein rosafarbenes, flachsblondes Baby zurückließ.

»Als du hübsch warst, interessierte mich das nicht mal mehr«, sagt sie, »weil ich dich so sehr hatte lieben müssen, um dich bloß am Leben zu erhalten.«

Meine ältere Schwester Rebecca (die »Becca« genannt wurde, weil irgendein Kind ihren Namen falsch aussprach) war bei ihrer Geburt die reine Vollkommenheit gewesen: rund, kastanienbraun, grünäugig. Ich war das designierte häßliche Entlein, aber dafür um so mehr geliebt – so erzählt man sich jedenfalls.

Als ich jünger war, pflegte ich immer über diese Geschichte zu spotten, aber heute glaube ich sie. Die Inbrunst, ein Kind am Leben zu erhalten, hat die Ausmaße eines Erdbebens. Sie überwältigt alle anderen Gedanken. Die Leidenschaft meiner Mutter und die mitternächtlichen Gänge meines Vaters, um Milch zu organisieren, ließen mich weiteratmen. Das – und das Glück, daß meine Eltern einen unorthodoxen Kinderarzt gefunden hatten.

Dr. Aubrey McLean war ein hitziger Schotte, der es wagte, sich mit der Milchlobby anzulegen. Er war seiner Zeit fünfzig Jahre voraus und erklärte mich für allergisch gegen Kuhmilch.

Er ließ mich mit acidophiler Milch und roher, geschabter Leber füttern. Soviel ich auch schiß, ich mußte gefüttert und gefüttert werden, etwas Nahrhaftes würde ich schon bei mir behalten. Er kam jeden Tag, untersuchte mich und saß dann bei meiner Mutter, um über Babys, das Leben, das Schicksal und darüber zu diskutieren, wie er das medizinische Establishment haßte – das ihn wegen seiner radikalen Ansichten ausgestoßen hatte. Außerdem war er Alkoholiker.

»Er hat dir das Leben gerettet«, sagt mein Vater. »Er hat die entscheidende Rolle gespielt. Aber vielleicht war er auch einfach in deine Mutter verliebt.« Wie sollen wir das je erfahren? Doktor McLean, wo immer Sie sind: Danke.

Weil ich in Kriegszeiten in einer Großfamilie europäischen Stils geboren wurde – meine Eltern, meine Schwester, meine russischsprechenden Großeltern mütterlicherseits (die uns nie Russisch beibrachten, damit sie eine Geheimsprache hatten) –, erinnere ich mich an frühe Spiele wie »Weglaufen vor den Nazis« oder daran, wie meine Großmutter meine Hände mit Ivory-Seife einschäumte, um »die Deutschen« wegzuwaschen. (So trat der Krieg in meine Kindheit ein.) Ich erinnere mich, daß ich nachts absichtlich das Bett näßte, um in das Bett meiner Eltern genommen zu werden und zwischen ihnen an diesem sichersten aller Plätze zu schlafen (wobei ich sie trennte und mit ihnen war). Ich weiß noch, wie ich an die Decke ihres Schlafzimmers schaute, um die kaleidoskopartigen Lichter zu sehen – »Erbsen und Karotten« nannte ich sie –, nämlich die Fragmente von Grün und Rot unter meinen Augenlidern, wenn ich in dem großen, warmen Bett wieder die Augen schloß.

»Der Versucher unter dem Augenlid«, so nennt Dylan Thomas diese flackernde Kreatur. Ist es dieser Versucher, der einen Dichter schafft?

Meine Erinnerungen an die frühen Tage sind spärlich, und sie sind sämtlich visuell. Vielleicht erinnere ich mich sogar, in einem Kinderwagen zu liegen, durch einen Park zu rollen und zu Myriaden von grünen Blättern aufzuschauen, die das Licht brechen. Nie bin ich glücklicher, als wenn ich nach oben in Blätter blicke, darum nehme ich an, daß das auf irgendeine frühkindliche Euphorie zurückgeht. Die Blätter im Park, die optische Illusion, erzeugt durch kleine, achteckige Badezimmerkacheln, die durch einen Tunnel in eine andere Welt zu führen schienen, wenn ich auf meinem Kindersitz über dem Badezimmerthron hockte und auf ihre wechselnden Konfigurationen auf dem Boden starrte – das sind die lebhaftesten Erinnerungen, die ich habe.

Als ich zwei Jahre alt war, lebten wir in der Wohnung, die ich in all meinen Träumen wiedererschaffe – eine verwinkelte neugotische Angelegenheit in den obersten drei Stockwerken eines Gebäudes in der West 77th Street Nummer 44, gegenüber dem Museum für Naturgeschichte. Wir zogen 1944 von Castle Village in Washington Heights dorthin und blieben bis 1959, als wir in einen weiteren Vorkriegspalazzo umsiedelten, das Beresford auf der Nordseite des Museums.

Meine Kindheitserinnerungen an das Zuhause sind gleichzeitig unheimlich und großartig. Das Gebäude in der Siebenundsiebzigsten Straße war um die Jahrhundertwende für Künstler errichtet worden, und das Atelier hatte Nordlicht. Wir suchten anscheinend immer das Nordlicht, wie irgendeine seltsame Pflanze, die verdreht wächst, um die Sonne zu erreichen.

Die Wohnung, an die ich mich erinnere, ist vermutlich nicht die Wohnung, die heute existiert – inzwischen wird sie wesentlich eleganter sein als in meiner Kindheit in den vierziger Jahren. Löwenköpfe rahmten den Kamin im Wohnzimmer ein; das Eßzimmer hatte dunkle Holzpaneele und gotische Zierleisten und ging auf einen Hof hinaus; die Küche hatte einen altmodischen Gasofen mit Haube und eine Spüle aus Zink; die Schlafzimmer lagen an einem krummen Korridor, und ein steinernes Foyer mit gotischen Holzverzierungen öffnete sich in eine steinerne Halle, wo man einen verspiegelten, holzgetäfelten Aufzug rief, in dessen Maserung die Astlöcher aussahen wie Nachteulen, halb in mitternächtlichen Bäumen verborgen.

Die Decke im Wohnzimmer hatte doppelte Höhe und war mit etwas bedeckt, was »Blattgold« hieß. (In meiner kindlichen Vorstellung nahm ich an, diese Blätter seien von goldenen Bäumen geerntet worden.) Vier venezianisch aussehende Leuchter hingen von den dunkel gewordenen goldenen Quadraten. Die vorderen Fenster gingen auf das Museum mit seiner rotbraunen Sandsteinfassade und den grünen, konischen Türmchen hinaus, die hinteren Fenster auf den sonnigen Hof und die belaubten Gärten der New York Historical Society und die Reihe der Kalksteinhäuser in der 76th Street. Über dem Wohnzimmer war ein Balkon, dessen Geländer mit einer balinesischen Batikarbeit behängt war, auf der im Profil böse Dämonen tanzten. Zwei Treppen höher lag Papas (meines Großvaters) Atelier mit einer Falltür, einer Decke, die spitz zulief wie ein Hexenhut, und zwei riesigen Fenstern – einem nach Norden (mit dem stetigen Licht, das Künstler suchen) und einem nach Süden (zu veränderlich und daher oft mit doppelten grünen Jalousetten verdunkelt, die mittels Rollen bedient wurden).

Papas Atelier, angefüllt mit Künstleraccessoires – Gipsmasken (von Beethoven, Keats, Voltaire), einem echten Schädel, einem echten Skelett, Reproduktionen von T'ang-Pferden –, war sowohl ein Ort der Zuflucht als auch ein Ort der Angst. Es roch köstlich nach Terpentin und Ölfarbe wie ein verzauberter Wald. Doch die Totenmasken von Beethoven und Keats sowie das Skelett und der Schädel gaben ihm etwas Unheimliches. Man wollte dort nachts nicht allein sein.

An jedem Halloween wurde das Atelier benutzt, um Geschichten von Geistern und Vampiren zu erzählen. Eine Kerze beleuchtete den Schädel, und das Skelett und die Totenmasken trugen weiße Tuchkapuzen wie Mitglieder des Ku-Klux-Klan. Papa stellte ein Gemälde mit einem anderen Schädel (vielleicht Yoricks?) auf seine alte, farbverkrustete Staffelei, die mit ihm durch Edinburgh, Bristol und London gereist war, als er vor vielen Jahren in die Neue Welt auswanderte, um sich der Einberufung in England zu entziehen. Als Heranwachsender war er vor der russischen Einberufung in Odessa geflohen. Wir halten unsere Leben für so einmalig, doch historische Kräfte heben uns hoch und schleudern uns nieder. Mein Großvater floh (wie Ihrer und Ihrer) vor Europa und seinen Kriegen.

Meine Mutter erzählte die Geschichte von Dracula, die sie blutig ausschmückte, und die Kinder kreischten vor Angst und Lust, wenn sie von den Untoten, von den Vampirzähnen, von den nach nächtlichen Rendezvous bleichen und anämischen Jungfrauen hörten.

An normalen Wochentagen war ich immer willkommen, um neben meinem Großvater zu malen. Er pflegte mir eine kleine Leinwand vorzubereiten (er spannte sie stolz immer selbst auf), gab mir eine besondere Palette mit so einschmeichelnden Farben wie Alizarinpurpur, Krapprosa, Veridiangrün, Kobaltblau, Chromgelb, Umbra roh und Chinaweiß, und er steckte zwei kleine Metallschälchen, eines für Leinöl, das andere für Terpentin, in das Fingerloch der Palette.

»Nicht die Farben vermanschen«, pflegte Papa zu sagen und gab mir Flach- und Rundpinsel. Dann malte ich selig an seiner Seite, berauscht vom Geruch des Terpentins und dem Geräusch der Pinselstriche. Papa pfiff russische Volksballaden und Lieder der Roten Armee vor sich hin, während er arbeitete. Die Siebenundsiebzigste Straße hätte leicht das Ufer des Dnjepr sein können.

Papa war ein strenger Lehrmeister. Wenn ich »Farben vermanschte« oder meine Malerei nicht ernst nahm, tobte er und jagte mich die Treppe hinunter, mit seinem Malstock die Luft peitschend. Er brauchte mich nie zu schlagen. Sein Geschrei reichte, um mir Schrecken einzujagen. Ich las mit Erstaunen all die Bücher über Kindheitsinzest und Mißhandlungen, und ich weiß, daß das Brüllen meines Großvaters Mißhandlung genug war. Wie unmodisch, daß ich berichten muß, in meiner Kindheit von niemandem belästigt worden zu sein. Außer psychologisch. Und das reichte.

Mein Großvater hatte ein Atelier, mein Vater hatte ein Büro, meine Mutter dagegen mußte eine Feldstaffelei aufstellen, wo und wann sie konnte, und empfand bitteren Groll darüber. Inzwischen regierte meine Großmutter das Haus und verfolgte unser jamaikanisches Dienstmädchen Ivy, um sicher zu sein, daß sie alles richtig machte.

Iviana Banton war die reizbare westindische Frau, die unseren Haushalt führte (wenn meine Großmutter sie ließ). Ihre Hände waren ledrig, außen schwarz und innen wunderbar rosa. Ich liebte ihren Akzent, und ihre westindischen Sprachmuster verführen mein Ohr noch immer.

Ivy war häßlich, mit einem riesigen Grützbeutel auf der Nase, aus dem ein Haar sproß, aber sie war lebendig und stark. Ich lernte früh, daß lebendig und stark sein viel wichtiger ist als Schönheit.

Obwohl ich so viele Analysen gemacht habe, daß ich ein kleines Land davon hätte ernähren können, habe ich alle frühen Kindheitserinnerungen an meine Mutter verdrängt. Ich weiß, daß sie mich einerseits anbetete, sich diese Anbetung aber andererseits übelnahm, und ihre extreme Impulsivität mußte herausgefiltert werden wie Gifte aus einer Haushaltswasserleitung. Meine ältere Schwester war oft physisch gewalttätig gegen mich, verdrehte mir den Arm, bis ich mich vor Schmerzen auf dem Boden wand; sie quälte mich auch, indem sie bei gemogelten Kartenspielen meine goldene Uhr »gewann«, und brachte mich vor Freunden in Verlegenheit. Während eines großen Teils meiner Kindheit wurde ich so von zwei Frauen tyrannisiert, aber das meiste davon weiß ich nicht mehr. Dennoch ziehe ich den Schluß, daß mein konziliantes Temperament, meine Tendenz, meine Wut sogar vor mir selbst zu verhehlen, um dann Jahre später zu explodieren oder meine Feder zu benutzen, um Verwandte zu vergiften, aus diesen Jahren vergessener emotionaler Tyrannei stammen müssen.

Ich beklage mich nicht. Jeder braucht etwas, das seinen komplizierten Charakter geformt hat. Tyrannei war die Kraft, die meine Freiheitsliebe schuf, meine Identifikation mit den Unterdrückten, meine Leidenschaft für die Menschenrechte – und die Rechte von Frauen.

Als 1947 meine Schwester Claudia geboren wurde, verschob sich die gesamte Familienkonstellation. Plötzlich gab es da »das Baby«. Plötzlich kam es zum Nachkriegsboom, und mein Vater war reich – wenigstens sah es so aus. Auf einmal leisteten sich meine Eltern Dinge wie in den Winterferien nach Havanna oder Jamaika zu fliegen und im Sommer nach London oder Paris. Plötzlich gab es da eine Kinderschwester, die mich das Baby nicht anfassen lassen wollte, weil ich an Kopfgrind litt, den ich mir bei der Katze meiner besten Freundin eingefangen hatte.

Wenn ich aus dem Kindergarten zurück war, wurde ich von der Kinderschwester aus dem Zimmer des Babys verbannt. Der kleine rothaarige Eindringling – meine Schwester – ruinierte mein Leben. Alle machten viel Wind um sie. Meine Mutter lag im Bett wie eine müßige Dame, meine Großeltern zogen in eine andere, nahegelegene Wohnung (sie wurden endlich verstoßen, nachdem meine Eltern analysiert worden und aus so rückständigen mitteleuropäischen Vorstellungen wie einer Großfamilie herausgewachsen waren). Das Leben veränderte sich dramatisch. Und am deutlichsten erinnere ich mich daran, wie ich in einer Wanne stand, meine in Gaze gewickelten Arme über den Kopf hielt und von meiner Mutter abgeduscht wurde, die mit mir schnell fertig werden wollte, damit sie zu »dem Baby« laufen konnte.

Das verdammte Baby – wie Becca und ich es gequält haben! Wir packten es in erstickende Kleidung und zwängten es in den Puppenwagen. Wir schleppten es in den Wäscheschrank, der noch immer unser Auf-der-Flucht-vor-den-Nazis-Versteck war, denn der Krieg war zwar vorbei, aber nicht in unseren Köpfen! Dort pflegten wir Sandwiches mit Butter, Apfelsoße und Puderzucker zu essen (basierend auf einem Rezept aus einem Roman von Booth Tarkington, den meine große Schwester gerade las). Dort versteckten wir uns und flüsterten und rannten hinaus in die Küche, um weitere Vorräte zu holen, wenn die Luft rein war.

Claudia lächelte liebreizend und nahm all unsere Mißhandlungen hin. Sie war »das Baby«. Sie kannte ihren Platz. Heute erzählt sie mir, wie sauer sie auf uns war. Doch das war nichts im Vergleich dazu, wie sauer wir auf sie waren, bloß weil sie geboren worden war. Während wir zur Schule gingen, wurde sie in die Sonne der Karibischen Inseln mitgenommen. Während wir bei Mama und Papa blieben, war sie bei Eda und Seymour. Von uns dreien ist sie die einzige, die unsere Eltern Mommy und Daddy nennt. Und auch das nahmen wir ihr übel. Meine Eltern erschienen mir und meiner größeren Schwester auf geheimnisvolle Weise wie Geschwister. Meine Großeltern schienen die echten Eltern zu sein. Vielleicht war das der Grund, warum meine Eltern sie verbannen mußten.

Als ich acht war, meine ältere Schwester dreizehn und meine jüngere Schwester drei, machten meine Großeltern sich nach Paris auf und hofften, die Künstlerstadt aus Papas Jugend wiederzufinden. (Er hatte vor seiner Ehe dort als armer russischer Kunststudent gelebt und sich von Bananen ernährt, die irgendein kunstliebender jüdischer Philantrop spendierte – vermutlich ein Rothschild. So ging jedenfalls die Familienlegende.)

»Mirsky wollte ohne sie fahren«, sagt mein Vater. »Er dachte, er könne Mama uns aufhalsen.«

»Aber ich habe mich geweigert«, sagt meine Mutter. »Wie konnte er es wagen, sich einzubilden, er könne seine Jugend wieder einfangen?«

Mama und Papa fuhren auf der *Mauretania*. Kleine Hochglanzfotos in Schwarzweiß halten diesen schicksalsträchtigen Tag fest: Claudia und ich, die in unseren englischen Chesterfield-Mänteln, passenden Mützen und Glacéhandschuhen über die Decks rennen, Becca ein mürrischer, verdrossener Teenager, ein Ebenbild von Elizabeth Taylor, die sich malerisch auf den Liegestühlen an Deck mit passenden Tischchen räkelt und für die Kamera die Nüstern bläht.

Meine Eltern müssen sich so befreit gefühlt haben wie wir verlassen. Und was Papa und Mama betrifft, was mögen sie gedacht haben? Wie hätte das Paris von 1951 einen Künstler, der Montparnasse 1901 verlassen hatte, nicht enttäuschen sollen? Er war nicht mehr jung, nicht mehr ledig, nicht mehr in Bananen verliebt. Der russisch-jüdische Junge aus Odessa war ein Mann von Welt (oder zumindest ein Mann aus Manhattan) geworden. Wie konnte er zurückgehen? Wie sich herausstellte, war das auch nicht möglich. Er und meine Großmutter vermißten ihre Enkel zu sehr. Paris erwies sich als kein Ersatz für uns. Binnen sechs Monaten segelten Papa und Mama wieder zurück.

Daraus ergab sich ein Riesenkrach. Papa und Mama wollten wieder bei uns einziehen, und meine Eltern (und deren Analytiker) wollten das nicht zulassen. Papa und Mama waren zu prä-freudianisch, um all das zu verstehen, und verwanden die Kränkung nie. Meine Mutter fand für sie ein anderes Haus auf der West Side (mit Nordlicht), das zu Fuß nur wenige Minuten entfernt war, aber Papa und Mama weigerten sich, ihr zu verzeihen. Sie verziehen auch Paris nicht, daß es sich in den fünfzig Jahren verändert hatte. Die Zeit hatte stillzustehen. Doch leider tut sie das nie.

Nun bin ich also fünfzig, und Papa und Mama sind tot. Morgen gehe ich mit meinem Vater zum Mittagessen, um zu sehen, wieviel ich in diesem Eröffnungskapitel falsch gemacht habe.

2

Wie meine Eltern waren und dieses ganze David-Copperfield-Zeug

Falls Sie wirklich meine Geschichte hören wollen, so möchten Sie wahrscheinlich vor allem wissen, wo ich geboren wurde und wie ich meine verflixte Kindheit verbrachte und was meine Eltern taten, bevor sie mit mir beschäftigt waren, und was es sonst noch an David-Copperfield-Zeug zu erzählen gäbe ...
J. D. Salinger, *Der Fänger im Roggen*

Glücklich sind diejenigen von uns, die Töchter sind, hineingeboren in gebildete, ehrgeizige Familien, in denen keine Söhne zur Welt kamen ...
Tillie Olsen, *Silences*

Es ist Donnerstag, und ich bin mit meinem Vater zum Mittagessen verabredet, um »dieses ganze David-Copperfield-Zeug« zu verifizieren.

»Deine Mutter erinnert sich an überhaupt nichts«, sagt mein Vater. »Aber ich schon.«

Nun müssen Sie wissen, daß mein Vater die Art Mann ist, die nie mit mir allein zu Mittag ißt, weil er meint, meine Mutter könnte eifersüchtig sein. Wenn wir uns während der Woche treffen – was vielleicht alle siebzehn Jahre oder so vorkommt –, dann schlingen wir unser Essen hastig hinunter wie gehetzte Ehebrecher. Doch diesmal geht es um Geschichte. Mein Vater legt ein besitzerstolzes Interesse an meiner Karriere an den Tag – das geht vom Umgruppieren von Büchern in Buchhandlungen (so daß *Angst vorm Fliegen* auf den neuesten Werken von Stephen King, Danielle Steele oder John Grisham liegt) über das Abonnieren von *Publisher's Weekly* (und dem besorgten Bericht über die neuesten Trends zu Tiefst-Discountpreisen) bis zum Händeringen über meine bösen Kritiken.

»Warum nennen dich alle eine Pornographin, Liebling?« fragt er wirklich gelegentlich, wenn er mich über einen Verriß informiert, der mir entgangen ist. Ich versuche, möglichst keine Kritiken zu lesen, ob gute oder schlechte, aber mein Vater in seiner Besorgnis hat mich in der Tat auf einige derer aufmerksam gemacht, bei denen man einen Schlaganfall bekommen könnte.

Warum, warum, warum? fragt er wie Hiob. Es ist sein Fegefeuer, daß er eine Tochter hat, die in der Presse alle paar Jahre gegeißelt wird. Mittlerweile glaube ich, daß ihn das sogar noch mehr verletzt als mich. Am liebsten würde ich alle Kritiker anrufen und sagen: »Schauen Sie, mein Dad ist einundachtzig und ein netter Kerl – gönnen Sie ihm ein bißchen Ruhe.« (Meine Schüler am City College in den sechziger und frühen siebziger Jahren pflegten das mit mir zu machen: »Wenn Sie mir eine Sechs geben, bekommt meine Mutter einen Herzanfall. Und außerdem lande ich sowieso in Vietnam.« Besondere Bitten. Und oft wirkten sie.)

Wir sollen uns also um halb eins im Ausstellungsraum meines Vaters treffen. Aber es gießt in New York, daher dauert die Taxifahrt von der 69th Street zur 25th Street fast vierzig Minuten, und ich komme wie üblich zu spät.

Mein Vater tänzelt sehr aufgeregt und ungeduldig in seinem Ausstellungsraum herum, da er möchte, daß alle seine Mitarbeiter die berühmte Tochter kennenlernen. Er führt mir die »neue Linie« vor: »antike« Puppen, Keramikterrinen und Teekannen in Gestalt von Kürbissen und Auberginen, dekorative Teller in Form von Sonnenblumen, Spargel, Rosen und Zwiebeln.

Zwischen meinen Besuchen in seinem Ausstellungsraum vergehen Jahre, und ich bin immer erstaunt über das, was mein Vater und mein Schwager ausgetüftelt haben – auf ihre Art so kurios, wie aus einem leeren Blatt Papier und einem Stift Bücher zu machen. Auf welche Art die Leute in Amerika

Geld verdienen! Ein *Barabantschik* aus der Ära der Depression kann Millionär werden, indem er »antike« Puppen herstellt und sie mittels »Teleshopping« verkauft. Welches andere Land hat solche Absurditäten vorzuweisen? In Amerika kann man so schnell die Klassen wechseln, wie man *Barabantschik* sagen kann, weil es in Amerika in Wirklichkeit keine Klassen gibt – aber das ist für ein späteres Kapitel.

Ich bewundere den Krimskrams meines Vaters und begrüße seine Mitarbeiter; dann gehen wir zum Essen in die Imbißstube im selben Haus – der Lunch besteht aus Truthahnsandwiches und Diätcola.

Mein Vater ist blauäugig, dünn, drahtig und noch immer gutaussehend. Er schaut aus wie etwa fünfundsechzig. Gut, wie fünfundsiebzig. Aber nicht wie einundachtzig. (Wie sieht man mit einundachtzig aus?) Vitamine und Bewegung sind seine Religion. Er entdeckte das Vitamin C vor Linus Pauling, Betakarotin vor Harry Demopolous, und er sagt mir, das Geheimnis bestehe darin, »es zu genießen, wenn man hungrig ist«.

Er hat für mich ein Dokument angefertigt, da er sich der Ernsthaftigkeit der Tatsache bewußt ist, daß ich eine Autobiographie verfasse. Heimlich hat er allerdings meinen Mann angerufen, um ihm zu sagen: »Ich gebe Erica all diese Informationen. Ich hoffe, sie hat nicht vor, sie zu benutzen.« Das ist typisch für die ambivalenten Botschaften, die es in meiner Familie in Hülle und Fülle gibt.

Ich zitiere es hier wörtlich:

Säuglingsstation im Krankenhaus hatte viele Todesfälle wegen Infektionen und Diarrhöe. Bei Geburt hattest du großen Ballon voller Flüssigkeit, Schleimgeschwulst, glaube ich. Dr. Aubrey MacLean sagte, das würde absorbiert und verschwände. Aber du konntest keine Nahrung bei dir behalten – Mutter fütterte dich 24 Stunden am Tag –, eine Art durchgesiebter Brei wurde dir gewaltsam eingeflößt. Du wurdest auch mit rohem Schabefleisch gestopft. Dein Überleben hing am seidenen Faden.

Dr. Aubrey MacLean, der wegen seiner unorthodoxen Behandlungsmethoden an kranken Babys aus dem Babykrankenhaus des Presbyterian gefeuert wurde, kam jeden Tag, um dich zu untersuchen. Milch war verboten. Es gab jedoch in der Borden-Fabrik ein neues Walker-Gordon-Produkt. (Jeden zweiten Tag holte ich ein paar Flaschen für dich.) Du wurdest kräftiger, weil die Nahrungsaufnahme die Ausscheidung überwog. Nach 6 Monaten war dein Stoffwechsel stabilisiert, und dein Gewicht hatte zugenommen. Die Flüssigkeit in deiner Geschwulst war absorbiert und verschwand.

Als du zwei warst, wurde auf dem wöchentlichen Familienausflug zu einem Restaurant viel geredet. Du schriest: »Das hier ist kein Redeauto, Leute«, und dann hieltest du einen Monolog über die Szenerie. Als wir auf der Fahrt über Land an einem Mönchskloster vorbeikamen, nanntest du es Affenhaus*.

Dein Lieblingsspiel im Restaurant war, einen Hügel aus Salz auf den Tisch zu schütten. Dann fuhrst du sehr vorsichtig im Kreis mit dem Finger darin herum und schufst ein neues Kunstwerk, das »Inbut« genannt wurde. Diese Kreativität überkam dich, wenn du im Restaurant einen vollen Salzstreuer erspähtest.

Als deine Schwester Claudia etwa zwei Jahre alt war, haben Becca und du sie in einem Schrank versteckt und geheimnisvoll geschrien: »Die Deutschen kommen!«

Mit sechs oder sieben haben du und deine Freundinnen im Central Park gespielt. Ein ehrgeiziger Produzent von NBC wählte dich als kindliche Ballettänzerin aus. Du erschienst in NBC in einem schwarzen Tutu als Kinderprimaballerina.

Für die erste Überseereise auf der Liberté packtest du einen Riesenkoffer mit Lippenstiften in allen Farben, Sprays, Salben, Lockenwicklern, der aussah wie ein dicker Musterkoffer von Helena Rubinstein.

Ich erinnere mich an den Schweinefötus, den du aus Barnard mit

---

* Monastery = Mönchskloster; Monk = Mönch; Monkey = Affe; Monkery, etwa: Affenhaus (A.d.Ü.).

nach Hause brachtest – mit Skalpell und allem. Doch das wurde bald gegen Bleistift und Papier eingetauscht. Auf einen Schlag verloren wir eine Ärztin und gewannen eine Schriftstellerin.

Meine Reaktion darauf? Erleichterung, daß ich mich bei den Einzelheiten nicht allzu sehr geirrt hatte. Und Verwunderung darüber, daß mein Vater all das aufgeschrieben hatte, wenn er nicht wollte, daß es benutzt wurde.

Doch mir fällt auch die Tatsache auf, daß sich alles um mich dreht und gar nicht um ihn. Er nahm an, sein Leben sei nicht wichtig, und ich wolle bloß hören, wie ich von meiner gefährdeten neugeborenen Existenz bis zu der Erfahrung mit dem Schweinefötus heranwuchs, die meine Träume von einer medizinischen Karriere beendete. Ich hatte ihn über sein Leben interviewen wollen. Das war ihm gar nicht in den Sinn gekommen.

Ich beginne ihn also zu befragen, als sei er ein Fremder, über den ich einen Artikel schreiben muß. Mein Vater geht bereitwillig auf das Spiel ein. Es gefällt ihm. Er stellt die Dinge richtig.

Wie war Brooklyn, als du herangewachsen bist?
Voller Gärten und Höfe. Die Leute zogen von der Lower East Side weg, als zögen sie aufs Land. Die Untergrundbahnen waren neu, und Brownsville galt als Aufstieg.

Wohnten da lauter Juden?
Ich würde sagen, 90 Prozent Juden und 10 Prozent Italiener.

Was war mit deinen Eltern, Max und Annie, an was erinnerst du dich?
Daß mein Vater Schneiderarbeiten mit nach Hause brachte und über einer Hose saß. Er hatte zwei Jobs gleichzeitig. Jeder hatte zwei oder drei Jobs. Da waren sechs Kinder! Er machte Änderungen, um zusätzlich Geld zu verdienen. Und meine Mutter stand immer über dem Suppentopf und schlug nach uns, wenn wir vorbeiliefen. Daran erinnere ich mich, und auch

an ihren Rat, als ich älter war: »Verbringe nie dein Leben in Sorgnis.« Sorgnis! Was für ein Wort. Jeden Tag pflegte sie zu drohen, sie würde aus dem Fenster springen. Ich redete ihr das dann aus. Das war mein Job als erstgeborener Sohn. Einmal in der Woche kam ein Brief aus Deutschland oder Polen oder wo die Grenze gerade war. Mein Vater las ihn meiner Mutter auf jiddisch laut vor. Er kam aus dem Schtetl. Einem Ort namens Czkower, glaube ich. Meine Eltern lebten in zwei Welten – Brownsville und Czkower. Czkower war realer für sie.

Wann fingst du an, dich für Musik zu interessieren?
Es war Sammy Levinson, der mir eine ganz andere Art von Leben zeigte. Er hatte Musikstunden und eine Amati-Geige. Er spielte m. F. – mit Feeling. Seine Familie bezahlte dafür, daß er studierte. Mein Vater erwartete von mir, daß ich Geld nach Hause brachte. Ich hatte eine Unterrichtsstunde in der New York Music School – einer Einrichtung, die nur Geld machen wollte und später verschwand. Eine Unterrichtsstunde! Danach hatten wir Gelegenheitsjobs – Hochzeiten, Bar Mitzvahs, goldene Hochzeiten. Mein Vater sagte: »Du verdienst doch schon, warum Geld für Unterricht verschwenden?« (Er versteckte auch meine Zulassung zum City College. Jahre später erfuhr ich das und war wütend.) Er brauchte mich, um zum Unterhalt der Familie beizutragen. Er sah keinen Sinn im College. Bei den goldenen Hochzeiten spielten wir all die alten Kamellen: *Just a Garden in the Rain* und *Oh How We Danced On the Night We Were Wed*. Ich beschloß, nie goldene Hochzeit zu haben. Lieber wollte ich tot sein. Und russische Tänze – immer russische Tänze –, besonders bei den Hochzeiten. Sie tanzten Kazatka, bis sie umfielen.

Wie hast du dich ins Showgeschäft verliebt?
Als Sammy und ich in der High School waren, war es noch das Varieté. 8 Shows 8. (Er schreibt das auf eine Serviette.) Als der Schokoriegel von Hershey mit den Nüssen auf den Markt

kam, hatten sie einen Trick. Angeblich war in jedem zehnten davon ein Dollar, also verkauften wir die Dinger, als würde es sie bald nicht mehr geben. Es stimmte natürlich nicht. Man fand nie wirklich einen Dollar, aber die Leute gierten nach kostenlosen Zugaben. Sie glaubten es. Also hingen wir im Varieté herum und bekamen fünfzig Cent für jeden Dollar, den wir verkauften. Nette Gewinnspanne.

Warum hast du mir gesagt, ich solle nie nach einer Hundenummer auftreten?

Weil du im Varieté nicht mit Hunden und kleinen Kindern konkurrieren kannst. Und außerdem ist das ein lausiger Zeitpunkt für einen Auftritt – in der Mitte. Du willst die letzte Nummer oder die erste. Nie die in der Mitte. Varietés liefen während der zwanziger Jahre. Die Sketche waren unglaublich dumm, sogar nach heutigen Fernsehmaßstäben. Doch die Regel galt: Man hatte Sketche, Hunde, einen Zauberer, den Striptease, den Star. Man durfte nie nach einer Hundenummer auftreten. Für mich war das egal, ich war immer in der Band.

Warum hast du deinen Namen geändert?

Als ich zwanzig war, trat ich in die Gewerkschaft ein – Bezirk 802. »Seymour Mann und sein Orchester« klang gut – aber es gab noch einen anderen Grund. Es gab in der Gewerkschaft einen Gauner namens Izzy Weisman, der in irgendeinen Skandal verwickelt war. Also war Weisman im Bezirk 802 kein guter Name. Mir gefiel der Klang von »Seymour Mann und seine Band«. Du durftest damals im Showgeschäft nicht jüdisch klingen. Aus Cohen wurde King. Aus Moshkowitz Moss. Rabinowitz wurde zu Ross. Goldfish wurde zu Goldwyn. Das Ethnische war noch nicht in Mode.

Wo hast du Eda kennengelernt?

An einem Ort namens Utopia in den Catskill Mountains. Er hieß wirklich Utopia. Es war ein Familienkurort in der

Nähe von Ellenville in den Mountains. Deine Mutter trug ein schwarzes Samtcape (mitten im Sommer), das sie durch Wiesen mit Gänseblümchen und Kuhfladen schleifte. Sie war eine Künstlerin – sehr bohemienhaft.

»Was macht ein schönes Mädchen wie Sie in so einem Kaff?« fragte ich. Das war der abgedroschenste Spruch, den ich kannte. Er wirkte. Ich dachte, sie sei leicht zu haben, weil sie im selben Zimmer schlief wie der Besitzer des Hauses. Aber wie sich später herausstellte, hatte er sie nie angerührt – er konnte es nicht. Sie war ihm zu fortschrittlich. Jedenfalls malte sie Wandgemälde, also brachte ich sie dazu, meine Trommel zu bemalen. Wir verliebten uns wahnsinnig. Nach dem Sommer besuchte ich sie einmal in der Woche. Ich nahm die Untergrundbahn von Brooklyn zum Upper Riverside Drive. Papa und Mama ließen uns immer allein. Wir gingen unglaubliche Risiken ein. Ich glaube, zum erstenmal sagte ich ihr oben in einem offenen Bus in der Fifth Avenue, daß ich sie liebte. Weißt du, daß es da offene Busse gab? Ich arbeitete im Paul's Rendezvous mit einer fünfköpfigen Band und versuchte auch irgendwie, abends auf die N.Y.U. zu gehen. Doch für sieben Dollar pro Auftritt konnte ich mir das nicht leisten. (Daß ich eine Zulassung zum City College von New York hatte, wußte ich ja gar nicht, wie ich schon sagte.) Maxwell Bodenheim pflegte ins Paul's Rendezvous zu kommen, um für einen Drink Gedichte zu rezitieren: »Der Tod kommt wie ein Juwel, das in einen samtenen Beutel fällt . . .« So glaube ich mich zu erinnern. Wir heirateten 1933, weil der Volstead Act aufgehoben wurde und wir dachten, in den Clubs würde es Arbeit geben. Roosevelt wurde im März in sein Amt eingeführt. Die Leute waren am Verhungern: Apfelverkäufer auf den Straßen, Elendshütten am Fluß. Unsere erste Wohnung war in der 22nd Street zwischen 8th und 9th. Es war eine Pension, bei der die Badewanne mitten in der Küche stand. Man stundete uns die Miete für zwei Monate, und wir mußten ausziehen, als die Zeit um war. So wohnten wir in einer Menge Häuser. Einmal waren wir an der

Ecke 118th und Riverside Drive – wir waren begeistert, in derselben Straße zu wohnen wie George Gershwin. Die Musiker arbeiteten von acht Uhr bis zur Bewußtlosigkeit. Eda holte mich ab, und wir gingen nachts den Broadway hinunter nach Hause und frühstückten bei Nedick's. Romantisch. Sie arbeitete den ganzen Tag bei Bloomingdale's, wo sie Künstlermaterial vorführte. Die Farben konnte sie mit nach Hause nehmen, so erschien es uns als gutes Geschäft. Wir schliefen nie. Dann, als ich vierundzwanzig war, 1935, hatte ich den ersten großen Durchbruch. Mickey Green, der Agent – verwende seinen Namen nicht, er lebt noch –, besorgte mir eine Audition bei Cole Porter für *Jubilee* – und ich bekam den Job. Von da an habe ich gearbeitet.

Und wie ging es weiter?
Deine Mutter haßte das Showgeschäft. Die Arbeitszeiten, die Unsicherheit. Sie war auf der Kunstakademie die beste Schülerin gewesen, aber sie bekam den Prix de Rome nicht, weil er nie an Mädchen vergeben wurde. Außerdem war da diese heftige Konkurrenz mit deinem Großvater. Und sie haßte die Musikergewerkschaft – das waren Gauner, die Prozente von den Honoraren verlangten. Und als deine Schwester Becca geboren war, zogen wir wieder zu Mama und Papa, um etwas Hilfe bei deiner Schwester zu haben.

Aber hast du das Showgeschäft nicht vermißt?
Deine Mutter hätte ich mehr vermißt. Wir liebten uns wirklich. Ich hätte all das ohne sie nicht geschafft. Und deine Mutter hatte ein hartes Leben. Sie kannte ihren Vater nicht, bis sie acht war, weißt du, weil er die Familie in England zurückließ, als sie zwei Jahre und ihre Schwester Kitty kaum drei Jahre alt war. Er floh vor der Einberufung in England. Die Juden flohen immer vor der Einberufung. Warum sollten sie für einen antisemitischen Zaren sterben?

Warst du vorher jemals verliebt?
Oh, da war ein Mädchen in der High School, aber nichts Ernstes. Ich war zwanzig, als ich deine Mutter kennenlernte. Die Ehe war eine ernste Sache, eine Verpflichtung. Man ließ sich einfach nicht scheiden. Glaube nicht, wir hätten keine *Tzores* gehabt. Die hatten wir. Aber Scheidung kam nicht in Frage.

Was hielten deine Eltern von ihr?
Mama kam nach Utopia hinauf, um sie sich anzusehen. »Gib acht – dieses Mädchen benutzt dich«, sagte sie. (Er lacht.)

Und was hielten ihre Eltern von dir?
Sie fanden, ich sei nicht gut genug, aber sie ließen uns dauernd allein in der Wohnung.

Hat es dir nicht zu schaffen gemacht, das Showgeschäft aufzugeben, wo du gerade im Begriff warst, den Durchbruch zu erreichen?
Ich schrieb ein paar Songs, die veröffentlicht wurden, aber ich wußte, daß ich kein Cole Porter oder Lorenz Hart war. Kein Irving Berlin. Kein Gershwin. Das waren meine Götter. Siehst du, ich hätte meine Seele verkauft, um *Mountain Greenery* oder *Isn't it Romantic?* zu schreiben, aber alles, was herauskam, war *The Lonely Little Music Box*.

Woher hattest du das Selbstvertrauen, zu Auditions zu gehen oder Vertreter zu werden?
Ich verbarg meine Angst immer, wenn ich losging, um mich zu verkaufen. Ich rechnete damit, Angst zu haben, aber ich habe nie zugelassen, daß sie mich beherrscht. Jeder empfindet Angst. In *Jubilee* pflegten die größten Stars aus silbernen Taschenflakons zu trinken, bevor der Vorhang hochging. Sie waren in einem schlimmen Zustand. Angst war normal, vorhersagbar. Man rechnete nie damit, keine Angst zu haben. Aber man machte trotzdem weiter. Als ich das Showgeschäft verließ und Vertreter wurde, rechnete ich nicht damit, keinen Erfolg

zu haben. Und als ich dieses Geschäft anfing und herausfand, wie man Geld verdient, rechnete ich nicht damit, es nicht zu schaffen.

Und worauf bist du in deinem Leben am meisten stolz?
Ich gab dir, was meine Eltern mir nicht geben konnten – eine Ausbildung.

Aber worauf bist du am stolzesten für dich selbst?
Darauf. Du kannst nicht gewinnen gegen starke Töchter, die ihre eigene Meinung haben, und du kannst ihnen nicht sagen, wen sie heiraten sollen – aber du kannst dafür sorgen, daß sie eine Ausbildung bekommen. Wenigstens das. Wenn du heute Medizin studieren wolltest – ich würde es dir noch immer ermöglichen.

Danke, Dad. Ich erinnere mich immer noch an den Schweinefötus aus Barnard. Ich war gemeingefährlich mit meinem Skalpell, und das Formaldehyd machte mich fast ohnmächtig.
Vielleicht würdest du heute anders empfinden.

Du hättest noch immer gern, daß ich Ärztin wäre, nicht?
Sieh mal, du bist eine tolle Schriftstellerin, aber du brauchst einen Public-Relations-Agenten. Alles liegt an der PR. Schau dir Madonna an. Sie hat kein Talent, aber tolle PR. Warum rufst du nicht diesen Della Femina an? Er wird dich beraten.

Er ist ein Werbemann, Dad, kein PR-Agent. Er ist ein alter Freund von mir, aber PR ist nicht seine Branche.
PR ist heutzutage jedermanns Branche. Und einer sollte sich um dich kümmern. Was ist mit den Filmrechten? Wie kommt es, daß sie diesen Film nie gemacht haben? Bücher sind ja eine feine Sache, aber wer liest denn noch? Du brauchst mehr als Bücher, um Karriere zu machen.

Ich scheine im Showgeschäft nicht viel Glück zu haben. (Jedesmal, wenn jemand aus meinen Büchern einen Film oder ein Stück machen will, vergeude ich Jahre meines Lebens und lande in irgendeinem juristischen Durcheinander. Ich kann mich mit Hollywood-Leuten nicht verständigen. Sie sprechen nicht meine Sprache. Oder vielleicht spreche ich ihre nicht. Sie können nicht verstehen, warum mir kleine Details in meinen Büchern am Herzen liegen – wie die Story oder die Figuren –, und ich kann nicht verstehen, wie sie so viel Geld damit verdienen, daß sie telefonieren. Das paßt nicht zusammen.)

Unsinn, du hast einfach die falsche PR.

Da haben wir dieselbe Wendung, zu der es bei uns immer kommt: von ihm zu mir. Da ich der Teil von ihm bin, der hinausgehen und das Showgeschäft erobern sollte, kritisiert er mich, wie er sich selbst kritisieren würde. Ich trage die Bürde seiner Träume, und so drängt und treibt er mich und kommt überhaupt nicht darauf, daß ich das als Kritik empfinde. Einmal, als eines meiner Bücher nicht so gut zu laufen schien wie vorhergesagt, schrie ich ihn am Telefon an: »Du mußt mich einfach lieben, ob ich nun auf der Bestsellerliste stehe oder nicht!« Ich glaube, die Botschaft ist angekommen. Vorher hatte mein Vater nie verstanden, daß ich mich kritisiert fühlte, wenn er mich anzutreiben versuchte. Doch Eltern können nicht anders. Sie sehen so deutlich, was ihre Kinder sein könnten, und sie sind so beteiligt. Vermutlich mache ich dasselbe mit meiner Tochter: antreiben, drängen, scheinbar mit ihr unzufrieden sein, obwohl sie in Wirklichkeit alles ist, was ich mir je gewünscht habe, und mehr. Sie ist freimütig, wo ich scheu, zäh, wo ich schüchtern war, voll von meinen Träumen und Plänen – aber auf ihre ganz eigene Weise. Kurz gesagt, sie ist mein Pfeil in die Ewigkeit, aber sie kann es nicht so sehen.

Dad, jedesmal, wenn ich nach dir frage, redest du schließlich über mich.

Ja? Nun, ich dachte immer, du würdest das tun, was ich nicht getan habe – und in gewisser Weise hast du das auch, bis auf die PR.

Wie kann ich ihm erklären, daß die Wechselfälle meiner Karriere nicht durch bloße »PR« zu beseitigen sind? Ich habe Regeln gebrochen, die für ihn unsichtbar sind, weil er ein Mann ist: Ich habe offen über Sex geschrieben, männliche, pikareske Abenteuer für Frauen übernommen, mich über die heiligen Kühe unserer Gesellschaft lustig gemacht. Ich habe gelebt, wie ich wollte, verheiratet, geschieden, wiederverheiratet, geschieden, wiederverheiratet und erneut geschieden, und – das ist noch schlimmer – ich habe es gewagt, über meine Ex-Ehemänner zu schreiben! Das ist die schändlichste meiner Sünden – nicht, daß ich diese Dinge getan habe, sondern daß ich mich in gedruckter Form dazu bekannt habe. Deswegen gelte ich als unmöglich. Dagegen kann keine PR etwas ausrichten! Das ist nicht mehr und nicht weniger als das Schicksal rebellischer Frauen. Sie pflegten uns auf dem Marktplatz zu steinigen. In gewisser Weise tun sie das noch immer.

Und er würde mich heute noch auf die medizinische Fakultät schicken! Soll ich das als Beleidigung oder als Kompliment betrachten? Und sollte ich ihn beim Wort nehmen? Vielleicht wäre ich im zweiten Teil meines Lebens gerne Ärztin. Schreiben ist keine leichte Art, seinen Lebensunterhalt zu verdienen.

Und dann ist es spät – beinahe halb vier, und wir müssen uns beeilen. Mein Vater bezahlt die Rechnung, und wir gehen in den Ausstellungsraum zurück. Ich schnappe mir ein Taxi und mache mich mit meinen unentzifferbaren Notizblättern und einem Tonbandgerät, das, wie ich feststelle, kein Wort aufgenommen hat, auf den Heimweg.

Auch gut. Ich werde das Gespräch rekonstruieren, wie ich das ohnehin immer mache, wenn ich Fiktion schreibe. Es ist sowieso alles erfunden. Vor allem die Passagen, die sich echt anhören.

Während ich diesen Dialog noch einmal betrachte, fürchte ich, daß ich meinen Vater ein bißchen zu sehr dargestellt habe wie Mel Brooks' zweitausend Jahre alten Mann. Doch noch etwas taucht auf, etwas, das mir anscheinend entgangen ist, als ich jünger war. Meine Eltern gaben beide einen künstlerischen Ehrgeiz auf – er seine Musik, sie das Malen –, um zusammen eine Familie und ein Geschäft zu gründen. Das Geschäft konnte ihrer beider Begabungen brauchen – ihre Entwürfe, Zeichnungen und Skulpturen und sein Gespür für Trends und sein Verkaufstalent. Die Puppen wurden ihr gemeinsames Produkt, wie ihre Töchter. Es war ein Mom-und-Pop-Unternehmen. Am Ende hatten sie immer noch einander, neun Enkelkinder und reichlich Geld. Für Leute, die in der Depression begonnen haben, mit Eltern, die Jiddisch und Russisch sprachen, war das beinahe ein Wunder. Mehr als das, es war ihr Ideal einer Ehe: eine Partnerschaft, ein Kompromiß und natürlich ein kommunistisches Unternehmen – jeder gab nach seinen Fähigkeiten, jeder bekam nach seinen Bedürfnissen. Am Ende fühlte sich niemand betrogen. (Mit dem, was dazwischen passierte, ist das eine andere Sache.) Jeder hielt sich die Erfolge des anderen zugute. Nicht viele Leute aus meiner Generation haben solche Ehen. Daß ich so eine haben würde, hatte ich nie gedacht. Und dorthin zu gelangen, war der härteste Kampf meines Lebens. Aber ich greife der Geschichte vor. Zuerst muß ich Ihnen von meiner Mutter erzählen.

Wie schwer es ist, über sie zu schreiben, und wie notwendig. Wo fange ich an? Damals oder heute? Und erzähle ich die Geschichte aus meiner Sicht oder aus ihrer? Wir sind so miteinander verzahnt, daß es schwer ist, den Unterschied zu erkennen. Ich sage mir, daß meine Mutter sich niemals interviewen lassen würde, daß sie die Idee mit bitterem Spott zurückweisen würde. (Das sollte sich als falsch erweisen.) Aber ich glaube, es war vor allem ihre Frustration, die meinen Erfolg antrieb. Damals war sie gleichzeitig eifersüchtig und überaus stolz auf mich. Sie machte mich zu allem, was ich heute bin – samt Warzen und dem Rest.

Wie begriff ich zum ersten Mal die Einschränkungen, die für Frauen galten? Durch meine Mutter. Und wann begriff ich zum ersten Mal, daß ich irgendwie dazu bestimmt war, meine Mutter zu werden? In der Pubertät. Bis dahin war ich in meinem Ehrgeiz und Enthusiasmus unbeeinträchtigt. Ich erwartete, Edna St. Vincent Millay, Madame Curie und Beatrice Webb zu werden, alles in einer Person. Ich erwartete, die Welt bei den Ohren zu packen und zu schütteln, bis sie sagte: Ja, Erica, ja, ja, ja. Heute begreife ich, daß meine Mutter die gleiche Erfahrung gemacht hatte, daß sie aber aufgrund der Zeit, in der sie lebte, in dieser Erfahrung steckengeblieben war, ich dagegen nicht – und ihr Steckenbleiben gehörte zu den Dingen, die mich befreiten.

Ich gehe zurück, weit zurück in der Zeit. Ich versuche, die Familienmythen und die gemeinschaftlichen Erinnerungen zu transzendieren und mich in eine Zeit zu versetzen, die ich nur durch Henry Millers Leben und nicht durch das meiner Eltern kenne: das Jazz-Zeitalter, der Börsenkrach, die Speakeasys, Lokale, in denen illegal Alkohol ausgeschenkt wurde, heruntergerollte Strümpfe und schwarzgebrannter Gin – 1929.

Meine Mutter besuchte die Kunstklasse der National Academy of Design. Sie war eine Brünette mit kurzgeschnittenem Haar, großen braunen Augen und einem schnellen Mundwerk, die beste Zeichnerin und Malerin ihrer Klasse, und sie hatte jeden Grund, die Spitzenpreise zu gewinnen – einschließlich des großen Reisestipendiums, des Prix de Rome. »Behaltet dieses Mirsky-Mädchen im Auge«, pflegte ihr Kunstlehrer zu den Männern zu sagen. »Sie wird euch alle übertreffen.«

Meine Mutter grämte sich darüber und fühlte sich auf den Arm genommen, weil sie wußte (und gleichzeitig doch nicht wußte), daß ihr Geschlecht sie davon ausschloß, jemals nach Rom geschickt zu werden. Als sie die Bronzemedaille gewann und man ihr – ziemlich unverblümt (damals schämte sich niemand, sexistisch zu sein) – mitteilte, sie bekäme den Prix de Rome nicht, weil man von ihr als Frau erwarte, daß sie heirate, Kinder bekomme und ihre Talente vergeude, war sie wütend. Diese Wut hat mein Leben mit Energie gespeist – und auch in vieler Hinsicht behindert.

»Ich hatte erwartet, daß die Welt sich einen Weg zu meiner Tür bahnen würde«, sagt sie immer. »Aber das tut die Welt nie. Man muß selbst dafür sorgen, daß sie kommt.«

Auch zur Zeit meiner Mutter war der Feminismus ein heißes Thema. Die zwanziger Jahre waren eine Zeit der Hoffnung für die Rechte der Frauen. Doch diese Rechte wurden niemals in Gesetze umgesetzt. Und ohne Gesetze kann sich der Feminismus nicht halten. Meine Mutter gab sich selbst die Schuld an »ihren Mißerfolgen«. Sie dachte nie daran, der Geschichte die Schuld zu geben. Und ich wollte nie so von Wut verzehrt werden wie sie. Ich wollte die Macht des Sonnenlichts, nicht die Macht der Nacht. Ich wollte Fülle, nicht Kargheit; Liebe, nicht Furcht. Manchmal denke ich, daß meine Mutter meinen Vater zwang, das Showgeschäft aufzugeben, damit er denselben Verzicht leisten mußte, den sie geleistet hatte. Wenn Kinder sie fesseln sollten, dann sollten sie auch ihn fesseln. Sie wollte die »weibliche« Rolle des Ermöglichers nicht akzeptieren. Sie wollte ihn nicht Künstler sein lassen, wenn sie selbst keiner sein durfte. So ist die Mutter-Tochter-Dynamik ein Thema, dem ich nicht ausweichen kann, wenn ich das ganze David-Copperfield-Zeug erzählen soll. Die Frustrationen meiner Mutter speisten sowohl meinen Feminismus als auch mein Schreiben. Doch ein großer Teil der Energie entstammte meiner Wut und meiner Konkurrenz: meinem Wunsch, sie zu übertreffen, meinem Haß auf ihre Kapitulation vor ihrer Weiblichkeit, meinem Wunsch, anders zu sein, weil ich fürchtete, ihr viel zu sehr zu ähneln.

Das Frau-Sein war eine Falle. Wenn ich ihr zu ähnlich wäre, würde ich genauso in der Falle sitzen wie sie. Doch wenn ich ihr Vorbild zurückwiese, würde ich ihre Liebe verraten. Ich fühlte mich als Betrügerin, welchen Weg ich auch einschlug. Ich mußte eine Möglichkeit finden, wie sie und doch gleichzeitig nicht wie sie zu sein. Ich mußte einen Weg finden, sowohl ein Mädchen als auch ein Junge zu sein.

Insofern bin ich vielleicht sehr typisch für meine Jo-Jo-Generation. Die Modelle von Mutterschaft, die wir hatten, nutzten uns nichts in dem Leben, das wir führten. Unsere Mütter blieben zu Hause, wir dagegen gingen hinaus in die Welt. Oft waren wir die ersten weiblichen Mitglieder unserer Familien, die allein in Hotelzimmern übernachteten, allein Kinder großzogen, Steuerprobleme allein in Angriff nahmen, allein an die Glasdecke starrten und uns fragten, wie wir sie durchbrechen könnten. Und wir fühlten uns schuldig und daher ambivalent unserem Leben gegenüber, weil viele unserer Mütter niemals auch nur bis dahin kamen.

Wenn ich mit Angehörigen meines College-Jahrgangs spreche, ist das Thema, das immer wieder aufkommt, das Schuldgefühl unseren Müttern gegenüber.

»Wir sind die Sandwich-Generation«, sagte eine Kommilitonin aus Barnard bei einem kleinen Abendessen vor dem Klassentreffen, das wir veranstalteten, um unsere fünfzigsten Geburtstage zu feiern. »Unsere Generation litt, weil unsere Mütter mit fünfzig nichts hatten, worauf sie sich freuen konnten«, sagte eine andere. »Wir hielten uns zurück, um die Liebe unserer Mütter nicht zu verlieren«, sagte wieder eine andere. »Ambivalente Botschaften«, meinten wir alle übereinstimmend. Ambivalente Botschaften darüber, ob wir konkurrieren sollten oder nicht, ob wir Geld verdienen sollten oder nicht, ob wir uns selbst behaupten oder uns unterordnen sollten. Das sind die Kennzeichen der Jo-Jo-Generation.

Ich glaube, wir hielten uns in unangebrachter Loyalität zu unseren Müttern zurück. Da sie nicht die volle Freiheit hatten, sich selbst zu behaupten, blieben wir an ihre Einschränkungen gefesselt, als wäre diese Sklaverei ein Liebesbeweis. (Oft setzten wir Sklaverei tatsächlich mit Liebe gleich.) In der Lebensmitte, als die Zeit hinter unserem Rücken mit den Flügeln schlug, faßten wir endlich den Mut, uns zu befreien. Endlich ließen wir diese Ambivalenz fahren, die das kollektive Los unserer Mütter war – und wir brachen durch die Glasdecke in uns selbst hinein, zu wirklicher Freiheit.

Der zeitgenössische amerikanische Feminismus zahlt, glaube ich, einen schrecklichen Preis für seine blinde Ablehnung Freuds. Indem wir Freud als Sexisten und weiter nichts etikettieren und sein revolutionäres Konzept des Unbewußten zusammen mit seinem Sexismus verwerfen, verlieren wir gerade die Werkzeuge, die wir brauchen, um zu begreifen, was zwischen uns selbst und unseren Müttern abläuft. Und ohne dieses Verständnis ist es schwer, den Feminismus dauerhaft zu etablieren. Eine mächtige Unterströmung von Ambivalenz bedroht uns in all unseren Errungenschaften. Weil wir uns schuldig fühlen, da Erfolg zu haben, wo unsere Mütter scheiterten, sabotieren wir manchmal unbewußt unseren Erfolg, wenn wir gerade im Begriff sind, seine Früchte zu kosten. Ich fürchte, wenn wir die Generationen nicht psychologisch betrachten, sind wir dazu verdammt, in aufeinanderfolgenden Generationen immer wieder den alten Zyklus von Feminismus und Gegenschlag durchzuspielen.

1929, als meine Mutter die Kunstakademie abschloß und es ihr nicht gelang, die Preise zu gewinnen, die sie verdient hätte, stand die Welt an einem ähnlichen Wendepunkt zwischen der Neuheit des Feminismus und den alten, gewohnten Pfaden des männlichen Chauvinismus. Doch Ideen sind nur Abstraktionen. In die eigentliche Politik gehen sie erst ein, wenn individuelle menschliche Wesen sie im Herzen tragen. Diese menschlichen Wesen aber wurden von Eltern einer anderen Generation und mit anderen Voraussetzungen aufgezogen. In jedem Menschen findet ein innerer Krieg zwischen den Generationen statt. Und es ist der Ausgang dieses Krieges, der darüber bestimmt, wie und ob sich die Welt verändert.

Bei Frauen ist dieser Krieg besonders intensiv. Frauen identifizieren sich automatisch und stark mit ihren Müttern, aber sie müssen ihre Mütter auch aus dem Weg räumen, um sie selbst zu werden. Wenn jede Generation das Gegenteil von dem tut, was die Generation ihrer Mütter getan hat, dann werden wir weiterhin das Abwechseln feministischer Generationen mit Generationen des Gegenschlags erleben, das wir so deprimierend gut kennen. Wir werden auf denselben Spielzeuggleisen weiterfahren und nirgends hinkommen, sondern uns immer nur im Kreis bewegen.

Mütter neigen dazu, ihren Töchtern ihre eigene, nicht zum Ausdruck gebrachte Rebellion einzupflanzen. Darum folgen rebellierende Generationen auf stille, stille auf rebellierende, und die Welt macht weiter wie eh und je. Genau in dem Augenblick, in dem Frauen ihre intellektuellen oder künstlerischen Kräfte finden, treten die Hormone auf den Plan und machen die Sehnsucht, Kinder zu bekommen, überwältigend. Wenn wir von unseren Müttern gelernt haben, daß das Kinderkriegen die Kreativität besiegt, rebellieren wir, indem wir keine Kinder bekommen, oder wir rebellieren, indem wir das Kinderkriegen zu unserer einzigen Kreativität machen. Warum nicht diesen Teufelskreis durchbrechen und die Frauen werden, die unsere Mütter hätten sein wollen? Weil wir das Gefühl haben, daß wir das nicht können, ohne unsere Mütter zu töten, und als Vergeltung für den mörderischen Wunsch töten wir dann statt dessen die Mutter in uns selbst.

Als ich um die Zwanzig war und den größten Teil der Schreibpreise im College gewonnen und sogar das eine oder andere Gedicht veröffentlicht hatte, durchlief ich eine Periode qualvoller Blockierung. Ich saß an meinem Schreibtisch, versuchte zu schreiben und bekam einen Angstanfall, weil ich einen Mann mit geladener Waffe hinter mir spürte, der bereit war, mich zu erschießen, wenn ich nur eine Zeile schrieb. Ich hatte das Glück, bei jemandem in Analyse zu sein, der klug und geduldig genug war, um mich anzuleiten, bis ich die Assoziation zwischen dem Mann mit der Waffe und meiner imaginären Mutter herstellte, die wollte, daß ich schrieb, und die mich gleichzeitig umbringen wollte, weil ich schrieb. Die Mutter meiner Phantasien fand, ich sei eine Verräterin, weil ich schrieb, auch wenn meine reale, historische Mutter das nicht tat. Ich mußte diesen Kampf zwischen Selbst und Seele austragen, um eine Zeile schreiben zu können. Und auf die eine oder andere Weise kommt es bei jedem Buch, das ich schreibe, immer wieder zu diesem Kampf. Jedesmal ist die Lösung dieselbe: Ich muß mir die Dämonen bewußt machen, dann lassen sie mich vielleicht lange genug in Ruhe, damit ich die Blockierung durchbrechen und das Buch beenden kann.

Kreativität verlangt nichts außer allem, was man besitzt. Sie bedeutet die mörderische Wut, den Scharfschützen hinter dem Schreibtisch und die inneren Dämonen, die uns alle verwirren, zu enthüllen.

Wie kann Kreativität etwas anderes sein als eine erschreckende Kraft voll unerwarteter Wendungen? Wenn Sie der Kreativität Ihr Leben widmen, geben Sie für immer das Versprechen auf, ein braves Mädchen zu sein. Kreativität wird Sie unvermeidlich dazu führen, dunkle Familiengeheimnisse preiszugeben. Sie wird Sie in das Labyrinth führen, wo Sie sich dem Minotaurus stellen müssen. Sie können dem Minotaurus nicht begegnen, indem Sie ein »braves Mädchen« bleiben. Sie können nicht dem Minotaurus ins Auge blicken und dennoch die Künstlerin in Ihnen weiter zum Schweigen zwingen.

Ich stelle mir meine Mutter mit neunzehn oder zwanzig vor, wie sie sich um den gleichen traurigen Bestandteil weiblicher Kreativität sorgte. »Ich werde die Dybbuks besiegen!« muß sie gedacht haben. Sie wählte einen Mann, der dieselben Dinge liebte wie sie. Sie wählte einen Mann, der ihre Kunst liebte. Doch die Sabotage der Welt wirkte fein mit ihrer Selbstsabotage zusammen. Kunst ist hart. Man muß auf seiner eigenen Seite stehen. Und für Frauen ist es schwierig, auf ihrer eigenen Seite zu stehen, da man ihnen sagt, sie sollen auf der Seite aller anderen stehen. Die Welt verstärkt all ihre Zweifel. Und dann kommt das Baby und die Notwendigkeit, einen Lebensunterhalt zu verdienen – und was die ungleichen Chancen nicht umbringen, das verwüstet die Liebe.

Ein Baby ist eine Vollzeitbeschäftigung für drei Erwachsene. Niemand sagt Ihnen das, wenn Sie schwanger sind, sonst würden Sie vermutlich von einer Brücke springen. Niemand sagt Ihnen, wie allverzehrend es ist, Mutter zu sein – wie das Lesen den Bach hinuntergeht und das Denken auch.

All das setzt voraus, daß das Baby normal und gesund ist. Was, wenn das Baby kränklich ist oder am Verhungern, was, wenn die Mutter dies ist? Jede Mutter, die je gelebt hat, hat den inbrünstigen Moment gekannt, wenn ein Baby seinen milchigen Mund ihrer Brust zuwendet und sie weiß, daß sie alles ist, was es hat.

Meine Mutter geriet in Panik und ging nach Hause zu Mama und Papa – mit ihrer klammernden Konkurrenz und ihrer infantilisierenden Fürsorge. Sie schlug den Weg des geringsten Widerstandes ein und haßte sich dafür. Es ist schwerer, mit seinen Eltern zu brechen, wenn man von ihnen abhängig ist. Es ist schwerer, mit seinen Eltern zu brechen, wenn man selbst Kinder hat. Die Abhängigkeit eines Säuglings bindet Frauen an ihre Mütter. So verliert sich eine Generation in den Kriegen der vorhergehenden. Die Kämpfe meiner Großmutter wurden von meiner Mutter an mich weitergegeben. Meine Großmutter, mit ihrer niederschmetternden Ehe mit meinem tyrannischen Großvater, mit ihren Abtreibungen auf dem Küchentisch, mit ihrer liebenswürdigen und nährenden Mütterlichkeit, bewunderte am meisten eine Freundin, die Zahnärztin war. Sie sprach immer mit Ehrfurcht und Stolz von ihr.

»Eine Freundin zu haben, die Zahnärztin war, gab ihr irgendwie Status«, sagt meine Mutter. »Mama war auch eine Feministin, und sie wußte es nicht einmal.«

So sind die Generationen von Frauen in ihrer Ambivalenz aneinander gekettet. Und so geht es weiter, weiter, weiter.

Ich hatte gewartet, bis ich als Schriftstellerin etabliert war, ehe ich den Verlockungen der Mutterschaft erlag. *Angst vorm Fliegen* war meine Emanzipationserklärung – und zufällig verschaffte es mir auch den materiellen Erfolg, um das Kind zu ernähren, das ich gebar.

Meine Mutter hatte dieses Glück nicht. Sie wurde von eingewanderten Eltern erzogen, die ihre eigenen Eltern verlassen hatten und deswegen ihre Kinder in zu großer Nähe halten mußten, und daher begann ihre Rebellion gegen ihre Mutter früh und erlosch zu bald. Konfrontiert mit der Unfairneß der Welt, die Künstlerinnen nicht als gleichwertig behandelte, zog sie sich in eine akzeptablere Form weiblicher Kreativität zurück – wie Frauen es in allen Zeitaltern getan haben. Dann erfüllte sie ihre Töchter mit feministischer Wut – wie Frauen es ebenfalls in allen Zeitaltern getan haben.

Doch diese Dynamik allein reichte nicht, um meinen Ehrgeiz zu speisen. Mein Vater brauchte mich als Sohn. Mein Antrieb kam aus dem potenten Gebräu, das meine Eltern gemeinsam anrührten. Die Ingredienzen waren genau richtig, um ein Mädchen zu schaffen, das dachte, es dürfe ein Junge sein. Und das sich gleichzeitig für diese Anmaßung selbst bestrafen mußte.

Dieses Gebräu ist ganz bestimmt kein Rezept für Zufriedenheit. Ich ging hinaus und stürzte mich in die Welt wie ein Junge, und dann leistete ich Wiedergutmachung mit weiblichen Ängsten – Angst vorm Fliegen, Angst vor dem Scharfschützen hinter dem Schreibtisch, Angst davor, fünfzig zu werden. Ich bezahlte für meinen Erfolg, indem ich mich selbst dick machte, indem ich mir gute Beziehungen vorenthielt, indem ich mir selbst viele Jahre lang die Freuden der Mutterschaft versagte. Und ich stieß meine Mutter zurück, weil ihr Beispiel zu furchterregend war. Und sie stieß mich zurück, weil mein Erfolg zu schmerzlich war. Ich glaube, mit diesem Tanz gegenseitiger Abstoßung und Anziehung sind meine Mutter und ich nur allzu typisch für Mütter und Töchter der Jo-Jo-Generation.

Ich versuche, meine Mutter als separate Person zu sehen, und das kann ich noch immer nicht. Sie ist ein Teil von mir, ein

Teil, der kritisiert und stichelt und mißbilligt. Sie wird nie zufrieden sein, weil das, was sie möchte, von Haus aus unmöglich ist: daß ich genau wie sie bin und doch den Erfolg habe, den sie nicht hatte.

In Wahrheit war ich der Scharfschütze hinter dem Schreibtisch. Es war nicht meine Mutter oder auch nur meine imaginäre Mutter. Ich wollte das verräterische Selbst töten, das mich von meiner Mutter abtrennen wollte. Ich wußte, mein Schreiben war mein Fluchtweg, und ich wollte bleiben und doch gleichzeitig gehen. Daher entwickelte ich die perfekte Metapher der Angst vorm Fliegen.

Fliegen würde ich, aber niemals ohne Angst. Fliegen würde ich, aber immer in einem Zustand des Aufruhrs – mit einem metallischen Geschmack hinter den Zähnen, der sagte: Du kannst nicht wagen, wage dies. Ich flog, aber ich litt wegen meiner Hybris wie Ikarus. Sogar das Symptom, das ich wählte, war halb Vater, halb Mutter. Sogar das Symptom, das ich wählte, drückte die Spaltung in meiner Seele aus.

Mit Isadora Wing erfand ich eine typische Heldin der Jo-Jo-Generation. Sie flog, sie vögelte, und sie erreichte etwas in der Welt, aber sie bestrafte sich mit Männern. Mit dem Herzen in der Vergangenheit und dem Intellekt in der Zukunft war sie zum Leiden verurteilt, ganz gleich, was sie tat. Ihre Selbstironie und ihr Humor wurden ihre Werkzeuge zum Überleben, denn nur mit Ironie kann man X sagen, aber Y meinen.

Ich glaube, Isadora berührte Frauen meiner Generation, weil so viele von uns ähnlich gespalten sind. Wir sind unsere Mütter, aber wir sind auch Frauen der Zukunft. Wir verdienen selbst unseren Lebensunterhalt, wir sorgen selbst für unsere Kinder und kämpfen für unsere Karrieren in einer Welt, die uns noch immer keine ökonomische Gleichheit mit den Männern gibt, aber diese dunkle Unterströmung zieht uns zurück zu unseren Müttern und flößt uns Schuldgefühle sogar wegen der paar Krumen von Autonomie ein, die wir erreichen.

Oft äußern wir unsere finsterste Ambivalenz bei unseren

Männern und unseren Kindern. In der Arbeitswelt konkurrieren wir heftig, doch in Beziehungen zerfallen wir oder werden Sklavinnen unserer Kinder. Manche von uns geben die Männer schließlich auf, weil es einfach zu schwer ist, dauernd zu leiden. Wir neigen dazu, in der Liebe zuviel zu geben, daher beschließen einige von uns, überhaupt nichts mehr zu geben. Manche von uns wenden sich Frauen zu und hoffen so, die fesselnden sadomasochistischen Bande zu durchschneiden.

Mit unseren Kindern ist es schwieriger. Oft verwöhnen wir sie, weil wir kein Modell für Mütterlichkeit haben, das Unabhängigkeit einschließt. Wir können nicht zu Hause bleiben, wie unsere Mütter das taten, aber die Mütter in unseren Köpfen haben noch immer die Macht, uns Schuldgefühle einzuflößen. Also setzen wir zuwenig Grenzen und kaufen zu viele Spielsachen, die wir uns eigentlich nicht leisten können, und ziehen infolgedessen Kinder groß, die sich uns gegenüber diktatorisch benehmen, und die ganze Zeit fühlen wir uns zutiefst verunsichert.

Wenn ich an das Leben meiner Mutter denke, werde ich von Gefühlen überschwemmt. Talent allein ist nie genug. Meine Mutter hatte Talent im Übermaß. Sie konnte zeichnen und malen, Ton modellieren, Muster ausschneiden, aus Seiden- und Papierfetzchen Collagen herstellen, aus gewöhnlichem Kreppapier Ballettkostüme kreieren, ohne Vorlage außer dem Muster in ihrem Kopf einen grünen Wald aus Gobelinstickerei schaffen. Einmal verkleidete sie mich zu Halloween als Waldkobold und besetzte mein Trikot mit grünen, goldenen und orangefarbenen Blättern, bis ich im Wind raschelte wie zitterndes Herbstlaub. Sie machte mir Ausschneidepuppen, nähte meinen Babypuppen viktorianische Häubchen und Krinolinen und malte winzige Porträts, um sie über die Kamine in meinem Puppenhaus zu hängen. Es gab nichts, was ihre flinken Finger nicht konnten, nichts, das ihre visuelle Phantasie nicht entwerfen konnte. Doch all diese Begabung reichte nicht. Es fehlte ihr der Mut, ihrem Talent in die dunklen Wälder jedes künstlerischen Schicksals zu folgen. Sie konnte die Kritik der Welt nicht so ertragen wie ich. Ihre inneren schlechten Kritiken waren so scharf und schneidend, daß sie keine einzige Kritik von außen riskieren konnte.

Vielleicht war auch ihr Drang zur Mutterschaft zu stark. Sie konnte nicht nach einem Kind aufhören, wie ich es tat. Sie gebar mich und gab den Kampf um ihre Freiheit auf. Und wie kann ich dagegen protestieren, daß sie mich zur Welt brachte?

Ich leide ebenfalls, und meine Art des Schreibens hat mir immer Kritik eingebracht, aber ich besitze auch die verrückte Zähigkeit meines Vaters. Ablehnung und Kritik schmerzen, aber ich kann sie ertragen, solange ich weiter schreibe. Ich weiß, daß die Welt sich zu niemandes Tür einen Weg bahnt. Ich zerre die Welt an meine Tür, indem ich niemals aufgebe.

Nicht, daß meine Mutter aufgegeben hätte. Sie wählte bloß einen akzeptableren, weiblichen Weg: äußerlich Kapitulation, innerlich Groll – die alte, alte Geschichte. Die Welt kontrolliert Frauen, indem sie auf der Klaviatur unserer Bedürfnisse nach Billigung, nach Liebe, nach Beziehungen spielt. Wenn wir uns anständig benehmen und unsere ungebührlichen kreativen Impulse aufgeben, werden wir mit »Liebe« belohnt. Wenn nicht, wird »Liebe« vorenthalten. Die kreative Frau zahlt einen furchterregenden Preis, solange sie von Liebe kontrolliert wird. Kreativität ist dunkel, ist rebellisch, ist voller »schlechter« Gedanken. Sie im Namen von »Weiblichkeit« zu unterdrücken bedeutet, einer Wut anheimzufallen, die zum Wahnsinn führt.

Was mir an meiner Mutter am deutlichsten in Erinnerung blieb, ist, daß sie immer verrückt war.

Ich wollte diesen Fluch aufheben, ich wollte den Zyklus durchbrechen, und so waren für die längste Zeit Männer und Mutterschaft zweitrangig. Männer waren akzeptabel, solange sie meine Gedichte tippten, und Mutterschaft versetzte mich, offen gesagt, in Angst und Schrecken. Sie war das Waterloo meiner Mutter gewesen, das fühlte ich, und ich hatte nicht die Absicht, dieses Risiko einzugehen.

»Diesen Kleister würde kein Sperma je durchdringen«, sagte einer meiner Ehemänner über die exzessiven Mengen Gelee, die ich mit meinem Diaphragma zu benutzen pflegte. Ich entschuldigte mich nicht dafür. Ich haßte die Idee, die Kontrolle zu verlieren, und wußte, daß eine Abtreibung mir bestimmt das Herz brechen würde. Mein Diaphragma war der Hüter meiner literarischen Ambitionen, und was die betrifft, empfand ich keine Ambivalenz. Ich war absolut unbeirrbar. Entweder Nummer eins auf der Bestsellerliste oder gar nichts!

Heute, mit fünfzig, da es zu spät ist, wünsche ich mir, ich hätte mehr Kinder. Welch ungefährliche Nostalgie! Doch als ich fruchtbar war, betrachtete ich die Mutterschaft im wesentlichen als Feind der Kunst und entsetzlichen Kontrollverlust. Meine Mutter war immer so zerrissen. »Der Trieb von Frauen, Kinder zu bekommen, ist stärker als alles andere«, pflegte sie zu sagen – etwas reumütig, wie mir schien. Ich war mit diesem Trieb erst konfrontiert, als ich fünfunddreißig war, und da war ich schon in erster Linie Schriftstellerin und erst in zweiter Linie Mutter. Ich hatte, wie Colette, eine »männliche Schwangerschaft« – Buchtourneen im sechsten Monat, und als mein Fruchtwasser abging, beendete ich gerade ein Kapitel über einen Maskenball im achtzehnten Jahrhundert. Ich stillte das Baby, während ich den zweiten Band eines Schelmenromans schrieb.

Jahrelang blieb ich entschlossen in erster Linie Schriftstellerin und dann erst Mutter. Ich brauchte das ganze Lebensjahrzehnt meiner Tochter, um zu lernen, mich der Mutterschaft zu ergeben. Und kaum hatte ich diese wesentliche Kapitulation gelernt, kam meine Tochter in die Pubertät und ich in die Menopause.

Was bereue ich? Nichts. Ich habe eine Tochter großgezogen, die ebenfalls keine Grenzen anerkennt. Und ich habe endlich gelernt, daß meine Mutter recht hatte. Sich der Mutterschaft zu ergeben bedeutet, sich Störungen zu ergeben. Molly kommt aus der Schule nach Hause, und die Arbeit hört auf. Sie verlangt meine ganze Aufmerksamkeit. Ich werde ihr Kumpel, ihre Freundin, ihre Anstandsdame, ihre wandelnde Kreditkarte. Ich nehme das übel, aber ich genieße es auch über alle Maßen. Sie erfüllt mich mit Gefühlen, wie es niemand anderer kann. Und sie besitzt die Fähigkeit, mich verrückt zu machen. Sie setzt voraus, daß sie an erster Stelle steht, wie alle gesunden Kinder es tun müssen. Wenn es drei von ihrer Sorte gäbe – wie bei meiner Mutter –, wäre dieses Buch vielleicht nie entstanden. Würde das eine Rolle spielen? Oder würde es nur für mich eine Rolle spielen? Wer weiß? Ich schreibe, weil ich muß. Ich hoffe, daß meine Bücher auch für Sie nützlich sind. Aber wenn ich sie nicht schreiben würde, wäre ich mit Sicherheit nur halb lebendig und halb verrückt.

Also habe auch ich meine Wahl getroffen. Größtenteils bin ich froh darüber. Die Intensität zwischen einer Mutter und einer Tochter läßt mich manchmal wünschen, ich hätte ein Haus voll lärmender Kinder, aber in Wahrheit weiß ich, daß nicht einmal ich mit all meiner ungeheuren Energie zu allem fähig bin. Mutterschaft ist letzten Endes nicht zu delegieren. Das Stillen kann man durch Fläschchen ersetzen, Schmusen, Liebkosungen und Besuche beim Kinderarzt können auch von Vätern erledigt werden (und sicher könnten wir den Müttern das Leben weit mehr erleichtern, als wir es tun), aber wenn ein Kind eine Mutter braucht, mit der es reden kann, dann genügt niemand anderer als eine Mutter. Eine Mutter ist eine Mutter ist eine Mutter, wie Gertrude Stein sicherlich gesagt hätte, wenn sie eine gewesen wäre.

Gewiß brauchen Kinder Dutzende von Bezugspersonen: Mutter, Vater, Großeltern, Kindermädchen, Vettern und Kusinen, Lehrer, Paten – doch die gute alte Mom ist durch nichts zu ersetzen. Bin ich eine Chauvinistin? Und wenn schon. Die Macht, die man als Mutter hat, ist tatsächlich ziemlich ehrfurchterregend, wenn man darüber nachdenkt. Wer, der nicht größenwahnsinnig ist, wäre bereit, solche Macht ohne einen Blick zurück zu übernehmen?

Jahre nach der Entbindung wurde ich gegen meinen Willen zur Mutter, weil ich sah, daß meine Tochter das brauchte. Im Grunde hätte ich es vorgezogen, eine Schriftstellerin zu bleiben, die in Mutterschaft dilettiert. Das fühlte sich bequemer an, sicherer. Aber Molly ließ das nicht zu. Sie brauchte eine Mutter, keine Dilettantin. Und weil ich sie mehr liebe, als ich mich selbst liebe, wurde ich zu dem, als was sie mich brauchte.

»Erde an Mom: auf Heimathafen landen. Du bist schon wieder in anderen Sphären«, sagt sie. Molly haßt es, wenn ich durch das Haus (den Supermarkt, ihre Schule) laufe und dabei im Kopf schreibe. Also lande ich – was mir am allerschwersten fällt – und versuche, für sie präsent zu sein. Kann ich das an irgend jemand anderen delegieren? Nein. Würde ich es wollen? Ja, manchmal. (Ich bin also keine perfekte Mutter. Wer ist das schon?) Aber ich versuche, mich mehr auf ihre Bedürfnisse als auf meine eigenen zu konzentrieren. Und in meinem Herzen weiß ich (so sicher, wie ich weiß, daß ich sterben werde), daß Molly wichtiger ist als mein Schreiben. Jedes Kind ist das. Deshalb ist Mutterschaft für schreibende Frauen so schwierig. Ihre Anforderungen sind so zwingend, so eindeutig wichtig und auch so zutiefst befriedigend.

Wer kann Kinderlosen das erklären? Man gibt sein Selbst auf, und am Ende macht es einem gar nichts mehr aus. Man wird zum Führer seines Kindes ins Leben, und zwar auf Kosten jenes geschwollenen Egos, das man für so unveränderlich hielt. Ich hätte das um keinen Preis versäumen wollen. Es machte mein Ego demütig und weitete meine Seele. Es erweckte mich für die Ewigkeit. Es ließ mich meine eigene Menschlichkeit, meine eigene Sterblichkeit, meine eigenen Grenzen erkennen. Es gab mir alle Krumen von Weisheit, die ich heute besitze.

Was wünsche ich für Molly? Dasselbe. Arbeit, die sie liebt, und ein Kind, das sie zu sich selbst führt. Warum sollte irgend jemand von uns sich mit weniger zufriedengeben? Wir wissen, warum: Weil die Welt die Dinge für Frauen absichtlich schwierig gemacht hat, damit sie nicht Mütter sein und doch ein geistiges Leben haben können. Meine ist vielleicht die erste Generation, in der es nicht gänzlich unmöglich ist, Schriftstellerin und Mutter zu sein. Margaret Mead sagt irgendwo, sie habe, als sie 1939 mit achtunddreißig Jahren endlich ihre einzige Tochter bekam, die kurzen Biographien berühmter Frauen durchgesehen und entdeckt, daß die meisten von ihnen keine Kinder hatten – oder nur eines. Das hat erst in jüngster Zeit angefangen, anders zu werden.

Doch es ist noch immer schwer. Und die Kämpfe sind bei weitem noch nicht vorüber. Der Kampf um die Abtreibung, der Kampf um »Familienwerte«, der Kampf, ob Mütter außer Haus arbeiten sollten – all das sind Symptome einer unvollendeten Revolution. Und unvollendete Revolutionen rufen leidenschaftliche und wütende Gefühle auf den Plan.

Diejenigen Frauen, die Arbeit, Kunst, Literatur und Geistesleben um der Mutterschaft willen aufgegeben haben, hegen einen natürlichen Groll gegen die Frauen, die das nicht tun mußten. Das Privileg, kreativ zu sein, ist so neu für Frauen. Und das Privileg, kreativ und dennoch mütterlich zu sein, ist noch neuer. Die Frauen, die auf Mütterlichkeit verzichtet haben, empfinden ebenfalls Groll. Wenn es bereits zu spät ist, haben sie das Gefühl, sie hätten es vielleicht anders machen können. Ist es möglich, daß sie einen Schuldigen suchen für die Neuheit der Wahl, die ihre Mütter nicht treffen mußten?

Mutterschaft ist eine angsterregende Entscheidung. Wer würde sie leichtfertig fällen, wenn er weiß, was sie alles nach sich zieht? Vielleicht haben einige Frauen noch immer das Gefühl, es wäre besser, wenn einfach etwas passiert, das sie nicht rückgängig machen können. Vielleicht würden sie es vorziehen, den Zustand der Mutterschaft zufällig zu erreichen.

Wahlfreiheit ist angsterregend. Was, wenn man die falsche Wahl trifft? Zwang und Groll waren so lange das Los der Frauen, daß wir zumindest daran gewöhnt sind. Freiheit ist zu schwer. Freiheit packt uns einfach die Verantwortung auf die eigenen Schultern.

Und es ist tatsächlich wahr, daß die Kontrolle der Frauen über ihre eigene Fruchtbarkeit die Männer dazu veranlaßt hat, sich einiger ihrer alten Verantwortlichkeiten zu entledigen. Wahlfreiheit gibt auch den Männern freie Wahl. Wahlfreiheit entmystifiziert die Mutterschaft und nimmt uns einen Teil der alten weiblichen Macht. Für eine Frau, die andere Macht hat, mag das wunderbar sein, aber für eine Frau, die ausschließlich die ehrfurchterregende Macht der Mutterschaft besitzt, bedeutet es gewiß einen Verlust. Schließlich ist es weniger als hundert Jahre her, daß das Leben von Frauen durch aseptische Geburt und zuverlässige Fruchtbarkeitskontrolle verändert wurde. Diese beiden Dinge haben die Welt so gewandelt, daß sie nicht wiederzuerkennen ist. Diese beiden Dinge und nicht bloß feministische Ideologie haben eine Revolution im Leben der Frauen hervorgebracht. Und einige Frauen sehnen sich anscheinend noch immer nach der Vergangenheit.

Ist das wirklich so seltsam? Die Vergangenheit mag Sklaverei gewesen sein, aber es war eine vertraute Sklaverei. Die Gleichsetzung der Frau mit ihrer Mutterschaft gab den Frauen wenigstens eine eindeutige Identität. Als Feministinnen sollten wir diese Verlustgefühle verstehen, statt sie zu verspotten. Wir sollten die ungeheure Macht der Mutterschaft und die große Bedeutung zur Kenntnis nehmen, die sie den Frauen einst verlieh. Nachdem wir dieses Verlustgefühl berücksichtigt haben, können wir darauf bestehen, daß jede Frau das Recht hat, Mutter werden zu wollen oder auch nicht. Verzicht ist schließlich auch eine Form von Macht.

Wenn ich wütende Horden sehe, die Abtreibungskliniken stürmen, oder meditative Gruppen, die in schweigenden Gebetskreisen vor Versammlungen stehen, die für die Wahlfreiheit der Frau eintreten, dann denke ich, daß wir hier die letzte Generation erblicken, die sich nostalgisch nach den alten chthonischen Imperativen des menschlichen Lebens sehnt. Warum sonst würden sie im Namen des »Lebens« Ärzte erschießen? Sie möchten schon den Begriff der Wahlfreiheit umbringen. Sie möchten ihn zuerst in sich selbst und dann in uns umbringen.

Irgendwie negiert es ihr Leben, daß wir uns die Wahlfreiheit zu eigen machen. Sie sind bereit, um des »Lebens« willen zu töten. Sie möchten in eine Zeit zurückkehren, in der Frauen keine Wahl hatten und sich daher nicht ewig im Unrecht fühlten. (Zumindest gilt das für einige der Frauen, die diese fälschlich »Recht auf Leben« genannte Position vertreten.) Bei den Männern ist das eine andere Geschichte. Sie wollen Kontrolle über die Frauen. Und die missionarischen Führer, die die Flammen der Recht-auf-Leben-Bewegung anfachen, wollen politische Kontrolle. Sie nützen schlicht steuerfreie Kirchengelder aus, um als Lobby politische Ziele zu fördern. Wir sollten ihre Organisationen besteuern, wie wir professionelle Lobbyisten besteuern.

Dennoch ist Mutterschaft weder leicht noch fakultativ noch frei von Ambivalenz; sie ist eine dunkle, zwingende Kraft, die sich über viele menschliche Präferenzen hinwegsetzt. Wir sollten einsehen, daß einige Frauen (und viele Männer) jede Minderung der Mutterschaft fürchten. Wenn wir uns das klarmachen, können wir die Ideen der Recht-auf-Leben-Bewegung vielleicht wirksamer bekämpfen. Ich vermute, daß ich diese Einsicht meiner Mutter verdanke, meiner Mutter, die immer zwischen Mutterschaft und Kunst zerrissen war, meiner Mutter, die diese Ambivalenz niemals auflöste, sondern sie statt dessen an mich weitergab.

Was ich meiner Tochter am liebsten geben würde, ist Freiheit. Und das ist etwas, das man durch sein Beispiel gibt, nicht durch Ermahnungen. Freiheit ist eine lange Leine, die Erlaubnis, anders zu sein als die Mutter, und doch geliebt zu werden. Freiheit bedeutet, seiner Tochter nicht die Füße zu fesseln, keine symbolische Klitorisbeschneidung vorzunehmen, nicht darauf zu bestehen, daß die Tochter die eigenen Begrenzungen teilt. Freiheit bedeutet auch, daß unsere Tochter uns zurückweisen darf, wenn sie das braucht, und daß sie zurückkommen kann, wenn sie es nötig hat. Freiheit ist bedingungslose Liebe.

Molly, ich möchte Dich freilassen. Wenn Du mich haßt oder mich zurückweisen möchtest, verstehe ich das. Wenn Du mich verfluchst und dann Wiedergutmachung leisten willst, verstehe ich das auch. Ich rechne damit, Dein Heimathafen zu sein: getreten, gekratzt, aber immer wieder angelaufen. Ich erwarte, die Erde zu sein, aus der Du sprießen kannst. Doch wenn ich Dich zu sehr loslasse, gegen was wirst Du dann kämpfen?

Du brauchst meine Akzeptanz, aber meinen Widerstand brauchst Du vielleicht noch mehr. Ich verspreche, standzuhalten, während Du kommst und gehst. Ich verspreche meine unerschütterliche Liebe, während Du mit Haß experimentierst. Auch Haß ist Energie – manchmal eine heller lodernde Energie als die Liebe. Haß ist oft die Vorbedingung für Freiheit.

So sehr ich auch zu verschwinden versuche, ich fürchte, ich werfe einen zu großen Schatten. Ich würde diesen Schatten ausradieren, wenn ich könnte. Doch wenn ich ihn ausradierte, wie würdest Du dann Deinen eigenen Schatten erkennen? Und ohne Schatten – wie würdest Du jemals fliegen?

Ich möchte Dich aus den Ängsten entlassen, die mich fesselten, doch ich weiß, das kannst Du nur selbst tun. Ich stehe hier und trage die Polsterung des Fängers. Ich bete, daß Du mich nicht brauchst, um Dich aufzufangen, wenn Du fällst. Aber ich bin trotzdem da und warte.

Freiheit ist voller Angst. Doch Angst ist nicht das Schlimmste, mit dem wir konfrontiert sind. Lähmung ist das Schlimmste.

Während ich Dich loslasse, liebe ich Dich. Während ich Dich loslasse, halte ich Dich in meinen Armen.

3

DIE VERRÜCKTE LESBIERIN AUF DEM SPEICHER

Wenn jemand seine Wut nicht äußern oder sie in sich auch nur zur Kenntnis nehmen darf, so werden ihm als Folge davon auch Macht und Kontrolle verweigert.
     CAROLYN HEILBRUN, *Writing A Woman's Life*

Während ich dies schreibe, befindet sich meine Tante, die einzige Schwester meiner Mutter, in einer Zwangsjacke in der geschlossenen Psychiatrieabteilung des Lenox Hill Hospitals. Sie ist dort nicht nur, weil sie an seniler Demenz und wahrscheinlich an der Alzheimerschen Krankheit leidet, sondern weil sie eine alleinstehende Frau ist, Lesbierin, Hausfrau, nach dreißig Jahren von ihrer Liebhaberin verlassen, als sie anfing, sich eigenartig zu benehmen. Niemand sonst will die Verantwortung für sie übernehmen. Sie hat keine Kinder (bis auf das Kind ihrer Freundin, das sie großzuziehen half). Sie und meine Mutter haben seit vielen Jahren nicht mehr miteinander gesprochen. Die Ursprünge dieses Streites sind so dunkel wie die Ursprünge aller Familienfehden. Doch das Ergebnis bleibt: Meine Mutter will sie nicht, meine Schwestern wollen sie nicht, ich will sie nicht, der Stiefsohn, den sie aufzog, will sie nicht, und ihre Liebhaberin hat sich längst jüngeren Weideplätzen zugewandt.

Alt und allein zu sein kann jedem passieren – und bei Frauen sind die statistischen Chancen überwältigend. Doch im Falle meiner Tante Kitty spielten auch andere Faktoren eine Rolle. Meine Tante ist Künstlerin, Lesbierin in einem gewissen Alter, Hausfrau und Versorgerin. Das sind keine Qualitäten, die einem eine Pension oder einen Notgroschen einbringen, das sind keine Qualitäten, die unsere Gesellschaft belohnt. Meine Tante hat außerdem Alzheimer, kompliziert durch Alkoholismus – und Kranksein ist in Amerika noch immer nur etwas für die Reichen. Alle diese Dinge spielen bei ihrem Schicksal eine Rolle. Und ihr Schicksal ist mir aus Gründen, die ich gleich erklären möchte, in den Schoß gefallen. Inzwischen wartet Kitty in Lenox Hill, wohin sie von einem Fremden gebracht wurde (der anscheinend ihre Brieftasche genommen und ihre Kreditkarten benutzt hat, als sie vor mehreren Wochen im Metropolitan Museum of Art zusammenbrach).

Während ich überlege, was zu tun ist – ich will die Verantwortung nicht, weiß aber doch, daß ich sie mangels anderer Möglichkeiten trage, ob ich mag oder nicht –, nehmen mich ein paar alte Familienfotos gefangen. Ich habe drei Bilder von meiner Mutter und meiner Tante, im Alter von noch nicht ein und noch nicht zwei Jahren, von sieben und acht und von siebzehn und achtzehn Jahren.

Das erste, auf der Rückseite mit »U.S.A. Postcard, U.S.A. Studios, London and provinces« gestempelt, zeigt zwei kleine Mädchen, eines neun Monate, das andere eineinhalb Jahre alt, auf einem viktorianischen Sofa sitzend und in die Kamera schauend. Das Baby links ist meine Mutter: runde, braune Augen (mit verblüffend energischem Blick), bräunlicher Haarkranz, eingebogene Zehen, dicke Finger; das rechte Baby ist meine Tante Kitty: große, runde Augen, genauso verdutzt und unschuldig wie heute noch, ein Mund wie eine Rosenknospe, kleine Hände, die eine Puppe umklammern. Das Foto war nicht prophetisch. Meine Mutter hatte drei Töchter, meine Tante keine eigenen Kinder. Doch die Beziehung ist klar. Zwei kleine Mädchen, die sich so nahe stehen wie Zwillinge und unzertrennlich heranwachsen, sind dazu bestimmt, das Spiegelbild der jeweils anderen und damit Feindinnen zu werden.

Auf dem nächsten Foto sind sie vielleicht sieben und acht Jahre alt und tragen Matrosenkleider, Knopfstiefel und weiche

Haarschleifen. Sie halten sich an den Händen. Eda schaut geradeaus, Kitty hat den Kopf zu Eda geneigt. Es handelt sich wieder um ein Studioporträt auf einem Sofa in französischem Stil, aufgenommen in England. Meine zukünftige Mutter ist die bestimmtere der beiden, meine Tante die »femininere« – wenn man feminin (wie man es für den größten Teil ihres Lebens tat) als nachgiebig und willfährig definiert. Dieses Temperament brachte sie dahin, wo sie sich heute befindet.

Das dritte und letzte Foto, aufgenommen in New York vor einer Reise nach Paris (wie man mir einmal erzählte), zeigt zwei Teenager der zwanziger Jahre, siebzehn und achtzehn, mit Bubiköpfen, Seidenstrümpfen, seidenen Riemchenschuhen und kurzen Kleidern mit tiefsitzender Taille. Wieder die vier runden, braunen Augen, die dicklichen Finger meiner Mutter, die schmalen meiner Tante, der kühne Ausdruck meiner Mutter und die weiche Zurückhaltung meiner Tante. Eda berührt mit einer Fingerspitze Kittys Schulter; Kitty stützt ihren seidenen Ellbogen auf Edas Schoß und beugt sich warm und vertraut zu ihr. Die ältere Schwester wirkt fast wie die jüngere, die jüngere fast wie die ältere.

Was geschah zwischen dieser Folge von Fotos und heute? Das ist das Geheimnis, das mir durch Kittys Krise zufiel. Vielleicht ist es unlösbar, aber ich werde es trotzdem aufzuklären versuchen. Warum? Es liegt in meiner Natur, niemals ein verworrenes Knäuel durch meine Finger gleiten zu lassen ohne den Versuch, es zu entwirren. Vielleicht entwirre ich damit auch einen Teil meines verworrenen Selbst.

Autobiographien, das lerne ich gerade, sind wesentlich schwieriger als Fiktion. Bei der Fiktion kann der Autor Ereignissen eine Ordnung, wenn nicht eine moralische Bedeutung aufzwingen. Natürlich gehorchen nicht alle Gestalten wie Marionetten den Wünschen des Schriftstellers, aber man kann sie natürlich zu Tänzen bringen, die hübsch symmetrisch sind, Anfang, Mitte und Ende, ein Sinngefühl, einen Handlungsablauf und eine Motivation zu haben scheinen.

Beim Leben ist das ganz anders, vor allem beim Leben von Verwandten. Manchmal sinken Menschen ins Grab, ohne daß wir ihre Geheimnisse erfahren hätten, und ganz bestimmt, ohne daß wir irgendein Gefühl von Sinn, Handlungsablauf oder Motivation hätten. Als Autorin von Fiktion möchte ich dieser Geschichte Form und Symmetrie geben, aber ich sitze auf den Tatsachen fest – in all ihrer Derbheit und Unordnung.

Die Tatsachen entfalten sich rückwärts, wie es bei Tatsachen oft der Fall ist. Morgen werde ich meine Tante bei Gericht treffen, weil ich gesetzlich zu ihrem Vormund bestimmt werden möchte. Dann will ich versuchen, einen Platz für sie zu finden. Heute abend, verspreche ich mir, werde ich sie in Lenox Hill besuchen, aber ich tue es nicht. Statt dessen bleibe ich an meinem Schreibtisch sitzen, blättere alte Familienfotos durch und frage mich, was sie bedeuten.

Erinnerung ist die Crux unserer Menschlichkeit. Ohne Erinnerung haben wir keine Identität. Das ist der eigentliche Grund, warum ich eine Autobiographie schreibe. Und es kann kein Zufall sein, daß mitten in den Beginn dieses Vorgangs der Gedächtnisverlust meiner Tante platzt und eine zentrale Rolle in meinem Leben einfordert.

Wir treffen uns im Gericht, einem düsteren Säulenbau in der Centre Street. Die Mitwirkenden sind: meine Tante Kitty, benommen wirkend, das braungefärbte Haar an den Wurzeln ergraut, einen verwirrten Ausdruck auf dem kindlichen, alten Gesicht; ihre frühere Lebensgefährtin Maxine (eine imposante Erscheinung mit krausem rotem Haar, orangefarbenem Lippenstift, einem korallenfarbenen Kostüm und viel Schmuck); eine unscheinbare junge Rechtsanwältin, die für die Stadt New York Kittys Bürgerrechte vertritt; ein rotgesichtiger Anwalt in den Vierzigern mit roter Fliege, von der Stadt zu Kittys Amtsvormund bestellt; ein junger Freund von Kitty namens Frank, der noch keine dreißig ist und mindestens ebenso viele Ringe im linken Ohr trägt; mein Vater; mein Mann, der als Familienanwalt fungiert; eine haitianische Pflegerin von einer privaten Agentur, die Kitty betreut; und ein chinesisch-amerikanischer Richter, der nicht viel von Antragstellern hält, die versuchen, ihre älteren Angehörigen anderswo als in ihrem eigenen Heim unterzubringen. (Da ich einmal mit einem chinesisch-amerikanischen Mann verheiratet war, ist mir klar, daß wir kein Glück hatten, als wir diesen speziellen Richter erwischten. Die Chinesen lagern ihre Alten nicht aus. Statt dessen ehren sie sie.)

Wir sind vor diesem Gericht erschienen, weil wir nicht in der Lage waren, außergerichtlich zu einer Entscheidung über Kittys Wohlergehen zu gelangen. In unserer Gesellschaft sind die Gerichte oft die letzte Zuflucht der Starrköpfigen.

Vor ziemlich genau einem Jahr begannen sich bei Kitty zunehmende Warnzeichen dafür zu zeigen, daß sie nicht mehr alleine leben konnte. Sie brach zusammen und wurde Gott weiß wo in ein Krankenhaus gebracht, während wir alle vergeblich versuchten, sie mit Hilfe verschiedener Polizeireviere zu finden. Als wir sie schließlich in einem kleinen Hospital in der East 16th Street aufgespürt hatten, behauptete sie, es ginge ihr gut, und wollte nur entlassen werden. Obwohl sie noch immer geschickt darin war, jedermann zu bezaubern, warnten uns die Sozialarbeiter und Psychiater, sie habe »schwere Gedächtnisdefizite« (wie sie das nannten) und solle nicht allein gelassen werden. Ein Pflegeheim wurde empfohlen, aber keiner konnte Kitty dazu bewegen, dort einzuziehen. Ich besichtigte das Heim, becircte den für die Aufnahme zuständigen Anstaltsleiter und brachte meiner Tante Bilder von ihrem potentiellen Zimmer, woraufhin sie sich unnachgiebig weigerte, das Haus auch nur anzuschauen. Eines Abends marschierte sie einfach aus dem Krankenhaus hinaus, kehrte in ihre Dachwohnung zurück und ließ uns wissen, sie habe die Absicht, dort für alle Zeit zu bleiben.

Ich war erleichtert. Noch immer nicht bereit, der Endgültigkeit eines Pflegeheims ins Gesicht zu sehen, machte ich mir über ihre Kompetenz etwas vor. Eine Zeitlang kam Kitty zu

Hause zurecht. Frank besuchte sie jeden Tag, und Maxine machte Ausflüge mit ihr, als ihr Gewissen sie zu sehr drückte. Dennoch hatte Kittys Gedächtnis so nachgelassen, daß sie sich weder an Ausflüge noch an Telefongespräche, weder an die Namen von Verwandten noch daran erinnern konnte, wann sie ihre Medikamente nehmen mußte. Es wurde immer klarer, daß diese Lösung nicht von Dauer sein würde.

»Habt ihr kein überschüssiges Zimmer für mich?« pflegte sie klagend zu fragen. Und ich wunderte mich unter Schuldgefühlen, warum ich keines hatte. Ich hatte ein Zimmer für meine Tochter, meinen Mann, für Gäste, aber Kittys Bedürftigkeit hätte mein ganzes Leben übernommen, und das konnte ich einfach nicht.

Die Alzheimersche Krankheit steht nicht still. Das Gedächtnis löst sich auf, und Menschen ohne Erinnerung scheinen zu vergessen, daß sie kein Gedächtnis haben. Eines Abends nahm Kitty einen obdachlosen Trinker mit in ihre Dachwohnung und gab ihm sogar Schlüssel. Frank fand ihn dort, wie er sich behaglich einrichtete. Als Frank Kitty warnte, das sei gefährlich, wurde sie wütend und befahl ihm, »aus ihrem Leben abzuhauen«.

So ging es eine Weile weiter. Sachen verschwanden aus der Wohnung. Freunde gingen nur widerwillig hin, aus Angst, von Fremden angepöbelt zu werden. Kitty setzte ihren Kampf fort. Sie wußte, daß sie einsam war, aber viel mehr wußte sie nicht.

Die Straßenbewohner, die Alkoholiker und Drogensüchtigen von Chelsea waren ihre Leute. »Das sind bloß einsame Menschen«, sagte sie – was natürlich stimmte. Aber als sie anfing, in verschiedenen Kneipen des Viertels Streit anzufangen, gab es allmählich Lokale, in denen sie nicht mehr willkommen war. Zunehmend betrachtete man sie als verrückt. (Was ist »verrückt« denn anderes als unberechenbar, erinnerungslos, unpassend?) Als sie nach Lenox Hill kam, waren sich alle darüber klar, daß eine andere Lösung gefunden werden mußte. Was macht man in dieser brutalen Stadt mit den erinnerungslosen Alten? Schon mit Gedächtnis ist es schwer genug, hier zu leben.

In meiner Wohnung wurde Kriegsrat gehalten. Maxine erklärte sich bereit, einen Antrag auf Kittys Entmündigung zu stellen. Doch am Wochenende vor der Anhörung verlor sie den Mut. Wir hatten einen Antrag, aber keine Antragstellerin, und Kitty befand sich in der psychiatrischen Abteilung von Lenox Hill. Also willigten Frank und ich ein, den Antrag zu stellen. Wir hatten keine Wahl.

Und so kam es zu der Gerichtsverhandlung. Ich saß neben Kitty und hielt ihre Hand, während ein Psychiater, als »Sachverständiger« hinzugezogen, etwas über den Zustand ihres Gedächtnisses, die Diagnose Alzheimer, senile Demenz und damit zusammenhängende Erscheinungen herunterratterte.

»Redet der von mir?« fragte Kitty. »Warum eigentlich? Und wo sind wir hier?«

Sie war direkt von Lenox Hill zu dieser Anhörung gekommen. Und sie war noch immer ein bißchen benommen von den Beruhigungsmitteln, die sie ihr gegeben hatten – etwas Besseres war ihnen zu ihrem Wohl nicht eingefallen. Verwirrt darüber, sich auf einmal in einem Gerichtssaal wiederzufinden, sagte sie immer wieder: »Reden die von mir?«

Es muß ein Alptraum gewesen sein. Auf einmal vor Gericht zu stehen, wo der eigene Geisteszustand erörtert wird, und niemanden zu erkennen – das ist ein Stoff für Kafka. Aber wer kann für eine andere Person eine Entscheidung treffen – selbst wenn die ihr Gedächtnis verloren hat? Wer sind wir ohne Erinnerung? Kitty wußte es nicht genau. Ich auch nicht.

Die Wahrheit ist, daß wir in der Lage hätten sein sollen, uns ohne dieses Gerichtsspektakel um sie zu kümmern, aber da ihre nächste Anverwandte, meine Mutter, nicht teilnehmen wollte und ihre frühere Lebensgefährtin und Erbin nicht die Verantwortung dafür übernehmen wollte, sie in ein Pflegeheim zu schicken, hatten wir keine andere Wahl, als die Sache gerichtlich zu regeln. Das Gesetz, so schwerfällig es oft auch ist, zwingt die Menschen manchmal, dem ins Auge zu schauen, was sie sonst nicht ansehen wollen. Das Gesetz hat zumindest den Vorteil, alle Betroffenen in einem Raum zu vereinen. Indem sie die zweifelhafte Autorität des Staates bei einer Familienangelegenheit anruft, ist die Familie manchmal gezwungen, ihre eigene Autorität zurückzufordern – und sei es nur in Form von Rebellion.

Genau das geschah hier. Der Richter, als Chinese mit einem kulturellen Vorurteil zugunsten der Würde der Alten, verschloß vor der Zeugenaussage des Psychiaters die Ohren und sah nur das Bild einer Gruppe habgieriger Angehöriger, die versuchten, eine reizende alte Dame einzusperren.

Nach der Aussage des Psychiaters kam Maxine an die Reihe. Von Angst und Schuldgefühlen geplagt, beteuerte sie dauernd, sie wolle nichts von Kitty. Das machte den Richter mißtrauisch. Die von der Stadt beauftragten Anwälte waren auch keine große Hilfe. Zuerst gab der eitle Anwalt mit der Fliege deutlich zu erkennen, daß er Kitty als seine Mutter betrachtete und ihrem geistigen Verfall nicht ins Auge blicken könne. Die junge Anwältin, die Kittys Bürgerrechte vertreten sollte, hielt sich bedeckt und vermittelte keinen Eindruck von der Gefahr, in der ihre Mandantin sich befand.

Während dieser ganzen gerichtlichen Prozedur saß ich neben Kitty und war froh, daß sie nicht wirklich alles hörte, was vor der Richterbank gesagt wurde, daß sie nicht mitbekam, wie im Jargon von Anwälten und Psychiatern ihre kostbarsten Schätze niedergemacht wurden, ihr Selbst und ihre Identität. Ihr einziges Vergehen bestand darin, daß sie ihr Gedächtnis verloren hatte (und daher nahm man an, sie habe den Verstand verloren).

Gerichtsverhandlungen beanspruchen viel Zeit, und Richter legen Wert auf feste Arbeitsstunden. Wir vertagten uns um Punkt fünf Uhr, und mir wurde aufgetragen, Kitty nach Lenox Hill zurückzubringen. Maxine war gleich nach ihrer Zeugenaussage verschwunden, aber die beiden nach Stunden bezahlten und vom Gericht bestellten Anwälte verweilten nutzlos und gaben Anwaltsgeräusche von sich. Der Punkt war: Keiner war wirklich bereit, den Vierundzwanzig-Stunden-Job zu übernehmen, zu dem Kitty geworden war. Maxine hatte ihr Immobiliengeschäft. Frank hatte seinen Job als Landschaftsarchitekt und einen Liebhaber, der an Aids starb, ich hatte eine Tochter und einen Ablieferungstermin für ein Buch; mein Mann hatte andere Fälle, für die er im Unterschied zu diesem bezahlt werden würde; mein Vater mußte nach Hause zu meiner Mutter und so tun, als sei er nicht dort gewesen, wo er in Wirklichkeit gewesen war, denn meine Mutter beschuldigte ihre Schwester trotz der vielen vergangenen Jahre noch immer des Versuchs, ihn zu verführen. Wie erstaunt sie wohl gewesen wäre, wenn sie vor Gericht erschienen wäre! Meine Tante erinnerte sich nicht einmal, wer mein Vater war. Sie konnte das Gesicht, das sie seit dreiundsechzig Jahren kannte, nicht mit einem Namen belegen.

Auf dem Rückweg vom Gericht fuhr ich mit Kitty und ihrer privaten Pflegerin in einem Wagen des Krankenhauses.

»Können wir anhalten und etwas trinken?« fragte Kitty. »Können wir wenigstens irgendwo zu Abend essen? Kann ich mit zu dir nach Hause kommen?«

In zwei Stunden wurde ich zu einem formellen Dinner zu Ehren eines Freundes erwartet, aber plötzlich wollte ich Kitty mitnehmen oder gar nicht hingehen. Unmöglich. Sie war erschöpft, verwirrt und in irgendwelche Klamotten gewandet, die Maxine sich zu bringen herbeigelassen hatte (eine fleckige Seidenbluse, Schuhe, die nicht paßten, zerrissene Strümpfe, ein mottenzerfressener Pelzmantel). Also mußte sie für die Nacht ins Krankenhaus zurück. Morgen würde ich sie in ihre Dachwohnung bringen, eine Pflegekraft für sie besorgen, und dann würden wir weitersehen.

Wieder auf der Station (die Kitty nicht als solche erkannte), zog ich ihr die Schuhe aus und rieb ihre wehen Füße. »Gott segne dich«, sagte sie. Und dann: »Wie heißt dieses Hotel?«

»Haus Herzenstod«, sagte ich.

»Was für ein komischer Name«, sagte Kitty.

»Wo ist das Telefon?« fragte ich die Schwester. Sie starrte mich an, als wäre ich verrückt.

»Das ist die psychiatrische Abteilung«, sagte sie ungeduldig.

»Mir kommt es bloß wie ein Hotelzimmer vor«, sagte Kitty.

Inzwischen war ich wirklich spät dran, aber ich konnte einfach nicht gehen.

»Laß uns was trinken«, sagte Kitty wieder und wieder und wieder. Jedesmal, wenn sie es sagte, lachte ich. Lachte, um nicht zu weinen. Es ist die repetitive Anspruchshaltung der Gedächtnislosen, die sie so schwierig macht. Wir fassen ihre Wiederholungen als Beleidigungen auf, was töricht von uns ist. Wenn wir nur das Ego loslassen und von Augenblick zu Augenblick leben könnten wie die sehr Alten und die sehr Jungen. Stellen Sie sich vor, in einem Zustand zu existieren, in dem Sie sich wiederholen und wiederholen, weil jede Sekunde in keinem Zusammenhang zu jeder anderen steht.

»Laß uns was trinken«, sagte Kitty schon wieder. Das war ihr Abendritual, und sie klammerte sich daran wie an ein Rettungsfloß, nachdem alle anderen Wegzeichen verschwunden waren. Nutzlos, ihr zu sagen, daß das Trinken dazu beigetragen hatte, ihr Gedächtnis zu zerstören. Sie würde sich nicht dafür interessieren – und sich auch gar nicht erinnern, wie es war, ein Gedächtnis zu haben.

Abendessen im Kuckucksnest. Patienten schlurfen in die Cafeteria, um ihre Tabletts zu holen. »Hallo, Kitty! Wie geht's?« trompetet ein krummer Mann in Papierslippern mit ausdruckslosen Augen.

»Das ist meine Nichte, die berühmte Schriftstellerin«, sagt sie zu allen und niemand im besonderen. Meine Wangen prickeln vor Verlegenheit. Noch mit ihrem aufgelösten Hirn kann Kitty Anerkennung für meine Bekanntheit fordern. Was für ein Witz, inmitten all dieser menschlichen Vergänglichkeit etwas so Launisches wie Ruhm anzusprechen.

Nichts bewahrt uns davor, alt zu werden, denke ich. Berühmtheit nicht, Talent nicht, persönlicher Charme nicht, Reichtum nicht, Intelligenz nicht. Die Absurdität, aus meinem Ruhm Kapital zu schlagen, beschämte mich irgendwie. In diesem verrückten Haus fühlte ich mich mit Kitty verschmolzen: Ihre Fauxpas waren auch meine.

Gott, es war spät. Mein Freund, mein Kind, mein Mann, alle erwarteten mich. Wie üblich wurde ich von miteinander in Konflikt stehenden Anforderungen zerrissen und hatte das Gefühl, keiner so gerecht zu werden, wie es angemessen gewesen wäre.

Im Aufzug sprach mich eine Frau an, wie Frauen das so tun. »Meine beste Freundin«, sagte sie, »hatte wieder einen Anfall. Sie hat wieder versucht, Selbstmord zu begehen, und nun ist sie wieder hier drin.«

»Meine Tante«, sagte ich, »hat Alzheimer.« Die Frau nickte mitfühlend. Hier war niemand berühmt. Nur zwei Frauen, die sich um zwei andere Frauen kümmerten, wie es so oft das Los der Frauen ist. »Alles Gute«, sagte sie. »Ihnen auch«, sagte ich.

Der Mond war voll und hatte einen hellen Hof, und die Nacht war eisig. Ich wickelte mich in Schal und Mantel und rannte die Lexington Avenue hinunter zu meiner Wohnung.

Eine freie Frau – aber für wie lange? Eines Tages würde auch ich nicht mehr in der Lage sein, allein aus einem Krankenhaus zu gehen. Was würde dann aus mir werden?

Ich mochte nicht darüber nachdenken.

Am nächsten Tag hätte das Gericht Kittys Fall wiederaufnehmen sollen, aber ein anderer Fall kam dazwischen. Deshalb wollte ich sie aus dem Krankenhaus abholen und nach Hause bringen. Eine Menge Leute rieten mir davon ab, aber ich fand, daß ich mein Versprechen halten mußte – ob Kitty sich daran erinnerte oder nicht.

Es ist immer einfacher, alte Leute vom Krankenhaus aus in ein Pflegeheim zu bringen als von zu Hause aus. Ich bürdete mir also eine Last auf, indem ich mein Versprechen hielt, aber

Versprechen zu halten bedeutet oft Lasten. Zur Teezeit war ich wieder im Krankenhaus, um Kitty, ihren Papierkram, ihre Rezepte, ihre dürftigen Besitztümer abzuholen. Ich brachte sie nach Hause in ihre Dachwohnung in Chelsea, gemeinsam mit der plumpen haitianischen Pflegerin namens Chloe.

Die Wohnung war ein einziges Durcheinander, die Küche schmutzig, an den Wänden befanden sich weiße Flecken, wo einst Gemälde gehangen hatten. Das Appartement schien teilweise geplündert. Überreste der Möbel meiner Großeltern – ein Stickley-Bücherregal, die farbverkleckste Staffelei meines Großvaters – standen im Zimmer herum. Kittys riesige, leuchtende Seegemälde, die einst die Wohnung dominiert hatten, waren durchforstet worden, und viele fehlten. Kitty bemerkte nichts von alldem. Sie war aufrichtig froh, an einem Ort zu sein, den sie noch immer als »Zuhause« identifizierte.

Chloe lümmelte sich sofort auf die Couch, stellte den Fernseher ein und machte deutlich, daß sie sich für alles andere nicht zuständig fühlte. Nur zum Spaß bat ich sie, ein paar Rezepte für Kitty einzulösen und mir zu helfen, die Küche aufzuräumen. Sie weigerte sich entschlossen. »Das wird von uns nicht erwartet«, sagte sie. Sie war ein Babysitter, mehr nicht – wenn auch zu Preisen, die einen Babysitter hätten erröten lassen. Was würde eine Frau vom Mars denken, wenn sie auf die Erde käme und sähe, wie tatterige, alte, weiße Frauen von robusten, jungen, schwarzen Frauen »versorgt« werden, die sich hinsetzen und auf den Fernseher schauen – und auf die Uhr? Wie merkwürdig Menschen ihre Gesellschaft einrichten! »Sprengt alles in die Luft und fangt noch einmal von vorne an!« würde eine mitleidige Göttin vielleicht sagen.

Kitty wanderte zögernd umher, sie hatte Angst, ihren Mantel auszuziehen. Ich sorgte dafür, daß sie sich setzte, bequeme Schuhe anzog – chinesische Stoffslipper – und eine Tasse Tee trank.

Bald darauf platzte Maxine mit Frank und seinem Liebhaber Adrian und zwei hübschen Typen von den Hamptons herein.

»Hallo, Herzchen!« sagte Maxine zu Kitty. »Wir haben einen Lieferwagen unten. Wir holen ein paar Gemälde, damit wir da draußen für dich eine Ausstellung machen können.«

Daraufhin begannen die beiden Burschen, Leinwände, Mappen und einen lebensgroßen Löwen abzutransportieren, der in Kittys Mansarde gestanden hatte, solange sie dort wohnte. (Kittys Sternzeichen ist Löwe, daher ist dieser brüllende Löwe ihr Talisman.)

»Was machst du da?« fragte sie Maxine. »Das ist mein Löwe.«

»Nein, Schätzchen, das ist mein Löwe«, sagte Maxine. »Ich habe ihn gekauft.«

»Hast du nicht«, sagte Kitty.

»Oh, doch, habe ich.« Plötzlich erinnerte ich mich an den Sturm und Drang vor einem Dutzend Jahren, als Kitty und Maxine »sich trennten« und Maxine Kitty aus den beiden Häusern vertrieb, die zu erbauen und zu renovieren sie geholfen hatte, eines in Chelsea, eines in Southhampton, indem sie ihr diese bescheidene Dachwohnung kaufte und sie mit einer kleinen Pension abspeiste.

»Nimm mir nicht meinen Löwen weg«, sagte Kitty. »Er ist alles, was ich habe.«

»Ich bringe ihn nur für dich in Sicherheit, Schätzchen«, sagte Maxine, während die Burschen dieses letzte Symbol von Kittys Eigenständigkeit wegtrugen.

Ich war entsetzt über die Unverfrorenheit des Ganzen und so schockiert, daß ich schwieg.

»Ich weiß, daß du sie beerbst, aber ich wünschte, du würdest aufhören, dich zu benehmen, als sei sie schon tot«, hätte ich am liebsten gesagt. Oder: »Um Gottes willen, das kann doch warten, oder?« Und Maxine, die meine Mißbilligung spürte, nahm ein riesiges Buch mit den Federzeichnungen meines Großvaters und legte es in meine zitternden Hände.

»Kümmere dich darum«, sagte sie, »hüte es.« Sie hatte die richtige Bestechungsgabe gewählt: Das Buch war angefüllt mit halluzinatorischen Wiedergaben von Papas Kindheit in

Odessa. Weitere Erinnerungen, um meine Autobiographie zu bevölkern. Ich nahm es.

Und die Burschen trugen den Löwen fort.

Maxine lief geschäftig herum, brachte Lebensmittel und verkündete Kitty, sie könne leider nicht bleiben, weil sie Geburtstag habe und zum Dinner eingeladen sei.

Frank, Adrian und ich blieben zurück, um nach Kitty zu sehen, die nun ebenfalls zum Dinner ausgeführt werden wollte.

»Ich lade euch ein«, sagte ich. »Was schlagt ihr vor, wo wir hingehen sollen?«

Wir einigten uns auf ein nahegelegenes chinesisches Restaurant, und Frank und ich begannen, Kitty für den Ausgang anzukleiden.

»Dein Haar ist in einem schlimmen Zustand«, sagte Frank zu ihr. »Ich werd's dir morgen abend färben, okay?« Liebevoll bürstete er Kittys Haar, fädelte die goldenen Ohrringe, die er für sie gemacht hatte, durch die Löcher in ihren Ohrläppchen und half ihr bei ihrem Make-up. Ich sah inzwischen Kittys Kleider durch und suchte nach etwas, das nicht zerrissen, schmutzig oder abgetragen war. Ich fand einen passablen Pullover und einen Rock, keinerlei Büstenhalter und keinen Slip, der nicht schmutzig war. Die bequemen chinesischen Stoffschuhe ließ ich ihr. Das erste, was verschwindet, ist die Gepflegtheit, dachte ich, dann wird keine Wäsche mehr gewaschen, und dann vergeht das Leben selbst. Aber nicht schnell genug. Ach, das Leben dauert noch an, wenn keine Wäsche mehr gewaschen wird und am Ende alles wieder so verläuft wie in der Säuglingszeit. Wir haben keine Wegzeichen, keine Bücher über diese letzten Entwicklungsstadien, keine tröstenden Rituale. Zu Beginn der Reise hat das Baby eine liebende Mutter, die auf der Suche nach Hinweisen und Anleitungen die einschlägigen Ratgeber durchblättert. Doch im siebten Alter der Frau gibt es keine liebende Mutter (die ist schon lange tot), keine designierte Pflegeperson, keine Bücher. Diese Rückreise treten wir ganz allein an, in chinesischen Slippern.

Kitty war angezogen. Frank, Adrian und ich schlüpften in unsere Mäntel.

»Was ist mit ihrem Abendessen?« sagte Kitty und wies auf Chloe, die noch immer vor dem Fernsehapparat saß.

»Machen Sie sich meinetwegen keine Gedanken, ich habe schon gegessen«, sagte Chloe. Das flackernde Licht des Bildschirms beleuchtete ihr rundes, glänzendes Gesicht.

»Haben Sie keinen Hunger?« beharrte Kitty in dem Versuch, sich um ihre Pflegerin zu kümmern – ein Zug, der in unserer Familie geläufig ist.

»Nein, meine Liebe«, sagte Chloe. »Gehen Sie ruhig essen.«

Kittys runde, braune Augen starrten sie an.

»Aber Sie sollten auch essen«, sagte sie. »Das ist nur fair.«

»Keine Sorge, Liebes«, sagte Frank. »Sie hat gegessen.«

»Sollen wir Ihnen eine Frühlingsrolle mitbringen?« fragte ich Chloe, um Kitty zu besänftigen.

»Okay«, sagte Chloe.

»Was hast du gesagt?« fragte Kitty. »Ich brauche keine Frühlingsrolle. Warum glauben alle, eine Frühlingsrolle würde etwas ausmachen?«

Wir schlenderten in der Kälte die 23rd Street hinunter. Zwei junge Männer, der eine mit Aids, der andere voller Angst, sich die Ergebnisse seiner Bluttests anzusehen, und eine alte Frau, die dauernd sagte: »Es ist zu kalt, es ist zu kalt« und: »Wo gehen wir hin?« Und dazwischen ich mit all meiner Angst vor fünfzig.

In dem chinesischen Restaurant saß ich Franks Liebstem gegenüber, der mir die Geschichte seines Lebens in der letzten Zeit erzählte.

»Was machen Sie?« fragte ich.

»Ich bin erwerbsunfähig«, sagte er, »wegen Aids.«

»Und was haben Sie vorher gemacht?«

»Ich war auf der Julliard-Musikschule und habe Flöte studiert, und dann habe ich als Musiker gearbeitet und mich als persönlicher Assistent von Leonard Bernstein über Wasser gehalten – ein schwieriger Job«, sagte er.

»Wann wurde Ihre Krankheit diagnostiziert?« fragte ich.
»Oh – vor fünf Jahren.«
»Wie hat das Ihr Leben verändert?«
Adrians hübsches junges Gesicht mit dem eckigen Kinn wurde nachdenklich.
»Tja, es hat wohl mein Leben verändert«, sagte er. »Ich fing an, darüber nachzudenken, wie ich wirklich leben wollte. Ich hörte auf, für Bernstein zu arbeiten, weil das einfach zu stressig war – er war sehr anspruchsvoll –, und ich fing an, für mich selbst zu musizieren, nachzudenken und zu meditieren. Das veränderte mein Leben. Ich entschied, daß Liebe wichtiger ist als wilder Sex. Ich entschied, daß ich wirklich jemanden lieben wollte, bevor ich sterbe.«
»Und was passierte dann?« fragte ich.
»Dann lernte ich Frank kennen«, sagte er und lächelte seinem Geliebten zu.
»Wer hat das für mich bestellt?« fragte Kitty, als ihr Essen kam.
»Das warst du selbst, Liebes«, sagte Frank.
»Das war ich nicht«, sagte Kitty. Ihre Streitlust war für sie eine Bestätigung ihrer Existenz.
»Doch, Liebes«, sagte Frank freundlich.
»Na ja, dann kann ich es ja wohl getrost essen«, sagte Kitty und machte sich über ihre gebratenen Klöße her.
»Sicher kannst du«, sagte ich. Ich dachte, wie seltsam diese Szene war und wie seltsam alle Zusammenkünfte im Leben sind, wenn man nur über sie nachdenkt. Was für ein eigenartiges Letztes Abendmahl das war. Zwei sehr junge Männer, die vielleicht nicht mehr lange zu leben hatten, meine Tante, die nicht mehr viel hatte, wofür es sich zu leben lohnte, und dazwischen ich, wie immer beobachtend und überlegend, wie sich aus all dem eine Geschichte machen ließe. Würde die Geschichte jemandem helfen? Das hoffte ich. Selbst wenn nur ich dieser Jemand sein würde.
»Wer hat das hier bestellt?« fragte Kitty wieder. »Du, Liebes«, sagte Frank.

Später, als Kitty ins Bett gepackt worden war und Frank ihr vorlas, nahm ich ein Taxi nach Hause, Papas Buch mit den Zeichnungen an mich gedrückt.

»Du kommst spät«, sagte meine Tochter. »War es schlimm?«

»Eigentlich war es weniger schlimm, als zu Hause zu bleiben, an Kitty zu denken und nichts zu tun. Sie ist noch immer ein Mensch. Aber ihre Erinnerung ist stellenweise so fadenscheinig wie die Knie deiner Jeans.«

»Hm, deprimierend«, sagte Molly. »Ich bin froh, daß ich nicht mitgegangen bin.«

»So fühlt man mit vierzehn, aber nicht mit fünfzig«, sagte ich.

»Du bist nicht fünfzig«, sagte Molly. »Du bist fünfunddreißig und bleibst es. Jawohl, das stimmt. Ich wurde geboren, als du einundzwanzig warst!«

Ich umarme sie sehr fest und hoffe dabei, daß sie niemals für mich tun muß, was ich für Kitty tue.

Meine beste Freundin und ich haben einen Plan. Wir werden Hände voller Schlaftabletten nehmen und dann hinaus in den Schnee bei ihrer Ranch in Carbondale in Colorado gehen. Während Elche und Karibus durch den reinen weißen Schnee stapfen, während über den Bergen die Venus aufsteigt, werden wir im Schnee Engel spielen, still an Unterkühlung sterben und unseren Kindern die Mühe und Arbeit unserer Pflege ersparen. Planeten und Sterne werden in der kristallklaren Luft von Colorado funkeln, während wir friedlich und schmerzlos erfrieren.

Doch werden wir das wirklich tun? Wer weiß? Bis dahin haben wir vielleicht vergessen, welche Schwierigkeiten wir machen. Das Gedächtnis ist das vergänglichste aller Besitztümer. Und wenn es dahingeht, hinterläßt es so wenig Spuren wie Sterne, die verschwunden sind.

Um Mitternacht findet mein Mann mich in meinem Arbeitszimmer, wo ich das Buch mit Papas Zeichnungen durchsehe.

Da ist seine Mutter, meine Urgroßmutter, nach ihrem Tod durch Typhus aufgebahrt. Ihre Bahre wird zu Wellen auf dem

Ozean, in denen die Gesichter ihrer Kinder, Enkel und Urenkel schwimmen. Die Matriarchin geht zurück ins Meer – eine Art umgekehrter Venus. Dann kommt eine Serie von Tuschezeichnungen von den galoppierenden Pferden, die die Feder meines Großvaters immer gefesselt haben. Einige galoppieren ins Meer hinein; andere werden von wilden Hunden angegriffen; andere werden von Kosaken (mit riesigen Pelzmützen) angefeuert, die mit Knüppeln auf Kreaturen unter den Pferdehufen einschlagen.

Das war das rauhe Rußland, das mein Großvater als vierzehnjähriger Junge zu Fuß durchquerte. Er wanderte durch Europa, als Europa noch wesentlich größer war, als es heute ist. Und er trotzte den Härten, um für uns alle in Amerika ein geruhsames Leben zu erkämpfen. Seine Mutter war gerade an Typhus gestorben, als er sich auf den Weg durch Rußland und Europa machte. Schonungslos wie Goya oder Hogarth in seinem Willen, sich der menschlichen Unmenschlichkeit zu stellen, skizzierte mein Großvater nur seine Vergangenheit, während er seine Gegenwart lebte. Das war das Erbe, das er mir hinterließ. Nur immer skizzieren. Versuche nicht, nach dem Warum zu fragen. Vielleicht gibt es keine Antwort.

»Was war er für ein wunderbarer Künstler«, sagt Ken, der mir über die Schulter schaut. Ich spüre Papas Gegenwart im Raum, während ich seine Skizzen durchblättere. Er ist auch der Grund, warum ich mich um Kitty kümmere. Irgendwie bewacht er mein Leben, also bewache ich auch die Leben, die ihm am wichtigsten waren.

»Kittinka«, hätte er gesagt. »Arme Kittinka. Kümmere dich um sie, denn sie ist jetzt zu närrisch, um sich um sich selbst zu kümmern.«

»Laß uns zu Bett gehen«, sage ich. Und Ken umarmt mich.

»Du hattest einen harten Tag«, sagt er.

»Irgendwie war es am schlimmsten, mit anzusehen, wie der Löwe weggetragen wurde. Das hätte ich lieber nicht gesehen.«

»Du wirst darüber schreiben«, sagt er.

»Macht es das wieder gut? Macht das für den Schmerz irgendeinen Unterschied?«

»Es macht ihn erträglich«, sagt er, »wie Papas Skizzen sein Leben erträglich machten.«

Ich schließe das Buch der Erinnerung. Es tröstet mich, daß ich weiß, es ist da, und ich kann es wieder aufschlagen.

Als wir am nächsten Morgen aufwachen, herrscht in der City ein Unwetter, das droht, Manhattan vom Rest Amerikas abzuschneiden. Strömender Regen, orkanartige Winde, überflutete Untergrundbahnen und Flutwellen in den Straßen. Manhattan war immer eine Insel, aber dieses Unwetter droht die zarten Bande zu durchtrennen, die es mit dem Festland verbinden.

Ken und ich schaffen es irgendwie bis zum Gericht, aber wir sind die einzigen. Kitty und Frank werden tropfnaß und kehren um. Maxine läßt sich entschuldigen, und die beiden anderen Anwälte kommen so spät, daß für die Wiederaufnahme der Anhörung keine Zeit mehr ist. Wieder muß meine Zeugenaussage verschoben weden. Ein neues Datum wird festgesetzt.

Als wir bei strömendem Regen das Gerichtsgebäude verlassen, sehen Ken und ich Menschentrauben mit zerrissenen Regenschirmen an Bushaltestellen stehen. Die U-Bahnen fahren nicht; die City ist blockiert. Die Büros schließen vorzeitig. New York hat das Vorgefühl eines Desasters – als sei die letzte Springflut gekommen, und all die hochragenden Wolkenkratzer würden gleich von der Flut gefällt.

»Ein Taxi!« schreit Ken. Ist es eine Fata Morgana, oder sehe ich wirklich ein gelbes Taxi unten an der Treppe des Gerichtsgebäudes? Wir rennen die überfluteten Stufen hinunter. Gerade, als wir das Taxi erreichen, versucht ein anderes Paar, auf der anderen Seite einzusteigen. Plötzlich schwingt Ken seinen Regenschirm und versucht, die Störenfriede zu vertreiben.

»Ich nehme keinen von euch Leuten mit!« schreit der Fahrer und steigt aus seinem Wagen. Er schubst Ken in den überfluteten Rinnstein.

»Ich schreibe mir Ihre Zulassungsnummer auf«, ruft Ken, rappelt sich auf und versucht, das Taxi dieses Verrückten zu besteigen.

»Spinnst du?« sage ich. »Ich gehe lieber zu Fuß.«

Aber Ken zerrt mich in das Taxi, und wir fahren einen oder zwei Blocks weit, während der Fahrer uns verflucht.

»Fahren Sie uns zur Polizeistation«, schreit Ken.

Der Fahrer fährt in Schlangenlinien und flucht wie ein Wahnsinniger. Bei der ersten roten Ampel öffne ich die Tür und ziehe Ken heraus.

»Ich weiß nicht, was in mich gefahren ist«, sagt Ken.

»Das Unwetter – und Kitty.«

»Wie wär's mit einem Nudelrestaurant in Chinatown?« fragt Ken, und wir machen uns auf die Suche nach Hong Fat. Der Wind heult, der Regen prasselt auf uns nieder. Die ganze Natur ist außer Rand und Band, sie scheint mit Kitty zu sympathisieren.

Zum ersten Mal seit Jahren sitzen wir über das Wochenende in New York fest und sehen zu, wie das Unwetter Manhattan zu einer schwimmenden Insel in der alles überflutenden See macht. Das Unwetter wird immer heftiger, und Kittys Zustand verschlimmert sich ebenfalls.

Die Wirkung der Beruhigungsmittel läßt nach, und sie wird reizbar. Sie wirft Chloe aus ihrer Wohnung, tobt gegen Frank, als er kommt, um ihr das Haar zu färben, und weigert sich, das Nitroglyzerinpflaster auf ihrer Brust seine Wirkung tun zu lassen. Sie vergißt, warum es da ist, und reißt es wütend ab. »Was ist das? Was ist das?« Sie schlägt sich auf die Brust.

Der Sturm tobt, unser Lear auch.

Meine jüngere Schwester und ich besuchen sie abwechselnd. Endlich können wir die Agentur dazu bringen, eine andere Pflegerin zu schicken. Was in aller Welt sollen wir tun, solange sich die Gerichtsentscheidung verzögert? Kitty ist nicht in der Verfassung, zu Hause zu bleiben, selbst wenn jemand sie betreut. Wir werden ein Pflegeheim für sie finden und sie überreden müssen, dorthin zu gehen. Den Richter wird das nicht freuen, aber zumindest wird Kitty am Leben bleiben.

Man brauchte mir nicht zu berichten, daß die meisten Pflegeheime grauenhaft sind. Ich hatte sie gesehen. Doch wie Freunde sagten, gab es eines, das außergewöhnlich war. Eine Modelleinrichtung – sauber, schön, voller Kunst. Doch die Warteliste war lang; es würde ewig dauern, einen Platz zu bekommen. Die Bewerbungsprozedur verlief etwa so, als wolle man sein Kind auf eine schicke Privatschule schicken. Nur durch Einfluß und Beziehungen konnte man überhaupt ein Anmeldeformular bekommen. Einfluß und Beziehungen waren das, was mein Schwiegervater am liebsten mochte. Er war unten in Florida und regierte mittels Telefon und Fax den jüdischen philantropischen Untergrund. Er war der Chef der Palm Beach Stern Gang.

»Besorg mir eine Liste der Vorstandsmitglieder, Liebling«, sagte er. Und zwei Tage später wurde ich von dem weißhaarigen Direktor des Hebrew Home for the Aged in einem Wagen mit Chauffeur abgeholt.

»Maestro«, sagte ich, als die Autotür geöffnet wurde. Denn Jacob Rheingold, der Direktor, sieht wie der Dirigent eines europäischen Sinfonieorchesters aus. Ein Wust weißer Haare, das wettergegerbte Gesicht eines Bergsteigers, ein herzliches Lächeln und eine mit *mamaloschen** gespickte Redeweise. Wir sprachen über Musik, Kunst, Europa, Japan, Berge, Meere – über alles, nur nicht über Kitty. Es war eine Art Brautwerbung. Das Objekt war ein Bett für Kitty, aber ich würde die Mitgift sein.

Das Hebrew Home for the Aged ist vollgestopft mit modernen Meisterwerken (gespendet von eifrigen Verwandten, die ihre Alten loswerden möchten), einfallsreich eingerichtet (Waschbecken und Badewannen, die höhenverstellbar sind) und speziell für kranke, alte Menschen vorgesehen. Man hat

---

* Jiddisch: die Muttersprache.

einen wunderbaren Blick auf den Hudson, und es gibt Frisiersalons, Gymnastikräume, Kunstateliers. Das ist die nächste Station nach dem Kurort! Außer, daß wir hier nicht hoffen, Fitneß werde unser zukünftiges Wohlergehen sichern. Dies ist das Ende der Fahnenstange. Dies ist der Ort, an den man kommt, wenn man reich oder berühmt genug ist, um Senilität auf dem neuesten Stand der Technik zu verdienen.

»Verschwinde von hier, du dickes schwarzes Stück!« schreit eine Frau, die in der Abteilung für frühe Demenz hinter ihrem Gehapparat herschlurft. Die betreffende Pflegerin sieht aus, als sei sie weit fort und konzentriere sich auf das Mittagessen oder die Liebe der letzten Nacht. Sie ist darauf trainiert, solche verrückten Reden zu ignorieren.

»Sie weiß nicht, wo sie ist«, sagt der Maestro. »So geht es hier vielen.«

Nur die Großen und beinahe Großen sind hier willkommen. Es ist ein Aufbewahrungsort für all die Ex-Moguln und Ex-Bosse, deren Angehörige sie nicht wollen.

Da sind die verrückten Onkel von Medienbaronen, die Schwestern von Filmstars, die Mütter berühmter Diplomaten. Rudolf Bing ist in der Station für frühe Demenz und Nat Holman in der normalen Station für diejenigen, deren einzige Krankheit das Alter ist. Ist das besser als Schnee-Engel in Carbondale? Wer weiß? Wenn man hierher kommt, kann man es nicht mehr sagen.

»Versprechen Sie mir, daß Sie mich erschießen, Schätzchen«, sagt der Maestro, »ehe Sie mich hierher bringen müssen.«

Und doch wirken die Insassen glücklich – je nachdem, wie man das Wort definiert. In der Alzheimer-Station sitzen eine alte Dame mit blauer Mütze, ein starrender Mann mit kariertem Hemd und wirrem Haar und eine mürrische alte Frau mit vorspringendem Kinn an einem Tisch in einem Raum, der wie die gemütliche Küche in einer Sitcom aussieht. Doch sie reden nicht miteinander. Sie nehmen sich nicht einmal gegenseitig zur Kenntnis. Blaue Mütze wühlt in alten Kleidern herum.

(»Sehen Sie, so verbrauchen sie ihre Energie«, sagt der Maestro. »Das ist Therapie.«) Kariertes Hemd stochert in dem Essen auf seinem Tablett.

Vorspringendes Kinn murmelt – zu niemand im besonderen – vor sich hin: »Ich werde dafür sorgen, daß Sie Schwierigkeiten kriegen! Ich werde den Gouverneur anrufen. Er kennt mich! Ich leite eine sehr bedeutende Firma! Ich bin Millionen schwer! Mich kann niemand zum Narren halten!«

Manchmal wäscht das Alter die Tünche der Höflichkeit ab und läßt nur den feindseligen und aggressiven Bodensatz der menschlichen Natur zurück; manchmal läßt es auch die sozialen Umgangsformen intakt, bis jemand anderer zuerst das Essen serviert bekommt oder uns unsere Mütze wegnimmt. (»Das ist meine Mütze!« sagt eine andere Insassin und greift nach der blauen Kappe. »Ist es nicht!«) Das erinnert mich an Zweijährige in der Sandkiste – nur, daß Zweijährige sehr viel niedlicher sind. Pralle Wangen und rosa Fingerchen haben einen beträchtlichen Einfluß auf unsere Wahrnehmung aggressiven Verhaltens. Wenn ein Gesicht voller Grützbeutel und sprießender Haare ist, finden es selbst die Aufgeklärtesten von uns nicht gerade anbetungswürdig. Schnee-Engel scheinen eine bessere Lösung zu sein. All diese wohlbetuchten Alten verbrauchen Ressourcen, mit denen man ganze Städte ernähren und ausbilden könnte. Ist das eine gute Entscheidung für die menschliche Rasse? Eine solche Frage ist leicht zu stellen, aber schwer zu beantworten. Ich weiß nur, daß ich Kitty nicht auf einer Eisscholle aussetzen oder in den Schnee werfen werde. Vielleicht existiert dieser Ort, um das Gewissen reicher und mächtiger Verwandter zu beschwichtigen, aber er bleibt dennoch ein Wunder. Die Warhols und Picassos und Ertés sind Zeugnisse unserer Schuldgefühle.

Und der Direktor ist unser Stellvertreter, unser Surrogat.

»Wissen Sie, warum ich nie eine Liebesaffäre haben konnte?« fragt er rhetorisch.

»Wenn ich mich im Motel einschrieb, wurde ich unweigerlich von jemandem gesehen und gefragt: ›He, Jake, wie geht's meiner Mutter?‹«

Als jüngster einer ganzen Kinderschar ist der Maestro der geborene Kümmerer, der designierte Versorger seiner Familie. Niemand bekommt zufällig einen solchen Job. Er ist ein Virtuose der Fürsorge, der die umfangreiche Sinfonie aus Schuldgefühlen, Verleugnung und Spendeneintreiben dirigiert, die die Existenz eines solchen Ortes ermöglicht.

»Die meisten von ihnen sind inkontinent«, sagt er, »aber es riecht nicht nach Urin. Wie wir das machen? Wir putzen unablässig, so machen wir das.«

Und tatsächlich riecht es hier frisch und sauber. Es riecht nach Geld. Wie Daisy Buchanans Stimme ist das Hebrew Home for the Aged ein Vermächtnis all dessen, was Geld bewirken kann. So entzückt ich auch bin, daß es einen solchen Ort gibt, ich bin gleichzeitig verwirrt. Selbst im Greisenalter gibt es keine Gleichheit. Dann erst recht nicht.

Ich gehe mit einem Brief des Pflegeheims nach Hause, in dem Kittys Aufnahme versprochen wird.

Meine Mission ist fast erfüllt. Aber noch muß der chinesische Richter überzeugt werden.

Was weiß ich noch von Tante Kitty, ehe ihr Leben diese eigenartige Wendung nahm?

Wegen der geheimnisvollen Feindschaft zwischen ihr und meiner Mutter durfte ich sie nie sehr oft sehen. Aber ich kann mich trotzdem an gewisse Dinge erinnern.

Ich weiß noch, wie ich sie in ihrem sonnendurchfluteten Appartement besuchte, das auf die West End Avenue hinausging, und ihre Sachen durchsah: ihre kleinen Werkzeuge zum Modellieren von Ton, ihre afrikanischen Masken und geschnitzten Amulette, ihre Bibliothek aus faszinierenden Büchern.

Es war Kitty, die mich mit Colette bekannt machte und mir *Chéri* und *Chéris Ende* schenkte, als ich fünfzehn und noch viel zu jung war, um die Leidenschaft einer neunundvierzigjährigen Frau für einen schönen Mann um die Zwanzig zu verstehen. Wie viele Leute, die keine eigenen Kinder haben, verstand Kitty junge Menschen nicht wirklich. Aber das war auch befreiend. Sie behandelte mich wie eine Erwachsene – ohne zu verurteilen und ohne die beschützende Prüderie eines Elternteils. Jahre später, als ich um die Vierzig war und unter der Liebe zu einem sehr jungen Mann litt, las ich *Chéri* und *Chéris Ende*, die Kitty mir gegeben hatte, noch einmal. Endlich war ich dankbar für das Geschenk. Es hatte lange in meinem Bücherregal stehen müssen, ehe mein Leben es einholte, aber irgendwie muß Kitty auch das gewußt haben.

Auf Fire Island und in East Hampton, in den Häusern, die Kitty mit ihrer Freundin Maxine teilte, herrschte immer ein antiker Geist. Es war nicht nur die Nacktheit und auch nicht die Tatsache, daß die beiden Frauen im gleichen Bett schliefen. Auch bei uns zu Hause lief man oft nackt herum, aber die Omnisexualität überall ringsum war in Kittys Haus befreiender. Meine Mutter murmelte dunkel etwas von »schlechtem Einfluß«, aber ich lernte in diesem Haus zum ersten Mal den Geschmack von Freiheit kennen. Hier war eine Welt, die nicht von den Regeln des bürgerlichen Lebens beherrscht wurde, eine Welt, in der Männer mit Männern und Frauen mit Frauen flirteten, eine Welt, in der das Leben irgendwie reicher war und mehr Möglichkeiten bot. Das Haus war ein exzentrisches Sommerlager für Erwachsene, und für mich war es die Freiheit – Freiheit von Konventionen, von Familienbindungen. Der Geist der Antike gab mir einen Teil meines Selbst, bestätigte mich in meinem Anarchismus – sexuell und auch sonst.

Ich gestattete mir nie, Kitty offen zu lieben, weil meine Mutter zu erkennen gab, daß sie das für illoyal halten würde. Dennoch war Kittys Lebensweise ein Teil meiner Erziehung. Ihr Lebensstil sagte mir, daß es alternative Universen, andere Stimmen, andere Räume gab.

In gewisser Weise haßte meine Mutter Kitty wohl für die Freiheit, die sie sich gestattete. Meine Mutter konnte sich eine solche Freiheit nicht erlauben. Aber auch sie hatte als Bohemienne begonnen und wurde dann vom bürgerlichen Leben eingefangen. Wieviel von ihrer alten Fehde mit ihrer Schwester war Menschenfeindlichkeit? Und wieviel sauer gewordene Liebe? Meine Mutter hatte Kitty früher einmal angebetet, und ihr virulenter Haß war zu heftig, um nicht umgeschlagene Leidenschaft zu sein.

Wir leben in einer Welt, die in »schwul« und »hetero« unterteilt ist. Wir haben unsere sexuelle Kultur balkanisiert. Aber warum? Ist das alles eine Frage der Politik? Und steht Politik nicht im Konflikt mit unserer Menschlichkeit? Natürlich können schwule Menschen nur dann ihre Bürgerrechte einfordern, wenn sie sich in Gruppen organisieren. Natürlich brauchen sie dasselbe Recht auf Erbschaft, Heirat, Gesundheitsfürsorge und Sorgerecht für Kinder wie jeder andere Mensch. Doch diese Unterteilung der Welten in »schwul« und »hetero« verstößt gegen das, was ich von der menschlichen Natur weiß. Es mag homosexuelle Lieben geben, aber bedeutet das, daß es auch homosexuelle Leute gibt? Muß Liebe unbedingt ein Geschlecht haben? Die größte Liebe verändert das Geschlecht. Die größten Liebenden wechseln sich darin ab, »männlich« und »weiblich« zu sein. Und was bedeuten »männlich« und »weiblich«? Sind das nicht eher Eigenschaften als Menschen?

Nur als ich jung und noch der Gehirnwäsche unterworfen war und mich selbst schlecht kannte, stellte ich mir vor, der Penis sei das einzige Instrument der Liebe. Die Männer, die ich in meinem Leben am meisten geliebt habe, hatten immer auch etwas Fürsorgliches an sich, und die Frauen, die ich am meisten geliebt habe, waren immer Kämpferinnen.

In einer gesunden Gesellschaft würden Frauen und Männer Geschlechter und Liebesformen so einfach anprobieren, wie sie Kleider anprobieren. Es war Kitty, die mir irgendwie all das beibrachte, und die Ablehnung meiner Mutter lehrte mich die

Existenz eines Puritanismus kennen, den ich mir nie zu eigen machen wollte.

Kittys Weg war ein anderer als der meiner Mutter. Dennoch war sie in vieler Hinsicht durch ihre sexuellen Wahlen ebenso geprägt wie meine Mutter durch ihre. Sie mag viele Frauen geliebt haben, aber sie liebte auch wie eine Frau. Sie gab für ein Leben als Hausfrau und Künstlerin Macht auf, und als sie alt und krank war, war niemand da, um sich um sie zu kümmern.

Niemand außer mir – so unvollkommen meine Fürsorge auch war. Ich hatte mein halbes Leben hinter mir, bis ich entdeckte, daß ich Raum für das Schreiben und für Fürsorge finden konnte.

Es ist wichtiger, ein Mensch zu sein als eine Schriftstellerin. Oder sollte ich sagen, daß Schreiben nur dann wichtig ist, wenn es uns irgendwie in unserer Menschlichkeit reifen läßt?

Etwa einen Monat nach Kittys Aufnahme in das Hebrew Home for the Aged gehe ich sie besuchen. Das Gericht hat noch immer nicht entschieden, der Fall ist also ungelöst. Kitty sieht besser aus als seit Jahren. Ihre Wangen sind rosig, ihr Haar ist geschnitten und frisiert.

»Dies ist meine beste Freundin Pearl«, sagt sie, »meine Zimmergenossin.«

Sie stellt mich einer dünnen, weißhaarigen Dame mit blauen Augen vor, die ein Laufgestell schiebt.

»Das ist meine beste Freundin Kitty«, sagt Pearl. »Ich liebe sie.«

Kitty und ich setzen uns in eine Halle, die auf den Fluß hinausgeht. Der Hudson funkelt in der Wintersonne.

»Eines Tages bin ich zu Besuch gekommen, das Essen gefiel mir, und so bin ich geblieben«, sagt Kitty. »Aber ich mache mir Sorgen um meine Wohnung.«

»Mach dir keine Gedanken, Kitty, ich werde nach dem Rechten sehen.«

»Ich muß in den nächsten Tagen fort, aber aus irgendeinem Grund regt mich das auf.«

»Du siehst fabelhaft aus.«

»Ich schlafe hier gut. Und die Leute sind nett. Wie spät ist es, Liebes? Ich möchte mein Abendessen nicht verpassen.«

Ich schaue auf die Uhr. Es ist gleich halb fünf. Das Abendessen beginnt hier zur Teezeit, wie auf der Kinderstation.

Ich führe Kitty in den Speisesaal und setze mich zu ihr.

Das ist die Abteilung für frühe Demenz, und die Insassen befinden sich in verschiedenen Stadien der Erinnerungslosigkeit.

Wir setzen uns an einen Vierertisch zu einer Frau namens Blanche, die sich dauernd die Lippen leckt, und einer Frau namens Brenda, deren Nase fast bis ans Kinn reicht.

»Darf ich euch mit meiner Verwandten bekannt machen«, sagt Kitty, die sich vermutlich nicht an meinen Namen erinnert. »Ist es nicht nett, daß sie gekommen ist?«

»Du bist hier ein großes Tier«, sagt Blanche.

»Bin ich nicht«, sagt Kitty.

»Bist du doch«, sagt Blanche.

»Heute abend gibt es ein Kabarett«, sagt Brenda.

»Kannst du zum Kabarett bleiben?«

»Ich glaube nicht«, sage ich.

»Zu schade«, sagt Kitty.

Nun werden den Bewohnern die Mahlzeiten serviert. Man bietet mir Saft an, der prompt gebracht wird. Ich schaue mich unter den autistischen Alten um, die in sich selbst versunken scheinen. Eine Frau trägt einen riesigen schwarzen Hut mit einer Pfauenfeder. Eine andere wandert von Tisch zu Tisch, starrt intensiv niemand im besonderen an und inspiziert die Mahlzeiten der anderen Bewohner. Jetzt kommt sie herbeigestelzt und greift nach meinem Saftglas.

»Wozu tun Sie das?« fragt Kitty. »Nehmen Sie meiner Nichte nicht den Saft weg!«

Die Frau dreht sich roboterhaft um und humpelt davon.

An der Wand hängt ein Schild, auf dem die im Januar anfallenden Geburtstage der Bewohner verzeichnet sind. Darunter ein Poster, auf dem mit Wattebällchen das Wort »Winter« geschrieben steht. Darunter ein Schneemann aus Wattebällchen. Dies ist ein Kindergarten für die sehr Alten. Aber sie wirken zufrieden, und meine Tante scheint sicher und glücklich. Ich habe sie nie so friedlich gesehen wie jetzt, da sie auf ihr Essenstablett wartet.

»Ich mag das Essen hier«, sagt sie. »Möchtest du etwas?«
»Nein, danke«, sage ich, »ich muß zum Dinner ausgehen.«
Fürchte ich mich zu essen, weil ich dann wie Persephone im Hades bleiben müßte?

Um halb sechs mache ich mich davon, natürlich mit dem Versprechen, bald wiederzukommen.

4

WIE ICH ZUR JÜDIN WURDE

»Im zwanzigsten Jahrhundert Jude zu sein, ist, als bekäme man ein Geschenk.«
             MURIEL RUKEYSER, *Letter to the Front*

Nachrichten über Amerika verbreiteten sich rasch in den europäischen Shtetls. Es hieß, selbst wenn die Straßen des »goldenen Landes« nicht mit Gold gepflastert seien, so hätte doch ein Jude zumindest eine Chance.
             JESS KISSELGOFF, *You Must Remember This*

Je älter wir werden, desto jüdischer werden wir in meiner Familie. Der Vater meiner Mutter erklärte sich in seiner kommunistischen Jugend zum Atheisten, und so gehörten wir nie zu einer Synagoge oder hatten Bat Mitzvahs. Aber wir landen in jüdischen Altersheimen und auf Friedhöfen mit hebräischen Buchstaben über den Toren. Das verlangt unser Erbe von uns – selbst in Amerika, unserem gelobten Land. In meiner Familie ist man, wenn man sich noch immer als Unitarier bezeichnet, einfach noch nicht alt genug. (Ich beziehe mich hier natürlich auf einen meiner Ex-Ehemänner, der, nachdem er eine Schickse geheiratet hat, die lokale Unitarierkirche besucht. Ich sage voraus, daß sich das ändern wird.)

Mein Vater dagegen schickt Geld an den United Jewish Appeal und trägt eine Karte bei sich, die angeblich seine Aufnahme in das Mt. Sinai-Hospital und anschließend in den Himmel beschleunigen soll, da sie ihn als Großen Spender identifiziert. Das ist die Art von Dingen, über die er in seinen Vaudeville-Tagen einen Sketch improvisiert hätte. Jetzt erledigt

Molly das. Die Jungen sind grausam. Das müssen sie sein, um die Alten abzulösen. Die Alten sind eine solche Last, so einnehmend, so geneigt, an ihrem Geld festzuhalten. Die Jungen müssen hart sein, um überhaupt groß zu werden.

Was sagt schließlich das Beschneidungsritual einem jüdischen Sohn? »Paß auf. Das nächste Mal schneide ich das ganze Ding ab.« Also sind jüdische Jungen geil, aber auch voller Angst, ob ihre Schwänze ihre Geilheit überleben werden. Alexander Portnoy ist der archetypische gute jüdische Junge. Der gute jüdische Junge und der böse jüdische Junge bewohnen dieselbe Haut – wenn auch nicht dieselbe Vorhaut. Jüdische Mädchen haben mehr Glück. Ihre Sexualität ist weniger geschädigt. Mädchen dürfen sexuell sein, solange es in der Familie bleibt. Die Ehe ist geheiligt, solange man einen ödipalen Stellvertreter heiratet. Jüdischer Ehebruch ist ein Widerspruch in sich. Dazu lesen wir Updike. Jüdische Männer, die betrügen, enden wie Sol Wachtler oder Woody Allen. In großen Schwierigkeiten. Selbst jüdische Lesbierinnen müssen Tischsilber und Geschirr von Tiffany haben. Jüdische Lesbierinnen müssen sich in Frauen verlieben, die sie an ihre Mütter erinnern. Und in den heutigen feministischen Zeiten sind sie Ärztinnen oder Rechtsanwältinnen.

Wie wurde ich zur Jüdin – ich, die ich keine religiöse Erziehung hatte? Juden werden durch die Existenz des Antisemitismus gemacht – so ähnlich hat sich Jean-Paul Sartre ausgedrückt, der Bescheid wußte. Und trotz gegenteiliger Mythen gibt es in Amerika sehr viel Antisemitismus (sonst würden wir sagen »Nächstes Jahr in Oyster Bay oder Grosse Pointe« statt »Nächstes Jahr in Jerusalem«). Doch der amerikanische Antisemitismus nimmt die schlaue Form des Klassensnobismus an. Lassen Sie mich Ihnen zeigen, was ich meine.

Wir sagen, Amerika sei eine klassenlose Gesellschaft, aber das stimmt nicht. Unsere Klassenunterschiede sind nur soviel subtiler als die anderer Länder, daß wir sie manchmal nicht als solche wahrnehmen. Sie sind typisch amerikanische Klassenunterschiede, und sie folgen uns unser ganzes Leben lang. Wir gehen fröhlich in das Hebrew Home for the Aged, weil wir gelernt haben, daß nur unseresgleichen uns will, wenn es um Altern und Tod geht. Wenn wir jung und niedlich sind, können wir mit Gojim herumhängen – aber wenn die Sonne untergeht, essen wir wieder Knisches und Knaidlach. Wir halten die Mitzvahs ein – etwa, wenn wir unsere Tante in das Hebrew Home bringen. Wir erinnern uns plötzlich – wie bei den »gemeinnützigen Handlungen« auf der High School –, daß wir vor unserem Tod 613 Mitzvahs beachten müssen, um als gute Juden zu gelten. Mit fünfzig nehmen wir diese Mitzvahs ernst – im Unterschied zu den gemeinnützigen Handlungen in der High School. Wieviel Zeit haben wir denn schließlich noch? Nicht viel. Besser, man macht sich an die Arbeit – besonders als Frau. Wir sind nicht gerade die geborenen Gewinnerinnen. Die orthodoxen Rabbis wollen uns noch immer nicht an der Klagemauer beten lassen, warum nehmen wir also an, sie würden uns in diesen obskuren Himmel der Juden lassen? Wenn für Männer 613 Mitzvahs gelten, dann gelten für Frauen, glaube ich, 1839.

Als ich in New York heranwuchs, das von Juden dominiert schien, deren Eltern oder Großeltern aus Europa geflohen waren, dachte ich nie bewußt an mein Judentum. Oder an Klassen. Und doch beherrschten unsichtbare Schranken mein Leben – Schranken, die noch immer stehen.

Selbst als Kind wußte ich, daß meine beste Freundin, Glenda Glascock, die der Episkopalkirche angehörte und auf eine Privatschule ging, als Angehörige einer besseren Klasse galt als ich. Wir wohnten im gleichen düsteren gotischen Appartementhaus in der Nähe des Central Park West. Wir hatten beide Eltern, die Künstler waren. Aber Glendas Name endete mit »cock« und meiner nicht. Ich wußte, daß Namen, die mit »cock« enden, von Haus aus einer besseren Klasse angehörten.

Wie hieß ich überhaupt?

Mein Vater wurde als Weisman geboren und dann zu

Mann. Meine Mutter wurde von ihren russischen Eltern Yehudit genannt, als sie in England zur Welt kam, aber der unerbittliche Engländer auf dem Standesamt machte daraus zuerst Judith und dann Edith (»gute englische Namen«) – was den Eindruck erweckte, daß Juden nicht einmal ihren eigenen Namen behalten durften. Die dominante Kultur um unser (mentales) Ghetto herum forderte Namen, die nicht jüdisch oder ausländisch klangen. Auch das hinterließ einen starken Eindruck.

In unserem angeblich egalitären Land gab es verschiedene Kategorien von Amerikanern, und ich gehörte nicht der besseren (wie bei den »besseren Kleidern«) Kategorie an. Glenda schon. Ihr Nachname zeugte davon. Sogar ihr Spitzname – jüdische Mädchen hatten damals keine Spitznamen wie Glenni – zeugte davon. Und doch standen wir uns so nahe wie Zwillinge, waren beste Freundinnen und besuchten uns ständig gegenseitig – bis wir einmal zusammen badeten und sie mich beschuldigte, Pipi ins Badewasser gemacht zu haben, weil »Juden das täten«. Ich war empört, denn ich hatte nichts dergleichen getan. (Es sei denn, daß mein Gedächtnis hier zensiert.)

»Wer sagt, daß sie das tun?«

»Meine Mutter«, vertraute Glenni mir an.

Also berichtete ich meinen Eltern und Großeltern von diesem Gespräch, und auf geheimnisvolle Weise kühlte meine Freundschaft mit Glenni ab.

Sie ging fort, auf eine Privatschule. Ich nicht. Ich war in irgendeinem »Begabtenprogramm« an der Public School 87 auf der 77th Street Ecke Amsterdam Avenue – damals einem großen viktorianischen Gebäude mit Eingängen für Jungen und Mädchen. Dort entdeckte ich andere soziale Schichtungen. Je näher man am Central Park wohnte und je »besser« das Haus war, desto besser die Klasse, der man angehörte. Nun hatte ich Status. Unter mir standen ärmere jüdische Kinder, deren Eltern vor dem Holocaust geflohen waren und die in minderen Häusern weiter westlich wohnten, irische Kinder, die in Mietskasernen in Seitenstraßen lebten, und die ersten puertoricanischen Kinder, die nach New York kamen. Sie wohnten in anderen Mietskasernen in West-Side-Story-mäßigen Seitenstraßen. In den vierziger Jahren war New York alles andere als rassisch integriert. Ich lernte erst schwarze Kinder aus Harlem kennen, als ich die High School of Music and Art besuchte, wo Talent und nicht die Wohngegend die Qualifikation war. Die einzigen Afroamerikaner, die wir kennenlernten – damals Neger genannt –, waren Dienstboten. In meiner Kindheit war meine Welt jüdisch, irisch, hispanisch – wobei die Juden als die großen Herren galten.

Die WASP-Kinder waren inzwischen auf Privatschulen, wo sie ihresgleichen kennenlernten, damit sie nach Yale gehen, die CIA leiten und die Welt regieren konnten (wie George und Barbara Bush). Jüdische Kinder gingen in diesem New York nicht auf Privatschulen – außer wenn sie superreich waren, disziplinarische Probleme hatten oder orthodox waren.

Ich bekam ziemlich bald heraus, daß ich in meiner Schule hochklassig war, in der Welt jedoch nicht. Die Kinder in Fernsehshows und Lesebüchern hatten keine Namen wie Weisman, Rabinowitz, Plotkin, Ratner oder Kisselgoff. Und schon gar nicht wie Gonzales oder O'Shea. Da draußen im Fernsehland gab es ein anderes Amerika, und wir gehörten nicht dazu. In diesem anderen Amerika trugen Mädchen Namen wie Gidget und Jungen solche wie Beaver Cleaver. Unsere Welt war nicht repräsentiert – außer bei den Namen im Nachspann.

Weil wir aus diesem eigentlichen Amerika ferngehalten wurden, lernten wir es zu kontrollieren, indem wir es neu erfanden (oder stellvertretend repräsentierten). Einige unserer Eltern taten das bereits als Schauspieler, Produzenten oder Schriftsteller, also wußten wir, daß das ein möglicher Weg für uns war. Andere waren Geschäftsleute oder aus Künstlern zu Geschäftsleuten geworden – wie mein Vater. Der Punkt war: Wir waren Außenseiter, die sich danach sehnten, Insider zu sein. In jenen Tagen wußten wir, daß Princeton und Yale uns vielleicht nicht wollen würden – es sei denn, wir wären reich genug, um die Schule zu kaufen. Wir wußten, daß unsere Initialen ICM lauteten und nicht CIA. Wir wußten, daß wir nicht in die herrschende Klasse hineingeboren waren, und so erfanden wir unsere eigene herrschende Klasse. Mike Ovitz, nicht George Bush. Swifty Lazar, nicht Bill Clinton. Mort Janklow, nicht Al Gore.

Wie sehr sich die Welt seit den vierziger Jahren verändert hat! Und wie wenig! Ist Henry Kissinger, der diese Klassen- und Geschmacksgesetze verändert hat, eine Ausnahme? Nein, nicht einmal Mike Ovitz. Was man seine Eltern tun sieht, ist das, was man selbst tun zu können glaubt. Wir sind also definiert, designiert. Da mein Vater ein Songschreiber und Musiker war, der zum Importeur wurde, mein Großvater Porträtmaler, meine Mutter Hausfrau und Porträtmalerin, nahm ich einfach an, daß ich etwas Kreatives tun würde. Ich setzte auch einfach voraus, daß ich das College abschließen und für alle Zeiten in einem »guten Haus« wohnen würde. Ich setzte außerdem voraus, daß ich mich nie als den amerikanischen Familien ähnlich erweisen würde, die ich im Fernsehen sah.

Meine Familie war von wildem Stolz erfüllt, jüdisch zu sein, aber nicht religiös – es sei denn, unsere Religion hätte darin bestanden, bei Saks neue englische Damensandalen und englische Gamaschen aus Leder zu kaufen und bei de Pinna Chesterfieldmäntel mit Samtkrägen. Wir waren wie kleine englische Prinzessinnen gekleidet, und ich begriff, daß dies die Klasse war, die wir anstrebten.

Die Kleidung verrät einem alles über die Ambitionen. Ich haßte die verdammten Ledergamaschen, aber ich mußte sie tragen, weil Prinzessin Elizabeth und Prinzessin Margaret sie trugen. Was machte sie eigentlich zu Prinzessinnen der Juden? Besser nicht danach fragen. Es verstand sich stillschweigend, ebenso, wie es sich verstand, daß Glascock ein besserer Name war als Weisman (oder sogar Mann).

Ich lächle, während ich all das aufschreibe. Ich versuche (unbeholfen, fürchte ich), wieder in diese Welt der vierziger Jahre in New York mit ihren »luftgekühlten« Kinopalästen einzutreten (komplett mit hoch aufragenden Matronen, bonbonpapierübersäten Kinderreihen), den gestreiften Markisen an den Appartementhäusern im Sommer, den kostenlosen Bustransfers, den Telefonketten (ich war ENdicott 2), den Süßwarenläden und den großen marmornen Lunchtheken, an denen die köstlichsten Sandwiches mit Kopfsalat und Speck und Tomatensandwiches und frischgefüllte Eiscremehörnchen verkauft wurden.

Verschwunden, für immer verschwunden. Doch genau wie das Sonnenlicht auf einer Reihe Pflastersteine oder der Geschmack in Tee getauchten Madeleine-Gebäcks Proust* in die glücklichen Zeiten seiner Kindheit zurückversetzten, bleibe ich manchmal an einer Straßenecke in New York stehen und bin wieder in den vierziger Jahren. Das machen die Gerüche. Die Öffnungen der Untergrundstationen blasen noch immer gelegentlich einen Schwall von Zuckerwatte- und Kaugummiatem aus, vermischt mit Schweiß und Popcorn, mit Urin und (dessen Vorläufer) Bier – und wenn ich tief inhaliere, bin ich wieder sechs Jahre alt, stehe in der Untergrundbahn und starre auf einen Wald von Knien. In der Kindheit hat man das Gefühl, man würde nie erwachsen werden und die Welt immer unbegreiflich bleiben. Zuerst ist man ganz Mund, dann hat man einen Namen, dann ist man ein Mitglied der Familie, dann fängt man an, die harten Fragen nach besser oder schlechter zu stellen, die die Anfänge des Klassenbewußtseins sind. Menschliche Wesen sind von Natur aus hierarchische Tiere. Demokratie ist nicht ihre angeborene Religion.

---

* Anmerkung für Kritiker: Ich vergleiche mich nicht mit Proust, aber darf ich ihn wenigstens gelesen haben?

Ich war in der Junior High-School, als meine Welt sich über die 77th Street und die West Side hinaus öffnete. Weil meine Eltern und ich Angst vor der Gewalt an der örtlichen Schule hatten, ging ich auf eine Privatschule – einen komischen Ort, wo die meisten zahlenden Schüler Juden aus der Park Avenue und die Stipendiaten größtenteils WASPs aus Washington Heights waren, deren Eltern sich als Professoren, Geistliche oder Missionare betätigten.

Die Lehrer waren vornehm und WASP-mäßig wie die Stipendiaten, und sie trugen richtige, amerikanisch klingende Namen wie die Leute im Fernsehen. Gegründet worden war die Schule von zwei ehrfurchtgebietenden Damen aus Neuengland namens Miss Birch und Miss Wathen, die vermutlich ein Liebespaar waren – aber in jenen Tagen nannten wir sie alte Jungfern. Eine von ihnen sah aus wie Gertrude Stein, die andere wie Alice B. Toklas. Sie sprachen das Wort »shirt« (Hemd) aus, als hätte es drei i in der Mitte, und »poetry« (Dichtung) klang bei ihnen wie poy-et-try (wobei das »poy« sich auf »goj« reimte). Ich wußte, das war Klasse. Ich wußte, das war WASP.

Auf der Birch-Wathen-Schule waren die meisten jüdischen Kinder reicher als ich. Sie lebten auf der East Side in Appartements, die voller teurer Kunstwerke hingen, und einige von ihnen hatten deutsche Namen. Sie gingen in den Temple Emmanuel – meine Neffen nennen ihn heute Temple Episcopal – und nahmen bei Viola Wolf Stunden in Tanz und Benimm – was für eine altmodische Welt! Wieder mußte ich mein Klassengefühl erwerben. Mit meinen russischen Großeltern und meinem bohemienartigen Zuhause auf der West Side paßte ich auch nicht recht zu diesen Kindern. Und die Stipendiaten hielten alle zusammen. Ich fand sie rotzfrech – obwohl ich heute erkenne, daß sie eine Todesangst gehabt haben müssen. Die zahlenden Schüler hatten dickere Taschengelder – und einige von ihnen kamen in chauffierten Cadillacs, Lincolns oder Rollses zur Schule. Das muß Kindern, die in der Untergrundbahn fuhren, entmutigend vorgekommen sein. Mir kam es so vor.

Cliquen teilten uns. Die Park-Avenue-Kinder blieben unter ihresgleichen, die Stipendiaten ebenfalls.

Ich schwamm zwischen den beiden Gruppen hin und her, wußte nie, wohin ich gehörte, und ging einmal mit den reichen Kindern zum Stehlen zu Saks (je reicher die Kinder, so lernte ich, desto mehr stahlen sie), ein andermal mit den Stipendiaten (deren Eltern Professoren waren) zur Columbia hinauf.

Ich hatte das Gefühl, nirgends hinzugehören. Beschämt, weil mein Vater Geschäftsmann war, pflegte ich mir zu wünschen, er wäre Professor. Wenn man keinen Namen haben konnte, der mit »cock« endete, und auch keine Wohnung in der Fifth oder Park Avenue, dann tat man gut daran, wenigstens einen Dr. phil. zu besitzen.

Als die High School begann, trat ich wieder in eine neue Welt ein – eine rassisch gemischte Welt voller Kinder aus dem Ghetto. (Wir nannten das damals Harlem.) Diese Kinder, ausgewählt wegen ihres Talents, zu zeichnen oder zu singen oder ein Instrument zu spielen, waren die verschiedenartigsten, die ich je kennengelernt hatte. Ihre Klasse war das Talent. Und wie alle unsicheren Menschen ließen sie einen das fühlen.

In der High School fing ich an, meine wahre Klasse zu finden. Hier drehte sich die Konkurrenz nicht um Geld oder Hautfarbe oder Wohngegend, sondern darum, wie gut man zeichnete oder spielte. In Musik und Kunst entstanden neue Hierarchien, Hierarchien der Virtuosität. War das eigene Gemälde in der halbjährlichen Ausstellung vertreten? Wurde man ausgewählt, um im Orchester mitzuspielen? Inzwischen wußten wir alle, daß wir nicht in das Fernsehland Amerika gehörten – und wir waren stolz darauf. Außenseiter zu sein, war eine Ehrenplakette. Wir hatten keine Mannschaften, keine Cheerleader, und die coole Klassenuniform war früher Beatnik-Stil: schwarze Strümpfe, handgefertigte Sandalen und schwarzer Lippenstift für die Mädchen, schwarze Rollkragenpullover, schwarze Jeans und schwarze Lederjacken für die Jungen. Strähniges Haar war für beide Geschlechter obligatorisch. Wir experimentierten mit Dope. Wir schlenderten durch das Village und hofften, irrtümlich für Hipsters gehalten zu werden. Wir trugen Bücher von Kafka, Genet, Sartre, Allen Ginsberg unter dem Arm. Im Rienzi oder im The Peacock starrten wir existentialistisch in unseren Cappucino. Wir wollten schwarze Jazzmusiker verführen, fürchteten uns aber davor. Endlich hatten wir unsere Klasse gefunden.

Viele von uns sind bis ganz an die Spitze gelangt. Zu meinen Klassenkameraden in der High School gehören Popsänger, Fernsehproduzenten, Regisseure, Schauspieler, Maler, Romanschriftsteller. Viele tragen bekannte Namen. Ein paar verdienen jährlich etliche zehn Millionen Dollar. Die meisten von uns gingen aufs College – aber es war letztendlich kein Titel, der unseren Status definierte. Es war die Frage, ob wir in blieben oder nicht, ob wir blitzschnell in den Charts aufstiegen, ob wir in mehreren Zeitungen gleichzeitig veröffentlichten, auf der Bestsellerliste standen oder fünfundzwanzig Fremdsprachen beherrschten. Auf diesen Status waren selbst die Professoren neidisch: Geld und ein bekannter Name gleichen in Amerika alle Klassen aus. Daher die Besessenheit, berühmt zu werden. Selbst in Europa kann man Zutritt zu den »besten« Kreisen erlangen, wenn auch die Klassenregeln dort ganz andere sind.

Ich habe meine Zeit im Durchstreifen Europas abgeleistet und bin noch immer überrascht, wie sehr dort ein aristokratischer Name eine Vielzahl von Sünden zudeckt. In England, in Deutschland hat ein Titel als Lord oder Lady, als Graf oder Gräfin, ein »von« oder »zu« noch immer Gewicht. Die Italiener sind in bezug auf Titel zynischer. Die hochklassigsten Freunde, die ich in Italien habe, mögen *contesse*, *marchesi* oder *principi* sein, aber sie sind zu cool, um das zur Schau zu stellen. Sie wären lieber für eine Schlagerplatte oder ein dickes Buch berühmt. Doch wenn Sie zu den ganz noblen Trinkstätten gehen – Sankt Moritz zum Beispiel –, dann richtet sich die Mitgliedschaft in den besten Clubs noch immer nach der Familie, nicht nach der individuellen Leistung. Spazieren Sie in den Corviglia-Club und sagen Sie, Sie seien Ice T. oder Madonna – Sie kommen trotzdem nicht hinein, jeder alte Niarchos oder von Ribbentrop dagegen schon.

Viele meiner europäischen Freunde leben noch in einer Welt, wo Name und altes Geld buchstäblich ein Hindernis für Leistung werden können. Es gibt so viel mehr zu tun, als bloß zu arbeiten. Wenn man im Juni in Florenz sein muß, im Juli in Paris, im August in der Toskana, im September in Venedig, im Oktober in der Sologne, im November in New York, im Januar in St. Bart's, im Februar in Sankt Moritz, im März in New York, im April in Griechenland und im Mai in Prag – wie in aller Welt kann man dann eine Arbeit annehmen (von behalten ganz zu schweigen)? Und die Kleidung. Und die Bälle. Die Kurorte. Die Entziehungskuren! Wie ein Ehemann von Barbara Hutton einmal fragte: »Wann hätte ich schon Zeit zu arbeiten?« Wahre Klasse bedeutet, darüber niemals auch nur sprechen zu müssen. (Über Arbeit, meine ich.)

Amerikaner haben von Natur aus keine Klasse – also passen die Juden fast ins Bild. Alles, worüber wir reden, ist unsere Arbeit. Alles, was wir wollen, ist, unsere Vornamen so bekannt zu machen, daß wir gar keinen Nachnamen brauchen. (Miss Ciccione ist hier die ultimative Amerikanerin.) Wir glauben ebenso glühend an Veränderung wie Europäer an den Status quo. Wir glauben, daß Geld uns in den Himmel einkaufen wird (wobei dieser definiert ist als straffe Muskeln, kein Doppelkinn, Zinseszinsen und ein Name, der Oberkellner beeindruckt). Wenn das einmal erreicht ist, können wir anfangen, die Welt zu retten: etwas Geld in die Aidsforschung, den Regenwald, politische Kandidaten stecken. Vielleicht können wir uns sogar selbst um ein Amt bewerben! (Siehe Mr. Perot.) In einer Gesellschaft, in der das Erkennen bekannter Namen alles bedeutet, sind Berühmtheiten gleicher als alle anderen. Doch dieser Status der Berühmtheit ist verdammt schwer in Form zu halten (wie ein alternder Körper). Er erfordert ein Heer von Trainern, PR-Experten, Verlegern, Medienberatern. Und außerdem muß man ständig neue Produkte hervorbringen – und möglicherweise sogar neue Skandale. (Siehe Woody Allen.) Vielleicht ist der Grund, warum Berühmtheiten so oft heiraten, einfach der, daß sie ihren Namen in den Nachrichten halten wollen. Und vielleicht – ob sie es beabsichtigen oder nicht – schaffen sie Skandale, um ihre Filme hochzupuschen. (Wieder siehe Woody Allen, geborener Allen Konigsberg.)

Tja, da sind wir wieder bei der Frage von Juden und Namen. Können wir unsere Namen behalten? Solange sie in sind. Sonst müssen wir auch sie ändern. Wir mögen, wie der politische Theoretiker Benjamin Barber sagt, eine »Aristokratie der Jedermanns« haben, doch nicht jeder kann gleichzeitig in sein. Also wird der Drang nach Klasse in Amerika so unerschöpflich und chronisch wie die Diät. Ganz gleich, wie in Sie sind, Sie laufen immer Gefahr, out zu werden.

Das hat viel mit Sterblichkeit zu tun, nicht? Kein Wunder, daß *carpe diem* unser Motto ist. Das macht Amerika zu einem so rastlosen Land und seine obersten Berühmtheiten so unsicher.

Ach, Freunde, am liebsten wäre ich in eine Mitgliedschaft im Corviglia-Club hineingeboren. Nur argwöhne ich, daß ich dann nie ein Buch geschrieben hätte.

Haben Sie sich je gefragt, warum Juden so nimmermüde Schreiber sind? Vielleicht haben Sie gedacht, es liegt daran, daß wir Büchermenschen sind. Vielleicht auch, weil wir aus Elternhäusern kommen, in denen Wert auf Lesen gelegt wird. Vielleicht haben Sie es für verdrängte Sexualität gehalten. All das ist zutreffend. Aber ich glaube, der wirkliche Grund ist unser Bedürfnis, ständig unsere Klasse zu definieren. Indem wir schreiben, erfinden wir uns selbst neu. Indem wir schreiben, schaffen wir Stammbäume. Einige meiner fiktiven Heldinnen sind New Yorker jüdische Mädchen von der West Side wie ich. Doch die Heldinnen, die ich am meisten liebe – Fanny in *Fanny Hackabout-Jones* und Jessica in *Serenissima* –, sind in Herrenhäusern geboren, gute, kleine Reiterinnen, und Sie können wetten, daß sie hohe Wangenknochen haben.

Fanny wuchs auf Lymeworth auf, Lord Bellars Landsitz, Jessica auf der Upper East Side von Manhattan im Goldenen Rechteck. Ihr Stammbaum war eng mit Gin und Country Clubs verbunden. Warum erfindet ein Kind der West Side wie ich solche Heldinnen? Versuche ich meiner *schmierer-klezmer**-Klasse zu entkommen? Interessanterweise fliehen meine Heldinnen auch immer. Fanny läuft vor ihrer aristokratischen Herkunft davon, wird Landfahrerin, Hure in einem Bordell und Piratenkönigin. Jessica verläßt die Upper East Side, um nach Hollywood zu gehen. Und beide bereuen es später und finden ihr endgültiges Glück wieder im eigenen Hinterhof.

Die Heldinnen, die mir scheinbar ähnlicher sind – Isadora Wing und Leila Sand –, verändern oder etablieren ihren Status durch kreative Arbeit. Ich vermute, mein Schreiben sagt mir etwas, das ich bewußt gar nicht von mir selbst *wußte*: Ich schreibe, um mir eine Klasse zu geben, meinen Namen zu erfinden und mir dann selbst einen Landsitz zu hinterlassen!

Ich habe den Verdacht, daß der Prozeß bei anderen Autoren gar nicht so anders ist – sowenig ihre Bücher sich auch für Klasse zu interessieren scheinen. Saul Bellows Helden fangen als Gammler an und enden als Professoren. Doch sein allerbester pikaresker Held, Henderson der Regenkönig, ist ein wohlgeborener WASP, der nach Afrika geht und sich in den Multikulturalismus stürzt, um dadurch seine eigene Identität zu finden. Philip Roths Helden sind gleichermaßen besorgt um Fragen der Klasse wie um Fragen des Judentums. Obwohl sie selbst fast immer jüdisch sind, streben sie danach, sich ihren Weg zum WASP-tum zu ervögeln – ein vertrauter Schachzug für schöpferische amerikanische (männliche) Juden. Wir könnten das als Annie-Hall-Syndrom bezeichnen. Woody Allen hat es natürlich für alle Zeit definiert, als seinem autobiographischen Helden am mittelwestlichen Familieneßtisch von Annie

---

* Jiddisch: Künstler und Musiker, aber mit etwas schrägem Einschlag.

Hall mitten unter den WASPs auf einmal *pajes** und ein großer schwarzer Hut wachsen.

Die archetypische Angst amerikanischer Juden! Wenn wir *treife*** essen, könnten uns plötzlich *pajes* wachsen! Vielleicht ist der Grund, warum Juden in Amerika Thanksgiving als ihren eigenen speziellen Feiertag adoptiert haben, die Hoffnung, mit der Behauptung, die Pilgerväter seien unsere Ahnen, auch den Rest Amerikas zu täuschen!

Mein früherer Schwiegervater Howard Fast ist da ein perfektes Beispiel. Seine Bücher über die amerikanische Revolution – *April Morning, Citizen Tom Paine* und *The Hessian* – belegen seine Nostalgie, der Mayflower Society oder der männlichen Hilfstruppe der Colonial Dames of America anzugehören. Er hat über das alte Rom geschrieben *(Spartacus)* und über das San Francisco des Gold Rush *(Die Einwanderer)*, doch es ist das Gründeramerika, das ihn immer wieder anzieht. In seinem Herzen sehnt sich Howard Fast nach dem Stammbaum von Gore Vidal.

Ein Jude mag von Ägypten zuerst nach Deutschland, dann nach Amerika und Israel auswandern, verschiedene Sprachen, Haar- und Augenfarben annehmen, aber er bleibt ein Jude. Und was ist ein Jude? Ein Jude ist eine Person, die nirgends sicher ist (d. h. immer in Gefahr, zur unrechten Zeit und am unrechten Ort Schläfenlocken zu bekommen!). Ein Jude ist eine Person, die von heute bis zum Jüngsten Tag zum Christentum konvertieren und trotzdem von Hitler getötet werden kann, wenn seine Mutter eine Jüdin war. Das erklärt, warum Juden mit ziemlicher Wahrscheinlichkeit von Identitätsfragen besessen sind. Unser Überleben hängt davon ab.

Auch die Amerikaner sind von der Definition der Identität besessen. In einer Schmelztiegelkultur, in der aristokratische Titel als lachhaft gelten (siehe Graf Dracula oder Graf Chocula,

---

* Jiddisch: Schläfenlocken, wie orthodoxe Juden sie tragen.
** Jiddisch: verbotene (d. h. nicht koschere) Speisen.

wie Kinder ihn kennenlernen – als Frühstücksgetreide), müssen wir ständig die Grenzen der Identität testen. Andy Warhols Bemerkung, daß in Zukunft jedermann für fünfzehn Minuten berühmt sein wird, zeichnet die Quintessenz des amerikanischen Dilemmas nach. Wir können berühmt werden, aber vielleicht nicht berühmt bleiben. Und nachdem wir diesen Ruhm einmal gekannt haben, wie werden wir den Rest unseres Lebens zubringen? Genauer, wie werden wir jemals in das Hebrew Home for the Aged kommen?

Viele amerikanische Leben scheinen von Warhols Definition ereilt worden zu sein. Erinnern Sie sich, wie George Bush darum kämpfte, entgegen der historischen Strömung Präsident zu bleiben? Oder wie Stephen King danach strebte, alle drei Bestsellerlisten gleichzeitig anzuführen? Oder wie Bill Clinton das Weiße Haus verdrahtete, damit es sein eigenes Mediennetz würde? Amerikaner können nie ruhen. Sie können nie dem Corviglia-Club beitreten und sich damit amüsieren, auf Skiern in das Bilderbuchdorf hinunterzufahren. Die Eleganz ihrer Abfahrt als solche ist niemals genug. Sie müssen immer zurück auf den Sessellift und es nochmals und nochmals und nochmals machen.

Ich sehe, daß der Corviglia-Club mein Symbol für aristokratische *sprezzatura* geworden ist – ein reizendes italienisches Wort, das die Kunst bezeichnet, Schwieriges einfach aussehen zu lassen. Vielleicht wähle ich dieses Bild, weil es eine Welt gesegneter Menschen evoziert, die nichts zu tun, sondern einfach nur zu sein brauchen. Nach diesem Status sehne ich mich, wie es nur eine amerikanische Jüdin kann. Wie nett, ein Entree in die Welt zu haben, das nie widerrufen werden kann. Wie schön, in eine Identität hineingeboren zu sein.

Meine Sehnsucht ist real, obwohl ich Dutzende von Leuten kenne, die in solche Identitäten hineingeboren wurden und sie als Entschuldigungen benutzen, um Drogensüchtige und Gammler zu werden. Ich weiß, es ist nicht leicht, adelig und reich zu sein. Doch wie F. Scott Fitzgeralds Gestalten behauptet etwas in mir: »Die sehr Reichen sind anders als Sie und ich.« Fitzgerald testete diese Hypothese in *Der große Gatsby* und zeigte die Sorglosigkeit der sehr Reichen gegenüber Leib, Leben und Liebe. Und doch bleibt die Sehnsucht in den amerikanischen Autoren. Vielleicht ist dieser ziemlich oberflächliche, schön geschriebene amerikanische Roman deshalb ein Klassiker geworden. Er verkörpert den amerikanischen Traum von Identität und Klasse.

Der emporgekommene Schmuggler Jay Getz träumt von einer Welt, in der er nicht arbeiten müßte, um Gatsby zu sein. Und das ist noch immer der primäre amerikanische Traum. Selbst Lotterien spielen damit, indem sie Häuser und Yachten versprechen. Wurzellos *per definitionem*, träumen wir davon, Wurzeln zu haben.

Amerikanische Romanschriftsteller sind dafür gewöhnlich gute Beispiele. Das erste, was sie nach einem Bestseller tun, ist, ein Haus und Land zu kaufen. Alex Haley kaufte eine Farm im Süden. Er wurde natürlich nicht zum Sklavenbesitzer, aber zum Landbesitzer. Gore Vidal ließ sich in einer Villa in Ravello nieder, die zu einem adeligen Italiener passen würde. Arthur Miller kaufte von einem Connecticut-Yankee eine Connecticut-Farm. Philip Roth tat dasselbe.

Ich bin nicht anders. Nach *Angst vorm Fliegen* kaufte ich ein Haus in Neuengland. In dem Glauben, wenn Autoren sterben und in den Himmel kommen, sei dieser Himmel Connecticut, kaufte ich ein Stück von diesem literarischen Staat. Für einen Schriftsteller, der gewohnt ist, die Welt mit Tinte und einem leeren Blatt Papier zu erschaffen, sind Wurzeln und die Erhebung in den Adelsstand dasselbe. Und beides bekommt man mit Worten. Wurzellose Menschen zieht es oft zu jenen Betätigungsfeldern, wo die Klasse immer wieder selbst geschaffen werden muß. Vielleicht ist das auch der Grund, warum Kreativität in Zeiten großen sozialen Aufruhrs und oft in früheren Unterklassen blüht. Vielleicht ist es das, was Juden zum Wort und zum Bild hinzieht. Wenn Sie an die Vitalität des jüdischamerikanischen Schreibens in den fünfziger und sechziger Jahren denken, die Vitalität weiblichen Schreibens in den siebziger, achtziger und neunziger Jahren und die Vitalität der afroamerikanischen Literatur im selben Zeitraum, dann sehen Sie, daß es einen klaren Zusammenhang zwischen Statusveränderung und Produktivität gibt. Wenn eine Gruppe rastlos und wütend wird, bringt sie Schriftsteller hervor.

Ich mag davon träumen, was ich mit meinem Leben gemacht hätte, wenn ich als Tochter eines reichen Plantagenbesitzers geboren worden wäre und jede Menge Coupons schneiden könnte, aber vemutlich wären meine literarischen Ambitionen niemals erblüht. Vielleicht hätte ich unergründliche Poesie geschrieben, die nur von fortgeschrittenen, graduierten Studenten gelesen würde. Aber höchstwahrscheinlich wären mir die Angst und Aggression, die nötig sind, um ein ganzes Buch zu beenden, verwehrt geblieben. Denn Schreiben ist nicht bloß eine Frage des Talents im Umgang mit Worten, sondern betrifft auch Antrieb und Ehrgeiz, Ruhelosigkeit und Wut. Schreiben ist schwer. Der Applaus kommt niemals am Ende des Absatzes. Bei der Veröffentlichung fliegen oft die faulen Tomaten. Und angesichts der aufgewendeten Zeit ist es mit dem Geld auch nicht so weit her. Wenn man die Besteuerung und den Zeitaufwand bedenkt, verdienen die meisten Schriftsteller weniger als Zahnärzte.

Aber wir tun es nicht für Geld. Wir tun es, um uns selbst eine Klasse zu geben.

Als ich das College von Barnard abschloß, studierte ich weiter, einfach, weil mir nichts einfiel, was ich sonst tun könnte. Ich wußte, ich wollte Schriftstellerin sein, aber ich war noch nicht sicher, ob ich das Sitzfleisch hatte, um mich hinzusetzen und ein ganzes Buch zu schreiben. Während ich darauf wartete, ein bißchen reifer zu werden, studierte ich Englische Literatur. Irgendwie wußte ich, daß sie mir zugute kommen würde.

Doch die literarische Periode, die ich studierte – das von Hogarth dargestellte übermütige achtzehnte Jahrhundert –, war die Zeit der Geburt Amerikas, der Frauenrechte und des Romans. Der Roman begann als Unterklassenform, nur als Lektüre für Dienstmädchen geeignet, und er war die einzige literarische Form, in der Frauen sich so früh und mit solcher Exzellenz hervorgetan haben, daß selbst die schreiende Frauenfeindlichkeit der Literaturgeschichte sie nicht ausradieren kann. Haben Sie je über Frauen und den Roman nachgedacht? Frauen sind, wie jede Unterklasse, zu ihrem Überleben von einer Selbstdefinition abhängig. Der Roman gestattete dies – und die Seiten konnten immer noch unter dem Stickrahmen versteckt werden.

Vom Geist der Autorin bis zu dem des Lesers war nur die Mitwirkung der Druckpressen erforderlich. Man konnte zu Hause bleiben und sein Buch ins Ausland, nach London, schicken – die perfekte Situation für Frauen.

In einer Welt, in der Frauen noch immer das andere Geschlecht sind, träumen viele nach wie vor davon, Schriftstellerin zu werden, damit sie zu Hause arbeiten, ihre Arbeitszeit selbst bestimmen und das Baby versorgen können. Schreiben scheint noch immer in die Zwischenräume eines Frauenlebens zu passen. Durch das Medium der Worte haben wir Hoffnungen, unsere Klasse zu ändern. Vielleicht wird die Feder nicht immer mit dem Penis gleichgesetzt werden. In einer Welt der Computer können unsere flinken Finger uns vielleicht doch die Welt erringen lassen. Demnächst werden wir Klasse haben. Und so schreiben wir so fieberhaft, wie es nur die Enterbten können. Wir schreiben, um uns selbst in Besitz zu nehmen, um unsere Häuser zu bauen und unsere Gärten zu bepflanzen, um uns selbst Namen und Geschichten zu geben und uns dabei zu erfinden.

5

WIE ICH DAZU KAM, DAS ANDERE GESCHLECHT ZU SEIN

Wir hatten den vagen Eindruck, daß Autorinnen leicht mit Vorurteilen betrachtet werden.
CHARLOTTE BRONTË, *Auszug aus dem Tagebuch*

Doch wie unmöglich muß es für sie gewesen sein, weder nach rechts noch nach links abzuweichen. Welches Talent, welche Integrität muß es angesichts all der Kritik, inmitten dieser rein patriarchalischen Gesellschaft erfordert haben, fest bei der Sache zu bleiben, ohne zurückzuschrecken. Nur Jane Austen tat es und Emily Brontë. Noch eine Feder an ihrem Hut, vielleicht die schönste. Sie schreiben so, wie Frauen schreiben und nicht wie Männer.
VIRGINIA WOOLF, *Ein eigenes Zimmer*

Was ermöglicht Frauen, in einer Welt, in der wir noch immer das zweite Geschlecht sind, etwas zu erreichen? Tillie Olsen, die epische Dichterin des weiblichen Schweigens, sagt, daß wir Glück haben, wenn wir in Familien ohne Söhne hineingeboren werden. Doch meine Schwestern behaupten, sie hätten nie auch nur die ambivalente Freiheit zur Leistung empfunden, die ich fühlte. Und meine Mutter, ebenfalls die zweite von zwei Schwestern, hatte eindeutig mehr Konflikte als ich.

Was machte in meinem Leben den Unterschied aus? Das ist sicher einer der Gründe, warum ich dieses Buch schreibe. Ich möchte die Dinge verstehen, die mich antrieben, und auch die Dinge, die mich zurückhielten. Was machte mein Leben anders als das meiner Mutter? Und was machte es genauso?

Ich kann mich an keine Zeit erinnern, in der ich nicht annahm, ich würde aus meinem Leben etwas machen. Was das sein würde, wußte ich nicht. Schreiben, Malen, Medizin, alles fesselte für eine Weile meine Vorstellungskraft. Ich nahm an, es werde Muße geben, es werde genug Geld geben, es werde einen Platz auf der Welt für mich geben, und ich pflegte mit acht oder neun Jahren vor dem Spiegel Reden zu halten, in denen ich mich für den Nobelpreis bedankte. Wofür der Preis war, wußte ich nicht – und es war mir auch egal. Die Hauptsache: Ich ging davon aus, daß ich eine Gewinnerin war. Ich hatte schließlich eine ganze Säuglingsstation scheißender Babys überlebt! Solche Grandiosität ist vermutlich das Vorspiel zu Leistung, und solange bei Mädchen die Grandiosität routinemäßig entmutigt wird, werden sie Schwierigkeiten haben, etwas zu erreichen. Mich entmutigte zu Hause niemals jemand – selbst wenn die Rollenmodelle der Frauen, die ich sah, nicht so frei waren wie die männlichen (man denke an meine Mutter mit ihrer Feldstaffelei). Irgendwie wußte ich immer, daß andere Frauen mich wegen dieser Freiheit hassen und beneiden würden.

»Jeder denkt, du wärst ganz lieb, weil du blond bist«, pflegte meine Schwester Becca zu sagen, »aber ich weiß, was du für ein Luder bist!«

In den fünfziger Jahren war der Unterschied zwischen Blond und Brünett eine gähnende Kluft, Debbie Reynolds gegen Elizabeth Taylor. Und die dunkle, sinnliche Sirene war in alle Ewigkeit dazu verurteilt, das unartige Mädchen zu sein. Die Blondine wurde für gut wie Gold gehalten. Ich wußte damals nicht, daß der Gegensatz zwischen dunkelhaarigen und hellhaarigen Schwestern eine ehrwürdige literarische Geschichte hat. Wie lange diese alten Kategorien haften! Meine ältere Schwester haßte mich, weil ich blond war und weil ich Selbstvertrauen hatte. Ein Wildfang, als Debbie Reynolds verkleidet, keinen Einschränkungen unterworfen, weil sowohl mein Vater als auch meine Mutter sich in mir wiederfanden und mich liebten, brach ich in die Welt auf und war erstaunt, zu entdecken, daß Mädchen da draußen noch lange nicht so gleichwertig waren.

Diese Erkenntnis dämmerte mir als Jugendliche. Ich erinnere mich noch, wie ein Junge in der Schule fragte, ob ich Sekretärin werden wolle, und ich antwortete: »Sekretärin! Ich werde Ärztin und eine berühmte Schriftstellerin – wie Tschechow!« Ich zeigte es ihm (dessen Namen ich nicht einmal mehr weiß), indem ich niemals auch nur Maschineschreiben lernte! Bis auf den heutigen Tag sind meine Bücher Handarbeit wie Gobelins oder Stickereien. Oh, ich habe ein halbes Dutzend Computer, aber ich habe nie gelernt, irgendeinen davon zu bedienen. Sie veralten, während sie darauf warten, daß ich lerne. Eine Weile spiele ich mit diesem alternativen Universum herum, und dann kehre ich zu meinem Stift zurück – zu dem Phallussymbol, das er ist. Ich brauche mich nicht für meinen Penisneid zu entschuldigen. Welche ehrgeizige Frau hätte keinen Penisneid in einer Welt, wo dieses unzuverlässige Zepter Autorität verleiht?

Manchmal frage ich mich, warum ich so lange zu der Erkenntnis brauchte, daß ich das andere, das zweite Geschlecht sein sollte. Was bewahrte mich davor, während es das bei meinen Schwestern nicht auf dieselbe Weise tat? Ich fühlte mich immer wie die designierte Erbin. Aber Erbin von was? Erbin der Showgeschäft-Ambitionen meines Vaters und der Kunst meiner Mutter? Erbin der Staffelei meines Großvaters und des reizbaren Feminismus meiner Mutter? »Tue, was ich sage, und nicht, was ich tue«, übermittelte sie mir irgendwie. Und: »Mich hat man zurechtgestutzt, aber du kannst alles haben.«

Tatsächlich erinnere ich mich, daß sie gesagt hat: »Wenn du berühmt bist, hast du die Wahl unter lauter schönen Männern.«

»Das habe ich nie gesagt«, protestiert meine Mutter.

Doch, sie hat.

Oder ich habe es so gehört. (Die Komplikationen dieses Imperativs sollte ich erst sehr viel später kennenlernen.)

Keine Söhne*. Eine Familie ohne Söhne. In einer Familie von

---

* »Wehe dem Vater, dessen Kinder Mädchen sind«, sagt der Talmud. Ich segne meinen Vater dafür, daß er den Mut hatte, das zu widerlegen. Und meine Mutter segne ich auch.

Töchtern wird vielleicht eine Tochter der Sohn. Ist das der Pakt, den wir mit dem Teufel schließen? Ich weiß nur, daß ich irgendwie zur entnervten Trägerin der meisten elterlichen und großelterlichen Ambitionen wurde. Und was war das für eine schwere Bürde! Irgendwie hatte ich sofort eine Künstlerin, eine Kabarettistin, eine Großverdienerin zu sein. Und ich wünschte mir, der Widerspruch in sich schlechthin zu werden: eine Dichterin, die Bestseller schreibt. Ich wollte Künstlerin sein und Millionen verdienen. Meine Ambitionen waren so unerfüllbar, daß ich mich wie eine Versagerin fühlte, ganz gleich, was ich erreichte. Und das tue ich noch immer.

Doch wo empfing ich die Botschaft, das ich das andere, das zweite Geschlecht war? In der Schule. Wir lernen zu Hause, wir lernen in der Schule. Und von den beiden Formen des Lernens ist die Schule vielleicht die schädlichere. Wir suchen in der Schule die Autorität der Welt. Wir erwarten von der Schule, daß sie uns sagt, ob das, was wir zu Hause gelernt haben, richtig oder falsch ist. Und nur zu oft verstärkt die Schule die schlimmsten Vorurteile unserer Kultur: eine Tendenz, uns gedankenlos einzustufen, als sei Intelligenz quantifizierbar, eine Tendenz, aus den Geschlechtern Stereotype zu machen, männlich und weiblich als getrennte und einander entgegengesetzte Qualitäten anzusehen statt als Eigenschaften, die wir alle besitzen, eine Tendenz, uns durch Auswendiglernen und Ausschließen zu unterrichten statt durch Freiheit und Expansion.

Als ich auf der High School war, nannte ich mich bereits eine Feministin und trug als Beweis ein Exemplar von *Das andere Geschlecht* bei mir. Ich kann mich nicht erinnern, ob ich es gelesen habe. Das brauchte ich auch nicht. Ich wußte, daß Frauen eine Menge Scheiße fressen müssen. Ich wußte, daß Jungen arrogant sind und daß Frauen lernen, sie zu besänftigen, um zu überleben. Ich zweifelte nicht an, daß da ein Problem war. Ich fragte mich nur, wie es zu lösen sei.

Obwohl ich ständig las und schrieb und Lesen und Schreiben das war, was ich am liebsten tat, sagte ich den meisten

Leuten, ich würde Ärztin werden. Nicht nur, daß es mich zum Heilen hinzog – das tut es noch immer –, ich suchte einfach nach einem Beruf, in dem Frauen nicht getreten wurden. Aus meiner jugendlichen Sicht schien das die Medizin zu sein.

Dieses Kapitel handelt nicht davon, ob Frauen in der Medizin gleichberechtigt sind oder nicht. Dieses Kapitel handelt davon, wie man lernt, nicht gleichberechtigt zu sein, und der größte Teil dieses Lernprozesses findet in der Pubertät statt.

Die Jungen lassen das Rückengummi deines Büstenhalters schnappen. Du lebst in der schrecklichen Angst, daß deine Binde Blut durchläßt. Dein Körper wird plötzlich zu einer Last, einer Quelle der Lächerlichkeit. Das ist nicht bloß die Unhandlichkeit aller Körper, sondern die besondere Verwundbarkeit eines weiblichen Körpers, der so unerwartet bluten kann und der dich unweigerlich als potentielles Opfer zeichnet.

Natürlich ist es nicht gerade hilfreich, daß überall noch immer Frauen vergewaltigt werden und daß jede dritte Frau von dem Mann, mit dem sie lebt und den sie ihren Ehemann oder Liebhaber nennt, mißhandelt wird. Selbst wenn die Welt sicher wäre, würde die Adoleszenz für Mädchen Verletzlichkeit bedeuten. Plötzlich wirst du zur sexuellen Beute, und plötzlich weißt du es. Plötzlich sind die langen, sonnigen Lesenachmittage am Strand mit Nancy-Drew-Detektivgeschichten vorüber. Du betrittst eine neue Welt – eine Welt der Bedrohung.

Als ich auf der Kunsthochschule anfing, wohnte meine Familie an der 81st Street und Central Park West. Jeden Morgen um acht mußte ich in die dröhnende Untergrundbahn hinunter und zur 135th Street und Convent Avenue fahren. Der Zug war meistens leer – der ganze Verkehr ging in die andere Richtung. Oft sah ich in der Untergrundbahn Exhibitionisten, Männer mit offenen Hosenschlitzen und entblößten Schwänzen, die sich befummelten und mir zuflüsterten, ich solle kommen, kommen, kommen. Manchmal schaute ich hin. Manchmal hatte ich Angst hinzuschauen. Manchmal stieg ich hastig in den nächsten Waggon um, und das Herz pochte mir in der Brust.

»Ach, Exhibitionisten tun nie etwas. Sie haben Angst vor ihrem eigenen Schatten«, pflegte meine Mutter mir zu sagen. Das war ungefähr so tröstlich, wie wenn man mir gesagt hätte, wenn wir sterben, kehren wir in die Erde zurück und werden Tomaten. Selbst für ein Kind mit einer ziemlich behüteten Kindheit war es erschreckend. Zu Hause belästigte mich keiner, doch im Alter von dreizehn Jahren konnte mich niemand beschützen. Die Männlichkeit war da draußen – eine anarchische, ungebändigte Kraft. Frauen entblößten sich nicht in der Untergrundbahn. Ich lernte, daß Frauen ungefährlich sind, Männer nicht.

Wenn ich heute meine Tochter in einem New York zur Schule schicke, das doppelt so groß ist wie in meiner Kindheit (20 Millionen, nicht 8 Millionen Seelen) und zwanzigmal so gewalttätig, dann schicke ich sie in einem privaten Bus. Wenn jemand sie vergewaltigen würde, würde ich ihn töten und erwarten, freigesprochen zu werden. Obwohl sie einssiebzig groß ist und mich überragt, ist sie im Herzen ein verwundbares kleines Mädchen. Ich bringe sie noch immer mit einem Teddybären ins Bett. Ich schicke sie mit Beklommenheit zur Schule. »Du bist von einem Schild aus weißem Licht umgeben«, sage ich, wie ich einst »Die Göttin segne und schütze dich« über ihrer Wiege sagte. In solchen Momenten wende ich mich an Hexenkraft und die Muttergottheit, weil ich die Urmächte des Universums anrufen möchte. Ich brauche Kali und Asis, Inanna und Maria, um meine Tochter zu beschirmen.

Eine Gesellschaft, die ihre jungen Frauen nicht beschützen kann, ist eine Gesellschaft, die verdammt ist. Männliche Aggression hat während der ganzen Geschichte existiert, aber sie war immer kanalisiert, in Ritterturnieren ritualisiert, beherrscht. Heute nicht mehr. Warum liegt uns so wenig an unseren Töchtern?

Die Antwort meiner Mutter auf die Exhibitionisten war die Antwort einer Kollaborateurin, so sehr sie auch selbst daran geglaubt haben mag. Die männliche Welt lehrt Frauen, was sie über Männer glauben sollen. Und über Frauen. Sie lehrt sie Wertlosigkeit. Sie lehrt sie ihren sekundären Status. Sie verniedlicht die Gefahr der Vergewaltigung.

In den fünfziger und sechziger Jahren, als ich auf High School und College war, hatten wir das Problem noch nicht öffentlich beim Namen genannt. Der Feminismus war still. Das Problem, wie Betty Friedan sagte, hatte keinen Namen. Der Feminismus aus Virginia Woolfs Tagen, aus Emma Goldmans Tagen, aus Mary Wollstonecrafts Tagen, aus Aphra Behns Tagen war begraben. In einer patriarchalischen Kultur wird Feminismus immer begraben. Er muß immer wieder neu entdeckt werden wie zum ersten Mal.

Selbst in Barnard, einem Frauencollege, gegründet von Feministinnen und in der Tradition hervorragender weiblicher Tüchtigkeit geführt, studierten wir keine weiblichen Dichter und Romanautoren. Die Atmosphäre war voller Ermutigung für junge Frauen, aber wir hatten das Gefühl, wie Venus aus dem Schaum geboren zu sein. Es gab keine Rollenmodelle. (Woher sollten wir wissen, daß unsere Rollenmodelle absichtlich ausradiert worden waren?) George Sand und Colette wurden nicht gedruckt. Dichterinnen wurden nicht unterrichtet. Auf die Poetinnen, die ich in meiner High-School-Zeit allein entdeckt hatte, Edna St. Vincent Millay und Dorothy Parker, sah man herab. Wir studierten, um Männersurrogate zu werden. Wir studierten die Dichter der Penismacht – Eliot, Pound, Yeats – und versuchten zu schreiben wie sie. Und taten es. Unsere Professoren liebten uns natürlich, und unsere Gehirne waren behende, aber der Kontext, in dem wir aufwuchsen, war blind sexistisch. Wie können wir den verkümmernden Effekt, den das auf unsere Vorstellungskraft gehabt haben mag, auch nur ahnen? Wir mußten uns befreien, bevor wir überhaupt anfangen konnten.

Aber der Sexismus wurde nicht offen zur Schau getragen. Erst in meinem Seniorjahr, als ich zu meinem Vorstellungsgespräch für ein Woodrow-Wilson-Stipendium ging, sollte ich gefragt werden (ich schwöre): »Warum möchte ein hübsches Mädchen wie Sie in eine staubige Bibliothek?« Einigermaßen schockiert erkannte ich, daß nicht die ganze Welt ein Frauencollege war. Der Schock wurde auf der Columbia Graduate School noch intensiver, wo ich der erschreckenden Männlichkeit der sexistischen Alma Mater begegnete. Wie der russische Großvater meiner Mutter beachtete Lionel Trilling, der damals in Columbia den lieben Gott spielte, Mädchen nicht. Schauen Sie nach rechts, schauen Sie nach links, eine von Ihnen wird keine Dauerstellung bekommen: diejenige ohne Schwanz.

Ich wünschte, ich könnte sagen, daß sich das in dreißig Jahren alles verändert hat. Aber die Zahl der Frauen mit Dauerstellung ist noch immer erbärmlich niedrig. Der Grund kann nur Diskriminierung sein: Mit zehn Jahren sind wir besser im Lesen und Schreiben, doch mit Beginn der Pubertät werden uns Tausende von Hindernissen in den Weg gelegt. Unser Leben wird (wie Germaine Greer es in ihrem Buch über Malerinnen nannte) zum Hindernisrennen.

Aus der besseren Sicht mit fünfzig Jahren ist der diskriminatorische Zyklus völlig klar. Das ist der Unterschied zwischen einer Frau von fünfzig und einer von zwanzig. Mit zwanzig denken wir, wir könnten das System schlagen. Mit fünfzig wissen wir, daß wir Gründe zur Verzweiflung haben. Wir werden, wie Gloria Steinem sagt, mit dem Alter radikaler.

Plötzlich erkennen wir, wie wir unser ganzes Leben lang darauf trainiert wurden, Männer zu beschwichtigen und zu umschmeicheln und ihnen nicht die Stirn zu bieten. Bei einer Versammlung des Schriftstellerverbandes, auf einer Party, bei einer geschäftlichen Besprechung lächle und flirte und schmeichle ich und bin nett. Vielleicht möchte ich den Männern um mich herum die Wahrheit sagen – aber ich weiß, daß sie sie nicht ertragen können. Meine bloße Gegenwart beleidigt schon einige von ihnen. Die Sexualität meines Schreibens, meine Unfähigkeit zu katzbuckeln, meine Entschlossenheit zur Konfrontation – alle diese Dinge beleidigen sie automatisch.

Sie gehen gegen den Strich. Es gibt nur einen Mann, dem ich die ganze Wahrheit sage (dem Mann, mit dem ich lebe), und selbst da weiche ich manchmal aus und plappere – vermutlich mehr, als ich weiß.

Die Wahrheit ist: Ich gebe individuellen Männern nicht die Schuld an diesem System. Sie setzen es größtenteils fort, ohne es zu wissen. Und Frauen tun das auch. Doch mehr und mehr frage ich mich, wie es je geändert werden kann. Ich schaue mich um und sehe zwei bewaffnete Lager: die Frauen, die glauben, Männer und Sex seien der kollektive Feind, und die Frauen, die die Existenz des Sexismus nicht herausfordern wollen und glücklich sind zu kollaborieren, solange sie ihre kleinen Machtkrumen bekommen. Und dann sind da all die Männer, die davon profitieren, das erste Geschlecht zu sein, und es nicht einmal wissen. Auch sie fühlen sich verletzlich und verloren. Sie fragen sich, warum Frauen so hart zu ihnen sind – und gehen anschließend hin und vögeln eine Frau, die halb so alt ist wie sie.

Ich glaube, die Welt ist voller Männer, die wahrhaftig genauso verwirrt und verletzt über die Wut der Frauen sind wie die Frauen über den Sexismus, Männer, die nur geliebt und umsorgt werden wollen und nicht verstehen können, warum diese schlichten Wünsche auf einmal so schwer erfüllbar geworden sind. Wie können wir den Männern, mit denen wir leben, die Schuld an einer Welt geben, die sie nicht gemacht haben? Wir können es nicht, aber manchmal, auch bei bestem Willen, tun wir es doch. Das Problem des Sexismus ist so hartnäckig, daß wir frustriert sind. Wir sind es leid, über das Problem zu reden, über das Problem zu schreiben, Beziehungen mit dem Problem zu belasten. Wir möchten, daß es gelöst wird.

Das Problem des Sexismus ist für alle Frauen groß, aber für jüdische Frauen ist es vielleicht sogar noch größer, wegen der versteckten Bigotterie jenes durchdringenden Antisemitismus, der sich als Klassensnobismus verkleidet. Der Sexismus wird vielleicht am wildesten von intellektuellen jüdischen Männern praktiziert, die chronisch unter dem Annie-Hall-Syndrom leiden. Und merkwürdigerweise ist die Diskriminierung jüdischer Frauen in den letzten paar Jahrzehnten nicht weniger geworden, sondern schlimmer. Vom Beginn des Jahrhunderts bis in die dreißiger Jahre hinein wurde die jüdische Frau assoziiert mit Radikalismus, Reform, Intellekt, Idealismus. Emma Goldman, die radikale Autorin; Emma Lazarus, die Dichterin; Annie Nathan Meyer, eine der Begründerinnen des Barnard-Colleges; Rose Schneiderman, die Gewerkschaftsführerin (die den Satz: »Wir wollen Brot und Rosen« populär machte und eine der Begründerinnen der International Ladies Garment Workers Union war), waren wesentlich typischer für das Image der jüdischen Frau als Mrs. Portnoy oder Marjorie Morningstar. Je mehr die Juden sich in den USA assimilierten, desto schlechter behandelte der jüdische Schriftsteller seine Mutter (zumindest in Büchern). Für Henry Roth in *Call it Sleep* (1934) war sie eine Heldin des Überlebens und der weiblichen Stärke. Für Philip Roth in *Portnoys Beschwerden* (1969) war sie eine kastrierende Harpyie mit Hexenkräften.

Mit den Filmen von Woody Allen wurde die Situation der jüdischen Frau noch schlechter. Tatsächlich beweisen kreative Juden die Theorie, daß Angehörige einer Minderheitengruppe dazu neigen, ihre Aggressionen gegeneinander zu richten statt gegen ihre Unterdrücker. Sie hassen jüdische Frauen, wie sie sich selbst hassen. Eigentlich noch mehr. Das Problem ist: Wir erinnern sie an ihre starken Mütter. Und sie möchten lieber Portnoys Äffchen oder Diane Keaton oder Mia Farrow oder Soon Yi als irgend jemanden, der Mutter ähnelt. Unsere Stärke ist zu nahe, zu bedrohlich, erinnert zu sehr an die urtümliche Mini-Kastration – als die jüdische Mutter passiv dabeistand, während die jüdischen Männer dieses winzige Stück von dem winzigen Schwanz dieses winzigen künftigen Schwanzträgers abschnitten.

Das, natürlich, werden diese jüdischen Männer uns nie vergeben. Wir tragen die Schuld. Auf unseren Häuptern liegen die

Sünden der Väter. Und wenn wir es wagen, uns die Feder anzumaßen, so vergelten sie es uns, indem sie sie uns mit der Hand abschneiden – als das Phallussymbol, das sie ist.

So wird die jüdische Schriftstellerin zweimal marginalisiert, zweimal diskriminiert. Sie wird als Frau diskriminiert, und sie wird als Jüdin diskriminiert. Sie wird von Nichtjuden diskriminiert, die sie als laut, übergewichtig und anspruchsvoll sehen, und von Juden, die sie als die wilde, aufopfernde Inkarnation der Muttergöttin sehen. Sie wird zuerst als Frau diskriminiert, dann als alternde Frau und dann als alternde jüdische Frau.

Marginalisierung ist natürlich schmerzhaft, aber in gewisser Hinsicht ist sie auch ein Segen.

Mitglieder des Clubs haben oft Angst, aufrichtig über sich selbst zu schreiben. Sie haben zuviel zu verlieren. Wir alternden jüdischen Schriftstellerinnen dagegen haben nichts zu verlieren. Wir sind schon auf dem Boden des Fasses angelangt. Man hält uns nur noch für geeignet, Spenden zu sammeln und uns um den sozialen Aufstieg zu kümmern, wir sind relegiert, um ältere Angehörige zu versorgen, unsere Männer durch die Midlife-crisis zu geleiten und unsere Teenager zu College-Interviews zu schleppen. Es gibt keinen anderen Weg als den nach oben. Wir haben keinen Status. Wir sind keine im Trend liegende Minorität, um eine Quote zu erfüllen. Aus irgendwelchen merkwürdigen Gründen betrachtet man Juden in Amerika nicht einmal mehr als Opfer von Diskriminierung. Also genoß meine Generation jüdischer Frauen die zweifelhafte Auszeichnung, von jüdischen Männern diskriminiert zu werden (Professoren, Arbeitgebern, Liebhabern), als wir jung waren, nur um in der Lebensmitte erneut diskriminiert zu werden, weil wir »weiß« sind. Der Gedanke läßt einen nicht bloß schwindeln, sondern förmlich rotieren.

Als mein letztes Buch veröffentlicht wurde, nannte mich irgendeine Kritikerin in mittleren Jahren eine Schriftstellerin in mittleren Jahren. Sie schreckte davor zurück, mich eine »jüdische Schriftstellerin in mittleren Jahren« zu nennen, obwohl sie selbst eine war. Ich dachte viel über die Bezeichnung »in mittleren Jahren« und darüber nach, warum sie mich so störte. Schließlich war das eine Buchsaison voller Titel darüber, wie schick es ist, in mittleren Jahren zu sein. Ich fragte mich, was damit nicht stimmte. Für meine Generation schreibender Frauen sollte der Begriff »in mittleren Jahren« ein Ehrentitel sein.

Denn wer waren schließlich unsere Rollenmodelle? Sylvia Plath, Anne Sexton, Virginia Woolf – alle brachten sich vor oder in den mittleren Jahren um. Wer waren unsere literarischen Heldinnen? Charlotte Brontë, die während der Schwangerschaft starb, Mary Wollstonecraft, die im Kindbett starb, Simone de Beauvoir und Emily Dickinson, die Kindern abschworen. George Sand und Colette waren die einzigen von ihnen, die Liebe und Kunst hatten. Und nur Colette schrieb darüber, mit der Liebe alt zu werden. Aber sie war Französin. Französinnen dürfen älter werden. Sie dürfen sogar jüngere Liebhaber haben und über sie schreiben.

Doch was uns übrige angeht, so erreichten die meisten unserer literarischen Mentorinnen überhaupt nie das mittlere Alter. Wir sollten also stolz und nicht beschämt sein, es geschafft zu haben. Dennoch reicht das sexistische Stereotyp so tief, daß selbst eine Kritikerin in mittleren Jahren eine andere Frau als »in den mittleren Jahren« bezeichnet und erwartet, damit etwas Gutes getan zu haben für – für was? Für den Feminismus? Nein – für die Kollaboration. Denn die Kritikerin weiß, daß sie nur geduldet ist. Und um ihren eigenen Job zu behalten, soll sie andere Frauen in den Schmutz ziehen – vor allem berühmte Frauen, die es zu etwas gebracht haben. So macht die Kultur Kapos aus uns allen.

Diejenigen von uns, die gegen die Kollaboration protestieren, werden auf verschiedene Weise bestraft: Sie bekommen keine fairen Kritiken, keine angesehenen Stipendien und Preise, sie werden nicht in Akademien gewählt. Die Regeln sind subtil und unverfroren. Selbst Colette wurde niemals in die Académie Française aufgenommen.

Wenn Frauen, die als Journalistinnen arbeiten, andere Frauen noch immer »in mittleren Jahren« nennen, wie können wir es dann wagen, den Männern die Schuld daran zuzuweisen, daß es noch immer keine größeren feministischen Fortschritte gibt?

Die Herabsetzung von Frauen durch Frauen wird überall gelehrt – in der Schule, in den Jobs, im Journalismus. Frauen werden nicht mit dem Wissen geboren, wie man andere Frauen niedermacht. Es wird ihnen sorgfältig beigebracht. Sie lernen, daß es nur Platz für eine Alibifrau, einen Lehrerliebling, einen weiblichen Kapo gibt, deren Job es sein wird, die Nicht-Existenz von Diskriminierung zu zeigen. Sie hat es trotz schlechter Chancen geschafft. Sie ist da, um zu beweisen, daß es jede schaffen kann.

Angesichts meiner Geschichte hätte ich der Kapo werden sollen. Wo immer ich hinging, war ich die Alibifrau – Phi Beta Kappa, Woodrow-Wilson-Stipendiatin, gut in Fußnoten, Forschungspapieren, gut darin, ältere männliche Professoren zu becircen. Kurz gesagt, ich war gut darin, die gute Tochter zu sein. Das war zu Hause meine Rolle gewesen. Meine ältere Schwester war die Rebellin, meine jüngere Schwester das behütete Baby. Mein Großvater und mein Vater beteten mich an, und ich ging in die Welt hinaus mit langen blonden Haaren und einem Minirock und erwartete, überall meinen Großvater und meinen Vater zu treffen.

Und das tat ich natürlich auch. Aber irgendwie wußte ich, daß alle diese Verführungen, um die Alibifrau zu werden, Lügen waren, Verrat an meinen Müttern und Großmüttern. Ich dachte an meine begabte Mutter, die Verrückte auf dem Speicher, und ihre begabte Schwester, die verrückte Lesbierin. Die eine ging mit Männern, die andere mit Frauen, doch beide wurden gleichermaßen diskriminiert, bloß, weil sie Frauen waren. Und ich trug diese beiden Mütter in meinem Herzen. Die Welt konnte ihre Schreie nicht hören, doch ich hörte kaum etwas anderes. Also lehnte ich ab, als man mir die Rolle der Alibifrau anbot. Ich studierte, um die Stimme der Verrückten auf dem Speicher zu werden. Ich wußte, daß ihr Schicksal leicht auch meines hätte sein können.

In Barnard verliebte ich mich in Blake, in Byron, in Keats, in Shakespeare, in Chaucer, in Pope, in Boswell, in Fielding, in Twain, in Yeats, in Roethke, in Auden. Ich genoß es, an einem Ort zu sein, wo Worte geschätzt wurden, wo Poesie eine Rolle spielte, und ich begann, meine eigenen Gedichte neu durchzusehen und zu revidieren. Ich hatte einen Poesielehrer – selbst Dichter –, der erkannte, daß ich ein Mensch des Wortes war, keine Ärztin, und der mich vor der medizinischen Ausbildung und dem gefürchteten Sezieren des Schweinefötus rettete.

Dankbar unterwarf ich mich seiner Vormundschaft und folgte seiner Anweisung, zuerst Sonette und Sestinen schreiben zu lernen, ehe ich mich in »freien« Versen versuchte. Endlich hatte ich Anleitung beim Erlernen des dichterischen Handwerks. Endlich lag jemandem genug daran, mir etwas beizubringen. Ich werde Bob Pack immer dankbar dafür sein, daß er das Studium der Poesie mit Strenge verband.

»Lernen Sie, ein Sonett in der Manier Shakespeares zu schreiben«, sagte Bob (damals nannte ich ihn Mr. Pack), »und danach können Sie fliegen.«

Ich weiß noch, wie ich mir über dem alten Reimhandbuch meines Vaters (aus seiner Zeit als Songschreiber) das Hirn zermarterte und merkte, wie schwer es ist, auf englisch zu reimen, und ich erinnere mich, wie ich Bob mit Hangen und Bangen meine Bemühungen brachte. Das erste meiner Gedichte, das er für gelungen erklärte, war das folgende, in dem ich davon schreibe, wie ich meinem Freund eine Locke meines Haares schicke:

Ich schicke Dir eine Locke von meinem Haar

Hier ist ein *weißes* Haus nahe Hampstead Heath
in dessen Garten noch die Nachtigall singt.
Keats ist zwar tot, doch der Vogel, der vom Tod sang,
kehrt auf lichten Flügeln mit Melodien wieder.

Eine Haarlocke, die die Liebe des Dichters empfing,
bleibt in dem Raum, in dem sie abgeschnitten;
ein Erbe, dessen Geschichte nur halb geglaubt ward,
mit jetzt verblichenen Strähnen und zerschlissenem Band.

Auf polierten Böden, durch Rechtecke von Sommersonne
spürte ich seine Schritte, als ob die Elfe –
trügerische Elfe, nannte er sie – nicht genug damit habe,
Mutwillen zu treiben zu ihrem Vergnügen.

Ich sah ihn diese wirre Haarlocke abschneiden,
und obwohl er sie mir nicht schenkte,
fühlte ich mich doch bevorzugt, wie ich dort stand,
und nahm seine Geste als meine Erbschaft.

Das Gedicht verrät mir, wer ich mit siebzehn war – ein in poetische Gesten verliebtes Mädchen, das versucht, sein Leben mit dem Leben toter, weißer, romantischer englischer Dichter in Verbindung zu bringen und noch nicht einmal angefangen hat, die Fragen zu stellen, die Virginia Woolf in *Ein eigenes Zimmer* aufwirft:

Es ist zwecklos, sich bei den großen männlichen Schriftstellern Hilfe holen zu wollen, wenn man sich auch viel Vergnügen bei ihnen holen kann. Lamb, Browne, Thackeray, Newman, Sterne, Dickens, de Quincey – wer es auch sei – haben noch keiner Frau geholfen, wenn sie auch einige Tricks von ihnen gelernt und diese ihren Zwecken angepaßt haben mag. Die Wucht, der Schritt und das Tempo eines Männergeistes sind dem ihren zu unähnlich, als daß sie erfolgreich irgend etwas Substantielles von ihm stehlen könnte. Der Apfel liegt zu weit vom Stamm. Vielleicht war das erste, was sie feststellte, als sie den Stift auf das Papier setzte, daß es keinen gebräuchlichen Satz gab, der sich für ihre Zwecke eignete.

Im College fand ich nicht, daß dies so sei. Vielleicht kam meine Suche nach Identität zu spät. Ich imitierte Shakespeare, Keats und Byron, schrieb eine Novelle im Stil Fieldings (meine Vorbereitung für *Fanny Hackabout-Jones*) und war überaus dankbar, von einem Kloster profitieren zu dürfen, in dem ich mich vier selige Jahre lang verbalen Explorationen hingeben konnte. Von 1959 bis 1963 hatte das Thema Feminismus sein Haupt noch nicht wieder erhoben. Virginia Woolf, Emma Goldman, Gertrude Stein, Simone de Beauvoir, Colette, Muriel Rukeyser, Edna St. Vincent Millay, Dorothy Parker, H.D., Antonia White, Jean Rhys, Doris Lessing, Rebecca West wurden zu meiner Zeit in Barnard nicht behandelt – wie sollte man also wissen, daß es überhaupt eine weibliche Tradition gab? Wie sollte man wissen, daß man nicht direkt aus dem Schaum der Welle geboren war? Virginia Woolf begriff das richtig:

Freilich mußte sich, da Freiheit und Fülle des Ausdrucks elementare Bestandteile der Kunst sind, ein solcher Mangel an Tradition, eine solche Knappheit und Unzulänglichkeit der Mittel ungeheuer auf das literarische Werk der Frauen ausgewirkt haben. Außerdem besteht ein Buch nicht aus Sätzen, die hintereinandergereiht werden, sondern aus Sätzen, die, wenn ein Bild hilft, zu Arkaden oder Kuppeln geformt sind. Und auch diese Form ist von Männern geschaffen worden, aus deren eigenen Bedürfnissen heraus, für deren eigene Zwecke. Es gibt keinen Grund anzunehmen, daß die Form der Epik oder des lyrischen Dramas einer Frau mehr zusagt als der Satz. Aber alle älteren Literaturformen waren zu der Zeit, als sie Schriftstellerin wurde, bereits erhärtet und starr. Der Roman allein war noch jung genug und formbar in ihren Händen – vielleicht ein weiterer Grund dafür, warum sie Romane schrieb.

Das Fehlen einer weiblichen Tradition (oder vielmehr das bewußte Ignorieren einer Tradition, die trotz aller Widrigkeiten existierte) war ein Thema, das in Barnard nicht vorkam, als ich mich so froh in das Erlernen der männlichen Tradition vertiefte, Bestnoten und Poesiepreise einheimste und mich glücklich schätzte, weil ich der Liebling meiner männlichen Professoren war. Dieser Mangel an Bewußtheit für den Feminismus kommt mir im Rückblick unschuldig vor. Damals fühlte ich mich durch das Fehlen von Frauen im Lehrplan nicht betrogen. Ich hatte vielmehr das Gefühl, daß sich eine ganze Welt von Reichtümern zur Ausbeutung darbot und daß diese Gelegenheit für mich eine Gnade war. Mein Poesielehrer war jung, hübsch, zu sehr zu Flirts mit seinen Studentinnen aufgelegt, um lange im altjüngferlichen Barnard zu bleiben (besonders, nachdem er eine seiner Schülerinnen geheiratet hatte), und zweifellos ein sexistisches Schwein. Er flirtete wie verrückt mit mir, vögelte mich aber nicht. Die sehnsüchtigen Phantasien, die ich über ihn hatte, gingen bestimmt in meine Verse ein. (Heutzutage wird so viel darüber geredet, die Sexualität aus der akademischen Welt zu verbannen, doch das Feuer des Lernens hat unweigerlich etwas Sexuelles. Das bedeutet nicht, daß man es als Machtspiel gegen heranwachsende Mädchen benutzen oder literarisch äußern sollte. Doch Sexualität muß als mythisches Feuer da sein, selbst wenn sie fleischlich unerfüllt bleibt. Oder ist diese Flamme zu subtil, als daß sterbliche Männer sie handhaben könnten? Können wir unsere Sexualität nicht behalten, aber zu Gedichten sublimieren?)

Ein weiterer Lehrer, den ich anbetete, war Jim Clifford, der Johnsonianer, ein Herausgeber der Boswell-Papiere, der die (im akademischen Bereich seltene) Gabe besaß, Literatur so zu unterrichten, als sei sie ein Teil des Lebens. Er war ein großgewachsener Mann aus dem Mittelwesten, der als Opernsänger begonnen hatte, und ein Feminist aus Instinkt, der uns ermutigte, Fanny Burney, Mary Astell und Lady Mary Wortley zu lesen oder gründlich über die Bedingungen des Frauenlebens im achtzehnten Jahrhundert nachzudenken: den Mangel an finanzieller Unabhängigkeit, das fehlende Wahlrecht, die fehlende Geburtenkontrolle. Er war überzeugt, daß man Menschen und ihr Denken erst dann versteht, wenn man ihre sanitären Einrichtungen (oder deren Fehlen) und ihre Patentrezepte kennt. Natürlich gilt das ganz besonders für Frauen. Wie können wir ihre Kunst richtig einschätzen, wenn wir ihre Unterkleidung – Korsettstangen, Krinolinen –, ihre Geburtenkontrolle bzw. deren Nichtbestehen, ihre Monatsbinden, Waschschüsseln und Aborte nicht kennen? Die außergewöhnliche Frau ist von der gewöhnlichen Frau abhängig, lautet ein berühmtes Wort von Virginia Woolf. Indem er die physischen Lebensumstände im London des achtzehnten Jahrhunderts betonte, ließ Jim Clifford uns die Bedingungen berücksichtigen, unter denen man in dieser Ära eine Frau war. Das war ein großes Geschenk.

Inspiriert durch Jim Cliffords Unterricht, schrieb ich ein Pseudo-Epos im Stil von Alexander Pope und dann eine Novelle im Stil von Henry Fielding. Ich lernte mehr über das achtzehnte Jahrhundert, indem ich mich mit seinen Reimpaaren und seinen latinisierten Sentenzen vertraut machte, als ich je aus den Büchern über Bücher über Bücher lernte, die ich beim späteren Studium lesen mußte. Der Tenor einer Ära liegt nämlich in ihren verbalen Kadenzen. Wenn man in seinem Stil zu Hause ist, ist man in einem Zeitalter zu Hause – fast so, als probiere man Petticoats und Krinolinen des achtzehnten Jahrhunderts an.

Maristella de Panizza Lorch, eine winzige Italienerin und Mutter von drei Kindern, die ihr letztes Baby, Donatella (heute Reporterin bei der *New York Times*), bekam, während ich bei ihr italienische Literatur studierte, war das dritte Mitglied dieses Trios von Mentoren in Barnard und zweifellos das wichtigste. Maristella, die Griechisch und Latein beherrschte und Expertin für italienische Renaissanceliteratur war, sollte mein lebenslängliches Rollenmodell und meine Freundin werden. Sie veränderte mein Leben einfach, indem sie sie selbst war: eine leidenschaftliche Gelehrte und gleichzeitig eine leidenschaftliche Mutter.

Damals griffen die meisten Professorinnen in Barnard auf eine andere Tradition weiblicher Erfolge zurück. Sie waren unverheiratet (in unseren Augen jedenfalls), hatten tiefe Stimmen und trugen Herrenschnitt. Natürlich gab es Sexualität in ihrem Leben, aber ihre Studentinnen waren die letzten, die das erfahren hätten. Sie trugen männlich wirkende Kostüme – wie Miss Birch und Miss Wathen – oder togaartige griechische Gewänder und Wildledersandalen. Mir kamen sie so fern vor wie der Mond.

Aber Maristella war jemand, der ich werden konnte. Sie rezitierte Dante und stillte Donatella, und allein ihre Existenz in Barnard war ein Sieg der Freiheit.

Im Rückblick wirkt es erbärmlich, daß ich so dankbar war, eine einzige Lehrerin wie Maristella gehabt zu haben. Es hätten Dutzende sein sollen! Doch die Wahrheit ist, daß es nur sehr wenige gelehrte Mütter gab. Ich bin dankbar, daß meine Tochter zu einer Zeit das College besuchen wird, zu der sie zahlreich sind. So zahlreich, daß es beinahe aussehen könnte, als hätten die Frauen die Gleichheit schon gewonnen (was leider noch immer nicht der Fall ist).

Die Adoleszenz ist eine so aufgewühlte Zeit. Plötzlich verwundbar, plötzlich sexuell geworden, schauen wir auf die Welt, damit sie uns mitteilt, was um Himmels willen wir mit unserem Körper und Geist anfangen sollen, und die Welt scheint zu sagen: Du mußt wählen.

Die gegenwärtige Leidenschaft für *political correctness* hat das nicht besser gemacht. Frauen haben nicht etwa mehr Optionen, man diktiert ihnen noch immer ex cathedra: Bestimmte Autorinnen sind koscher – Gertrude Stein, Virginia Woolf, Adrienne Rich, Toni Morrison –, andere nicht. Als sollten Jahrhunderte der Vernachlässigung korrigiert werden, werden farbige und lesbische Autorinnen gehätschelt, ob sie gut sind oder nicht. So entstehen wohl kaum Vielfalt und Stolz auf das weibliche Erbe. Auf lange Sicht wird niemand getäuscht, erhoben oder inspiriert, wenn man eine schlechte Schriftstellerin wegen ihrer sexuellen Orientierung und ihrer Hautfarbe feiert. Doch in der heutigen akademischen Welt wendet man die Kategorien gut und schlecht nicht an. »Groß« ist ein verbotenes Wort. Nur soziale und politische Relativismen sind zur Diskussion über literarische Werke zugelassen. Unser fehlgeleiteter amerikanischer Populismus hat sogar die Kühnheit, die große Literatur zu untergraben, indem er behauptet, daß allein der Begriff »große Literatur« ein bigottes Konstrukt ist. Ich hoffe, das wird sich ändern. Feminismus kann keine Entschuldigung für Ignoranz sein. Ethnische Säuberungen der Lehrpläne, um sich »toter weißer Männer« zu entledigen, sind reine Vergeltungsmaßnahmen, die bei der Bekämpfung von Sexismus und Rassismus nichts zu suchen haben. Das wertvolle Ziel, einen vielfältigeren Lehrplan zu schaffen, wird verfehlt, wenn man Frauen, Farbige und Arme der Freuden dessen beraubt, was man früher »klassische Bildung« nannte. Ja – wir wurden in Barnard »unterdrückt«, aber wir lernten wenigstens die Tradition, so daß wir sie parodieren konnten. Und in sie eintreten konnten. Das ist entschieden besser, als ganz draußen zu bleiben.

In Barnard erfand ich mich neu und wurde zur typischen Modepuppe – vielleicht, weil ich gegen das altjüngferliche Image der Schule oder meine blaustrümpfigen Music-and-Art-Tage rebellierte. Ich trug zehn Zentimeter hohe Absätze, die in den Plattenwegen von Columbia steckenblieben (und häufig abbrachen), enge, gerade Röcke, Kaschmir-Twinsets und Perlen. Jeden Tag lackierte ich meine Fingernägel neu. Ich ging nie ohne volle Kriegsbemalung aus – ein zweites Paar Strümpfe und eine Flasche Chanel Nr. 5 in der Handtasche.

Barnard-Mädchen sollten Schreckschrauben und Streberinnen sein? Ich würde es ihnen zeigen. Ich würde heimlich lernen und dabei aussehen wie ein Titelmädchen von *Seventeen*.

Meinen Freund lernte ich im ersten Unterrichtsmonat kennen. Drei Monate später legte ich es bewußt darauf an, meine Jungfräulichkeit zu verlieren, und war dankbar, sie loszuwerden. Michael und ich »gingen« vier Jahre lang fest miteinander. Ich fand das bequem. Monogamie hielt mich rein für meine Arbeit – Monogamie mit jemandem, der meine Gedichte tippte.

Michael war klein, hatte blitzende braune Augen, kurzgeschnittenes braunes Haar und eine brillante Begabung für Worte. Mein ganzes Leben lang bin ich bei den gleichen Eigenschaften von Männern schwach geworden: Mut, schmeichelhafte Rede, verbale Brillanz und musikalische Virtuosität. Und auch Belesenheit. Michael rezitierte seitenweise Shakespeare und wußte mehr über klassische Literatur, mittelalterliche Geschichte und moderne Lyrik als irgendein Mann, den ich je kennengelernt hatte. Er war lustig; er war intelligent; er steckte voll wilder Energie. Er hatte den poetischen Touch, den ich immer unwiderstehlich gefunden habe.

»Ein großer Geist ist gewiß mit Wahnsinn eng verbunden / und die Grenzen zwischen beiden sind sehr dünn«, schrieb Dryden. Das ist die Geschichte meines Lebens – oder zumindest meines Liebeslebens.

Wie konnte ich wissen, daß Michael ein Jahr nach unserer Heirat wegen einer schizophrenen Episode im Mt. Sinai hospitalisiert und mit Tausenden von Milligramm Thorazin ruhiggestellt werden würde?

Ich habe die Geschichte von Michaels Zusammenbruch – oder eine fiktionalisierte Version davon – in *Angst vorm Fliegen* erzählt, und daher kann ich mich wie die meisten Schriftsteller nicht mehr entsinnen, was wirklich passiert ist. Meine Erinnerungen sind in die belletristische Erzählung eingegangen. Ich weiß nur noch Bruchstücke: sein Verschwinden (er ruderte auf dem See im Central Park); sein Wiedererscheinen (er versuchte, mich aus dem Fenster zu bugsieren, um mir zu beweisen, daß wir beide fliegen könnten); seine Hospitalisierung (er nannte mich Judas und zitierte als Beweis Dante auf italienisch).

Michael hatte die juristische Fakultät verlassen und für ein verrücktes Marktforschungsgenie gearbeitet, das Amerikas Kaufgewohnheiten in Computerprogramme übersetzte und die Ergebnisse an Werbeagenturen verkaufte. Michaels Chef wurde reich, aber Michael wurde wahnsinnig. Und wer wäre nicht verrückt geworden, der Nacht für Nacht vor diesen riesigen Computern der sechziger Jahre saß und zusah, wie sie Neuigkeiten über Tide, Clorox und Ivory Snow und darüber ausspuckten, wie Seifenschaum mit Bildungsstand und Fernsehkonsum korrelierte? Michael haßte sich selbst für die Arbeit, die er tat. Doch er war gefangen durch die Verheißung eines Profits, der seine wildesten Träume überstieg. Aber ach, er brach zusammen, ehe der Rubel zu rollen begann.

In dem langen, heißen Sommer 1964, in dem Harlem brannte, besuchte ich täglich die psychiatrische Abteilung des Mt. Sinai. Die Stadt taumelte am Rande der Apokalypse und wir auch. Michael, benommen und wütend, schimpfte mit mir und versuchte mich dazu zu bewegen, ihm bei der Flucht zu helfen. Ich war zwischen meiner Loyalität ihm gegenüber und meinem Wunsch hin und her gerissen, meine Studien, mein Schreiben, mein Leben weiterzuführen.

Seine Eltern – die Mutter eine winzige Brünette mit einer Lücke zwischen den Schneidezähnen, einem Hang zu Sandaletten mit zehn Zentimeter hohen Absätzen und der Gewohnheit, drei Schachteln Zigaretten am Tag zu rauchen, der Vater ein großer, verwirrter, aber kriegerischer, kahlköpfiger Mann – reisten aus Kalifornien an und entschieden prompt, ich hätte ihren Sohn verrückt gemacht. Es war alles meine Schuld. Schließlich war ich die Ehefrau. Michaels Mutter, eine jüdische Prinzessin aus West Hartford, Connecticut, hatte unter ihrem Stand geheiratet (wie alle jüdischen Prinzessinnen) und endete schließlich als Ehefrau eines Marinesoldaten in San Francisco. Sie richtete alle Enttäuschungen ihrer Ehe gegen den scheinbaren Reichtum meiner Eltern. Michaels Eltern hatten sich abgestrampelt, um eine Veranda an das Haus anzubauen und Pizza auf den Tisch zu bringen. Meine Eltern fanden sie natürlich hoffnungslos *déclassé*. Michaels Eltern ihrerseits fanden meine Eltern hoffnungslos snobistisch. (Natürlich hatten alle vier recht.) Und alle vier waren sich über nichts einig als die Notwendigkeit, unsere Ehe zu beenden.

Sie hatten Erfolg. Als Michaels Krankenversicherung auslief, schlossen seine und meine Eltern einen Handel ab: Er sollte zurück nach Kalifornien. Ich wurde zur Krankenschwester bestimmt. Mein Vater und ich flogen nach San Francisco, Michael und einen Psychiater im Schlepptau. Michael war mit Beruhigungsmitteln vollgepumpt, damit man ihn überhaupt in die Maschine ließ.

Was für ein Flug! Die Blinde führt den mit Drogen Ruhiggestellten! Später, als ich mit Allen in Deutschland lebte, versuchte ich, diese Zeit in einem Gedicht wieder wachzurufen. Die Gänsehaut erzeugenden Details, wenn man jemanden liebt, der plötzlich die Merkmale verweigert, die die sogenannte »geistige Gesundheit« ausmachen, werden in »Wir fliegen mit dir nach Hause« dargestellt. Michaels Brillanz hatte einen höheren Gang eingelegt und war in Wahnsinn umgeschlagen. Die Welt, durch die wir gingen, war das Gemälde eines Surrealisten. Wir dachten, wir würden in Regenpfützen hinabsteigen und mit Äpfeln sprechen. Zuerst fand ich all das eher anziehend als abstoßend. Wie sich herausstellte, hatte auch ich mehr als einen Hauch Wahnsinn in mir.

Wir fliegen mit dir nach Hause

1
»Ich beiße in einen Apfel & es ödet mich an
ehe ich einen zweiten Biß nehme«, sagtest du.
Du warst auch Simson. Ich hatte
dir die Haare abgeschnitten & dich eingesperrt.
Außerdem wurde dein Zimmer abgehört.
Ein ehemaliger Insasse hatte seine Muse
ausgebreitet auf dem Aussichtsfenster gelassen.
In der funkelnden Abendsonne
sahen wir ihre riesigen & schielenden Brüste
diamantgeschliffen
vor Harlems Slums erscheinen.

Du berührtest deine Pillen mit der Zunge
& verfluchtest die Insassen.
Du schimpftest mich Judas.
Du vergaßt, daß ich ein Mädchen war.

2

Deine Hände waren keine Vögel. Sie so
zu nennen wäre zu simpel.
Sie kreisten um deine Gedanken
& deine Gedanken waren manchmal Parabeln.
An diesem plötzlichen Sonntag erwachtest du
Du fandst dich hinter dem Spiegel
mit auf den Tisch gestützten Händen
wartetest du auf ein Zeichen.
Ich hatte ihnen nichts zu sagen.
Sie unterhielten sich mit den Eiern.

3

Wir gingen spazieren.
Dein Taschenschirm schnappte
und breitete sich über deinem Kopf aus
wie ein schwarzer Heiligenschein.
Wir spielten mit dem Gedanken Regenpfützen
    hinunterzusteigen
als seien sie Gullys.
Du sagtest die sich spiegelnden Bauten
führten in die Hölle.
Bäume tanzten für uns,
zweidimensionale Menschen wandten sich seitwärts
& verschwanden in ihre Stimmen.
Die Städte in unseren Brillen nahmen uns auf.
Du standst auf einer Waage, hörtest den Penny fallen
aber der Zeiger stand still!
Es bewies, daß du Gott warst.

4
Die Aufzugstür öffnet sich & ich erscheine
ich trage Usambaraveilchen.
Eine Stunde später verschwinde ich
in einem Abgrund dessen Dimensionen
23 Stunden sind.
»Ruhiggestellt«, zerbrechlich
marschierst du die Korridore entlang
inmitten der adretten Psychiater,
der Mädchen, die den ganzen Tag Teppiche weben
und die ganze Nacht das Gewebte auftrennen,
der Fettsüchtigen in sich selbst Verlorenen.
Du summst. Du sagst du haßt mich.
Ich möchte dich schütteln.
Weißt du wie es passierte?
Du standest am Fenster
und sprachst vom Fliegen.
Deine Hände flogen an meine Kehle.
Als sie kamen fanden sie
unsere Arme auf dem Boden verstreut
wie zerbrochenes Spielzeug.
Wir weinten beide.

5
Du klebst. Irgendwo im Keller meiner Gedanken
klebst du. Früchte sprachen zu dir
ehe sie zu mir sprachen. Äpfel weinten
wenn du sie schältest.
Mandarinen plapperten auf japanisch.
Du starrtest in eine Auster
& schlürftest Gott heraus.
Du warst der hohle Mann
dessen linker Fuß Milton betrat.

6
Mein erster Mann! – Gott –
du bist zur Abstraktion geworden,
zu einer Art Idee. Ich kann nicht einmal mehr
deine Stimme vernehmen. Nur das schwarze Kraushaar
auf deinem Bauch macht dich wirklich –
Ich zeichne schwarzes Kraushaar auf alle Männer,
    die ich schreibe.
Ich sehe gar nicht mehr hin.

7
Ich stellte mir dich in Istanbul vor.
Dein byzantinisches Gesicht,
die schmalen Lippen & hohlen Wangen,
die fanatischen schmelzendbraunen Augen.
In der Hagia Sophia kratzt man
den moslemischen Putz ab
um Mosaiken freizulegen.
Die Stücke fügen sich ein.
Du wärst ein Heiliger gewesen.

8
Interieurs liegen mir.
Klatsch, Klingen schärfen, Küchengedichte –
& ich habe keinerlei Glück mit Landkarten.
Das ist, weil ich eine Frau bin
& alles in mir habe.
Ich schmückte die Höhle aus
behängte sie mit Tierfellen & Wollstoffen,
so weiche Böden,
daß, wenn du fielst,
du meintest auf mich zu fallen.
Du hattest eine perfekte Kompaßnadel
sie zeigte stets nach Norden.

9
Wir fliegen mit dir nach Hause –
Gott im Himmel – fliegen mit dir nach Hause,
du hattest panische Angst.
Du hast meine Hand gehalten, ich hielt
meines Vaters Hand & er
stibitzte Tabletten vom Psychiater
der mitgekommen war.
Der Psychiater war 26 & verstört.
Er hoffte, ich würde dich ruhighalten können.
& so flogen wir.
Hand in Hand in Hand in Hand flogen wir.

Fast unmittelbar nach unserer Ankunft in Kalifornien brachten der Analytiker, mein Vater und ich Michael in eine südkalifornische Klinik, die fast wie ein Kurhotel aussah, aber trotzdem ein Irrenhaus war. Das sollte Michaels Weiterbildung sein: Thorazin 101. (»Abgang Ehemann Nr. 1«, wie meine Tochter sagt, wenn sie Gelegenheit dazu hat.)

Michael beschuldigte mich natürlich, Judas zu sein und ihn für dreißig Silberlinge zu verkaufen. Ich weinte. Mein Vater führte mich fort wie Eurydike aus der Unterwelt. Doch anders als Orpheus blickte mein Vater nicht zurück. Ich entkam. Ein geschickter Familienanwalt annullierte unsere Ehe, als sei sie nie gewesen. Ich sah Michael niemals wieder. Er rief mich ein- oder zweimal an, nachdem *Angst vorm Fliegen* erschienen war, und spielte auf Geld an. Ich erinnere mich, daß ich enttäuscht war. Schließlich hatten wir einen kurzen Sommer lang beide gedacht, er sei Christus.

Wir hätten eine Weile zusammenleben und überhaupt nicht heiraten sollen. Aber das war 1963, und 1963 heiratete man den ersten Jungen, mit dem man schlief. (Meine Tochter findet das komisch.) Sex war nur erlaubt, solange man verliebt war. Und Liebe führte unweigerlich zur Ehe.

Als ich im folgenden Herbst wieder in New York war,

unterrichtete ich Englisch am City College und »machte Dissertationsgeräusche« an der Columbia Graduate School. Mein bester Freund war in jenem Jahr ein Gemüsehändlersohn aus Blackburn, England, der Russell Harty hieß. Russell kam frisch von der Giggleswick School in Yorkshire und davor aus Oxford und improvisierte herum, bis er reif war für die Hauptsendezeit. Später sollte er Großbritanniens berühmtester Talk-Show-Gastgeber werden.

Begeistert, in New York und aus Giggleswick heraus zu sein, verliebte sich Russell in mich und meine bohemienhafte jüdische West-Side-Familie, die alles war, was seine Familie nicht war.

»Wo hast du unterrichtet?« fragte ich.
»Giggleswick.«
»Das hast du erfunden«, sagte ich.
»Ich wünschte, ich hätte«, sagte er.

Ich war verknallt in Russell, aber er wollte mich nie küssen. Natürlich betete er mich an, und wir hatten jede Menge intellektueller Gemeinsamkeiten, aber schließlich kam ich dahinter, daß er Jungen liebte.

Es war uns beschieden, lebenslänglich Freunde zu sein und sogar gelegentlich auf dieselben Männer Lust zu haben. (»Wenn du solche appetitlichen Burschen nach London mitbringst«, sagte er einmal bei einem Abendessen zu viert, »kann ich nicht mehr für mein Benehmen garantieren.«) Später wurde Russell nicht nur berühmt, sondern auch berüchtigt. Sein North-Country-Akzent verstärkte sich. Er wurde eine von der Boulevardpresse gern gehaßte Londoner Berühmtheit. Es war unvermeidlich, daß er mich in einer Talk-Show interviewte.

Da lagen die Tage, an denen er in einer Lesekabine im City College in *Who's-Who*-Büchern geschmökert hatte, schon weit hinter ihm, ebenso wie hinter mir. Wir sollten auch zur gleichen Art von Ruhm bestimmt sein: berühmt dafür, berühmt zu sein, berühmt für Sex, Drogen und Rock 'n' Roll, berühmt für unsere bösen Kritiker. Die Ironie daran war, daß wir beide ziemlich akademisch begonnen hatten. Russell hatte in Oxford bei Nevil Coghill studiert, während ich an der Columbia bei Jim Clifford lernte. Beide wurden wir zu amtsenthobenen Dozenten.

Natürlich starb er an Aids – einer der vielen Toten der frühen achtziger Jahre. Damals verschwanden die Leute einfach, und Monate später erfuhr man, daß sie tot waren. Auf diese lautlose Weise verlor ich viele Freunde: Russell Harty; Tom Victor, den Fotografen; David Kalstone, den literarischen Gelehrten und Schriftsteller; Paul Woerner, den theatralischen Anwalt. Einen Tag lachten wir in New York oder London oder Venedig zusammen, und am nächsten Tag schienen sie verschwunden zu sein. Nach einer tödlichen Pause pflegte ein geheimnisvoller Nachruf in der Zeitung zu stehen: »Nach langer Krankheit«, hieß es – in der Anfangszeit ohne Erwähnung von Aids oder des trauernden hinterbliebenen Partners. Diese Freunde schienen sich in Löcher zu verkriechen, um zu sterben, lange bevor Aids oder HIV eine akzeptable Diagnose war.

Vor kurzem erzählte ich meiner Tochter Molly von diesen Todesfällen aus den Anfängen der Seuchenjahre.

»Sie verschwanden einfach«, sagte ich, »sie schämten sich, krank zu sein, und fürchteten, keiner würde sie verstehen. Manche von ihnen gingen nach Hause zu ihren Familien, und man hörte nie wieder von ihnen. Manche hatten Gefährten, die sie pflegten, aber wenn man nicht zu ihrer Gemeinde gehörte, wurde man nicht informiert. Da war so viel Scham...«

»Schreib darüber, Mommy«, sagte Molly, »damit meine Freunde es erfahren. Wir waren damals ja bloß kleine Kinder.«

Wenn ich die Augen schließe, sehe ich noch immer Russells vorstehende Zähne, den Scheitel in seinem braunroten Haar und seine großen, braunen Augen. Ich höre ihn noch sagen: »Meine Mutter wundert sich, warum ich dich nie geheiratet habe – und das Blöde ist – es ist verdammt zu spät, es ihr zu sagen.«

Ich stelle mir vor, wie Russell in diesem großen Badehaus,

das der Schwulenhimmel ist, jedermann anmacht. Ich hoffe, er amüsiert sich mit Oscar Wilde, Marcel Proust, William Shakespeare, Michelangelo Buonarotti und dem restlichen Verein. Muß voll sein da oben.

Ich lehrte also am CCNY, wo meine Schüler mich darauf hinwiesen, ich würde sie nach Vietnam schicken, wenn ich sie durchfallen ließe, und schrieb meine unlesbare Magisterarbeit, »Frauen in den Gedichten von Alexander Pope« – ein protofeministisches Dokument, wenn es je eines gab. (Damals schrieben weibliche Gelehrte nach dem »Kanon« über männliche Dichter, aber gewöhnlich versuchten wir zu beweisen, daß sie unter ihren Perücken in Wirklichkeit Frauen waren!)

Ich traf mich mit Männern. Es war 1965, und ich hatte lange blonde Haare und jede Menge Pheromone. Immer waren Männer da. Keinen hatte ich so gern wie Russell, aber unbewußt nahm ich an – braves Fünfziger-Jahre-Mädchen, das ich war –, man müsse einen Mann haben, ob man ihn mochte oder nicht.

Ich durchlief eine Reihe männlicher studierender Chauvinistenschweine, die dachten, Frauen sollten ihre Forschungsassistentinnen sein. Dann verliebte ich mich in einen sehr gutbetuchten, aber ansonsten distanzierten und kühlen Musiker, mit dem ich als eine Art Marketenderin zu Musikfestivals in Europa reiste. Als deutlich wurde, daß er sich von mir trennen wollte, um eine alte Freundin in London zu besuchen, machte ich mich nach Italien auf, ins Land meiner Träume, wo ich aus Rache mit einem verheirateten Italiener vögelte (dem ersten in einer langen Reihe).

»Iß es wie *gelato*, Baby!« schwärmten Paolo oder Gino oder Franco oder Sandro im Bett. Ich mußte so lachen, daß ich dachte, ich würde seinen *pisello* verschlucken.

Single zu sein, war immer heikel für mich, weil ich das Mädchen war, das nicht nein sagen konnte. Ich mochte Männer sehr, und ich mochte viele verschiedene Männer. Wenn ich nicht in der Nähe des Typen war, den ich liebte, dann liebte ich den, der in der Nähe war – um Yip Harburg zu paraphrasieren. Die Ehe war daher ein Refugium, eine Möglichkeit, mich auf die Arbeit zu konzentrieren.

Im Herbst 1965 lernte ich einen chinesisch-amerikanischen, freudianischen Psychiater kennen, dessen Nachnamen ich noch immer trage, und war hingerissen von ihm. Er war hübsch, sexy und wortkarg (»Er kommuniziert im Telegrammstil, als würden die Worte Geld kosten«, sagte mein Großvater), aber er besaß das magische Ingrediens – die Seelenklempnerei. Als Priester des Unbewußten war er das Gegenmittel gegen Michaels Wahnsinn – jedenfalls hoffte ich das.

»Du bist in deinem Leben immer gewaltsam von einem Extrem ins andere gefallen«, sagt mein augenblicklicher Mann. »Ach, ja?« sage ich aufgebracht. Aber ich weiß, daß er recht hat. Das einzige, was ich nicht weiß, ist, welches Extrem er repräsentiert.

Allan und ich lernten uns kennen und heirateten binnen zwei Monaten. Hastig gefreit, bald bereut, sagt ein Sprichwort. Meine impulsive Ehe mit Dr. Jong zeigt mir, wie sehr mich Michaels Zusammenbruch traumatisiert hatte. Ich bezweifle, daß ich ihn liebte, aber Liebe schien nicht das zu sein, worum es bei der Ehe ging. Ich wußte, ich wollte fort von meiner Familie. Ich wußte, ich haßte die Universität. Ich wußte, ich brauchte eine Analyse. Ich wußte, ich mußte schreiben. Und ich wußte, daß ich Angst hatte, diese Dinge allein zu tun.

Die Wahrheit ist: Ich hatte Angst, ohne Mann zu sein. Angst, weil ich aus mir unbekannten Gründen Männer anzog wie ein Honigtopf und kein natürliches Schutznetz hatte. Mit einem düsteren Psychiater als Ehemann, der angeblich die Geheimnisse des Unbewußten kannte, würde ich sicher sein, wie ich annahm. Wie sich herausstellte, stimmte das und stimmte auch wieder nicht. Außerdem war die Ehe mit Allan damals einer Einzelhaft ziemlich ähnlich. Und Einzelhaft ist großartig zum Schreiben.

Im Februar 1966 schifften wir uns nach Deutschland ein. Allan war im Alter von zweiunddreißig Jahren eingezogen worden und hatte drei Jahre Deutschland gewählt, um jede Möglichkeit auszuschließen, daß er nach Vietnam geschickt werden könnte. Er war sicher, daß er in Vietnam wegen seines chinesischen Gesichts und seiner amerikanischen Uniform getötet werden würde. In Deutschland geriet Allan in einen dreijährigen Koller über den Vietnamkrieg (er war dagegen), über seine Einberufung, die ihn aus seiner Praxis riß (und gegen die er machtlos war), und über seine Trennung von seinem Analytiker (gegen die er ebenfalls machtlos war). Wir entdeckten bald, wie wenig wir zueinander paßten. Ich liebte es, zu lachen und zu reden. Er liebte es, das nicht zu tun. Ich hatte mir einen chinesischen Folterknecht ausgesucht. Wenn die Hölle die anderen sind, wie Sartre sagte, dann war ich in der Hölle. Und ich war zu stolz zuzugeben, daß ich einen weiteren Fehler begangen hatte.

Also schloß ich mich in meinem Zimmer ein und schrieb. Vielleicht war das der Zweck des Ganzen. Vielleicht war er für mich, was Willy für Colette gewesen war. Ich entwickelte die bequeme Theorie, daß jede Schriftstellerin einen Mann braucht, der sie fern von ihrer Mutter in einem Zimmer einsperrt, damit sie schreiben kann. Wir lebten eine kurze Busfahrt von Heidelberg entfernt in einer Straße namens Holbeinring, wo unsere Nachbarn Berufsoffiziere der Army und deren »abhängige Angehörige« waren. Ich gab ein paar Kurse an der Overseas Division der University of Maryland, wo die GIs mich »Sir« nannten, und schrieb eine Kolumne über Weinfeste und Restaurants für ein Gratismagazin namens *Heidelberg diese Woche*. Die meiste Zeit schloß ich mich in das zweite Schlafzimmer unserer scheußlichen Dienstwohnung ein und schrieb Gedichte und Kurzgeschichten.

Ich lebte in einer Welt, die ich selbst erfunden hatte, und so muß natürlich jeder Schriftsteller anfangen. Ich las die Vierteljahresschriften für Lyrik – *Sewanee Review, Poetry, Southern*

Review –, die Monate verspätet per Schiffspost eintrafen. Und ich betete am Altar des *New Yorker*. Ich verglich meine eigenen Anfängergedichte mit denen, die gedruckt erschienen. Meine Stimme war allzu schwülstig weiblich, entschied ich, und so versuchte ich, die kühle, neutrale Stimme nachzuahmen, die ich für männlich und damit der Redaktion wohlgefällig hielt.

Doch das brachte nichts. Ich konnte meinen Ausdruck nicht neutralisieren und ein *New-Yorker*-Lyriker der sechziger Jahre werden. Ich konnte nicht einmal annähernd solche Gedichte schreiben wie die, die ich in der *Sewanee Review* fand. Genauso, wie ich im College oft versucht hatte, unergründliche Lyrik zu verfassen, und dann verzweifelte, wenn meine Gedichte klar verständlich herauskamen, bemühte ich mich in Heidelberg, mich dem anzupassen, was ich für den Zeitgeschmack hielt. Ich freue mich, sagen zu können, daß das elend danebenging. Weil ich wußte, daß Weiblichkeit unendlich unerwünscht war, wollte ich eine Möglichkeit finden, etwas – was auch immer – anderes zu werden. Was dieses andere war, wußte ich allerdings nicht.

Ich frage mich, wie meine Lyrik ausgesehen hätte, wenn ich in Barnard nicht nur Wallace Stevens studiert hätte, sondern auch Muriel Rukeyser. »Atme Erfahrung ein, atme Poesie aus«, schreibt sie in *Theory of Flight*. Ich kämpfte mit der gleichen weiblichen Angst, Flügel zu entwickeln, aber ich konnte nicht wissen, daß ich damit nicht allein stand. Wie anders wäre meine Arbeit gewesen, wenn ich gewußt hätte, daß ich Teil einer Tradition war? Doch Rukeyser wurde ebenso vernachlässigt wie Ruth Stone, Edna St. Vincent Millay, Anna Wickham, H. D., Laura Riding, Marina Tswetajewa. Sie hätten genausogut mit unsichtbarer Tinte schreiben können.

Für eine Dichterin Mitte der sechziger Jahre war das ein recht typisches Dilemma. Wir hatten keine Kurse für Frauenstudien im College, keine *Norton Anthology of Literature by Women*, keine Professoren wie Showalter, Stimson, Gilbert und Gubar.

Wir waren die Generation, die das Problem benennen und die noch nicht existierenden Kurse schaffen mußte.

Als ich da in meinem zweiten Schlafzimmer in der Nähe des Schwarzwaldes saß, mußte ich einen Weg finden, eine Dichterin in einer Zeit zu sein, in der »Dichterin« ein Spottname war. Die ganze Geschichte der englischen Dichtung, die ich ach so gut kannte, hob den Mann als Schöpfer und die Frau als Natur hervor. Von Shakespeare bis Wordsworth, Yeats und Graves pflügten männliche Dichter die weibliche Natur zu androgyner Fruchtbarkeit. Das Weibliche war die Muse – und Musen hatten stumm zu sein.

»Wer kann die Leidenschaft, das Ungestüm eines Dichterherzens ermessen, wenn es im Körper einer Frau gefangen und verstrickt ist«, fragte Virginia Woolf, als sie ihre Geschichte über die imaginäre Schwester Shakespeares spann (heute der Name einer englischen Rockband). Und wer kann den Schaden ermessen, den Generationen von potentiellen Dichterinnen durch solche entmutigenden Mythologien und Paradigmen erlitten haben?

Eines Tages im Jahr 1966 schickte mir eine Freundin meiner Schwester aus New York ein Buch mit Gedichten, das den Titel *Ariel* trug. Die Autorin, eine Frau namens Sylvia Plath, war schon tot, doch die Gedichte waren von wilder Lebendigkeit. Und was für erstaunliche Gedichte waren das! Sie wagten es, ein gewöhnliches Frauenleben zum Thema zu machen. Sie wagten eine Wut, die meiner Frauengeneration verboten war. Sie wagten es, vom Zischen in der Küche, vom Gestank von Babyscheiße, von der Erregung eines Schnitts in den Daumen, vom geheiligten Sonntagslamm in seinem Fett zu berichten.

Die Schöpferin dieser ungestümen Gedichte war gestorben, als ich gerade mitten in meinem Seniorjahr in Barnard war. Im Winter ihres Todes war im *New Yorker* eine Seite mit ihren Gedichten erschienen. Ich hatte sie gelesen, war aber noch nicht soweit, sie in mich aufzunehmen. Noch imitierte ich Keats, Pope und Fielding, ahmte die männlichen Dichter meiner Ausbildung in Barnard und Columbia nach, und ich merkte noch nicht, wie sehr ich nach diesen Gedichten hungerte.

Wenn der Dichter bereit ist, erscheint die Muse.

In Deutschland war ich bereit. Plaths Gedichte schnitten mich auf. Blut spritzte auf die Seite.

Plötzlich erkannte ich, daß ich meine neutralen Gedichte über italienische Brunnen und die Gräber englischer Dichter aufgeben und über das Leben schreiben konnte, das meine Tage ausfüllte – das Leben einer »abhäng. Ehefrau« (wie die Army das ausdrückte) –, das Leben des Marktes, der Küche, des Ehebetts. Ich konnte Gedichte über Äpfel und Zwiebeln schreiben, Gedichte, in denen die täglichen Gegenstände meines Lebens Türen zu meinem Innenleben als Frau wurden.

Sylvia Plath führte mich zu Anne Sexton. *To Bedlam and Partway Back* war 1960 erschienen, *All My Pretty Ones* 1962, und *Live or Die* kam 1966 gerade heraus. Gedichte wie »Menstruation mit Vierzig« und »Ihresgleichen« bestätigten plötzlich meinen Kampf, die besessene Hexe in mir selbst zu finden, die Sängerin mit blutendem Schoß, die Chronistin der »roten Krankheit« der Liebe.

Was verursachte die Regung, die plötzlich zuließ, daß Dichterinnen wie Sexton oder Plath gehört wurden? War es die Bürgerrechtsbewegung, die unsere Collegejahre kennzeichnete und uns lehrte, wie ungerecht unsere Gesellschaft war? War es der Mord an Kennedy, der unsere frühen Zwanziger prägte und uns lehrte, niemals zu glauben, was wir in den Zeitungen lasen? War es der Vietnamkrieg, der unsere Mittzwanziger kennzeichnete und uns lehrte, niemals unseren Führern zu glauben? Autorität war männlich, und sie war zutiefst fehlbar.

Betty Friedan veröffentlichte den *Weiblichkeitswahn* in dem Jahr, in dem ich in Barnard meinen Abschluß machte. Ich hörte zu, wie meine ältere Schwester mit meiner Mutter darüber stritt. Meine Schwester war aufgeregt – meine Mutter weniger, da sie miterlebt hatte, wie die feministische Bewegung ihrer Jugend verschwand, als wäre sie nie gewesen. Obwohl ich noch im achtzehnten Jahrhundert feststeckte und zu beweisen suchte, Alexander Pope sei eine Dichterin, lag Feminismus wieder in der Luft, und ich atmete ihn zwangsläufig ein. Er erteilte die Erlaubnis, aus dem Bewußtsein einer Frau heraus zu schreiben.

Meine gesamte Ausbildung an der Columbia University war ein Verzicht auf solche Regungen, und deshalb vielleicht fand ich Columbia immer unerträglicher. Ich wollte meine eigenen Bücher schreiben, nicht die Bücher über Bücher über Bücher über Bücher, die mir eine Dauerstellung eingebracht hätten. Also heiratete ich Allan als Fahrkarte nach Europa und um vor dem sexistischen Columbia meiner Professoren und dem Manhattan meiner Eltern zu fliehen. Ich mußte weit fort sein, das wußte ich, um auch nur den Versuch unternehmen zu können, die Wahrheit zu schreiben.

Poesie ist das Innenleben einer Kultur, ihr Nervensystem, ihre tiefste Art, die Welt vorzustellen. Eine Kultur, die ihre Dichter ignoriert, würgt ihr Nervensystem ab und wird todkrank. Das war damals in Amerika der Fall. (Man könnte argumentieren, daß die Situation heute noch schlimmer ist.) All diese höflichen *New-Yorker*-Dichter der sechziger Jahre (die Gedichte über ihre Hunde und Geliebten schrieben) ignorierten nahezu alles, was in der Welt passierte. Draußen heulte die Realität. Allen Ginsberg, Gregory Corso und Lawrence Ferlinghetti waren dem, was in den Sechzigern passierte, sicher näher. Doch eine Lichtung in den Wäldern für Dichterinnen war nirgends zu sehen – bis Plath und Sexton daherkamen und durch ihre grellen Tode unsere makabre Faszination erregten. Wir traten in die Fußstapfen von Plath und Sexton (mit Tennisschuhen, wie Dorothy Parker ihre eigene Nachfolge von Edna St. Vincent Millay in den zwanziger Jahren beschrieb). Irgendwie mußten wir uns einen Platz schaffen. Und irgendwie taten wir das auch.

Meine Lyrik ging meiner Belletristik voran und zeigte mir den Weg in mein eigenes Herz. Meine Belletristik folgte noch immer (gleichsam in Turnschuhen) den elitären männlichen

Fußstapfen von Vladimir Nabokov, der mein Lieblingsromanschriftsteller war, als ich College und Universität besuchte. Es war eine Hommage an ihn, daß ich einen mißlungenen (und vorzeitig abgebrochenen) Roman in Angriff nahm, der den vorläufigen Titel »The Man Who Murdered Poets« (Der Dichtermörder) trug. Ich tat so, als sei ich einer der Verrückten Nabokovs, der seinen ebenso verrückten Doppelgänger ermorden wollte. Jahrelang kämpfte ich damit, um den Roman dann aufzugeben, als *Angst vorm Fliegen* hochkochte. Da ich weder verrückt noch ein Mann war, war ich total blockiert. Unbewußt nahm ich an, nur ein Mann könne einen Roman erzählen. Aber der Verrückte war mein erster Mann, nicht ich.

In den Gedichten begann sich inzwischen eine weibliche Stimme zu behaupten. Sie beschrieb die Welt als räuberischen, allesverschlingenden Mund. Sie war voll von der Angst, eine Frau zu sein. Sie war voll von der Frustration, eine intelligente Frau zu sein. Sie war voll von der Absurdität, eine Frau zu sein, die mehr Hormone hatte, als ihr guttaten.

Die Lehrerin

Die Lehrerin steht vor der Klasse.
Sie spricht über Chaucer.
Doch die Schüler haben keinen Hunger auf Chaucer.
Sie möchten sie verschlingen.

Sie essen ihre Knie, ihre Zehen, ihre Brüste, ihre Augen
& spucken ihre Worte aus.
Was sollen sie mit Worten?
Sie wollen eine wirkliche Lektion!

Sie ist nackt vor ihnen.
Psalmen sind auf ihre Schenkel geschrieben.
Wenn sie geht, teilen sich Sonette
in Oktaven & Sestette.

Reimpaare ergeben sich
wenn ihre Finger nervös
mit der Kreide spielen.

Doch die Worte bekleiden sie nicht.
Kein Maß an Poesie kann sie jetzt retten.
Kein Band ist dick genug, um sich darin zu verstecken.
Kein ungekürzter Webster, kein OED.

Die Schüler sind nicht dumm.
Sie wollen eine Lektion.
Einst hätten sie vielleicht das Leben
in einem sauberen Reimpaar
beim Genick gepackt.
Aber jetzt
brauchen sie Blut.

Sie haben Chaucer sich selbst überlassen
& die Lehrerin gegessen.

Jetzt ist sie fort.
Nichts bleibt
als eine gedruckte Seite.
Unsere Hilfe erreicht sie nicht mehr.
Vielleicht ist sie Teil ihrer Schüler.
(Fragt nicht wie.)

Eßt dieses Gedicht.

Im Herzen Deutschlands zu leben und mir meines Judentums bewußt zu werden, war ebenfalls ein kritischer Bestandteil dieser Entwicklung. Ich verbrachte meine Tage damit, die halb ausgelöschten Spuren des Dritten Reiches zu erforschen, beugte mich über mit schwarzen Balken versehene, entnazifizierte Bücher in der Bibliothek und entdeckte sogar im Wald ein aufgegebenes Nazi-Amphitheater. Ich stellte mir vor, der Geist eines jüdischen Kindes zu sein, das am Tag meiner Geburt ermordet worden war. Anne Frank ergriff Besitz von mir. Ich erkannte, daß nur ein Trick der Geschichte mich am Leben gelassen hatte.

Die Gedichte von Plath und mein eigener geistiger Holocaust kamen zusammen und schufen mein neues Identitätsgefühl als Jüdin und Frau. Mein erstes Gedichtmanuskript, »Near the Black Forest« (In der Nähe des Schwarzwalds), war voller Bilder von Heidelberg nach dem Dritten Reich, der »judenlosen Welt ohne Männer«, die auf das doppelte Desaster des Holocaust und des Krieges folgte.

Eine Dichterin ist ein gejagter Jude, ein ewiger Außenseiter. Zuerst wird von ihr verlangt, daß sie ihr Geschlecht verbirgt, ihren Namen ändert und sich unter die gebilligte Lyrik männlicher Überlegenheit mischt. Menschen, die Diskriminierung erleiden, erfinden neue Namen, bleichen ihre Haut, verkürzen ihre Nasen, verleugnen, wer sie sind, um zu überleben. Das war es, erkannte ich, was ich im College und auf der Universität getan hatte. Plötzlich stellte ich fest, daß ich es nicht länger konnte. Das erwies sich als der Anfang des Prozesses, in dem ich mir selbst das Schreiben beibrachte.

Die Heidelberger Zimmerwirtin

Weil sie ihren Vater
im Ersten Weltkrieg verlor,
ihren Mann im Zweiten,
bestreiten wir nicht, daß
»es in Amerika keine Gemütlichkeit gibt«.

Wir gewinnen ihr Herz
mit Filterzigaretten.
Paffend sagt sie:
»Sie dürfen über ein Land
nicht nach nur zwölf Jahren urteilen.«

Graue Tage,
Nebenstraßen, durch die der Wind stolpert,
ich gehe spazieren in einem Photo aus den dreißiger Jahren,
dem prähistorischen Zeitalter
vor meiner Geburt.

Diese Stadt wurde nie bombardiert.
Alte Damen tragen immer noch komische Schuhe,
lange, schäbige Pelzmäntel.
Sie riechen nach Kampfer und Kamille,
alte Photographien.

Hier ist nicht viel passiert.
Ein paar Juweliergeschäfte wechselten den Besitzer.
Eine Brauerei. Banken.
Die Universität hißte das Hakenkreuz, nahm es herunter.
Jetzt rufen die Studenten HO CHI MINH & hassen
     Amerikaner
aus Prinzip.
Papa trägt eine Pilotenmütze
& wurde nie alt.
Er steht auf dem Tisch mit dem Teegebäck.
Mutter & Großmama sind Witwen.

Sie kümmern sich um alles.
Fast jeden Tag regnet es;
jeden Tag putzen sie die Fenster.
In ihren Wohnzimmern züchten sie Urwälder,
üppige Dschungel
umrahmt von weißen Spitzenstores.
Sie schmeicheln der Erde mit Pflanzennahrung, bürsten
     die Blätter.
Jede Pflanze glänzt wie ein dickes Kind.
Sie hoffen auf die Sonne,
sie leben in einer judenlosen, männerlosen Welt.

Ich erkannte, daß die Deutschen bekommen hatten, was sie wollten: Sie löschten ihre Juden und ihre Männer gleichzeitig aus. Und die Frauen machten weiter. Allein, bitter, aber total beherrscht, bearbeiteten sie die Pflanzen und die Fußböden. Amazonen in spießigen Hüten und mottenzerfressenen Pelzen zogen die Kinder groß, pflegten die Gärten und gebaren das nächste Deutschland, das Deutschland, das wir heute kennen. Heute gibt es eine andere Generation deutscher Männer. Heute dräuen wieder Schwierigkeiten.

Virginia Woolf, die die Probleme weiblicher Kreativität vielleicht besser begriff als jede andere Schriftstellerin, spricht von der

> Anhäufung unbeschriebenen Lebens: das der Frauen an den Straßenecken, die, die Arme in die Seiten gestemmt, Ringe in ihren dick geschwollenen Fingern gebettet, mit einem Gebärdenspiel reden, das den Schwung Shakespearescher Worte hat oder das der Veilchenverkäuferinnen und der Streichholzverkäuferinnen und der alten Weiber, die in Torwegen stehen, oder das der Mädchen, die sich treiben lassen, deren Gesichter wie Wellen im Wechselspiel von Sonne und Wolken das Herannahen von Männern und Frauen und die flimmernden Lichter von Schaufenstern ankündigen. Das alles wirst du erkunden müssen ...

Sie beschwört den riesigen Teil des Frauenlebens herauf, der vom Verkehr mit Männern unberührt ist. Dieser Teil – und es ist der größere – soll unwichtig sein, sich nicht als Gegenstand von Literatur eignen. Solange Männer die literarische Tagesordnung festsetzen, wird das so bleiben. Nur Liebe – ob Romanze oder Ehebruch – wird als geeignetes Thema der Literatur gelten.

Warum? Weil Männer ihr Mittelpunkt sind, und Männer mögen nicht daran erinnert werden, daß es irgendeinen Teil im Leben einer Frau gibt, in dem sie nicht im Mittelpunkt stehen.

Infolgedessen schreiben viele Frauen Literatur noch immer auf die Art, die Männer als wichtig betrachten. Daher die literarische Konzentration auf »Liebe«.

Was würde geschehen, wenn wir über unser eigenes Leben schreiben würden, ohne Bezug auf das männliche Geschlecht? Können wir uns solche Häresien auch nur vorstellen? Denken Sie an den Hohn, mit dem Violette LeDuc, Monique Wittig, Anaïs Nin, May Sarton aufgenommen wurden. Wenn die »Liebe« mit dir fertig ist, bleibt noch reichlich Leben übrig, sagt Colette und spricht damit das zentrale Ketzerwort aus. Sie wurde ebenfalls dafür bestraft – man verweigerte ihr das Begräbnis, das sie verdiente (und das jeder Mann von ihrem Status bekommen hätte), und die Rosetten, Bänder und Medaillen. Ich bezweifle, daß ihr das etwas bedeutete.

Glückliche Einsamkeit, das Glück von zwei Frauen, die als Freundinnen oder Geliebte zusammenleben, das Glück einer Mutter und einer Tochter, die ein Bett teilen und die ganze Nacht reden; das Glück zweier Schwestern, wenn ihre Ehemänner verreist, tot, fort sind; das Glück der Arbeit; des Gärtnerns; der Sorge für Kinder; des Einkaufens; des Spazierengehens; der Haushaltsführung – all das sind Häresien.

Der größte Teil unseres Lebens findet allein oder mit anderen Frauen statt, doch man verlangt von uns, daß wir einen Scheinwerfer auf den kleinen Teil unseres Lebens richten, den wir mit Männern teilen. Es ist nicht so, als sei weibliches Leben bis auf diesen Teil Dunkelheit, aber wir sollen so tun als ob und über Liebe, Liebe, Liebe schreiben – bis sie sogar uns langweilt.

Das ist die wirkliche Bedeutung dessen, das zweite Geschlecht zu sein. Alle unsere Lüste und Schmerzen gelten als zweitrangig hinter denen, die wir mit dem anderen Geschlecht teilen.

Sind Männer wirklich so interessant? Für sich selbst sind sie es. Dennoch finde ich neuerdings Frauen wesentlich interessanter. Ich habe einen so großen Teil meines Lebens für Männer gelebt, daß es mir fast einen Schock versetzt. War ich durch die Konventionen meiner Zeit so gebunden, daß ich – die angebliche Rebellin – genauso konventionell war wie irgendeine Frau meiner Zeit? Oder war ich vom Sex so durchdrungen, weil ich immer wußte, daß er die wichtigste Art ist, die Muse zu verführen? Wenn ich aufrichtig zu mir selbst sein will, muß ich diese Frage beantworten.

6

Sex

Die weibliche sexuelle Erregung kann eine Intensität erreichen, die dem Mann unbekannt ist. Die sexuelle Erregung des Mannes ist heftig, aber lokalisiert, und – außer vielleicht im Moment des Orgasmus – der Mann bleibt dabei durchaus im Besitz seiner selbst; die Frau dagegen verliert wirklich den Verstand; für viele kennzeichnet dieser Effekt das entschiedene und sinnliche Moment der Liebesaffaire, aber er hat auch eine magische und angsterregende Qualität.
  Simone de Beauvoir, *Das andere Geschlecht*

Entweder waren wir eine Million Perverse, die sich beschämt an ihre schmutzigen Handbücher klammerten, oder diese sexuellen Phantasien waren so normal wie Apfelkuchen.
  Susie Bright, *Sexual Reality:*
  A Virtual Sex World Reader

Jede Frau, die halbwegs bei Verstand ist, ist nach all diesen Jahrhunderten klug genug, Männer nicht zu unterbrechen, wenn sie anfangen, ihr zu erzählen, was sie über Sex fühlen.
  Doris Lessing, *Das goldene Notizbuch*

»Ich hatte einen Traum, der keineswegs ein Traum war«, sagte Byron. Und auch ich verlebte in meinem Leben einen vollkommenen Sommer in einem Idyll. Wenn die Menschen von »Eros« sprechen, weiß ich, was sie meinen – obwohl sie selbst es vielleicht nicht wissen. Und wenn ich meine Phantasie brauche, um die äußerste Leidenschaft hervorzurufen, die eine Frau ertragen kann, ist dies mein Bezugspunkt.

Ich war zu der Zeit unverheiratet – irgendwo zwischen meiner dritten und vierten Ehe – und hatte mich in einen Mann verliebt, der für mich wie Pan aussah, bräunlich nach Sommer und Sex duftete und mit seiner Schaluppe in der Lagune von Venedig und in der Adria segelte.

Unsere Affäre hatte ein Jahr zuvor begonnen. Wir verliebten uns auf seinem Boot ineinander, warteten voller Vorfreude ein Jahr lang, und als ich im folgenden Sommer nach Venedig zurückkehrte, stahlen wir uns einige vollkommene Stunden in dem Haus, das er mit der Frau in seinem Leben teilte. Danach machten wir jahrelang per Telefon und Fax weiter und trafen uns, so oft wir konnten. Ich trug zwei Uhren, damit ich immer wußte, wie spät es in Venedig war, und wir führten abends vor dem Einschlafen verliebte Telefongespräche, in denen wir beschrieben, was wir miteinander tun würden und getan hatten.

»Ich explodiere, ich bin voller Sterne...«, pflegte er zu sagen (auf italienisch), wenn er kam. Alles war eine planetarische Metapher. Der Sex war kosmisch – per Glasfaserkabel.

Ich reiste nach Venedig und stieg in einer schönen Suite im Gritti ab (wo das Wasser sich an der Decke spiegelte und kräuselte), und er kam mich morgens und abends besuchen.

Doch in einem Sommer (war es der zweite oder der dritte? Ich kann mich nicht erinnern) beschloß ich, für drei Monate die Beletage eines Palazzos zu mieten – damit wir unbegrenzt Zeit hatten, diese Verbindung zu erforschen und zu sehen, ob sie dauerhaft werden könnte. Was ich lernte, war, daß der Eros nie dauerhaft ist, oder vielmehr, daß Unbeständigkeit eine der Vorbedingungen seiner Dauerhaftigkeit ist.

Ende Juni kam ich allein an und richtete mich in meinem gemieteten Palazzo ein – seine Fenster gingen auf den Guidecca-Kanal hinaus, Boote mit kyrillischen Buchstaben glitten vorüber, und der ummauerte Garten war voller alter Rosen und hatte einen erstaunlich fruchtbaren Birnbaum (*pero*) in der Mitte, der übervoll mit reifen Früchten hing.

Piero (nennen wir ihn so) kam am ersten Vormittag um elf Uhr, um Hallo zu sagen (»*per salutarti*«), wie er sich ausdrückte. Er begrüßte meine Brustwarzen, meinen Hals, meine Lippen, meine Zunge, nahm mich bei der Hand und führte mich ins Schlafzimmer, wo er mich langsam auszog, mit entzückten Ausrufen die Schönheit jedes Körperteils begrüßte und auf dem Bett in mich eindrang; scheinbar endlos lange verhielt er sich still in mir, während ich mich mit Saft füllte wie die Birnen am Birnbaum und zu pulsieren begann, als schüttle ein Sturm sie zu Boden.

Erfüllt von seinem Geruch, seinen Worten, seiner Zunge, seinem unglaublich gelassenen Penis, erhob sich mein ganzes Sein zu ihm, als würden die Zellen meines Körpers auseinandergenommen und wieder zusammengesetzt. Es war eine Art Wandlung – Fleisch und Blut wurden zu Brot und Wein statt umgekehrt. Ich schaute zu seinen faunhaften braunen Augen und seinem lockigen rötlichgoldenen Haar auf und sagte: »*Mio dio del bosco*«, mein Waldgott, denn so fühlte es sich an. Es war, als wäre ich von einem sehr sanften Großmeister des Alkovens besessen, einem Hirsch, einem gehörnten Gott, dem Gott der Hexen. Es war, als wäre ich von der gesamten Natur besessen, gäbe meine Intelligenz, meinen Willen, meine Individualität der grünen Verschmelzung hin, die die Blüte hervorbringt.

Die Sonne warf glänzende Quadrate auf das Bett, und das Kanalwasser kräuselte sich an der bemalten Decke (mit ihren Figuren von Hera, Venus, Persephone und ihren Sibyllen), Motorboote tuckerten vorbei, und im Kielwasser meiner Einheit mit Wald und Meer sah ich deutlich, wie das Leben eines Mannes und einer Frau sein sollte, zwei Hälften, die ineinanderpaßten, außerhalb der Zeit, für alle Ewigkeit. Ich wußte, daß Menschen Drogen nahmen, um dies zu simulieren, daß sie deswegen nach Geld und Macht strebten und es bei anderen zu zerstören suchten, wenn sie es selbst nicht haben konnten. Es war eine sehr schlichte Gabe und dennoch trügerisch, und die meisten Menschen hatten sie nie gekannt. All ihr Herumjagen war das Streben nach ihr.

»Ich muß gehen«, sagte er, und ich folgte ihm ins Badezimmer – lachend, buchstäblich vor Freude hüpfend –, während er seine Achselhöhlen und seine Lenden wusch, sich anzog und einen Kuß zwischen meine Brüste hauchte.

»Ich komme um fünf zu dir«, sagte er.

Und ich setzte mich zur Schreibarbeit des Tages hin, seinen Saft zwischen den Schenkeln, seinen Geruch an Fingern und Mund.

Ich schrieb bis drei, zog einen Badeanzug und darüber ein Sonnenkleid an und ging die Fondamenta entlang zum Schwimmbad, wo ich im Sonnenlicht meine Bahnen schwamm; meine Glieder waren schwer wie Wasser und strahlend wie das Sonnenlicht. Dann aß ich etwas und ging über die Fondamenta zurück; ich schien über die Steine zu schweben.

Um fünf läutete er. »*Sei sola?*« (Bist du allein?) fragte er.

Natürlich war ich allein. Und dann waren wir wieder im Bett, diesmal bei Nachmittags- statt bei Morgenlicht, das an der Decke spielt. Sein Stab gab mir Trost und Erleichterung, seine salzigen Küsse verwandelten meinen Mund in die Lagune, in der flammend rosa die Sonne unterging.

Manchmal gingen wir zusammen auf die Fondamenta oder tranken in Harry's Dolci ein Glas Wein – und dann ging er fort zu seinem anderen Leben und ich zu meinen Diners mit Freunden, Konzerten, Opern, langen Spaziergängen in der Stadt.

Manchmal sah ich, wie er mit seiner anderen Frau durch die Lagune tuckerte. Manchmal fragte ich mich, wo er war. Aber immer freudig, niemals mit Schmerz.

So ging es acht Tage lang. Am Abend des achten Tages verschwand er ohne ein Wort. Er war auf See mit Leuten, die ich nicht kannte. Er war fort, und ich hatte keine Ahnung, ob er jemals zurückkommen würde.

Die Tage wurden lang. Ein Verehrer von zu Hause tauchte auf, später einer aus Paris. Es gelang ihnen nicht, ihn aus meinem Bett zu verbannen. Schließlich kamen meine Tochter und meine Assistentin, und ich füllte die Tage mit Mutterschaft und Arbeit.

Ich war wütend auf Piero, nicht weil er gegangen war, sondern weil er ohne ein Wort gegangen war, und ich schwor mir, ihn nie wiederzusehen. Der Sommer schleppte sich dahin, heiß, feucht, nutzlos. Venedig war wie ein Kreuzfahrtschiff, auf dem ich alle Leute kannte und mich langweilte. Schließlich mußte meine Tochter ihren Vater sehen und meine Assistentin ihren Liebhaber. Freunde kamen an und schleppten mich auf eine endlose Runde von Partys. Und dann rief er eines Morgens an, als sei gar nichts geschehen.

»*Sei sola?*« fragte er.

»*Cretino!*« schrie ich. »Idiot!«

»Ich muß mit dem Boot nach Murano, kommst du mit?«

Ich flog aus dem Haus, um ihm die Augen auszukratzen.

Im Boot hämmerte ich mit den Fäusten gegen seine Brust.

»Wie konntest du mich verlassen, wo ich doch hergekommen bin, um bei dir zu sein?«

»Ich hatte keine Wahl – ich mußte.«

Sein Mund preßte sich auf meinen Mund und brachte mich zum Schweigen.

Nach einer Weile legten wir hinter einer Sandbank an, die dicht mit Binsen bewachsen war, und liebten uns. Das Boot schaukelte unter uns, und die Sonne schien.

Meine Freunde amüsierten sich, als ich ihn verfluchte, dann zu ihm lief, ihn danach wieder verfluchte. Wir trafen uns in dem geheimen kleinen Atelier in der Nähe meines ummauerten Gartens, dessen Rosen verblüht waren, von dessen Birnbaum jedoch noch immer Früchte fielen. Wir liebten uns morgens und abends, und dann floh er.

Ich vergab ihm, weil ich mußte. Wenn er in mich eindrang, fühlte ich mich vollständig. Doch wenn er fortging, vertraute ich nicht auf seine Rückkehr.

Diese Geschichte hat kein Ende. Wenn er heute hier erscheinen und mich berühren würde, würde ich wieder in diesen Wald gezogen, in diese Lagune, in diesen wirbelnden Sabbattanz.

Das Gefühl der Unbeständigkeit gab seiner Macht über

mich Dauer, und seine Unwirklichkeit machte ihn auch real. In manchen Nächten gehe ich schlafen und denke, ich würde in diesem anderen Land mit diesem anderen Ehemann aufwachen. Er ist mein Ehemann auf dem Mond, und bei Vollmond denke ich an ihn. Er bevölkert meine Träume.

Wenn Leute »Sex« sagen, denke ich an ihn.

Was wäre passiert, wenn ich mein Leben mit seinem verbunden hätte?

Ich kann nur spekulieren. Er behauptet, nicht mit der Frau zu schlafen, mit der er lebt, und vielleicht stimmt das, vielleicht nicht. Ich weiß nur, daß ich lieber diejenige bin, zu der er läuft, als die, vor der er flieht, und irgendwie habe ich diese Situation gesichert, indem ich nicht anwesend bin. Ich halte den Sex lieber in meinem Phantasieleben lebendig, als ihn zu töten, indem ich Piero heirate. Doch vielleicht mache ich mir etwas vor. Hätte ich mit dem Gott der Wälder leben können? Nur zeitweilig. Er war nicht bereit, mehr als zeitweilig da zu sein. Und ich akzeptierte seine Bedingungen und führte mein Leben weiter.

Als ich ein kleines Mädchen war, liebte ich das Märchen von den zwölf tanzenden Prinzessinnen. Die Prinzessinnen legten sich wie brave Mädchen in ihren Betten schlafen, aber morgens waren ihre Schuhsohlen ganz abgenutzt, weil sie die ganze Nacht getanzt hatten. Mein Schreiben ist auch so. Ich führe vielleicht ein höchst tugendsames Leben, aber meine Bücher verraten abgenutztes Schuhleder, Sonne, Meer, Birnbäume, Saft zwischen den Schenkeln. Einen Sommer lang habe ich so gelebt – oder vielmehr zwei Wochen eines Sommers. Ich würde immer so leben, aber ich fürchte, daß das unmöglich ist.

Die perfekte Ergänzung, wenn man sie denn findet, ist vielleicht nicht der perfekte Gefährte. Leidenschaft darf nicht vom gewöhnlichen Leben berührt werden, wenn sie Leidenschaft bleiben soll. Und das gewöhnliche Leben macht sich gern breit und verbannt die Leidenschaft. Gewöhnliches Leben ist das zäheste Unkraut von allen.

Zum ersten Mal entdeckte ich Sex in meinen Träumen, als

ich dreizehn war. Mich gelüstete nach einem großen, rothaarigen Jungen (dessen Namen ich nie erfuhr), der – mit einem Schal aus Harvard – zur U-Bahn-Station neben dem Museum für Naturgeschichte am Central Park West rannte. Wenn er in meinen Träumen auftauchte, wurde mein Gesicht rot, meine Schenkel feucht, und mein Herz schlug schneller. Ich erfuhr nie seinen Namen und sah ihn nie aus der Nähe. Ich liebte ihn trotzdem. Er weckte meine Sexualität.

Nach meinem ersten Jahr in der High School sah ich ihn nicht wieder bis auf einmal, in Bath, England, wo ich für *Fanny Hackabout-Jones* recherchierte, meinen Roman, der im achtzehnten Jahrhundert spielt; ein lockiger, rothaariger Bandit mit schrägen grünen Augen, auch aus dem achtzehnten Jahrhundert, kam in mein Bett mit den vier Pfosten und liebte mich auf vollkommene Weise. War er ein Traum, ein Dybbuk, ein Strauchdieb? Ich erfuhr es nie. Aber ich verwandelte ihn in Fannys Liebe, Lancelot, und machte ihn zum Helden meines Buches.

Sex ist etwas, wogegen ich mich immer gewehrt habe. Er wirkt so stark auf mich, daß ich kämpfen muß, um mein Leben selbst in der Hand zu behalten. Als ich ein Teenager war und die Masturbation entdeckte, pflegte ich mir zu sagen: »Ich schütze mich vor Männern.«

Sexuell wünschte ich mir Männer, aber ich wollte nicht, daß sie Macht über mich hatten. Das war etwas, was Männer nicht akzeptieren konnten. Die meisten Männer mögen Macht lieber als Sex, und wenn man ihnen das eine ohne das andere gibt, lehnen sie sich schließlich dagegen auf.

Deshalb neigen die größten Liebhaber dazu, sich davonzumachen. Sie wollen nicht auf Abruf bereitstehen. Sie wollen nicht berechenbar sein. Sobald Sie Ihren Mondgefährten gefunden haben, können Sie sich darauf vorbereiten, ihn zu verlieren. Er mag die Hitze der Sonne nicht.

Es gibt alle möglichen anderen Arten von Liebe – auf alle möglichen anderen Arten befriedigend. Es gibt die Liebe, mit der man redet, die Liebe, mit der man kuschelt, die Liebe, mit der man kocht, und alle gehen mit tollen, pochenden Orgasmen einher. Das ist nicht der Punkt.

Im Herzen jeder Frau gibt es einen Gott der Wälder. Und dieser Gott steht nicht für die Ehe, für das Ausschmücken des Heims, für Elternschaft zur Verfügung.

Bei Männern gibt es zweifellos ein Äquivalent: Lilith, nicht Eva. Doch über Männer gibt es genügend Bücher. Ich brauche der Literatur nichts hinzuzufügen. Der Punkt ist: Du bist immer eine Bigamistin. Verheiratet mit einem Mann im Herzen und einem anderen im Schoß. Manchmal kommen Herz und Schoß für eine Nacht oder zwei zusammen. Und dann trennen sie sich wieder.

Meine Phantasie ist eine *ménage à trois*: Mond-Ehemann, Sonnen-Ehemann und ich. Ich habe noch nicht herausgefunden, wie wir zusammen leben können. Aber wenn ich es herausgefunden habe, werde ich es Ihnen sagen. Ich weiß, daß viele Frauen sich ebenfalls danach sehnen. Und nur Angst und Zwang zu nutzloser Nettigkeit lassen sie behaupten, sie täten es nicht.

In all den Büchern, die über Sex und Liebe geschrieben worden sind, gibt es kaum je irgendein Gefühl für dieses Geheimnis. Manchmal, wenn ich nachts durch die Fernsehkanäle zappe, gerate ich in die Sexshows. Wählen Sie 1-900-BOOBS oder 1-900-STUDS oder 1-900-BALLS. Die Männer sehen zynisch und grob aus, und die Frauen reden alle mit Bronx-Akzent. Die Männer sind in sich selbst verliebt und haben für niemand sonst Raum. Das sind nicht meine Phantasien.

Einmal gingen mein dritter Mann und ich zu Plato's Retreat. Wir gingen als Sexreporter mit kleinen Spiralnotizbüchern. Zuerst behielten wir unsere Kleider an, dann zogen wir sie aus, weil wir echt wirken wollten.

Wir wanderten aus dem Baderaum (schaumiges Wasser, picklige Körper) in den Imbißraum (Erdnußbutter und Gelee, Tomatensoße und Senf – wie auf einer wenig schicken Kinderparty) und in den Raum mit den Matten (Zahnärzte aus New Jersey, die hydraulisch ihre Assistentinnen vögelten). Schließlich wurden wir der Sache müde und gingen nach Hause. Wieder war die Phantasie nicht meine. Meine Phantasie hätte Kaviar umfaßt, nicht Tomatensoße, aber das war nicht alles. Ich wollte eine Orgie, die jenen Träumen nahekam, die einen tagsüber verfolgen. Plato's Retreat war nicht mein Traum.

Ach, was hat man nicht alles in Platos Namen getan! Keusche Liebe heißt »platonische Liebe«. Aber es ist die wahrhaft ideale Liebe, die wir suchen – wie die höfischen Troubadoure des provenzalischen Südens. Der körperliche Vollzug ist dabei am wenigsten wichtig. Es ist das Ideal der Sehnsucht – der Geliebte, den man nie besitzen kann –, das die provenzalische Vollkommenheit ausmacht.

Vielleicht kann man den Geliebten nie besitzen, weil er wegläuft. Vielleicht kann man ihn nie besitzen, weil die Zeit in die Zeitlosigkeit eindringt. Oder vielleicht ist der Rest unseres Lebens einem anderen versprochen. Und nur im Traum können wir an dieser *ménage à trois* teilhaben.

Unmöglichkeit ist ein Teil ihres Wesens. Unmöglichkeit allein macht sie möglich. Vielleicht sage ich mir das auch nur, weil ich ein Feigling bin. Vielleicht möchte ich keine Grenzerfahrung riskieren.

Der große rothaarige Junge und ich haben uns nie berührt. Aber als ich vierzehn oder fünfzehn war, wurde ich von jemand weniger Immateriellem zur *inamorata* erwählt. Sein Name war Robbie, und er war groß und braunhaarig, hatte eine knollige, leicht schiefe Nase und einen großen, schönen Schwanz.

»Vielleicht wirst du ihn eines Tages in den Mund nehmen«, sagte er zögernd, da er wußte, daß es gegen die »Regeln« war. Und 1955 hatten wir Regeln! Über oder unter dem Büstenhalter, über oder unter dem Slip oder über oder unter den Jockey-Shorts. Wenn das Schreiben von gereimter Lyrik Tennis mit

Netz ist (um Robert Frost zu paraphrasieren), dann war »Fummeln« 1955 ein Turnier mit eigenen ausgeklügelten Regeln. Eine falsche Bewegung, und man war draußen. Bis dahin ging man vorsichtig soweit wie möglich – wobei man natürlich sowohl orale als auch vaginale Penetration vermied.

Damals waren Babys die Entschuldigung. Schwangerschaft war ein nicht wiedergutzumachender Zustand. Oder wurde als solcher wahrgenommen – wie heute Aids. Die Lust, das Tabu zu brechen, war nicht annähernd so stark wie das Bedürfnis nach einem Sicherheitsnetz. So erfanden wir alle möglichen Methoden: Fingerficken, Befriedigung mit verschiedenen bequemen Gleitmitteln, Trockenvögeln. Man wollte den Kuchen aufessen und behalten. Man wollte »technische Jungfräulichkeit«. Später in meinem Leben, in einer unglücklichen Ehe, gestattete ich mir Ehebruch mit Kondom – damit keine Schleimhäute oder Flüssigkeiten sich berührten. Oder ich erlaubte mir oralen Sex, aber keinen Geschlechtsverkehr. Diese Einschränkungen waren wichtig. Menschen achten immer mehr auf die Form als auf die Bedeutung einer Handlung.

Die schmelzende Lust, die ich mit Robbie erlebte, kostete ihren Preis. Aus Schuldgefühlen entwickelte ich eine Anorexie und hörte buchstäblich zu essen auf; ich trank nicht einmal mehr Wasser. Symbolisch muß ich gedacht haben, alle meine Körperöffnungen seien eins.

Wenn ich also aufhören konnte, Dinge in den Mund zu stecken, würde das vielleicht gutmachen, was ich in meine Vagina aufgenommen hatte. Ich erinnere mich noch an die panische Angst und Besessenheit, die Leidenschaft, das ungeschehen zu machen, was ich getan hatte! Was hatte ich getan? Ich hatte nicht einmal einen Namen dafür! Ich dachte, wir hätten es erfunden!

Wird es je eine Jugend wie auf den Trobriander-Inseln geben, wo der Sex frei ist und Kinder dieses Ungeschehen-Machen nicht nötig haben? Ich glaube nicht.

Der Sex, den wir in Büchern, Filmen und Fernsehen haben,

ist so bar jeden Geheimnisses, daß er mich erschreckt. Geheimnis ist doch die Essenz unserer Menschlichkeit. Es macht uns zu dem, was wir sind.

Irgendwann, als ich um die Vierzig war, verliebte sich ein etwa zehn Jahre älterer, berühmter Dichter heftig in mich. Wir aßen in meinem Haus in New York zusammen zu Mittag und küßten uns und schmusten etwas zögernd. Dann reiste er heim nach Irland, und ich fuhr für den Sommer in mein Haus in Connecticut. Die Briefe flogen über den Atlantik. Sie waren voll schwarzer Strapse, schwarzer Seidenstrümpfe, Gedichtzeilen und zweideutiger Anspielungen. Sie waren der Beginn eines erotischen Romans.

Jeder wartete auf die Briefe des anderen. Dann antworteten wir so klug, wie wir konnten.

Nachdem das ein paar Monate so gegangen war, flog ich nach Venedig. Ich hatte vor, ihn ein paar Wochen später in London zu treffen. In Venedig gab es eine Komplikation. Ich traf Piero wieder, und wir begannen unsere wilde Liebesaffäre.

Meine Gefühle für den irischen Dichter waren erkaltet. Aber er hatte bei der Dame seines Lebens Himmel und Hölle in Bewegung gesetzt, um mich in London treffen zu können.

Er kam mit einem Pappkoffer und zwei Stangen Zigaretten (er wollte wirklich bleiben!) in mein nobles Hotel. Er sah sich in meiner ovalen Suite, die auf den Park hinausging, um und sagte schnippisch: »Deine Bücher müssen sich gut verkaufen.«

Seine Hände zitterten, und er zündete sich eine Zigarette nach der anderen an und lief auf und ab. Endlich sagte er: »Wir wollen uns Gedichte vorlesen, denn durch Lyrik haben wir uns kennengelernt.«

Wir versuchten es. Doch das machte uns auch nicht ruhiger.

Irgendwann gingen wir zum Abendessen in einen schmierigen Pub, in dem er sich behaglich fühlte. Er versuchte, sich um den Verstand zu trinken, blieb aber unvermindert nervös. Ich fand das Gesöff, das er bestellt hatte, ungenießbar.

Wieder im Hotel angekommen, fragte ich mich, wie ich ihn loswerden könnte. Der letzte Zug in das wenig elegante Kaff, in dem er abgestiegen war, war schon abgefahren. Ich hatte nicht das Herz, ihn in irgendeinem schrecklichen Bahnhofshotel übernachten zu lassen. Ich verschwand im Badezimmer, wie ich es oft tue, wenn ich ratlos bin.

Als ich zurückkam, fand ich ihn, in meinem Bett liegend, wo er seine achtundzwanzigste Zigarette rauchte.

»Wir könnten ebensogut der Wärme wegen zusammen schlafen«, sagte er und lächelte mit vorstehenden Eckzähnen. Seine Briefe waren wesentlich anziehender gewesen.

Leser: Ich streifte ihm einen Gummi über und vögelte mit ihm. Dann ging ich nebenan ins Wohnzimmer und schlief auf der Couch, in eine Satindecke gewickelt.

Morgens ließ ich ihm ein wundervolles Frühstück servieren, über dessen Eleganz er sich lustig machte, ehe er seiner Wege ging. Ich hatte festgestellt, daß er eitel, snobistisch, antisemitisch und nicht besonders nett war.

Aber die Briefe habe ich noch immer. Manchmal nehme ich sie heraus, lese sie und tue so, als kennte ich das Ende nicht. Ohne ist die Geschichte besser.

Sex ist seiner Definition nach etwas, das man mit jemand anderem hat als dem Ehegatten – was nicht bedeutet, daß der nicht gut im Bett ist. Er gehört nur einer anderen Kategorie an. Sobald man von ehelich spricht, vergeht das Geheimnis. Sex hat Geheimnis, Magie, einen Hauch von Verbotenem.

Er ist nicht praktisch. Er hat nichts mit Geld zu tun. Deshalb konnten diese 900er Nummern mich nicht antörnen, selbst wenn sie meinen Phantasien entsprochen hätten. Wenn man dafür bezahlt, verläßt man das Reich des Geheimnisvollen. Sex wird zu einer Transaktion, einem Teil des Bruttosozialprodukts, etwas, das in unseren lähmenden nationalen Dialog darüber gehört, ob Pornographie für die Gleichstellung der Frau gut ist oder nicht. In punkto Sex befinden wir uns außerhalb des Bereichs von Geld und Politik. Wir begeben uns in den Bereich von Mythos, Märchen und Traum.

In einer anderen Geschichte, die ich als Kind liebte, hatte eine Prinzessin, Languidere von Oz, dreißig Köpfe, einen für jeden Tag des Monats. Einige waren gut, andere waren böse, aber sie konnte sich nie erinnern, welche, bis sie sie trug – und dann war es zu spät.

Man konnte dem braven Mädchen nicht vorwerfen, böse zu sein. Das böse Mädchen war in Wirklichkeit ein braves Mädchen, das nur die Köpfe verwechselt hatte!

In meiner Phantasie bin ich Prinzessin Languidere in meinem einfachen, fließenden weißen Chiffonkleid und mit dem Rubinschlüssel, den ich am Handgelenk trage, um die Schränke zu öffnen, in denen meine Köpfe aufbewahrt werden. Ich öffne den Schrank, setze den struppigen, medusenähnlichen schwarzen Kopf auf, und plötzlich schreie ich den irischen Dichter an: »Verschwinde! Wie kannst du es wagen, mit diesem Pappkoffer in mein Zimmer zu kommen!«

Ich ficke nicht mit ihm. Ich schicke ihn nach Hause zu seiner schon lange leidenden Gattin und genieße mein großes Hotelbett allein.

Der Feind sind Nettigkeit, Manieren, der Versuch, gut zu sein.

Immer, wenn ich mich so fühle, sage ich mir: Wechsle die Köpfe!

Ich bin die gute Tochter, gute Schwester, gute Nichte, gute Ehefrau, gute Mutter – und der einzige Ort, wo ich aufrichtig bin, ist das ehebrecherische Bett. Verbotener Sex schenkt uns uns selbst, weil die eigene Persönlichkeit Frauen noch immer verboten ist. Sex ist die Wurzel all dessen, Sex ist der Schlüssel. Sex ist der Katalysator für Wandlung. Deshalb können wir ihn nicht aufgeben.

Und so sitze ich im Palazzo und sehe zu, wie die Boote vorbeigleiten.

Gleich wird das Telefon läuten.

Natürlich werde ich ja sagen.

Es gibt nichts Entmutigenderes als eine Frau, die den Sex aufgegeben hat. Sie erinnert einen an die Zeile von Oscar Wilde: »Zwanzig Jahre Liebe lassen eine Frau aussehen wie eine Ruine, aber nach zwanzig Jahren Ehe sieht sie aus wie ein öffentliches Monument.«

Das ist der Unterschied zwischen Oscar Wilde und mir. Bei all den Qualen, die er litt, bei all den Widrigkeiten, mit denen er für seine Liebe zu Männern bestraft wurde, las niemand seine Texte und fragte ihn: »Was hält Ihr Mann von all dem?« Gefängnis, Exil – das war sein Los. Aber niemals: »Was hält Ihr Mann davon?«

Frauen haben vielleicht das Wahlrecht, aber sie sind nicht frei, solange es zu dieser Reaktion kommt. Selbst diejenigen ohne Ehemänner werden verurteilt, als hätten sie sie gekränkt, indem sie bloß die Wahrheit schrieben.

Die Mauer um die Freiheit einer Frau ist so unverrückbar, daß sie nichts tun kann, ohne nach dessen Auswirkungen auf irgendeinen Mann gefragt zu werden, der als wichtiger gilt als sie selbst.

Dasselbe trifft auf weibliche Sexualität zu. Immer wird sie der Spezies zur Verfügung gestellt. Aus diesem Grund ist es schwer, auch nur unsere Phantasie zu lokalisieren – ganz davon zu schweigen, sie auszusprechen. Selbst die Traumwelt ist von Verboten eingezäunt.

Ich bin eine methodische Schriftstellerin. Ich muß die Dinge erleben, über die ich schreibe. Sind die gräßlich? Um so besser. Als ich mitten in der Arbeit an *Der letzte Blues* steckte, meinem Roman über eine Künstlerin in den achtziger Jahren in New York, kam ich zu dem Schluß, daß Sadomasochismus ein Teil meiner Geschichte war. Ich wußte nichts von seiner offiziellen Seite – Fesselungssalons, Ketten, Peitschen; alles, was mir über Sadomasochismus bekannt war, kam von meiner Familie. Aber ich beschloß zu lernen. Ich benutzte die journalistische Masche. Ich ging, um eine Domina zu »interviewen«.

Sie war begeistert, interviewt zu werden. Sie hatte nur eine Forderung: daß ich bei allem, was ich schrieb, ihren wirklichen Namen benutzte. Das war genau die Forderung, die ich nicht erfüllen konnte. War das der Beginn unserer sadomasochistischen Beziehung?

Natürlich öffnete sie mir ihr »Studio« und ließ mich zuschauen. Und natürlich erzählte sie mir alles über sich. Aber sie wollte mehr. Sie wollte, daß ich an ihrem Leben Anteil nahm.

»Ich schicke dir meine persönliche Sklavin, die dich abholt und in mein Studio bringt«, sagte sie eines Tages am Telefon.

Und tatsächlich kam ein lächelndes Mädchen in schwarzen Strumpfhosen und schwarzem Pullover in einem schwarzen Funktaxi an, um mich in die verspiegelte Wohnung in der Stadtmitte zu bringen, in der Madame X arbeitete. Ich war nie zuvor in Gesellschaft einer »persönlichen Sklavin« gewesen und fragte mich, wie ich mich wohl benehmen müßte.

Die Körpersprache des Mädchens sagte: »Mißbrauche mich.« Sie duckte sich. Sie war ein Mädchen, keine Frau. Woher ich das wußte, kann ich nicht sagen.

Im Studio – einer Wohnung mit drei Schlafzimmern im achtunddreißigsten Stock – hielten sich drei einsatzbereite Damen auf. Eine war schlank wie ein Model, hatte rotes Haar und trug einen schwarzen Gummianzug, eine war blond und elegant mit vorstehenden Backenknochen und einem roten Samtkleid, das überall Reißverschlüsse hatte, und eine war schwarzhaarig mit knabenhaftem Gesicht und endlos langen Beinen in schwarzen Samtstiefeln. Alle waren Studentinnen. Eine machte gerade ihren Doktor in Englisch.

Hinter einer Gummimaske mit Reißverschluß über dem

Mund verborgen, durfte ich den Phantasien unbehindert folgen. Ich wanderte ganz nach Wunsch von Raum zu Raum.

Wie klischeehaft sie alle waren! Klistiere, Folterbänke, Fesseln, Stöcke. Und wie eintönig die Posen der Unterwerfung! Flach auf dem Rücken, auf dem Bauch, kniend wie ein unterwürfiger Schuhverkäufer. Die Hauptsache war, daß keine Berührung stattfand. Die Hauptsache war, daß man die Kontrolle verlor.

Wenn man gefesselt und gegen seinen Willen sexuellen Phantasien unterworfen wird, hat man Lust ohne jegliche Verantwortung. Es ist ein bißchen so wie meine zwölf tanzenden Prinzessinnen. Man tut es in einem Traum, und daher tut man es nicht.

Ist mein Warten in dem Palazzo eine andere Version der gleichen Sache? Auch ich habe keine Kontrolle. Auch ich sehne mich nach dem Liebhaber, der mich vielleicht nur seinen Schuh küssen lassen wird.

Es ist ein Abstinenzspiel: Man bringt sich bei, von Luft zu leben. Es ist minimalistischer Sex. Man bekommt so wenig, daß man meint, man hätte genug gehabt.

Ich hatte nach diesem Besuch genug von S & M, aber Madame X nicht. Sie wollte, daß ich zu weiteren Besuchen kam. Sie wollte mich mit Freunden in Paris, Mailand und Rom bekannt machen, die Schwarze Sabbats feierten und nach frischem Blut Ausschau hielten. Die Welt von S & M war international. Ihre Mitglieder bekamen Rabatte als Vielflieger.

In Paris lernte ich die Frau eines berühmten Opernsängers kennen, die als Begründerin eines gefeierten Liebeskerkers berühmt war. Wir saßen zur Teezeit in der Lobby des Crillon und sprachen über Proust. Die Dame war so spröde, daß ich mir gar nicht vorstellen konnte, daß sie einen Körper hatte, von einem Körper in Fesseln ganz zu schweigen. Sie reiste zu einem Musikfestival in Prag weiter. Den Schlüssel zu ihrem Liebeskerker gab sie mir nicht.

Ich gebe zu, daß meine Recherchen nicht sehr tiefschürfend

waren, aber was ich an S & M gesehen habe, beeindruckte mich nicht übermäßig.

»Meine« Domina wünscht sich Ruhm mehr als Sex. Sie hat dafür Werbeleute angeheuert. Öffnen Sie irgendein Hochglanzmagazin, und Sie finden ihr Bild. Sie trompetet ihr Geheimnis in die Welt hinaus. Und indem sie das tut, kann sie nie wieder das Gefühl des Verbotenen hervorrufen. Sie kann nur Shows machen wie Dr. Ruth: Man kann in der Sendung anrufen, und es wird Werbung für Kondome, Duschen und schließlich Windeln für Erwachsene gemacht. Sie hat die Kommerzwelt betreten, und wenn man das tut, wird man von Pan verlassen. Dann können einen alle Gummianzüge der Welt nicht mehr retten.

Mein Herz tut einen Satz, wenn ich ein Motorboot auf einem Kanal höre. Meine erotischen Antriebe sind: Segelboote, die Mittelmeersonne, ein Liebhaber, den ich nicht in einer Million Jahren zum Ehemann nehmen würde.

Ich glaube nicht, daß man Phantasie standardisieren kann. Sie ist ihrer Natur nach einzigartig. Ich habe Bücher über Phantasien durchgeblättert, nach meinen eigenen gesucht und sie nicht gefunden. Madame X sagt, sie werde in fremden Städten für mich »Szenen« einrichten. Ich weigere mich nicht wegen Aids, nicht einmal wegen dem, was mein Mann denken könnte. Ich weigere mich, weil ich mich vor der Einsamkeit fürchte. Wenn man das S-&-M-Studio verläßt und hinaustritt in das blendende Sonnenlicht, nachdem man gesehen hat, was man gesehen hat, ist man einsamer denn je. Das ist das schreckliche Geheimnis, das O. kannte.*

Boote sind erotisch, ebenso Autos und Züge. In einem rüttelnden Zug, der durch einen Gebirgstunnel fährt, kann man mit dem gegenübersitzenden Mann Sex haben, sich trennen und dann seine Kleider ordnen, als wäre nichts geschehen. Schnell

---

* Die Heldin, die der *Geschichte der O.* ihren Namen gab.

wie ein Augenzwinkern wirst du genommen und zurückgegeben. Das ist der leuchtende Blitz von Sex hinter dem Augenlid. Ist es der Versucher, der einen verlockt, der Dybbuk, man selbst?

Warum wollen die Royals uns nicht ein bißchen königlichen Sex geben? Es ist nett, sich Königinnen und Prinzessinnen ohne Slips vorzustellen, aber müssen sie sich mit so modrigen, mottenzerfressenen Männern abgeben? Und müssen sie immer vorgeben, sie aus anderen Gründen zu brauchen? Finanzberater? Kammerdiener? Wäre es nicht besser, Kammerdiener der Vagina Ihrer Majestät zu sagen?

Wenn ich Königin wäre, hätte ich so viele schöne Männer, wie ich wollte. Und würde sie später umbringen oder kastrieren – oder sogar verheiraten. Jahrhundertelang haben Männer diese Dinge getan, und ihre abgelegten Gattinnen (Anna Boleyn, Catherine Howard) gingen in ihren blutigen Tod und sangen dabei das Lob des Königs. Wenn Frauen dagegen bloß verkünden, daß sie das Geschirr nicht abwaschen, werden wir schon Schlampen oder Huren geschimpft. Gesteht man aber eine Phantasie wie diese ein, bricht die Hölle los. Sagen Sie es ruhig, meine Damen: Sie möchten mit ihnen ficken und sie dann umbringen, nachdem Sie hatten, was Sie wollten.

Unnatürliche Ungeheuer. Goneril, Regan, Lady Macbeth. Was sind sie anderes als Frauen mit dieser unterdrückten Urwut? Und ohne diese Urwut gibt es keinen Sex. Mein persönlicher Sklave müßte ein Mann sein.

Vor Jahren gab es in den Regalen ein Taschenbuch mit dem Titel *Die Macht der sexuellen Hingabe*. Was für ein altmodischer Titel nach heutigen Maßstäben. Da ich das Buch nie gelesen habe, kann ich zum Inhalt nichts sagen.

Angeblich war es von einer »Dr. med. Marie Robinson« geschrieben. Damals war es wichtig, daß an Sex-Büchern ein Dr. med. beteiligt war. Tatsächlich stammte das Buch von einem männlichen Autor und seiner Ehefrau, die Psychiaterin war. Ich lernte diesen Autor später kennen, als er eine Dichterfreundin von mir heiratete.

Sie war verliebt. Sie hatte sich hingegeben. Sie sagte mir, der ganze Sex sei Hingabe. Sie wies auf den Titel des Buches hin. Er stimme, sagte sie. Sie hätte das erlebt und wisse es.

Nun gibt es Hingabe und Hingabe. Sich jemandem hinzugeben, der die eigenen Phantasien verkörpert, ist eine Sache. Sich einem Vergewaltiger hinzugeben, eine andere.

Die Möglichkeit von Sex ist die Möglichkeit von Hingabe. Manche Leute brauchen Verkleidungen, entlegene Orte, andere Sprachen, Ketten, wieder andere können schneller und mit weniger Getue dorthin gelangen, aber die Tatsache der Hingabe ist dieselbe. *Die Geschichte der O.* wirkt bei mir wie kein anderes erotisches Buch, weil sie diese Hingabe einfängt. Sie sagt uns nicht, wie wir unser Leben führen sollen. Sie erkennt an, daß der Eros etwas vom Leben Getrenntes, vielleicht sogar Antithetisches ist. Also wird sie natürlich von denjenigen verdammt, die praktische Handbücher über alles andere wollen. Amerika hat keinen Raum für Phantasie. Hier müssen Bücher didaktisch sein, sonst . . .

Aber man kann die Phantasie nicht ganz niederhalten. Sie kommt in Liebesromanen, in Horrorgeschichten, in Thrillern zutage.

Reißt uns mit, bewegt uns zur Hingabe! rufen wir. Gebt uns einen Platz, wo keine Wetten gelten! Gebt uns einen Platz, wo wir uns einfach entspannen können!

Jahrhundertelang hatten Männer Bordelle, aber hat es je ein Bordell für Frauen gegeben? Eine Kreuzung zwischen Fitneßclub und Schönheitssalon, aber mit schönen, gefälligen Männern ausgestattet? (Natürlich wären sie auf Aids getestet.) Man könnte für zwei Stunden zwischen Büro und Zuhause hingehen. Ohne Ehemännern oder Kindern etwas zu nehmen. Ohne gute Werke. Ohne Spendensammeln oder ehrenamtliche Tätigkeit. Kein Karrieregewinn. Kein Netzwerk. Keine Interviews mit Oprah oder Sally Jesse. Warum wirkt diese Phantasie suspekt?

Weil irgendeine Frau, die uns dort sähe und sich für unseren Ehemann interessierte, uns verpfeifen würde, und dann gäbe es dort eine Razzia.

Frauen schützen ihre Lust nicht gegenseitig. Sie haben selbst so wenig davon, und sie wollen, daß andere Frauen auch leiden.

Und dann ist da die Frage des Mitgerissenseins. Ich rede hier nicht von Orten. Eine verliebte Frau verliert fast den Verstand. Sie kann ihre Sexualität nicht in einem bestimmten Fach unterbringen. Nach einer Weile würde sie das System sprengen. Nur um die Explosivität von Liebe zu beweisen. Frauen in Gruppen neigen dazu, puritanisch zu werden. In Ihrem Countryclub, im Gartenclub, bei den Pfadfinderinnen werden Sie keine Priesterinnen des Bacchus finden! Selbst Huren werden in Gruppen puritanisch. Was ist kontrollierender und kontrollierter als ein Harem?

Was ist dieser Drang zum Puritanismus bei Frauen? Sex bedeutet uns zuviel. Wir verlieren uns selbst.

Generationenlang stimmte das wörtlich: Tod im Kindbett, Tod durch erzwungene Schwangerschaft und all die anderen Bürden des weiblichen Loses. Wir haben noch immer eine kollektive Erinnerung an diese Verlorenheit. Wir werden vom Sex noch immer zu sehr erregt, um ihn freizulassen.

Deshalb ist es so schwer, männliche sexuelle Phantasien zu nehmen und sie auf Frauen anzuwenden. Sie scheinen einfach nicht zu passen. Die Anatomie ist anders, aber auch der Kontext von Sex. Für einen Mann gehört sein Schwanz in ein bestimmtes Fach. Die Möse einer Frau ist eine Metapher für ihr Sein. Sie *will* genommen werden. Sie *will* mitgerissen werden.

Einige Jahre lang war ich in Gruppentherapie. Die Mitglieder waren sämtlich Stars, Künstler, Schriftsteller, Schauspieler, Tänzer. Einige waren hetero, einige schwul, einige bisexuell, und alle hatten sexuelle Probleme mit ihrem Partner.

Nicht immer. Manchmal. Je mehr sie liebten, desto trügerischer wurde der Sex. Dafür war nicht der Mangel an Liebe verantwortlich, sondern das Übermaß an Liebe. Und die Angst vor dem Verlassenwerden, die dieses Übermaß mit sich brachte.

Ein Mann liebte seine Frau zu sehr, um sie zu vögeln. Wenn sie die Stadt verließ, rief er immer seine Ex-Freundin an, diejenige, die er nicht geheiratet hatte. Er bekam schon eine Erektion, wenn er ihre Nummer wählte. Wenn er in ihrer Wohnung ankam, war sein Schwanz steif, und vorne auf seiner Jeans war ein nasser Fleck.

Eines der Gruppenmitglieder war ein älterer, schwuler Mann, der sich zum Zölibat entschlossen hatte. Er pflegte schöne Jungen mit nach Hause zu nehmen, denen er Freund und Mentor wurde. Während sie im Zimmer seines Sohnes schliefen (der im College war), phantasierte er über sie und hatte explosive Orgasmen. Er berührte nie irgendeinen dieser Jungen und auch nicht seine Frau, die seine beste Freundin war.

So ging es im Kreis herum. Der Schauspieler wurde bei seiner Frau impotent, als sie einen höchst erfolgreichen Film gedreht hatte und er nicht. Der Künstler verließ seine Frau und zog mit einer Skilehrerin in die Berge von Colorado. Sex schien ein Rätsel für alle und jeden – Sex mit einem festen Partner jedenfalls. Und doch war Partnerschaft das, wonach sich alle sehnten – vor allem die, die Singles waren.

Die Therapeutin war eine Frau, die an die Ehe glaubte. Ihr Mann war der Kotherapeut, der während aller Sitzungen döste und all ihre brillanten Deutungen verschlief.

Als sich die Beweise dafür häuften, daß Sex und eine feste Partnerschaft sich gegenseitig ausschließen, analysierte und analysierte sie und deutete diese sexuelle Anästhesie als Furcht.

Zur Zeit der Gruppe war ich Single. Ich verteilte mein Sexualleben auf drei Verehrer, darunter auch Piero, und obwohl es oft anarchisch und nicht immer befriedigend war, war es niemals langweilig.

Warum hatten diese Leute geheiratet, fragte ich mich, wenn die Ehe den Sex vertreibt? Sie bemitleideten mich, weil ich alleinstehend war. Ich verachtete ihren verheirateten Zustand. Und doch war ich auch eifersüchtig. Ich sehnte mich nach einem Gefährten, einem Partner, einem besten Freund. Ich wußte, daß die Ehe eine Suche danach ist.

Einige Mitglieder der Gruppe trennten sich von ihren Partnern, hatten Affären, heirateten erneut, wurden wieder rastlos. Ich heiratete schließlich auch wieder und fand großen Trost darin, daß ich an einem Platz verwurzelt gedeihen konnte und diesen einen besten Freund hatte.

Und doch verschwindet die Wildheit nicht. Und die Sehnsucht verschwindet auch nicht. In Träumen, in Phantasien kommt sie an die Oberfläche und löst unsere leidenschaftlichsten Gedanken aus.

Wir brauchen ein Bacchanal, einen Mardi Gras, einen Hexensabbat weit mehr als all diese Scheidungen und Wiederverheiratungen. Wir brauchen einen Platz zum Träumen, einen Platz, an dem wir den Versucher hinter dem Augenlid treffen können. Videospiele schaffen das nicht. Nicht einmal virtuelle Realitäten sind dazu geeignet. Sie verdammen uns dazu, immer wieder die zeichentrickartigen Phantasien des Videokünstlers zu durchleben. Wir brauchen fleischliche Phantasien, keine Phantasien, die in Filmen und Chips stecken. Doch wir sind aus den alten Geheimnissen der vestalischen Jungfrauen, der Getreidegöttin herausgewachsen – oder?

Letzte Nacht, als ich in der Mitte dieses Kapitels war, legte ich mich schlafen und träumte. Ich träumte, ich bekäme einen Anruf von einem alten Freund namens Laurence. Er traf mich in Connecticut, in der Nähe meines Hauses in den Hemlockwäldern, und führte mich durch Unterholz und über Felsabhänge. Dort im Wald von Neuengland lag ein Ziergarten, von dem ich nichts gewußt hatte: Bögen, Terrassen, Weiden, Buchsbaumhecken in verblüffenden elisabethanischen Formen – Herzen, Füchse, Himmelbetten. Wir gingen durch diesen Garten und suchten nach einem verschwiegenen Labyrinth, um uns hinzulegen.

Unsere Familien verfolgten uns. Außerhalb der Hecken ertönten Rufe und Gelächter. Doch wir eilten weiter und suchten nach unserem Heiligtum.

Dann verschob sich die Szene. Ich ging die Treppe hinauf zu einem Massageraum hoch über den Bäumen. Zwei Frauen erwarteten mich. Eine setzte mir Speziallinsen in die Augen, um den Raum zu verdunkeln. Eine andere zog mir Strümpfe und Büstenhalter aus. Ich trug keinen Slip, nur einen Strapsgürtel über meiner feuchten Mitte. Sie legten mich auf den Tisch und begannen mich zu lecken – therapeutisch natürlich. Eine leckte meine Schamlippen und saugte an meiner Klitoris, während die andere meinen Hals, meine Arme und meinen Kopf massierte und meine Lippen leckte. Das Telefon läutete unablässig, aber ich ignorierte es. Laurence und Piero und mein Mann waren alle draußen und klopften störend an die Tür. Schläfrig murmelte ich: »Geht weg.«

Als ich aufwachte, war der Tau aus dem Traum noch zwischen meinen Beinen.

In meinen Träumen bin ich immer unterwegs, auf der Suche nach irgendeiner Erfüllung, die nie kommt. Der Traum ist die Suche, und die Suche ist der Traum. Wenn es im Traum zum Orgasmus kommt, ist er unvollständig. Was erfüllt ist, löst keine Träume aus. Die beste Ehe ist wie traumloser Schlaf: konfliktfrei, unschuldig.

Ich wache neben einem großen, bärtigen Mann auf, der mich umarmt und mir Orangensaft bringt. Meine Schenkel sind naß vor Traumsehnsüchten. Ist dies ein Paradox? Nicht mehr als das Leben auch.

»Erzähl mir deine Phantasie«, sagt er. »Erzähl sie mir.« Er greift nach unten zwischen meine Beine. »Du bist so naß«, sagt er.

»Ich habe im Schlaf geschrieben«, sage ich.

Während dieses Kapitel auf meinem Schreibtisch Gestalt angenommen hat – die Phantasien, Tagträume, Erinnerungen –, ist mein waches Leben mit meinem Mann immer sexueller geworden. Wir lieben uns jede Nacht und lachen und küssen uns am Morgen. Ich ertappe mich dabei, daß ich ihm meine Träume und Phantasien erzähle, ihm Seiten vorlese, die ihn erregen, ihn necke wie einen neuen Liebhaber. Wir haben ein häusliches Idyll betreten.

Das erstaunt mich. Jeden Tag schreibe ich, daß ehelicher Sex unmöglich ist. Jede Nacht widerlege ich es.

Vielleicht ist die Wahrheit, daß das aufrichtige Teilen von Phantasien den Sex möglich macht und daß die Gefangenschaft der Ehe dieser Aufrichtigkeit gewöhnlich entgegensteht. Wir fallen in eheliche Rollen. Wir verkörpern unsere Eltern. Wir vergessen die Träume und Märchen, die unsere Jugend erhitzten. Wir gestatten der Wut, ihre Berliner Mauer zu errichten.

Und dann ist der Sex verschwunden. In Amerika lassen wir uns scheiden und heiraten erneut. In Europa bleiben wir verheiratet und haben »Abenteuer«. Nirgends stellen wir uns dem Problem.

Die Ehe kann nur frei und sexuell sein, wenn sie keine Gefangenschaft ist. Die Ehe kann nur sexuell sein, wenn zu den Phantasien auch gehört, daß man nicht verheiratet ist. In einer Ehe frei zu sein, ist vielleicht die schwierigste Herausforderung. Wir besitzen die Phantasien des anderen nicht. Unsere ganze Nähe – sexuell und anderweitig – hängt davon ab, daß wir das wissen.

Wir sind auch nicht von Natur aus monogam. Ob wir uns dafür entscheiden, unsere nicht monogame Natur auszuleben oder nicht, sie wohnt uns inne, und wir löschen sie auf eigene Gefahr aus. Eine befreite Frau ist eine, die ihren eigenen Geist kennt und nicht versteckt. Ihre Phantasien gehören ihr. Sie kann sie mit jemandem teilen, wenn sie sich dafür entscheidet.

Ich weiß, daß Sex in der Ehe kommt und geht. Manchmal bringen wir unsere Phantasien mit, manchmal nicht. Manchmal agieren wir kindliche Launenhaftigkeit aus und stoßen die Person zurück, von der wir am meisten abhängig sind, gehen schlafen und träumen von anderen. Das ist nur menschlich. Wir sind großhirnige Babys, die zu viele graue Zellen haben, um konsequent zu sein. Wir wären glücklicher, wenn unsere Stirnlappen weniger geschäftig wären – aber wir wären auch weniger menschlich. Menschen sind Affen und Engel gleichzeitig. Deshalb ist unsere Sexualität so komplex. Wir träumen Dinge, die über unseren Horizont gehen. Wir träumen verstörende Träume.

Gestern abend sah ich einen Film, der auf dem Roman eines Freundes basiert. Darin wirft ein Mann sein ganzes Leben für ein paar Minuten der Leidenschaft mit einem seltsam schönen, seltsam traurigen Mädchen weg, das das Leben anderer stören und in die Tragödie drängen muß.

Das Publikum kicherte bei den zwanghaften Sexszenen. Greifbares Unbehagen lag in der Luft. Sie wollten nicht wissen, daß Phantasien in unser Leben eindringen und es der Dunkelheit zuwenden können. Sie wollten nicht an die destruktive, zwanghafte Macht des Sex glauben.

Und doch leben wir alle auf einem Drahtseil über dem Chaos. Wir versuchen, unser Leben in Ordnung zu halten, doch durch den Sex, durch Krankheit, durch Tod ruft das Chaos nach uns. Aids und Krebs lauern unter unseren Lüsten. Der Schädel lauert unter der Haut. Wir ignorieren ihn auf eigene Gefahr.

Mit neunzehn ging ich zum ersten Mal nach Italien und wohnte in einer florentinischen Villa, die vom Hügel Bellosguardo aus den Arno überschaute.

Ich wollte Italienisch studieren und studierte statt dessen die Italiener. Ich lernte, was so viele amerikanische Mädchen lernten, nämlich, daß Sex in einer fremden Sprache besser war, weil die Schuldgefühle ausblieben.

In dem etwas verwahrlosten Garten der Villa zwischen den Buchsbaumhecken oberhalb der funkelnden Stadt lernten meine Klassenkameradinnen und ich den alten Tanz der Leidenschaft, der sich zwischen Anziehung und Abstoßung bewegt.

Beim Zirpen der Grillen im blauen Mondschein spürte ich zum ersten Mal die süße Gefahr des Sex.

Ich schrieb in diesem Sommer ein Gedicht, so scharf wie nur je eines, das ich geschrieben habe. Noch heute habe ich keine Ahnung, woher ich das wußte, was ich wußte.

»Wann hat der Sommer Dinge zensiert, die zu dem Chor gehören?« fragte das Gedicht. Und es beantwortete seine eigene Frage.

»Wir wissen, das Blut ist brutal – aber es singt.«

Wo kommt bei all dem die Politik ins Spiel?

Einige Frauen, die ich kenne, haben die Männer aufgegeben, weil sie den Schmerz nicht ertragen können.

Welchen Schmerz?

Den Schmerz, fünfzigjährige Männer mit achtundzwanzigjährigen Stieftöchtern ausgehen zu sehen, den Schmerz, auf Anrufe zu warten, die nie kommen, den Schmerz, zuviel zu brauchen, zuviel zu wollen, den Schmerz, vor Bedürftigkeit krank zu sein – und dann der Entschluß, ein für allemal keine Männer mehr zu wollen.

Man kann sich selbst dazu trainieren. Man kann sein wie der Mann, der sein Pferd darin übt, immer weniger Nahrung zu brauchen, und der erstaunt ist, als das Pferd schließlich stirbt. Man kann ohne Umarmungen, ohne Ficken leben. Man kann seine Haut, seine Augen, seinen Mund versiegeln.

Doch früher oder später fordert die Liebe ihr Recht. Man vertrocknet wie eine welke Blume, und ein Windhauch bläst den blassen Staub fort.

Ich möchte lieber für die Liebe offen bleiben, selbst wenn Liebe Unordnung und vielleicht Schmerz bedeutet. Wie oft habe ich die Vorhänge erneuert und Bücher sortiert? Wie oft habe ich mein Leben erneuert?

Ich hasse das Chaos, aber es hat mich auch jung gehalten. Anarchie ist die geheiligte Quelle des Lebens, und Sex gebiert Anarchie. Die Heiden begriffen das besser als wir. Sie ließen in ihrem geordneten Leben Raum für Anarchie. Alles, was uns geblieben ist, ist der Mardi Gras.

Ich hasse den amerikanischen Umgang mit Sex. In einem Jahrzehnt tun wir so, als fickten wir mit jedem, im nächsten Jahrzehnt geben wir vor, im Zölibat zu leben. Niemals bringen wir Sex und Zölibat ins Gleichgewicht. Und wir nehmen auch nie die Suche nach Pan und die Suche nach Einsamkeit zur Kenntnis – die beiden Pole eines Frauenlebens. Nie nehmen wir zur Kenntnis, daß das Leben selbst eine Mischung aus Süß und Bitter ist.

Feministinnen können die schlimmsten Puritanerinnen sein. Da Männlichkeit eine Kraft der Unordnung ist, entledigen wir uns ihrer völlig, würden einige sagen. Nur impotente Männer bestehen die Prüfung. Nur schwule Männer gelten als sauber. Frauen finden sich heute in einer tautologischen Falle wieder. Böse Buben erregen uns, aber böse Buben sind politisch inkorrekt. Bedeutet das, daß es politisch inkorrekt ist, angeregt zu werden? Für manche schon.

Ich bin auch zu gewissen Zeiten in meinem Leben vor dem Sex geflohen. Ich kann auch puritanisch sein. Aber ich weiß, daß es wichtig ist, meinen eigenen Puritanismus zu bekämpfen. Ich weiß, der Mund des Bacchus ist voll von purpurnem Rausch. Er kann auch voll spitzer Zähne sein – doch die Schönheit wohnt darin. Schönheit ist immer eng mit Gefahr verbunden. Schönheit ist immer eng mit Tod verbunden.

Das ist das erste Kapitel dieses Buches, das ausschließlich von Sex handelt. Andere werden folgen. Meine beste Freundin sagt mir, jedes zweite Kapitel solle von Sex handeln.

Deshalb ist sie meine beste Freundin.

7

Die Muse verführen

Ob wohl Petrark als Lauras Mann Sonette
Sein ganzes Leben lang geschrieben hätte?
　　　　　Lord Byron, *Don Juan*

Eine bedeutende Form des Optimismus betrifft deine Einstellung
zu deiner Arbeit ... Versuche, von der »Erfolg oder Fehlschlag«-
Einstellung wegzukommen ... vertiefe dich in sie, wie du dich in
einen Blumenkasten, eine interessante Unterhaltung oder die
Neudekoration eines Zimmers vertiefen würdest ...
　　　　　Antonia White, *Diaries 1926–57*

Wann entdeckte ich zum ersten Mal, daß Sex und Kreativität zusammenhängen? Das war 1969, und ich war siebenundzwanzig. Ich hatte dreieinhalb Jahre Analyse in Deutschland hinter mir – eine Analyse, die sich auf meine Schreibblockierungen und meine Ehe konzentrierte. Wenn sie mich auch nicht gänzlich befreite, so gab sie mir doch wenigstens Geschmack an der Freiheit.

1969 war das Jahr, in dem der Sex entdeckt wurde. (Philip Larkin sagt, es sei 1963 gewesen.) Es war das Jahr der Mondlandung, in dem männliche Astronauten den weiblichen Mond betraten und ihre Speere in etwas einpflanzten, was »ein kleiner Schritt für einen Mann, aber ein großer Schritt für die Menschheit« genannt wurde.

Des weiblichen Teils der Menschheit wurde bei diesen phallischen Abenteuern nicht groß gedacht. Wir waren ein nachträglicher Einfall, geboren aus rebellischen Rippen, doch die Zeiten änderten sich. Die Beatles becircten den Rundfunk, die

Astronauten verführten den Weltraum, die Bürgerrechtler fickten mit der Old Confederacy, die protestierenden Studenten vögelten den Vietnamkrieg, und es sollte nicht lange dauern, bis der Feminismus sein Medusenhaupt erhob.

Nach einem Aufenthalt in meinem persönlichen Dritten Reich war ich auf Protest programmiert. Am 26. August 1970 marschierte ich mit meinen Schwestern durch den Central Park, feierte die Rechte der Frauen, beweinte das Unrecht, das Frauen geschah. Hoffnung griff um sich. Wir erwarteten nichts Geringeres, als die Welt zu verändern. Auf der Stelle.

Als 1971 mein erster Gedichtband, *Fruits & Vegetables* (Obst & Gemüse), erschien, schwappte die zweite Welle des Feminismus an unsere Ufer. Wieder waren Frauen in – und wieder war Sex in. Aber nicht für lange.

Ich kehrte aus dem grauen und regnerischen Deutschland in eine leuchtende Welt zurück, die ich kaum wiedererkannte. Auf den Straßen von New York: Afrofrisuren, Schlaghosen, Dashikis, Nehru-Jacken, Batikmuster, Plateausohlen, Zuñi-Schmuck, der Duft von Marihuana, Stirnbänder, um angegriffene Gehirne zusammenzuhalten ... Die Welt war wild geworden, während ich in Heidelberg schreiben lernte. Ich wollte mit ihr wild werden.

Verrückte Gewänder waren etwas, das ich vom Kleidergeschmack meiner Mutter her kannte – Stücke, die auch als Kostüme für die von ihr Porträtierten dienen konnten. Und Wildheit war in meinen Tagen als Kunstschülerin aufgekommen. Damals zog ich mich an wie ein Beatnik, doch im College hatte ich mich entschlossen, modisch zu werden. Weil meine Eltern in den dreißiger Jahren Provincetown-Bohemiens gewesen waren, bestand meine frühe Rebellion darin, spießig zu sein. Ich war eine »gute Ehefrau« geworden (die ihrem chinesisch-amerikanischen Mann gedünsteten Reis kochte). Ich hatte meine Rebellion verdrängt. Nun wollte ich mehr als alles andere unartig sein!

Die Anfänge meiner *fin-de-sixties*-Verrücktheit hatten sich schon in Heidelberg gezeigt. Ich hatte auf Studentenparties

Haschisch geraucht und mir bei Gott gewünscht, ich wäre nicht verheiratet. Ich hatte zugesehen, wie Studenten nach dem Vorbild ihrer Pariser Kommilitonen Pflastersteine warfen und auf der Hauptstraße »Ho-Ho-Ho-Chi-Minh, Ho-Ho-Ho-Chi-Minh, Ho-Ho-Ho-Chi-Minh« schrien (mit deutschem Akzent). Aber das war nicht meine Kultur, und nach New Yorker Maßstäben war Heidelberg so provinziell wie Schenectady.

Die deutschen Studenten der sechziger Jahre protestierten gegen ihre Nazi-Eltern; die amerikanischen Studenten protestierten gegen ihre Zweite-Weltkriegs-Väter (die wirklich geglaubt hatten, Vietnam sei dasselbe wie das Land der Aufgehenden Sonne). Ein Generationskrieg tobte. Es spielte kaum eine Rolle, ob die Eltern Nazis gewesen waren oder nicht; es reichte, daß sie Eltern waren. Und Eltern mußten zerschmettert werden.

Wir nannten ihr Land Amerika. Was war unser Land? Woodstock? Haight-Ashbury? Beatlemania? Der Whole-Earth-Katalog? Der Forest of Arden – mit Liebesperlen? Marihuana war unsere Waffe; und langes Haar; und Sex. Hatten unsere Eltern sich nach ihrem Krieg etabliert, um Babys zu bekommen? Gut, dann würden wir uns niemals etablieren. Wir würden Sex, Sex, Sex haben und uns weigern, erwachsen zu werden! Wir folgten unseren Führern – oder zumindest unseren Vorsängern: *All you need is love, love . . .*

1969/70 ging ich zurück an die Columbia, diesmal an die School of the Arts, um Lyrik zu studieren. Ich unterrichtete auch wieder am City College, als kleine Dozentin, dann als kleine Assistenzprofessorin – ohne Krankenversicherung, ohne Arbeitslosenversicherung, ohne alles. Mit der Zeit liebte ich meine Schüler. Es trieb mich, mich mit ihnen auf die Straßen der West Side zu legen, um gegen das Kent-State-Massaker zu protestieren. Mit himmelwärts gerichteten Augen streckten wir uns auf dem Asphalt der Amsterdam Avenue vor dem Riverside-Beerdigungsinstitut aus. Leichen warteten darauf, eingeäschert zu werden, und wir hielten die Leichenwagen auf. Ich werde nie vergessen, wie die Polizei uns umkreiste und wie die Ampeln grün, rot, grün, rot, grün und wieder rot aufflammten, während wir vor dem Beerdigungsinstitut unsere stille Wacht hielten. Selbst der Tod hielt unseretwegen inne.

Ich hatte soeben die schöne neue Welt offener Einschreibung am City College kennengelernt. Kluge Studenten, denen Lesen und Schreiben beizubringen sich nie jemand die Mühe gemacht hatte, nicht so kluge Studenten, die sich letztlich als unbelehrbar erwiesen – alle sollten wir retten. Dieser quasi therapeutische Unterricht auf College-Niveau erzürnte die festangestellten Dozenten – was seltsam war, weil sie es ja nicht machen mußten. Dafür hatten sie uns.

Manchmal war es erhebend; manchmal war es unmöglich. Die beste Zeit hatte ich immer mit meinen älteren Schülern: den Hausfrauen und Büroangestellten, die Abendkurse besuchten. Sie verstanden, wenn Othello Desdemona in eifersüchtiger Raserei umbrachte oder wenn Lady Macbeth Macbeth dazu trieb, sich die Hände blutig zu machen. Sie hatten schon viele Othellos und Lady Macbeths gesehen. Sie konnten Shakespeare mühelos mit dem Leben im Ghetto in Verbindung bringen. Diese Schüler waren Überlebende. Das Lernen erregte sie.

»Miss«, sagten sie dann, »is' die ganze Literatur so voller Sex?«

Die bourgeoisen Tagesschüler aus der Bronx waren nicht einmal zu Fragen zu bewegen.

An der Columbia School of the Arts verliebte ich mich prompt in meine beiden Lyriklehrer – Stanley Kunitz (ein weiterer literarischer Großvater) und Mark Strand (ein schöner, unartiger Junge, der einzige Dichter in Amerika, neben dem Clint Eastwood verblaßt). Ich pflegte ihn im Unterricht anzustarren – sein vollkommenes, feingeschnittenes Profil, seine kalten, zynischen Augen – und begann Gedichte über ihn zu schreiben, von denen sich herausstellen sollte, daß sie nie von ihm handelten.

Wenn er mein Traum ist wird er sich
   in meinen Körper zurückfalten
Sein Hauch schreibt Dunstbuchstaben
   auf die Scheiben meiner Wangen
Ich wickle mich um ihn wie das Dunkel
Ich atme in seinen Mund
mache ihn wirklich

»Der Mann unterm Bett« (den diese Strophe beschreibt) wurde der universale Bösewicht, Vampir, Nachtmahr, den jedes Mädchen unter ihrem Bett atmen hört, weil er sie fangen möchte – wie sie hofft. Mark war dieser Phantasiemann. Er war auch Gulliver, der durch Liliput schreitet, weit entfernt von uns herumwimmelnden Liliputanern. Hektisch warfen wir winzige Seile um seine riesigen Beine.

   Ich möchte das steile Ding begreifen
   das in meiner Kehle Leitern erklimmt.
   Du bist mir ein Rätsel.
   Wo immer ich hinsehe da bist du –
   ein riesiges Wahrzeichen, ein Vulkan
   der seinen Kopf durch die Wolken steckt,
   Gulliver über Liliput ausgestreckt.

Mark unterrichtete auf kühle, fast verächtliche Weise – als seien die Schüler es kaum wert, sich um sie zu kümmern. Aber er erweckte uns zu Pablo Neruda und Rafael Alberti, und er befreite mich vom zwanghaften Reimen, ermutigte mich, es mit Prosagedichten zu versuchen und in meine Bilder zu springen. Er erregte mich auch – was mich mehr als alles andere über Poesie lehrte. Ich pflegte nach Hause zu gehen und Gedichte an den unmöglichen Er zu schreiben – den Er meiner Träume –, Adonis, Vater, Großvater, untermischt mit Clint Eastwood und dem Exhibitionisten in der Untergrundbahn. Was wir fürchten, begehren wir auch, und was wir begehren, fürchten wir. Bedrohung durch das Männliche war in diesen frühen Gedichten, aber auch echte Sehnsucht nach einem unbekannten Liebhaber. Allan und ich fickten miteinander, aber wir hatten schon lange aufgehört, Liebende zu sein – wenn der Geliebte als jemand definiert ist, nach dem man sich sehnt. Ich schrieb Gedichte und sehnte mich wie verrückt. Diese Sehnsuchtsgedichte gingen in *Fruits & Vegetables* und *Half-lives* (Halbleben) ein.

Je mehr ich mich sehnte, desto mehr schrieb ich. Sehnsucht ist für Dichter ein wesentliches Gefühl.

Ist die Sehnsucht spirituell oder sexuell? Wer kann sagen, ob beides nicht dasselbe ist? Rumi und Kabir und die meisten der persischen Dichter sehen sie als Aspekte derselben Kraft. Héloïse und Abélard entdeckten, wie nahe die beiden sich stehen – zu ihrem unendlichen Bedauern. Nur der protestantische Puritanismus hat eine Wand zwischen physischer Sehnsucht und der Sehnsucht nach Gott errichtet.

In Marks Klasse sehnte ich mich nach Gott im Menschen und in Stanleys Klasse nach dem Menschen in Gott. Vor Stanley hatte ich weniger Angst als vor Mark. Stanley war kuschelig; Mark war distanziert. Mit siebenundzwanzig fand ich Distanz sexier. Selbst mein damaliger Ehemann war kühl und distanziert. Ich konnte mir keinen Liebhaber vorstellen, der nicht wie mein Mann war – was häufiger vorkommt, als wir zugeben möchten.

In diesem ersten Jahr nach der Rückkehr aus Deutschland hielt ich wöchentlich im Poesiezentrum im YMHA (Young Men's Hebrew Association) in der 92nd Street Andacht. Dem lyrischen Aroma der Woche gehörte meine ungeteilte Aufmerksamkeit. Ich besuchte auch Lyrikfestivals, Lyrikcafés, Lyrikbars. Ich war verliebt in die Dichtkunst und dachte, ich könnte von Luft leben. Verliebt in die Dichtkunst, dachte ich, ich könnte mit Allan leben.

Als der israelische Dichter Jehuda Amichai nach New York kam, lasen wir zusammen im Dr. Generosity's Gedichte, ließen den Hut herumgehen und sammelten hunderteinundzwanzig Dollar ein – größtenteils in Münzen. Wir teilten uns den Betrag und waren uns darüber einig, daß dies das beste Geld war, das wir je verdient hatten. Das ist es noch immer.

Dr. Generosity's war dunkel, bierselig, voller Sägemehl und Erdnußschalen. Dichter, Möchtegerns und Trauerklöße verkehrten hier. Und Verrückte. Dichterlesungen waren immer wohl versehen mit Verrückten. Einer davon drohte, mich vor einer meiner ersten Lesungen in Philadelphia zu erschießen. Er hatte mir einen sehnsüchtigen Brief geschrieben, den zu beantworten ich versäumt hatte. Sein Blut kochte, und er gelobte Rache. Doch das kann keine tödliche Anziehung gewesen sein: Ich bin immer noch da.

Die Wahrheit ist: In Amerika macht sich keiner die Mühe, Dichter umzubringen. Es reicht, sie in Universitäten zu begraben. Untot.

Es war eine Zeit der Festivals für Dichterinnen. Carolyn Kizer und ich lernten uns auf dem Weg zu einem solchen kennen. Wir saßen direkt hinter dem Fahrer. Carolyn begann einen wunderbaren Monolog über ihr Leben als Dichterin. Ich war stolz, ihre Vertraute zu sein.

»Dann wachte ich auf, und Norman Mailer saß auf meinem Gesicht!« sagte sie am Ende einer langen Erzählung.

Der Bus wäre beinahe von der Straße abgekommen.

Den schneidigen, finsteren Ted Hughes lernte ich nach seiner Lesung kennen. Er schrieb in mein Exemplar von *Crow*: »Für eine schöne Überraschung, Erica Poetica.« Dann füllte er die Zwischentitelseite mit einer phallischen Schlange, die sich durch ein neues Gedicht über Crow wand.

»Bei lapidaren Widmungen steht ein Mann nicht unter Eid«, sagte Dr. Johnson. Aber Dichter kuppeln oft mit Widmungen.

Ich ging mit Ted (und seinem Anhang) zum Dinner, und die ganze Nacht warfen wir uns Blicke zu. Damals hatte Ted Hughes in feministischen Kreisen einen Ruf als Frauenheld oder als Teufel in Person. Das machte ihn nur um so aufregender. Ich wurde feucht, als ich mir den gutaussehenden, wuchtigen Autor von *Crow* im Bett vorstellte. Dann floh ich mit einem Taxi – ich kämpfte gegen meine eigenen Phantasien. Sylvia Plath und Assia Guttmann schwebten vor meinen Augen wie Shakespearesche Geister und warnten mich. Ich wußte, ich wollte schreiben und leben, nicht schreiben und sterben.

Warum war das Schicksal von Dichterinnen immer der Tod? Bestraften wir uns selbst für die Anmaßung der Feder? Versuchten wir, unser Leben ungeschehen zu machen, um unsere Anmaßung ungeschehen zu machen? Hatten wir die strafenden Regeln des Spiels verinnerlicht? Denn selbst damals glaubte ich nicht, daß Sylvia Plaths Selbstmord letztlich irgend jemandes Entscheidung außer ihrer eigenen war. Dennoch begriff ich, wie schwer es war, Dichterin in einer literarischen Welt zu sein, deren Regeln von Männern gemacht waren.

Bei einer Feier der Zeitschrift *Poetry* in Chicago traf ich einen schönen jungen Südstaatendichter (dessen Name ich für den unwahrscheinlichen Fall, daß er noch mit seiner Frau zusammen ist, nicht nennen werde). Dieser grünäugige Poet schrieb über seine Suche nach sich selbst, sein gescheitertes Verlangen nach Liebe, die vielen Frustrationen seiner endlosen Ehe, seine immerwährende und unstillbare Sehnsucht.

Sehnsucht war mein zweiter Vorname. Also gingen wir zurück in das Appartement am Lake Shore Drive, das einem der Geldsäcke hinter dem Lyrikfestival gehörte (die Dichter wurden alle in die Dienstmädchenzimmer dieser großartigen, hochgelegenen Villen gepfercht), schlichen heimlich an den Jasper Johnses, den Motherwells, den Rothkos, den Frankenthalers, den Nevelsons, den Calders, den Rosenquists, den Dines vorbei und durch die Küche in das Dienstmädchenzimmer, wo wir uns die ganze Nacht zärtlich liebten. In der Morgendämmerung wachten wir auf (wie durch eine Explosion) und spazierten am Michigansee entlang. Wir hatten uns bei den reichen Leuten sowieso nicht richtig willkommen gefühlt.

Und wir hatten plötzlich Schuldgefühle unseren Ehepartnern gegenüber.

Zu Hause schrieb ich Gedichte an ihn – oder wen immer er repräsentierte –, und er schrieb Gedichte an mich – oder wen immer ich repräsentierte. Wir wechselten eine Zeitlang Briefe. Noch immer schicken wir uns unsere Bücher mit liebevollen Widmungen.

Irgendwie speisten diese Begegnungen meine beiden ersten Gedichtbände. Sie führten auch unausweichlich zu *Angst vorm Fliegen*. »Die Muse vögelt«, pflegte ich zu scherzen. Leichtfertig, aber wahr. In *Die Weiße Göttin* sagt Robert Graves, wahre Poesie entspringe der Beziehung zwischen der Muse (der weißen Göttin) und dem Dichter. Sie hängt ab vom erotischen Wissen des Dichters über sie, verkörpert in einer irdischen Frau. Graves folgte seiner eigenen Theorie mit zunehmender Verzweiflung, als er alterte. Schließlich wurde er zu einer Parodie seines jüngeren Selbst. Henry Miller machte es ähnlich – wenn auch nur auf dem Gebiet der »Liebe«. Wenn er kein Weiser war, war er ein alter Bock – Weisheit Seite an Seite mit schäbiger Burleske. Viele alternde Dichter finden, sie müßten die Poesie mit »Liebe« ankurbeln. Was in der Jugend ganz natürlich geschieht, ist die letzte Selbsttäuschung des Alters.

Für eine Dichterin ist die Muse historisch ein männlicher Abenteurer: Adonis, Orpheus, Odysseus. Da eine Dichterin ihre Inspiration auch durch den Solarplexus bekommt, hat das Verbot weiblicher Sexualität unserer Kreativität genauso geschadet wie unserer Lust.

Damals gab es eine ganze Menge Musen. Gewöhnlich hielt ich sie heilig, indem ich nie fleischlich mit ihnen »bekannt wurde«. Und vor denjenigen, mit denen ich fickte, floh ich schnell, indem ich sie zu Kameraden der Feder machte.

Ich suchte Inspiration, nicht Beziehungen – was immer das sein mag. Ich mußte schnell nach Hause und alles aufschreiben. Darum ging es schließlich. Außerdem wollte ich von einem sterblichen Mann nicht enttäuscht werden. Ich wollte eine männliche Muse, die ihrer Definition nach nur in Augenblikken der Ekstase erscheint und nie Gelegenheit hat zu enttäuschen. Die männliche Muse ist der Prinz, der sich in einen Frosch zurückverwandeln kann, wenn du ihn aufnimmst, der Odysseus, der sich in ein Schwein zurückverwandelt. Wenn du nicht verweilst, wirst du es nie erfahren. Und du hast das Gedicht.

Jedesmal, wenn ich mich im Leben aufgemacht habe, um etwas zu tun, bin ich ganz darin eingetaucht. Zu dieser Zeit meines Lebens war Poesie mein Element. Sie war für mich Brot und Atem, Ehemann, Liebhaber, Kind. Allan war nur ein schattenhafter Gefährte, eine Krähe, die auf einem Baum saß.

Noch immer ist Poesie mein Trost. Ich lese die Gedichte anderer Leute wirklich. Dichtung füllt den Brunnen wieder auf, wenn ich leer bin. Dichtung findet mich, wenn ich mich verirrt habe. Das zeitweilige Trauma einer schmerzhaften Beziehung, Karriereenttäuschungen, die Schmerzen der Mutterschaft werden durch Dichtung geheilt. Wenn ich mich ihr überlasse, bringt sie mich schließlich zum nächsten Roman und sagt seine Themen voraus.

Neulinge auf dem Gebiet der Kunst denken, Inspiration sei notwendig, um zu schreiben, zu malen oder zu komponieren. Tatsächlich muß man einfach nur anfangen. Die Inspiration kommt, wenn man weitermacht. Wenn man sich verpflichtet, mehrere Stunden am Tag allein und still dazusitzen, kommt die Muse unweigerlich. »Ich schreibe fünfzig Seiten, bis ich den Herzschlag des Fötus höre«, pflegte Henry Miller zu sagen.

Der rein mechanische Akt, sich allein hinzusetzen, das Telefon abzustellen, sich Zeit zum Spielen und zum Fehlermachen zu geben, nicht zu urteilen und sich die Zensoren von den Schultern zu schütteln, reicht aus, um jedermann in Gang zu bringen. Es ist nicht in Stein gemeißelt, sage ich mir, du kannst es später immer noch redigieren und umschreiben. Du brauchst es nicht einmal zu veröffentlichen, wenn du nicht willst. Dies ist nur für dich.

Ich schreibe wie für Samisdat, wie für den Untergrund. Alle meine Schriftstellerfreunde aus dem Ostblock sagen mir, daß Samisdat Büchern eine intimere Note gab. Sie hatten das Gefühl, für Freunde zu schreiben, nicht für Feinde. Sie hatten das Gefühl, Briefe zu schreiben – Briefe an sich selbst.

Oft funktioniert es, wenn man sich gestattet, auch zu versagen, und sich dazu ein paar künstliche Ziele setzt. Ich werde zehn handgeschriebene Seiten verfassen und dann aufhören. Das besiegt auch die gewohnheitsmäßige Selbstkasteiung, die den Schriftsteller bei der Arbeit begleitet. Wenn man zu spielen wagt, kann man auf dem Papier alles riskieren.

Gedichte kritischer Prüfung auszusetzen, war eine andere Sache. Anfangs war es mir unmöglich. Meine Angst war so groß, daß ich verächtliches Johlen hörte, wenn ich nur daran dachte, ein Bündel Gedichte in einen Briefumschlag zu stecken. Ich löste das pragmatisch. In Heidelberg kaufte ich mir eine zehn mal fünfzehn Zentimeter große Plastikbox und beschriftete sie mit: »verschickte Gedichte«. Auf jeder Karteikarte standen ein Datum, eine Liste mit Gedichten, die Zeitschrift, an die ich sie geschickt hatte, und das Datum der Annahme oder Ablehnung. Das war einfach eine Methode, meine Angst zu überlisten. Wenn ich die Angst schon nicht loswerden konnte, so konnte ich sie doch in eine Plastikschachtel sperren.

»Wenn diese Schachtel voll ist, werde ich wissen, daß ich eine schreckliche Dichterin bin«, sagte ich mir. Ehe die Schachtel auch nur halb voll war, hatte ich einen Gedichtband veröffentlicht.

War meine Drohung mir selbst gegenüber oberflächlich? Dichter werden nicht dadurch gemacht, daß sie die Zustimmung von Verlegern finden, sondern dadurch, daß sie sich selbst billigen, wie die Schicksale von Emily Dickinson und Walt Whitman uns in Erinnerung rufen.

Wenn die Plastikschachtel voller Ablehnungen ist, sagt die

wahre Dichterin einfach: »Wenn die zweite Schachtel voll ist, oder die dritte, oder die vierte ...« Aber sie verschickt ihre Gedichte weiterhin – und sei es nur, um eine dickere Haut zu bekommen.

War ich eine wirkliche Schriftstellerin, oder war ich nur auf der Jagd nach Anerkennung? Ich wurde so jung berühmt, daß es kaum festzustellen war. Ich erfuhr die Wahrheit erst später, als die Zustimmung aufhörte und ich trotzdem weiterschrieb.

Früher oder später stößt jeder Künstler auf Ablehnung – auch der berühmte. Wenn man ein Leben lang an seiner Arbeit festhält, muß es Zeiten geben, in denen sie asynchron zur Politik oder zu den literarischen Theorien ihrer Epoche ist. Man muß trotzdem weitermachen, selbst wenn das Ablehnung bedeutet. Politik verändert sich. Aber die Zeit zum Arbeiten kommt nie mehr zurück. Nabokov wäre erstaunt, sein Werk in ganz Rußland gedruckt zu sehen. Er hatte vorhergesagt, dazu werde es nie kommen.

Ablehnung von außen ist immer besser, als wenn man sein schreibendes Selbst innerlich ablehnt. Das schreibende Selbst ist alles, was man hat. Wenn man sich das versagt, erfährt man nie, wie unwichtig äußere Ablehnung letztlich ist. Doch wenn man sich mit den Kräften der Ablehnung verbündet, begeht man kreativen Selbstmord. Dann hat man sich von den Bastarden nicht nur unterkriegen, sondern umbringen lassen, und man hat selbst begeistert daran mitgewirkt.

Meine Lyrikmanie veranlaßte mich, jährliche Sammlungen zusammenzustellen und zu Wettbewerben zu schicken, bei denen die Veröffentlichung eines ersten Buches versprochen wurde. Jedes Jahr, von 1967 bis 1970, stellte ich die Gedichte zusammen, die ich für meine besten hielt (einige so oft umgeschrieben, daß ich sie fast zerrissen hätte), ordnete sie nach Themen, gab ihnen Titel und Untertitel und schickte sie ab an University Press X, University Press Y und University Press Z – überall gab es eine literarische Lotterie. Ich hatte keine Ahnung, wie man mit einem kommerziellen Verlag Kontakt aufnimmt, und mit meinem Akademikersnobismus (einer verkleideten Angst vor Ablehnung) kamen mir die Universitätsverlage ohnehin eleganter vor. Schon damals ließen die New Yorker Verlage die Lyrik auslaufen, doch sie hatte das Stadium endgültiger Auflösung noch nicht erreicht.

Die erste Sammlung, die ich einschickte, war »Near the Black Forest« betitelt. Sie enthält Gedichte über die Entdeckung meines Judentums in Deutschland und Dinge, die mich beim Lesen noch immer gelegentlich tief einatmen lassen, weil ich mich frage: Woher hat dieser Grünschnabel das gewußt? Die folgende Sammlung, »The Tempter Under the Eyelid« (Der Versucher hinter dem Augenlid) genannt, enthielt die besten Heidelberger Gedichte sowie ein Bündel neue über die Verführung der Muse, über die Ehe, über die Jagd nach Liebe in Form von Obst und Gemüse. Die dritte Sammlung, *Fruits & Vegetables*, setzte diese Tendenz fort. Sie war voller ironischer Gedichte über die Poetin in der Küche, die Poetin als Hausfrau, Sex, Liebe, Feminismus und den Zangengriff des Frauenlebens. Diese Sammlung war freier als die beiden ersten – sowohl formal als auch inhaltlich – und gefällt mir noch immer (größtenteils). Ich schälte die Zwiebel meines Selbst und fand in diesem scharfduftenden Gemüse die endlosen Absonderungen meiner eigenen Seele.

Zu der Zeit, in der ich *Fruits & Vegetables* zusammenstellte, wartete ich mit wütender Ungeduld auf eine Veröffentlichung. Es kam mir so vor, als könne nur ein gedruckter Gedichtband mir geben, was mir fehlte. Kleine Zeitschriften und vierteljährlich erscheinende Lyrikblätter befriedigten mich nicht mehr. Ich hungerte danach, von meinen Zeitgenossen gehört zu werden. Ich glaubte, ein Gedichtband würde mein Leben verändern. Ich wollte eine der unerkannten Gesetzgeberinnen der Frauenwelt werden, das riesige Publikum von Poesiefreunden erreichen, von dem ich meinte, es existiere da draußen, die Welt mit Lyrik peitschen und zur Besinnung bringen.

Wie gänzlich verrückt diese Annahme heute erscheint! Ich

lebte für die Dichtung und nahm daher an, die Welt täte das auch. Aus dem Duo meiner Lyrikmentoren war inzwischen ein Triumvirat geworden. Louis Untermeyer, dieser aufsässige Old Red und unermüdliche Herausgeber von Anthologien, hatte sich in meinem persönlichen Pantheon zu Mark Strand und Stanley Kunitz gesellt. Louis hatte in einer tristen Vierteljahreszeitschrift eines meiner Gedichte gesehen und mir einen Brief geschrieben: »Was machen Sie in dieser Masse von Mittelmäßigkeit?« Es war das literarische Äquivalent von: »Was macht ein nettes Mädchen wie Sie an einem Ort wie diesem?« Bald darauf lud er mich zum Dinner in sein Haus in Connecticut ein, und wir verliebten uns sofort ineinander, wie nur eine Dichterin von knapp über zwanzig sich in einen Anthologen von knapp über achtzig verlieben kann (und umgekehrt).

Es folgten viele weitere literarische Abendessen – Dinner mit Arthur Miller und Inge Morath, Howard und Bette Fast, Muriel Rukeyser, Robert Anderson und Theresa Wright, Arvin und Joyce Brown, Martha Clarke und zahllosen anderen Dichtern, Stückeschreibern, Romanautoren, Schauspielern, Tänzern, Regisseuren und Old Reds.

Durch Louis und seine Frau Bryna kam ich zu der Überzeugung, Connecticut sei eine verkleinerte neuenglische Version des Olymp. Durch Louis und Bryna lernte ich die Fasts kennen, die mich mit dem Vater meiner Tochter bekannt machten. Wegen Louis und Bryna schrieb ich den Gedichtband noch einmal um.

Und so schickte ich die neue Sammlung an X, Y und Z. Durch einen schicksalhaften Glücksfall, der sich tatsächlich als größeres Wunder an Synchronizität entpuppte, sandte ich sie auch an Holt, die damals noch Holt, Rinehart & Winston hießen.

In dem Sommer, bevor unsere »Pflichttour« endete, war ich aus Deutschland nach Hause gekommen und hatte meine Großmutter sterbend vorgefunden. Matt lag sie auf ihren echten Leinenlaken und schaute aus ihrem sonnigen Fenster auf der West Side. Sie änderte ihre Kleider ab, machte sie enger – »damit ich etwas anzuziehen habe, wenn ich wieder ausgehe«. Aber sie ging nie wieder aus. Der Bauchspeicheldrüsenkrebs tötete sie schneller als Aids meinen Freund Russell. Doch wir verleugneten den Krebs beide. Keine von uns sprach das Wort aus.

Schwach fragte sie mich, was ich gerade täte. »Ich arbeite an meinen Gedichten«, sagte ich zögernd. Ohne jedes Zögern wies sie mich an: »Geh Gracela, Gracie, Grace besuchen.« (Meine Großmutter verdrei- oder verfünffachte häufig Namen, nannte mich oft »Erica, Claudia, Becca, Edichka, Kittinka«.)

»Gracela, Gracie, Grace« war die Tochter einer alten Freundin meiner Großeltern, einer lebhaften russischen Dame namens Bessie Golding. Grace und ich fanden später heraus, daß Bessie die Geliebte meines Großvaters gewesen war, während meine Großmutter in London darauf wartete, in das Goldene Land gerufen zu werden. Das dauerte nur acht Jahre.

Als Mama in New York ankam, fand Papa sofort einen geeigneten kommunistischen Ehemann für Bessie. Später beschrieb er sie immer als »Anarchistin, Anhängerin von Emma Goldmann, überzeugt von der freien Liebe«. Kurz, das Gegenteil meiner förmlichen Großmutter, die an echte Perlen, cremefarbene Glacéhandschuhe mit Perlknöpfen, echte Leinenlaken, echte Leinentischdecken, Servietten mit Monogramm und Federbetten mit bestickten Bezügen glaubte. Sie glaubte auch an frischgepreßten Orangensaft, Dorschleberöl, weichgekochte Eier mit Toast»soldaten« (Streifen zum Eintunken) und englische Chesterfieldmäntel mit Samtkragen für kleine Mädchen. Sie glaubte auch an Ledergamaschen. Aber nicht an freie Liebe. Daran glaubte sie entschieden nicht.

Also marschierte ich mit meinen Gedichten zu Gracela, Gracie, Grace (dem Produkt von Bessie und dem passenden Kommunisten, mit dem mein Großvater sie verkuppelt hatte).

Meine drei aufeinanderfolgenden Gedichtmanuskripte trug ich in einem harten Klemmbinder aus schwarzem Leder bei mir.

Der Innenstadtbus brachte mich in die Nähe von Park und Achtundsechzigster Avenue, wo Grace (die ihr Leben bei der Presse verbracht hatte) jetzt bei der Zeitschrift *Foreign Affairs* arbeitete.

Der Council on Foreign Relations, der die Zeitschrift herausgab, befand sich in einem eindrucksvollen Gebäude mit einer Einfassung aus Kalksteinschnecken und Muschelschalen und einer imposanten Fassade, vor der in zweiter Reihe Roy Cohns Limousine (RMC-NY) geparkt war. Das Haus war ein Nest von WASPs, Calvinisten und Harvard-Absolventen, und von dort wurden Gerüchte über CIA-Manipulationen gestreut. Man konnte sich förmlich vorstellen, wie James Bond von hier aus auf den Weg geschickt wurde. Dazu Geheimtreppen, Bücherregale, die umgedreht geheime Verliese für unsäglich böse ausländische Agenten freigaben, oder menschenfressende Haie, die in lauwarmen, in den Felsgrund des Kellers eingelassenen Becken schwammen.

Kühn trat ich ein und verbarg meine Schüchternheit hinter meiner üblichen mutigen Fassade. (Ängstlich zu wirken, fürchte ich mehr, als Angst zu haben – das habe ich von meinem Vater geerbt.) Ich stieg die anmutig geschwungene Treppe zu Graces Büro hinauf.

Dieses Büro war eine Höhle aus Büchern und Blumen, bunten Drucken und Gemälden. Es war ein schwangeres Heiligtum unter der Obhut einer Verkörperung der großen Muttergottheit: Grace. Damals war sie rundlich mit kurzgeschnittenem, graumeliertem Haar und den fließenden Gewändern, die Dicke zu tragen pflegten, um sich vor sich selbst zu verstecken.

Ich ließ mich in den tiefen grünen Ledersessel neben ihrem Schreibtisch fallen, schlug unter meinem roten Minifaltenrock die Beine übereinander und zupfte meine rote Leinenjacke und die rotgeblümte Bluse zurecht. Mit meinen roten Sandaletten und Plateausohlen fühlte ich mich modisch, aber machtlos.

»Wie kann ich dir helfen?« fragte Grace, die mir die Sache erleichtern wollte. Aber es war nicht einfach. Ich schaute in Graces sanfte braune Augen und konnte kaum sprechen.

»Mama sagt, daß du Gedichte schreibst«, sagte Grace freundlich.

»Ja, schon, aber vermutlich taugen sie nichts.« Ich log. Ich wußte, daß sie besser waren als: »Sie taugen nichts.« Dies war mein Schutzzauber, um all die bösen Augen zu blenden, die in den Wänden lauerten.

»Darf ich mal sehen?« Die schwarze Ledermappe war naß und verschwitzt von meinen feuchten Handflächen.

»Möchtest du wirklich?«

»Sonst würde ich nicht fragen.«

Sie nahm den Klemmbinder und schlug die Titelseite auf, die jetzt die Aufschrift *Fruits & Vegetables* trug. Sie blätterte zum ersten Gedicht und sagte rasch: »Lyrik ist so etwas Besonderes; zwischen den breiten weißen Rändern steht jemandes ganzes Leben.«

Dann begann sie schweigend zu lesen.

Ich war voller Unruhe.

Sie haßt die Gedichte, dachte ich, sie liest sie nur aus Höflichkeit, um Mama eine nutzlose Mitzvah zu erweisen, weil Mama im Sterben liegt.

Etwa zwanzig Minuten lang las sie, vertieft, ohne aufzublicken.

Dann erklärte sie: »Du wirst die berühmteste Dichterin deiner Generation werden.«

Es war, als habe eine Meereswelle mich überspült. Ich war atemlos.

Aber ich sagte: »Vielen Dank.«

Dann tat ich ihren Ausspruch als nicht ernst gemeint ab.

»Nein – ich meine das wirklich«, sagte sie. »Das sind wunderbare Gedichte. Sie haben eine eigene Stimme, einen eigenen Humor, eine eigene Bilderwelt. Ich möchte sie einem Freund bei Holt schicken.«

»Sie sind noch nicht fertig; ich muß sie noch redigieren«, sagte ich.

»Du kannst ewig daran herumredigieren. Dann riskierst du nicht, daß sie veröffentlicht werden«, sagte Grace, die meine Spielchen erkannte, ohne mich richtig zu kennen.

So wurde ich gedrängt, *Fruits & Vegetables* (bereits an X, Y und Z eingeschickt) bei Gracela, Gracie, Grace zu lassen. Ohne mein Wissen gab sie das Manuskript weiter an Robin Little Kyriakis bei Holt, der es seinerseits dem Verleger Aaron Asher zeigte.

Wochen vergingen. Ein Gedichtband wirkt immer wie das Blütenblatt einer Rose, das den Grand Canyon hinunterschwimmt, doch meiner glich eher dem eines Gänseblümchens in einer Zeitverwerfung.

»Sie gefallen ihnen, sie gefallen ihnen nicht«, sagte ich mir und bereitete mich auf den Schlag vor, der gewiß kommen würde.

Etwa zwei Monate später erhielt ich einen Brief von X, in dem eine Veröffentlichung angeboten wurde, einen Brief von Y, in dem eine Veröffentlichung angeboten wurde, und einen Brief von Z, in dem es hieß, ich hätte an zweiter Stelle gelegen. (Ob ich bitte nächstes Jahr wieder meine Arbeiten einreichen würde?)

Am nächsten Tag kam ein Brief von Holt, in dem unmißverständlich angeboten wurde, *Fruits & Vegetables* zu drucken.

War ich glücklich? Ich hatte zuviel Angst, um glücklich zu sein.

Schiere Panik erfaßte mich, dann Schuldgefühle, dann Scham. Ich hatte die Regel gebrochen – meine Gedichte gleich viermal eingeschickt – und würde jetzt als Betrügerin entlarvt werden. Ich hatte Verleger, ich hatte erlauchte Universitätsverlage belogen! Ich hatte meinen üblen Plan nicht aufgedeckt. Ich war am Boden zerstört. Jetzt konnte mich bestimmt keiner beschützen. In weniger als dreißig Sekunden hatte ich Erfolg in Mißerfolg verwandelt.

»Die Dichter werden mich hassen«, dachte ich, während ich

mich schlaflos neben Allan wälzte. »Ich habe etwas Unmoralisches getan!«

Woher hätte ich wissen sollen, daß die Dichter mich nach *Angst vorm Fliegen* ohnehin hassen würden? Und woher hätte ich wissen sollen, daß ich darüber keinerlei Kontrolle hatte?

Ich ging mit Aaron Asher zum Lunch und verliebte mich sofort in ihn. Blaue Augen, trockener Humor, der großartige Ruf, Saul Bellow und Philip Roth veröffentlicht zu haben. Wenn er mich mochte, dann mußte ich gut sein. Im gleichen Frühjahr, in dem *Fruits & Vegetables* herauskam, druckte er noch eine unbekannte Autorin namens Toni Morrison. Ihr erster Roman, *Sehr blaue Augen*, war von anderen Verlagen abgelehnt worden, denn wen kümmerte schon ein häßliches schwarzes Mädchen namens Pecola, die ein Kind von ihrem Vater bekam? Damals nahm man an, daß Schwarze nicht lesen, und man nahm auch an, Weiße wollten nichts über Schwarze lesen. Aaron hatte Geschmack, und – vielleicht noch wichtiger – er hatte Mut.

»Sagen Sie den anderen, daß Sie zu Holt gehen müssen, weil Sie vorhaben, auch Romane zu schreiben«, sagte Aaron, der mit Lyrik als Lockmittel einen Roman plante. (Wie altertümlich mir das jetzt vorkommt!)

»Sagen Sie den anderen, daß ich jetzt Ihr Verleger für alles bin!« sagte er.

Ich war begeistert, daß meine Arbeit solchen Besitzerstolz auslöste, aber ich quälte mich weiter. Ich versuchte, Dankesbriefe mit Ablehnungen an die Universitätsverlage zu schicken, aber ich war blockiert. Eine hauptberufliche Lyrikerin mit einem New Yorker Verleger? Ich? Eine potentielle (poetentielle) Romanautorin?

»Schreiben Sie einen Roman«, hatte Aaron gesagt, »im unverfrorenen Ton dieser Gedichte.«

Ich wollte nicht glauben, daß das sein Ernst war. Und ich fuhr fort, mich selbst wegen dieses ersten kleinen Erfolgs zu kasteien. Er war zu groß für die Fehlschläge meiner Mutter, die

Mißerfolge meines Großvaters. Nach all meiner mühsamen Arbeit, um diese erste Sprosse zu erklimmen, konnte ich an nichts anderes denken als daran, meinen Aufstieg zu sabotieren und in meine neurotische Familie zurückzukehren.

Dieses Muster hat mich während meines ganzen Lebens als Schriftstellerin verfolgt. Ich habe gezögert und Bücher, die ich in die Welt hätte werfen sollen, immer wieder umgeschrieben und umgeschrieben. Die Quelle meiner Angst? Die Wut meiner Familie. Ihrem Spott ausgeliefert zu sein – er war ebenso erbarmungslos wie mein eigener.

Als ich nach dem Erfolg von *Angst vorm Fliegen* nach Westen zog, kaufte ich einen preiswerten Wagen, einen Pacer, statt des erträumten Rolls-Royce Corniche. Was dachte ich mir dabei? Daß ich mit einem billigen Auto geliebt werden würde? Ich wollte sehr viel mehr geliebt werden, als ich einen Rolls wollte. Bis ich aufhörte, mir darüber Sorgen zu machen, konnte ich nicht in Frieden arbeiten.

Ob man geliebt wird oder nicht, hängt mehr von den anderen ab als von irgend etwas, das man selber tut. Talent ist nicht begrenzt. Mehr als genug ist davon im Umlauf. Begabte Leute wissen, daß sie die Leistung anderer als Inspiration benutzen können. Aber kleinliche Seelen glauben, wenn sie andere und deren Arbeit niedermachten, würden sie selbst gedeihen. Natürlich irren sie sich, aber das hat man nicht in der Hand. Man kann nur seine Arbeit tun. »Der Rest«, wie T. S. Eliot in *Vier Quartette* sagt, »ist nicht unsere Sache.«

Endlich fand ich den Mut, die geduldigen Universitätsverlage darüber zu informieren, daß ich gebunden oder zumindest festgelegt war. Dann unterschrieb ich bei Holt, wie man es von mir erwartete. Nachdem ich das Buch selbst verkauft hatte, heuerte ich nun einen Agenten an, damit er ein Stück davon bekam. Ein Agent verlieh Glaubwürdigkeit. Vor meinen Eltern und Freunden sagte ich gern: »Mein Agent.« Mein Vorschuß auf *Fruits & Vegetables* war, für Lyrik, großzügig: 1200 Dollar. Der Agent erhielt 120 Dollar, meine unterwürfige Dankbarkeit und eine Option auf den Roman mit dem Titel *Angst vorm Fliegen*.

Gib acht, Welt. Eine weitere Dichterin war im Begriff, den Grand Canyon hinunter zu verschwinden.

Aber zuerst brauchte ich einen Namen.

Ich hatte unter meinem Mädchennamen Erica Mann zu veröffentlichen begonnen, der schließlich immer mein Name gewesen war. Doch als mein freudianischer Ehemann bedrohlich sagte: »Die Dichterin hat keinen Ehemann«, quälten mich nutzlose Schuldgefühle.

Statt zurückzugeben: »Natürlich nicht! Dichterinnen sind mit ihren Musen verheiratet!«, ließ ich mich unter Druck setzen, seinen Namen zu benutzen.

Um fair zu sein: Mit »Erica Mann Jong« wäre er zufrieden gewesen. Ich war diejenige, die sich davor fürchtete, als »Dichterin mit drei Namen« verspottet zu werden. Ich liebäugelte mit »E. M. Jong« (um mein zweitklassiges Geschlecht zu verbergen), dann mit »Erica Orlando«, nach meinem Lieblingsroman, dann mit »Erica Mann Jong«, nach meinem Vater und Ehemann. Schließlich entschied ich mich für Erica Jong, weil das rätselhaft, schwungvoll und kurz war wie mein Mädchenname.

Die Entscheidung, meinen Mädchennamen abzulegen, war eine Entscheidung, sexistischem Spott zu trotzen, doch ich ging trotzdem in eine sexistische Falle. Als ich um die Zwanzig war, wußte ich noch nicht, daß alles, was Frauen tun, ob sie ihren Mädchennamen ablegen, darauf beharren, »Lucy Stoners« zu bleiben (Frauen, die ihren Mädchennamen aus Prinzip behalten), falsch ist, und zwar einfach, weil ihre Entscheidungen von Männern nicht anerkannt werden. Man macht sich am Ende immer über sie lustig – wie über Hillary Rodham Clinton –, sie wird verdammt, was sie auch tut, aber in unser aller Herzen ruft sie einen geheimen Freudenschrei hervor.

Was beinhaltet ein Name? Die Enttäuschung meines Vaters,

daß mein Name nicht direkt seinen bescheint; die Verwirrung meiner Tochter, weil sie den Namen von jemandem trägt, den sie nie kennengelernt hat. Wir nannten sie Molly Miranda Jong-Fast. Molly (wie Joyce's Molly Bloom), damit sie blühen konnte, und Miranda (wie in Shakespeares *Sturm*), damit alle Stürme sie nach Hause tragen würden. Jong war für meinen *nom de plume*, Fast für ihren Vater und seine Familie.

Doch ein Name erzählt auch eine Legende. Wenn er mit Groll angenommen wird, um patriarchalische schwarze Magie aufzuheben, dann hat die Trägerin für immer etwas gegen ihren eigenen Namen.

Mein Name war ein Ausweichmanöver, um Allans Mißbilligung und sexistische Sticheleien über »Dichterinnen mit drei Namen« zu entgehen, ein Rückzieher vor Erika Mann, Thomas Manns schreibender Tochter, nach der ich benannt worden war.

Furcht ist kein guter Grund für einen Namen. Ein Name sollte als Akt der Befreiung und mit Absicht angenommen werden. Ein Name sollte eine magische Anrufung der Muse sein. Ein Name sollte ein Geschenk für das Selbst sein.

Leider hätte »Erica Orlando« mehr Leute an Disneyworld und Florida erinnert als an Virginia Woolf. Und »Erica Porchia«, nach einer südamerikanischen Dichterin, die ich liebte, wäre schließlich in einen Witz über mein Körpergewicht umgemünzt worden. Ich dachte daran, mich »E. M. J. Parras« zu nennen, nach Nicanor Parra, einem anderen Lieblingsdichter von mir, doch das hätte sich als rätselhaft erwiesen, schließlich sogar für mich. Und die erfundenen Namen, nach denen ich mich zeitweilig sehnte, hörten sich bei Tageslicht alle albern an: E. M. Brontë, E. M. Bloomsbury, Erick de Jong. Außerdem waren sie unaufrichtig für jemanden, dessen ganzer Kampf sich um Aufrichtigkeit drehte.

Wenn ich eine Frau und eine Dichterin war, dann sollte es eben so sein. Ich hielt mich an Erica Jong, und es war eine glückliche Wahl, weil ich den Namen wirklich bewohnte. Heute würde ich mich, Hillary sei Dank, gerne »Rodhamisieren«, und vielleicht werde ich das auch tun.

Aber Erica Mann Jong klingt leider genauso patriarchalisch wie Erica Jong. Als Thomas Manns Tochter Erika noch lebte, verwirrte mich die Namensgleichheit. Meine Eltern hatten Thomas Mann kennengelernt und bewundert. Der Name seiner Tochter gefiel ihnen, und sie wünschten mir Kreativität. Im Deutschen ist Erika eine Blume, im Altskandinavischen eine Königin, aber für mich bedeutete es Schriftstellerin.

Inzwischen bin ich an Jong gewöhnt, das sich auf *Vietkong, Dong, Pingpong, Hai Phong, Song, tong, long, wrong* und *among* reimt. Ich bekomme Leserpost unter »Liebe Erika de Jong«, »Liebe Erica Mann Jong«, »Liebe Erica Mann Jong Fast Burrows«, »Liebe asiatisch-amerikanische Autorin« und »Hör mal, du jüdisch-kommunistische Pornoschlampe, Hitler hätte euch alle ausrotten sollen!«.

Was also beinhaltet ein Name? Alles und nichts. Manchmal möchte ich bloß Erica sein – wie Colette (die zuerst mit »Willy« zeichnete, dann mit »Colette Willy«, dann mit »Colette Willy de Jouvenel«) endlich Colette wurde. Aber Colette war schließlich der Nachname ihres Vaters. Er diente als Vor- und Nachname für eine Frau, die sonst als Sidonie-Gabrielle Colette Willy de Jouvenel Goudeket geendet hätte.

Bei Frauennamen glaube ich an die eigene Erfindung: einen Namen, der Verlangen verkörpert. Man sollte ihn annehmen, wenn man sich seiner Lebensaufgabe verpflichtet. Und nichts sollte uns von ihm trennen.

Ist es für mich zu spät? Mein Name als Autorin ist bereits auf eigenartige Weise mit meinem Sein verschmolzen. Vielleicht werde ich meinen Mädchennamen wieder annehmen (der eigentlich nur der Künstlername meines Vaters ist: Mann). Dreiundzwanzig Jahre lang war ich aufsässig eine »Mann«. Dann unterwarf ich mich einer freudianischen Ehe.

Wenn dieses Buch beendet ist, wird vielleicht die Autorin die Szene betreten.

Merkwürdig, daß ich so lange brauchte, um meinen Namen zu wählen, denn in Heidelberg hatte ich das Glück, die seltene Art von Analyse zu finden, die das Fundament für das Leben eines Schriftstellers legt.

Meine Analyse bei Professor Doktor Alexander Mitscherlich kann nur durch das Eingreifen der Engel der Analyse zustande gekommen sein. Wenn die Analyse wirkt, dann liegt es gewöhnlich an ihnen. Sie schweben über Konsultationszimmern auf drei Kontinenten und blasen die Analysanden umher wie die bärtigen Winde mit geblähten Backen auf antiken Landkarten.

In Heidelberg mit einem Ehemann gestrandet, mit dem ich nicht reden konnte, fand ich durch einen Seelenklempner aus New York einen gewissen Professor Dr. Mitscherlich. Es hieß, er spreche Englisch. Zufällig praktizierte er in Heidelberg.

Den Doktor in New York hatte ich wegen meiner Ehepanik konsultiert. Ich hatte mir Sorgen gemacht, die Heirat würde mich zur Sklavin von Haushaltspflichten machen und mein Schreiben stören.

»Unsinn«, hatte dieser Analytiker gesagt. »Auch Männer arbeiten zu Hause. Sie mähen den Rasen, sie reparieren Sachen im Haus, sie tragen den Müll hinaus. Sie übernehmen die gleiche Verantwortung, meinen Sie nicht?«

Ich meinte nicht. Aber ich verfügte damals nicht über die feministischen Fakten, um das zu beweisen. Das Problem hatte noch keinen Namen. Ich dachte, ich müßte verrückt sein.

Im Unterschied zu dem Analytiker aus New York, der mich an ihn verwies, war Dr. Mitscherlich kein Sexist. Und er dachte auch nicht in Klischees. Und er war kein Nazi. Während der Naziherrschaft war er für zwölf Jahre aus Deutschland geflohen. Er hatte in der Schweiz und in England gelebt und praktiziert. Er hatte den Krieg abgewartet. Das hielt mich – in meiner Ignoranz – nicht davon ab, ihn von der Couch aus einen Nazi zu heißen, worauf er stets mit tödlichem Schweigen reagierte.

Im Oktober unseres ersten Jahres in Deutschland nahm ich

zum erstenmal den Bus zu seiner Praxis. Ich betrat den kopfsteingepflasterten Hof einer Klinik aus dem neunzehnten Jahrhundert mit hohen, gelben Mauern. Hohe Kippfenster blinzelten auf mich herunter.

Ich stieg drei Stockwerke hoch. Dr. Mitscherlich versteckte sich in seinem mit Büchern tapezierten Büro. Orientteppiche lagen kreuz und quer auf dem Parkettfußboden. Eine altmodische Analytikercouch kam mir bedrohlich vor, und ich weigerte mich, mich hinzulegen.

»Dann setzen Sie sich mir gegenüber«, sagte der Doktor.

Ich gehorchte.

Er war groß und athletisch und in den Sechzigern. Ein langes Gesicht, ernste, intensive, blaugraue Augen, dicke, rechteckige, glitzernde Brillengläser, der Eindruck totaler Aufmerksamkeit.

Er trug einen weißen Arztkittel, eine purpurrote, wollene Strickkrawatte, Schuhe mit Kreppsohlen, die leise quietschten, wenn er ging. Sein weißer Kittel wirkte wie eine Art Engelhemd (wie Krankenhauskittel oft genannt werden). Tatsächlich schien er ihm etwas Engelhaftes zu verleihen. Als ich sprach, waren seine Augen ausschließlich mir zugewandt.

Warum war ich gekommen?

Ich war blockiert in meinem Schreiben, blockiert in meiner Ehe, hatte Heimweh nach New York und war froh, meiner Familie entkommen zu sein. Ich brauchte meinen Mann. Ich haßte meinen Mann. Ich langweilte mich mit meinem Mann. Ich wollte schreiben. Ich konnte nicht schreiben. Ich konnte keine Arbeiten abschicken, weil ich sie endlos umschrieb. Ich stand mir selbst im Weg. Ich wußte, daß ich nicht blockiert und verbittert enden wollte.

Von der ersten Sitzung an nahm er mich ernst, nahm meine Dichtung ernst – ehe er viel Grund dazu hatte.

Bald kapitulierte ich und legte mich auf die Couch, von der aus ich die Buchtitel in Englisch, Deutsch, Ungarisch, Tschechisch, Französisch, Italienisch, Spanisch betrachten konnte. Ich erinnerte mich an meine Träume und erzählte sie.

Ich mäanderte von Träumen zu Erinnerungen, zu meinem Leben in Heidelberg, und brachte der unglücklichen Gegenwart einfach bei, die Vergangenheit zu rezitieren, bis sie früher oder später an der Stelle stockte, wo vor langer Zeit die Anklagen begonnen hatten – wie Auden in seinem Gedicht über Freud den Vorgang beschreibt.

Dort hakte die Nadel in der Rille und stach mich ins Herz, bis ich aussprach, worin der Schmerz bestand.

Analyse ist Kapitulation – und wer will schon kapitulieren? Niemand. Wir kämpfen, bis wir keine andere Wahl mehr haben, bis der Schmerz so groß ist, daß wir kapitulieren müssen. Das Ego will brutale Macht – und wenn die Gesundheit dabei zugrunde geht. Dem Ego ist der Tod lieber als Kapitulation. Aber das Leben fährt mit dem Versuch fort, sich zu behaupten. Wir stolpern immer wieder über die gleichen Felsblöcke, bis eines Tages, nach irgendeiner trivialen Auflösung, der Weg frei genug scheint, um ein kleines Stück weitergehen zu können, ohne zu straucheln.

So läuft es – Montag um Montag, Dienstag um Dienstag, Mittwoch um Mittwoch, Donnerstag um Donnerstag, Freitag um Freitag. Eine Zeitlang wird es einfacher, dann wird es schwerer. Es wird langweilig, dann erträglich, dann wieder unmöglich. Wir machen weiter, als kämpften wir uns durch einen Roman, den wir mittlerweile hassen. Nur die Disziplin, eine Sache zu Ende zu bringen, läßt uns durchhalten. Und irgendwann gegen Ende scheint das Licht wieder wie durch eine gläserne Häuserfront.

Dr. Mitscherlichs Heidelberger Sprechzimmer hatte solche Fenster. Sie bleiben meine Metapher dafür, wie die Analyse anfing, Licht auf meinen Schmerz zu werfen. Graue Tage folgten aufeinander ohne Ende; es regnete und regnete, wie immer in Deutschland. Eines Tages ergossen sich Sonnenstrahlen in den Raum.

Am Ende meines ersten Analysejahres verlegte Dr. Mitscherlich seine Praxis nach Frankfurt. Von meinem düsteren

Armeeappartement aus war es eine fünfzehnminütige Busfahrt zum Heidelberger Bahnhof, eine Stunde mit dem Zug bis Frankfurt und dann noch einmal zwanzig Minuten im Trolleybus bis zum Sigmund-Freud-Institut.

Kaum je versäumte ich eine Sitzung.

Irgendwann hatte ich aufgehört, Dr. M. als Nazi zu bezeichnen – ich hatte erfahren, daß sein Schweigen seinen Ruf als Anti-Nazi verbarg, als Autor, als Erforscher der Bedingungen, die den Nazismus hatten gedeihen lassen. »Vaterlose Gesellschaft« war der von ihm geprägte Begriff. Er war berühmt geworden mit seinen Theorien über die dem Nazismus zugrundeliegenden Ursachen. Er war ein Star, und ich wußte das nicht einmal. Noch wichtiger, er behandelte mich als Star, ehe ich einer war. Sein Glaube an mich machte mein ganzes kreatives Leben erst möglich.

Ich pendelte von Heidelberg nach Frankfurt, als hinge mein Leben davon ab. Und das tat es tatsächlich.

Ich verließ das Haus um zwanzig nach sieben, war um fünf nach halb acht am Heidelberger Bahnhof, parkte meinen Volkswagen-Käfer (oder »Beatle«, wie ich ihn gern nannte), nahm den Zug um sieben Uhr fünfzig nach Frankfurt/Darmstadt, traf um acht Uhr zweiundfünfzig am Frankfurter Bahnhof ein, wartete (bei jedem Wetter) auf den Trolleybus um neun Uhr sieben und ging dann noch einige Blocks zu Fuß. Um zwanzig vor zehn war ich in Dr. M.s Wartezimmer im Institut. Meine Stunde begann pünktlich um zehn Uhr.

Ich habe nie solche komplizierten Vorkehrungen getroffen und eingehalten, außer wenn ich liebte.

Vermutlich tat ich das.

Viermal in der Woche fuhr ich denselben langen Weg wieder zurück, rannte, um den Zug um zwölf Uhr soundso zu erreichen, und war um halb zwei oder zwei wieder in meiner Wohnung.

Ich mußte Lebensmittel einkaufen, hatte drei Stunden zum Schreiben, mußte das Abendessen kochen. Es gab abendliche

Armeepartys, an denen die Offiziere und ihre Frauen teilnehmen mußten. Doch es war mir immer der Mühe wert, mich nach Frankfurt zu schleppen. Es gab nur zwei Tage, an denen ich den Stundenplan sabotierte und den Zug verpaßte. Beide Male stand ich auf dem Bahnsteig und starrte ihm nach.

Der Zug wurde mein Leben. Ich las, schrieb in mein Notizbuch, kritzelte Gedichte und Geschichten. Die schaukelnde Bewegung beruhigte mich, und erotische Phantasien kamen auf. Ich notierte sie, verfaßte Fabeln darüber, erforschte sie mit Dr. M.

Angst vorm Fliegen entstand irgendwie aus diesen Zugfahrten. In Zügen kannst du träumen, der Mann dir gegenüber werde seine dicken Brillengläser abnehmen, sich bis auf sein wildes Lendentuch entkleiden, dich in einem endlosen Tunnel leidenschaftlich lieben und dann wie ein Vampir im Sonnenlicht verschwinden. Der Zug wiegt dich bei deinen feuchtesten Träumen hin und her; er läßt die schlüpfrige Trennung zwischen Innen und Außen schmelzen. Ich bin in Zügen gekommen, ohne mich zu berühren. Es ist nur eine Sache der Konzentration. Der unmögliche Er (oder Sie) kommt in mich hinein. Die Phantasie übernimmt die Herrschaft. Die Zeit bleibt stehen, wenn der Zug schaukelt. Plötzlich ist mein Schoß voller Sterne.

Nach drei Jahren verließ ich Dr. M. und versprach zu schreiben. Und das habe ich getan: Briefe, Gedichte, Romane.

Er hatte mir gezeigt, wie. Er hatte mich gelehrt, den Mut zu finden, in mich selbst hinabzusteigen. Das Unbewußte ist voller Dunkelheit, ödipaler Stellvertreter, zerbrochener Legenden, halberzählter Geschichten. Eine klapprige Leiter mit verrotteten Sprossen führt zu ihm hinunter. Eine weitere goldene Leiter kann einen zu den Sternen führen. Aber zuerst muß man im Dunkeln sich selbst finden. Wenn man sich selbst nicht kennt, wie kann man dann irgend etwas finden?

»Wie kann ich die Saat der Freiheit empfangen«, fragt Thomas Merton, »wenn ich die Sklaverei liebe, und wie kann ich den Wunsch nach Gott hegen, wenn ich von einem anderen, entgegengesetzten Wunsch erfüllt bin? Gott kann seine Freiheit nicht in mich einpflanzen, weil ich ein Gefangener bin und nicht einmal den Wunsch nach Freiheit empfinde.«

Die analytische Reise hatte mir endlich den Wunsch eingeflößt, frei zu sein.

»Die einzig wahre Freude auf Erden ist es, aus dem Gefängnis unseres eigenen falschen Selbst zu entfliehen.« Wieder Merton. Er beschrieb die Suche nach dem kontemplativen Leben. Doch Schreiben erfordert auch ein kontemplatives Leben.

Heute wird die Psychoanalyse als elitär, sexistisch und als Mittel zur Selbstbefriedigung abgetan. Ich bin nicht dieser Meinung. Wie kannst du dich selbst als Frau lieben, wenn du dich durch einen Wall von Messern betrachtest? Und wie kannst du deine Schwestern lieben, wenn du meinst, diese Messer bestünden aus Stahl und nicht aus unserer eigenen Furcht? Als Frauen haben wir es nötiger denn je, uns selbst zu kennen. Wir brauchen die Wahrheiten des Unbewußten mehr als unsere Mütter und Großmütter. Zynismus und Verzweiflung verführen uns. Wir fürchten uns, die Liebe einzulassen. Wir bevorzugen »den verkommenen Luxus der Erkenntnis unserer Verlorenheit«, wie Thomas Merton es ausdrückt.

Die Analyse kann die Verzweiflung sprengen. Sie kann auch Gebet und Meditation sein. Aber sie erfordert einen starken Wunsch nach Veränderung.

Als ich Deutschland verließ, schrieb ich flüssig. Ich kasteite mich noch immer, aber nicht bis zur völligen Lähmung. Ich geriet noch immer in Verzweiflung, aber ich wußte wenigstens, daß meine Verzweiflung Flucht vor Veränderung war.

Ich kehrte mit meinen Lyrikmanuskripten in die Staaten zurück. Und ich kam richtig schlank zurück. Das war keines der Analyseziele gewesen, aber plötzlich hatte ich weniger Gründe, mich zu verstecken.

Mit siebenundzwanzig hatte ich mich entschlossen, Schriftstellerin zu sein. Ich fand mich alt, verglichen mit Neruda, der mit neunzehn publizierte, alt im Vergleich zu Edna St. Vincent

Millay, die *Renascene* mit neunzehn schrieb, alt im Vergleich zu Margaret Mead, die mit fünfundzwanzig weltberühmt wurde. Also gab ich mir bis dreißig Zeit, um es zu schaffen, und glaubte, wenn erst ein Gedichtband veröffentlicht wäre, würde ich für immer glücklich sein. Hoffnung war mein Düsenantrieb.

Woher hätte ich wissen sollen, daß ein Schriftsteller, der veröffentlicht wird, kaum der glücklichste der Lebenden ist? »Eingewachsene Zehennägel«, nannte uns Henry Miller. Jahrelang sitzen wir da, schmoren vor uns hin und klauben uns Fusseln aus dem Bauchnabel, und dann erleben wir die Antiklimax, die Veröffentlichung – die oft unsere schlimmsten Ängste bestätigt, weil Dinge gedruckt werden, die nur unsere ärgsten Feinde über uns sagen würden.

Für eine Frau ist der Beruf doppelt prekär. Früher oder später stoßen Autorinnen auf das Problem, daß eine Frau, die die Feder schwingt, für alle Zeit ein Außenseiter ist.

Von Schriftstellerinnen wird, aus zuvor diskutierten Gründen, erwartet, daß sie Führerinnen durch die Sümpfe heterosexueller Liebe sind. Wir dürfen populäre Romane schreiben (verwöhnt von den Geldleuten, die die Konzerne leiten), aber von der Literaturkritik werden wir als Schundautorinnen abgetan. Wir dürfen sehr irdische Fabeln schreiben, die andere Frauen als Analgetika benutzen, als Bromsalz, um ihr gräßliches Los zu mildern. Wenn wir das nicht tun, sondern uns statt dessen der Satire oder der Erschaffung perverser Phantasiewelten zuwenden, so werden wir nicht wegen unserer Bücher gescholten, sondern wegen unserer unvollkommenen Weiblichkeit, da Weiblichkeit ihrer Definition nach ein Fehler ist.

Warum? Weil sie nicht Männlichkeit ist.

Aber wie wäre mein Leben gewesen, wenn ich als Mann zur Welt gekommen wäre? Mein Mann versucht mich davon zu überzeugen, daß ich bei der Familie zum Dienst im *tschatschkes*-Geschäft gezwungen worden und überhaupt nie Schriftstellerin geworden wäre.

»Du bist nur entkommen, weil du als Mädchen geboren bist«, sagt er. »Wärest du der Sohn gewesen, hättest du dein Leben mit dem Verhökern von Geschenkartikeln zugebracht.«

Vielleicht hat er recht, aber ich sehe ein anderes Bild. Ich sehe mich mit der selbstverständlichen Berechtigung des männlichen Kreativen: Ein Mann, der schreibt, gilt nicht automatisch als Usurpator.

Natürlich muß auch ein männlicher Schriftsteller seine Stimme finden, aber muß er die Welt auch zuerst davon überzeugen, daß er das Recht hat, seine Stimme zu finden? Eine Schriftstellerin muß nicht nur das Rad erfinden, sie muß auch den Baum pflanzen, zersägen, rundhobeln und lernen, es rollen zu lassen. Und dann muß sie sich einen Weg freiräumen (unter den Pfiffen der wichtigtuerischen Besserwisser).

Sogar noch heute, wo auf drei Bücher von Männern ein Buch von einer Frau besprochen wird, gilt es als uncool, die Prozentsätze zu erwähnen. Es ist nicht damenhaft, daran zu erinnern, aber wenn wir nicht so hartnäckig uncool gewesen wären, dann würde das Verhältnis eins zu zwölf betragen.

Ich habe mich immer mit den männlichen Helden in den Büchern meiner belesenen Kindheit identifiziert, daher habe ich schließlich versucht, Schelmenromane für Frauen zu schreiben. Zuerst habe ich das unbewußt getan *(Angst vorm Fliegen, Rette sich wer kann)*. Später tat ich es absichtlich und ahmte die pikareske Form nach in *Fanny, Die wahre Geschichte der Abenteuer der Fanny Hackabout-Jones*. Virginia Woolfs Frage, was gewesen wäre, wenn Shakespeare eine Schwester gehabt hätte, hatte mich zu der Frage geführt: »Was wäre gewesen, wenn Tom Jones eine Frau gewesen wäre?« Ich hatte meine Liebe zum achtzehnten Jahrhundert auf die Erforschung des Schicksals einer Frau aus dem achtzehnten Jahrhundert verwandt.

Inzwischen wußte ich schon, daß ich bewußt eine männliche, heldische Form dem unheroischen Leben einer Frau anpaßte. Das war der Spaß dabei.

Frauen sind nur wenige heroische Geschichten gestattet. Die

Archetypen von Wölfin oder Mondgöttin sind erst in jüngster Zeit wiederbelebt worden. Unter dem Patriarchat endeten Frauengeschichten unweigerlich mit Heirat oder Tod. Alle anderen Alternativen galten als ungeeignet zum Erzählen.

Als angehende Schriftstellerin in Heidelberg rätselte ich über diesen Einschränkungen und beschloß, meinen ersten Roman aus männlicher Sicht zu schreiben. Ich nannte ihn »The Man Who Murdered Poets« und kam damit so weit, wie meine Nachahmung von Nabokovs Spiegelwelten mich brachte. Nicht weit genug. Da ich nicht wissen konnte, was ein Mann in seiner Physis empfand, hielt ich inne und ließ das Buch unvollendet.

Heute könnte ich vielleicht aus männlicher Sicht schreiben. Ich habe lange genug mit Männern gelebt, um ihre Gefühle so gut wie von innen zu kennen. Aber heute weiß ich auch, wie sehr Frauen es nötig haben, daß ihre eigenen Geschichten erzählt werden.

Jemand hat einmal gesagt, jeder Schriftsteller sei entweder ein Mann oder eine Frau. Aber für einen Mann gibt es eine Schablone, die er zerbrechen oder der er folgen kann, für eine Frau hingegen gibt es nur gähnende Leere. Schriftsteller bauen gewöhnlich auf den Fundamenten anderer auf. Ich denke an Byblos, an Split, an Istanbul. Aus den Trümmern einer Zivilisation wird die Architektur einer anderen errichtet. Schriftstellerinnen haben immer nach diesem reichen kreativen Nachlaß gehungert. Weil wir dazu verdammt waren, bei Null anzufangen, haben wir die Aufzeichnungen unserer Zivilisation nur stotternd begonnen. Unsere Matriarchinnen sind unsichtbar gemacht worden, unsere Mythen ausgelöscht. Es scheint, als würden wir ständig zuhören, wie berühmte männliche Schriftsteller uns erzählen, was wir nicht sind.

In den letzten paar Jahren haben wir einige neue Formen erfunden und eine alte Tradition ausgegraben. Aber die Erlaubnis, schöpferisch zu sein, ist noch immer so ungewohnt, daß wir dazu neigen, wenig großzügig miteinander umzugehen. Lieber denunzieren wir einander, als auf die selbsternannten Gurus, die uns als Rivalinnen gegeneinander stellen, zu zeigen.

Als Feministinnen verlangen wir von Literatur mehr, als Literatur jemals leisten kann: die Revolution auszutragen, die Toten zu begraben, unseren Lieblingsheldinnen Statuen zu errichten. Das ist kaum die Methode, eine Literatur anzuregen, die das Leben widerspiegelt. Das Leben ist unordentlicher, als die Politiker normalerweise erlauben, und weniger berechenbar. Leben ist einfach das, was als nächstes passiert und wem. Wenn wir vom Leben verlangen, daß es zweckgerichtet, politisch sein soll, dann vereiteln wir die Erfüllung unseres Bedürfnisses zu träumen, zu spielen, zu erfinden.

Im Namen des Feminismus haben einige Frauen uns verboten, auf spielerische Art schöpferisch zu sein. Unsere Pionierinnen – Mary Wollstonecroft, Mary Shelley, Jane Austen, Emily Dickinson, die Brontës, George Sand, Colette, Virginia Woolf, Simone de Beauvoir, Doris Lessing – wären entsetzt, wenn sie sehen würden, daß wir Spiel und Freiheit aus unserer Kunst verbannen. Spiel ist die äußerste Quelle von Freiheit. Wenn wir Agitprop-Künstlerinnen werden, könnten wir genausogut in Mussolinis Italien, Hitlers Deutschland oder Stalins Sowjetunion geboren worden sein. Feministinnen müssen vor allem für Ausdrucksfreiheit kämpfen, weil wir sonst zum Schweigen verdammt sind – wobei »Anstand« als Vorwand dient.

Doch von diesen Dingen wußte ich kaum etwas, als *Fruits & Vegetables* 1971 veröffentlicht wurde. Es erschien im gleichen Frühjahr wie Germaine Greers *Der weibliche Eunuch*. Da ein neuer Ausbruch von Feminismus in der Luft lag, wurde es freundlich aufgenommen. Für einen Gedichtband jedenfalls.

Mein Verleger gab eine Party an einem schicken Stand für Obst und Gemüse in einem Geschäft namens Winter's Market in der Third Avenue. Die bunten Obstkisten standen draußen auf dem Gehsteig. Zitronen und Orangen glänzten in der Sonne.

Ich trug purpurrote Spitzen-Hot-pants und ein passendes Hemd mit strategisch über die Brustwarzen plazierten Taschen. Mit purpurroter Omabrille und roten Schuhen hoffte ich, angemessen unpassend auszusehen – was 1971 *de rigeur* war.

Dichter und Verleger schlenderten einher, aßen Fruchtkebabs und spießten einander mit ihren Geistreicheleien auf.

Ich saß auf einer Orangenkiste und las ein Gedicht über eine Zwiebel:

Ich denke wieder an die Zwiebel mit ihren beiden
O-Mündern wie die klaffenden Löcher in Niemandem. An
  die
äußere Haut, rosa-braun, geschält, eine grünliche
Halbkugel zu enthüllen, kahl wie ein toter Planet, glatt
wie Glas, & einen fast animalischen Geruch. Ich betrachte
ihre Fähigkeit, Tränen hervorzurufen, ihre Fähigkeit zur
  Selbstprüfung,
indem ich sie abschäle, Schicht um Schicht, auf der Suche
nach ihrem Herzen, das nur eine andere Hautregion ist, aber
tiefer & grüner. Ich erinnere mich an Peer Gynt. Ich betrachte
ihr manchmal doppeltes Herz . . .

Die Partygeräusche übertönten meine Zwiebelschalen. Karen Mender, die hübsche junge Publizistin, die die Party geplant hatte, hatte es erstaunlicherweise geschafft, sogar Reporterteams herbeizulocken. (Vermutlich ein lahmer Tag in Vietnam.)

Ich wurde auf Video aufgenommen, wie ich auf einer Orangenkiste saß und unhörbare Zeilen über Zwiebeln sprach. Meine Schenkel wurden abgefilmt. Und auch meine kessen Sandaletten.

»Das ist nur in New York möglich«, sagte der Sprecher, »eine Buchparty auf einem Obst- und Gemüsemarkt.«

»Was halten Sie von Lyrik?« fragte ein Reporter den Metzger.

Er kaute auf einer dicken Zigarre und sagte: »Ehrlich gesagt, Fleisch ist mir lieber.«

»Ach, wirklich?« fragte der Reporter, ihn zu weiteren Äußerungen anstachelnd.

»Obst ist schön und gut, aber ein ordentliches Bruststück ist unschlagbar.«

Fleisch hat immer das letzte Wort.

In den Abendnachrichten wurde die Meldung zweimal gebracht. Allerdings versäumten sie es, den Namen des Buches, des Verlegers und der Autorin zu nennen.

Die Gedichte gingen trotzdem in die Welt hinaus und brachten ihre eigenen Nachrichten nach Hause. Ich fing an, Briefe zu erhalten, Einladungen, Besprechungen, Polaroidaufnahmen von nackten Männern, Fruchtkörben, Zwiebeln, Auberginen. Lesungen wurden vorgeschlagen und Lyrikpreise verliehen. Kleine Zeitschriften, die mich früher brüskiert hatten, luden mich nun zum Abonnement ein. In meinem Heiligtum, im 92nd Street YMHA, wurde ich gebeten, Poesie zu unterrichten.

Meine Schüler und ich kamen an meinem Eßzimmertisch in dem Appartement auf der West Side zusammen, das ich mit Allan Jong teilte. Gedichte wurden angefangen, Gedichte wurden umgeschrieben, Liebesaffären erblühten, Ehen starben. Meine Schüler lehrten mich etwas über Poesie und Leben.

Ich trug meine neuen Gedichte zu einem Band namens *Half-Lives* zusammen.

»Wo ist der Roman?« fragte Aaron.

»Er kommt«, schwor ich. Aber ich brütete noch immer über »The Man Who Murdered Poets«, und ich wußte, daß ich ihm das nicht zeigen konnte. (Schließlich tat er mir den großen Gefallen, es abzulehnen, und ermutigte mich, einen Roman mit der Stimme zu schreiben, die meine Gedichte entdeckt hatten.)

Im Juli 1971 brachen Allan und ich zu einem Psychoanalytiker-Kongreß in Wien auf – die erste Rückkehr der Analytiker nach Wien, nachdem Freud 1939 vor den Nazis geflohen war.

Anna Freud würde da sein, ebenso Bruno Bettelheim, Erik H. Erikson und Alexander Mitscherlich.

Aus England kam ein hübscher junger Seelenklempner, der Liebesperlen und eine indische Kurtah trug. Für ihn fiel ich um wie eine Tonne psychiatrischer Bücher.

Er sollte die männliche Muse meines ersten Romans werden.

8

ANGST VOR DEM RUHM

Der Ruhm war mein Idol; es ward zerbrochen
An des Vergnügens und des Grams Altären . . .
                LORD BYRON, *Don Juan*

Wenn meine Bücher schlechter gewesen wären, hätte man mich
nicht nach Hollywood eingeladen; wenn sie besser gewesen wären,
wäre ich nicht gekommen.
                RAYMOND CHANDLER,
                Selected Letters of Raymond Chandler

Wien war wieder eine Konfrontation mit der Naziverganenheit. Und nach Europa reisen war für meine Familie immer der Vorwand gewesen, in den Urschlamm ihrer Erschaffung einzutauchen. Sie alle waren große Reisende und große Unzufriedene. Europa war der Ort, Erinnerungen auszumerzen, Träume, Ideale, Geschichten, Sex wieder anzufachen. Mein Großvater hatte während seines ganzen New Yorker Lebens vom Paris der Jahrhundertwende geträumt; meine Mutter hatte von der Weltausstellung 1937 in Paris mit ihren Modellen von Angkor Wat und den hübschen Jungen geträumt, die sie mit ihren aufgerollten Seidenstrümpfen und ihrem niedlichen Topfhut verfolgten. Sie und meine Tante schwärmten von der *Bremen* (später *Liberté* genannt, das erste Schiff, auf dem auch ich den Ozean überquerte), wo Nazijünglinge mit pomadisierten Haaren und nach Veilchen duftendem Eau de Cologne ihnen durch die Lounges im Art-deco-Stil folgten, nicht wissend, daß sie Jüdinnen waren. (Meine Mutter hatte immer die meisten Bewunderer.) Von der *Bremen* bis zur *Liberté* folgten wir ihren Fußstapfen.

Es war eine Familientradition: Europa war für uns Sex – der Ort, wo die Schuldgefühle wichen, wo Can-Can-Tänzerinnen sich entblößten und die Jungen, die man unter Brücken küßte, folgenlos mit der Seine, der Themse oder dem Arno verschmolzen. Europa, das waren Affären für eine Nacht mit Typen, die kaum unsere Sprache sprachen und daher nichts verraten konnten. Europa war Poesie und bacchantisches Austoben und Wein und Käse und das Land der zwölf tanzenden Prinzessinnen. Nichts zählte dort. Schließlich waren wir rechtzeitig herausgekommen. Der Holocaust hatte uns nicht verschlungen. Aber wir spielten mit der Gefahr am Rand des Feuers, nippten am Sex, der Einladung zur Feuersbrunst. Die Tatsache, dem größten Pogrom der Geschichte knapp entronnen zu sein, machte Europa für amerikanische Juden der Baby-Boom-Generation sexier. Gott schuf nur zwei Kräfte – Liebe und Tod –, und immer da, wo sie sich am nächsten waren, war die Hitze am größten.

Auf die Frage: »Möchtest du nach Europa reisen?« antwortete die Großmutter meines jetzigen Mannes, hundertundein Jahre alt, wie seit Jahren: »Da war ich schon.«

Aber meine Familie wandte der Alten Welt niemals den Rücken zu. Als ich dreizehn war, reiste ich mit meinen Eltern nach Europa und schleppte meinen riesigen Make-up-Koffer durch Grosvenor House, das George V. und das Trianon Palace Hotel in Versailles. Ich flirtete mit all den winzigen Liftboys in ihren aufsteigenden goldenen Käfigen. Ich tanzte mit Zahlmeistern und nannte sie »Verehrer«. In dem Sommer, in dem ich neunzehn war, wurde ich zur Torre de Bellosguardo in Florenz geschickt, um Italienisch zu lernen, und in dem Sommer, in dem ich dreiundzwanzig war, kehrte ich zurück, um dasselbe zu tun, diesmal ohne den schwachen Vorwand von Ferienkursen.

Ich verliebte mich in Italien wie in einen Mann – einen Mann mit vielen *campanili*. Danach war Italien immer das Land der Liebe. Es ist es noch – auch wenn jetzt Plastikflaschen und Kondome an die teerfleckigen Ufer gespült werden und VIP *viviamo in prigione* (wir wohnen im Gefängnis) bedeutet.

Willkommen in Wien, stand auf dem Schild. Das war nicht Italien, aber es war nahe. Gleich jenseits der Alpen lag das Land des Ficks, ein wild tanzender Stiefel, der Sizilien in ein azurblaues Meer trat. Und Wien war bezaubernd, obwohl es tatsächlich voller Nazis steckte und ich tatsächlich mit meinem Mann dort war.

Um das Problem kümmerte ich mich, indem ich ein Auge auf einen angemessen unpassenden Protagonisten warf und mich gleichzeitig in ihn verliebte – einen radikalen Anhänger von Ronald Laing, Hippie und Seelenklempner mit hinreißenden grünen Augen (mit leichtem Silberblick), zottigem blondem Haar und reichlich Pheromonen. Ich wollte mich bloß austoben, um die Langeweile der Ehe zu lindern, aber ich hatte mir einen Psychopathen ausgesucht, der nichts lieber tat, als mit dem Leben anderer Leute herumzuspielen – und den Frauen anderer Analytiker.

Sein wirklicher Name war so absurd, daß ich ihn unmöglich in einem Buch verwenden konnte. So nannte ich ihn »Goodlove« – in der Hoffnung, Clarissas Mr. Lovelace zu evozieren. Ansonsten habe ich ihn mehr oder weniger aufgespießt. Wenn man sofort der Wollust verfällt, ist das die Folge. Der Verlust der Kontrolle veranlaßt die Liebende, mit Pfeilen nach dem Objekt ihres emotionalen Chaos zu werfen. Pfeile gehen Hand in Hand mit Liebe. Selbst Cupido hat sie benutzt. Ich war ins Herz getroffen und übte so Vergeltung.

Bei allen öffentlichen Anlässen – Abendessen auf der Donau, Bankette im Rathaus, Konferenzen leuchtender Analytikerstars über Kopfhörer – stellten wir unseren Flirt zur Schau. Alle bemerkten es. Das war auch unsere Absicht. Es verschaffte uns das nötige Prickeln. Wir wollten nicht so sehr miteinander ficken als vielmehr die Köpfe aller anderen – insbesondere die meines Ehemannes und meines Analytikers. Aber mein Analytiker sah nicht zu. Nur mein Mann.

Nach einem ersten Fick in der Wiener Pension, in der alle Briten wohnten, wußte ich, daß man sich im Bett nicht auf ihn verlassen konnte. Trotzdem war ich verrückt nach ihm. Sein Reden verführte mich. Er wollte nichts Geringeres, als mich auf den Grund meines Selbst führen. Und ich war verlockt. Er war der Versucher, nach dem ich Ausschau gehalten hatte.

Mein erster Gedichtband war in diesem Frühjahr erschienen, und ich war auf der Suche nach meiner Belohnung. Ein Buch zu veröffentlichen hat mich immer hungrig auf Chaos gemacht. Ein Buch ordnet einen Abschnitt eines Lebens und beendet ihn. Diese Phase ist vorbei; eine neue beginnt. Ich hielt Ausschau nach einem Floß, um den Rubikon zu überqueren. Das Floß ist immer ein Mann.

Ich kam, sah und war besiegt. Meine Vorliebe dafür, einen Sklaven in einen Herrn zu verwandeln, ließ mich auch diesmal nicht im Stich. Mein Herz und meine Möse trommelten den alten Zapfenstreich: Nimm mich, nimm mich, nimm mich oder ich sterbe.

Mein Mann und ich blieben die ganze Nacht auf und analysierten meine Faszination. Das sollte ihr die Spitze nehmen, doch es verstärkte die Sache nur. Da jedes Buch ein Abschälen der Haut ist, war ich jetzt roh. Ich wollte neues Fleisch ansetzen, um das Blut zu bedecken.

Eine Liebesaffäre hat diese Wirkung – sie läßt eine neue Hülle wachsen, auch wenn sie nur aus Narbengewebe besteht. Liebe muß nicht einmal im Spiel sein. Der Mann war nur für mich schön. Aber er provozierte mich, und die Provokation fühlte sich an wie Liebe.

Nachdem es so zwei Wochen gegangen war, reisten wir zusammen in seinem MG ab, ohne ein Ziel zu haben. Ein schamloser Akt, ein Königsmord. Allan war der König, und ich war die Mörderin. Ich wollte den König in meinem Kopf umbringen. Schach reichte nicht. Der Mann mußte aus Fleisch und Blut sein. Und er mußte reden, philosophieren, herausfordern, nicht nur ficken. Wie alle meine Liebhaber mußte er die Draufgängerin in meiner Brust wecken. Er sagte: »Du wirst nicht, du kannst nicht.« Ich sagte: »Ich kann! Ich werde!«

Was für eine närrische Art, eine Reise zu beginnen! Wir brachen in die Alpen auf und fuhren im Zickzack über Alpenpässe. Salzburg, St. Gilgen, Berchtesgaden, Hitlers Nest. Wir übernachteten in einfachen Frühstückspensionen. Es war uns beschieden, einander nie wieder so gern zu haben wie am Tag unseres Kennenlernens.

Panik kam auf. Um sie zu lindern, erzählte ich die Geschichte meines Lebens. »Adrian Goodlove« stachelte mich an, provozierte mich zu Aufrichtigkeit. Bis wir nach Paris kamen, hatte ich meine eigene Geschichte gehört – obwohl es ein Scheherazade-Akt gewesen war, um sein Interesse wachzuhalten. Natürlich schmückte ich aus, übertrieb und erfand zusätzliche Verwandte. Geschichtenerzähler tun das eben.

In Paris ließ er mich ohne Auto zurück. Er wollte seine Freundin und Kinder besuchen. Ich tobte. Ich biß ihm in die Lippen. Ich biß ihm in den Hals. Er lachte und bat um einen Gedichtband mit Widmung. Nachdem ich auf der Rive Gauche nach Art von Miller, Orwell, Hemingway und anderen gefallenen Idolen in den Hades gestürzt war, nahm ich meine Seele und kurz danach meinen Ehemann wieder in Besitz.

Der Hippie-Seelendoktor und ich trafen uns in London wieder, in Hampstead Heath. Wir saßen in Keats' Garten und warteten auf den Gesang der Nachtigall. Adrian, meine Muse, gab mir den Anstoß, mit dem Buch zu beginnen. »Schreib es«, sagte er. »Du wirst es nicht bereuen.«

»Und danach?« fragte ich.

»Wirst du ein neues und noch eines schreiben«, sagte er.

»Ist das alles?«

»Das ist alles. Du beendest eines, und dann fängst du wieder an.«

»Und wenn es keinen Erfolg hat?«

»Was hat das mit dir zu tun? Du bist die Autorin, nicht die Kritikerin deines Buches.«

»Und wenn ich es nicht kann?«

»Du kannst es. Du weißt, daß du deine Ängste besiegen

kannst. Nichts anderes ist ein Schriftsteller – einer, der seine Ängste besiegt.«

Also fuhr ich nach Hause und fing an. Immer, wenn ich schwankte, spielte ich ein Band mit seiner Stimme ab. Aufgenommen auf der Autobahn außerhalb von München, klang es wie das Poltern von Lastwagen und Hupengedröhn. Aber unter dem Verkehrslärm hörte ich seine Stimme, die mich provozierte. Ich kann sie noch immer hören. Sie brachte mich auf den Weg. Ich schrieb die Geschichte wie eine Vagabundin auf der Flucht. Mein Scheherazade-Akt war der Rahmen. Jeden Tag, jede Nacht schrieb ich mit pochendem Herzen. Halb war es Beichte, halb Trotz. Ich schrieb, weil ich dachte, ich könne es nicht. Ich war getrieben von der Macht der Angst.

Ich begann im September und hatte im Juni einen fertigen Entwurf – bis auf den Schluß. Der Schluß kostete mich mehr Schmerz als all meine anderen Bücher zusammen. Ich wußte, was immer ich meine Heldin am Ende würde tun lassen, für irgend eine politische Richtung würde es zwangsläufig falsch sein. Also ließ ich sie in der Badewanne zurück, wiedergeboren.

Wiedergeburt ist der eigentliche Punkt. Scheidung, Ehe, Tod, alle können dorthin führen oder auch nicht. Heute bevorzugen die Romane gewöhnlich die Scheidung. Im vorigen Jahrhundert favorisierten sie die Heirat. Kein Schluß ist so wichtig wie die Wiedergeburt der Heldin. Und weil so viele Heldinnen gestorben waren, wollte ich, daß meine wiedergeboren wurde.

Als ich etwa vierhundert Seiten geschrieben hatte, platzte ich in das Büro meines Verlegers und packte sie ihm auf den Schreibtisch. Vielleicht hatte er inzwischen angenommen, es würde keinen Roman geben. Ich floh aus der Tür und reiste nach Cape Cod ab, wo die Seelenklempner den Sommer verbrachten.

Als Aaron mich anrief, um mir zu sagen, wie gut ihm das Buch gefiele, war ich weit entfernt und hatte fast Angst, ihm zuzuhören. Ich erinnere mich dunkel, daß er sagte: »Es ist alles drin – Feminismus, Sex, Satire, Ambivalenz, es erzählt die Geschichte von einem einzigartigen Standpunkt aus.« War es möglich, daß das mein Buch war? Dann stürzte ich mich in den sechsmonatigen Prozeß, den Schluß zu bewältigen.

Am stärksten im Gedächtnis geblieben ist mir der Wunsch, den Druckern das Buch wieder abzunehmen. Ich hatte panische Angst und nächtliche Schweißausbrüche, während ich mein Verhängnis vorhersah. Ich wußte, dieses Buch war eine Emanzipationserklärung. Aber ich wußte nicht, ob mir klar sein würde, wie man frei ist.

Nachts lag ich wach und wollte den Vertrag zerreißen, das Buch in eine Schreibtischschublade packen oder es am Strand verbrennen! Bloßer Trotz ließ mich durchhalten. Ich wußte nicht mehr, wem ich trotzte. Mir selbst? Meinem Mann? Meiner Familie? Der Tradition, die hochmütige Frauen zum Tode verurteilt? Ich wußte, was ich tat, und wußte es doch nicht ganz.

Die Schreibblockierungen kamen zurück. Ich hatte das Buch in einem Zug geschrieben, um die Blockierungen zu überlisten, aber die Niederschrift der letzten fünfzig Seiten dauerte genauso lange wie die der vorhergehenden vierhundert. Die verworfenen Fassungen sind aufschlußreich. In einer schreibt Isadora lange Briefe wie Saul Bellows Herzog – an Freud, Colette, Simone de Beauvoir, Doris Lessing, Emily Dickinson. In einer anderen stirbt sie an einer verpfuschten Abtreibung. In wieder einer anderen schießt sie Bennett in den Wind und geht nach Walden Point, um allein in den Wäldern zu leben. In einer weiteren verspricht sie ewige Sklaverei, und er nimmt sie zurück.

Alle diese Fassungen waren unzulänglich. Der Schluß eines Buches ist ein magisches Amulett, für den Autor ebenso wie für den Leser. Wir wissen, daß Bücher Dinge bewirken, also halten wir uns zurück, damit sie nicht geschehen. Ich kehrte zurück zu dem, was ich, wie ich wußte, tun mußte: Das Ende mußte mit dem Charakter übereinstimmen. Sie war auf dem Wege. Aber sie war noch nicht angekommen. Sie würde nicht zu Kreuze kriechen, aber sie würde noch nicht davonfliegen. Sie würde ihren Kopf wechseln, aber nicht den Schreibtisch, an dem sie schrieb. Noch nicht. Sie war noch nicht ganz bereit. Sie mußte noch einen weiteren Bergpaß überqueren.

Als das Buch in seinen blaßgrün eingebundenen Originalfahnen zu kursieren begann, erhob sich ein Raunen. Ich verstand das nicht. Sowohl Begeisterung als auch Angriffe. Fahnen wurden gestohlen und herumgereicht.

Meine Panik verstärkte sich, als der Erfolg winkte. Ich wußte, ich wollte Erfolg, aber wollte ich ihn so? Die Nacktheit des Buches machte mir panische Angst. Ich hatte es auf meine Haut geschrieben und stand vor der Welt wie eine nackte Tätowierte. Der Tanz konnte beginnen.

Im ersten Sommer am Cape hatte ich davon geträumt, das Buch ungeschehen zu machen; im zweiten Sommer am Cape lag es in Fahnen vor. Ich quälte mich mit dem Schluß, mit dem Redigieren (ich las die Dialoge sogar laut auf Band, um zu hören, ob sie real klangen). Ich hatte mich mit einem Korrekturpinsel so lange über das Manuskript hergemacht, bis ich von den Dämpfen berauscht war.

Der Erscheinungstag im November zeichnete sich bedrohlich ab wie der Tag, an dem sie die Guillotine auf den Marktplatz rollen. Wenn ich meinen Kopf hätte darunterlegen und meinem Elend ein Ende machen können, hätte ich es getan.

Eine gewisse Dünnhäutigkeit geht mit der Fähigkeit, Gefühle zu beobachten und zu beschreiben, Hand in Hand. Sie eignet sich nicht für heitere Unbekümmertheit. Schriftsteller sind Zweifler, zwanghaft, selbstkasteiend. Ihre Qualen setzen nur für kurze Augenblicke aus.

So ging das Buch hinaus in die Welt, nahm seinen eigenen Weg. Sein Schicksal war unvorhersehbar. Das Schicksal jedes Kindes ist unvorhersehbar, und die Mutter steht einfach da, kaut an den Fingernägeln und betet.

Zwei Jahre später war ich berühmt, das Taschenbuch stand fast ein Jahr lang an der Spitze der Bestsellerliste.

Doch mein Ruhm war kaum das, wonach es eine angehende Doktorin der Literaturwissenschaft gelüstet hätte. Talk-Shows und Titelgeschichten, Fotografen im Dünengras vor meinem gemieteten Sommerhäuschen in Malibu, verpatzte Filmverträge, Hollywood-Draufgänger und entnervte Drogenwracks. Aber auch Bitten um meine Unterwäsche (wenn möglich, ungewaschen), Flaschenpost von ausgesetzten Crusoes, die von mir, einer Schiffbrüchigen, gerettet werden wollten. Erhörte Gebete wiegen immer schwerer als unerhörte. Ich begegnete meinem eigenen Zwang zur Selbstzerstörung. Ich hatte bekommen, was ich wollte; nun konnte ich gar nicht abwarten, es wegzuwerfen.

Wenn der Schüler bereit ist, erscheint der Lehrer. Julia Phillips war meine Lehrerin in Selbstzerstörung. In dieser Spezialität war sie mir weit voraus. Als ich sie kennenlernte, ein hundertpfündiges Nervenbündel mit Haaren, die Funken sprühten wie Knallbonbons, verliebte ich mich. Ihre Energie war manisch; sie redete ununterbrochen; sie hatte ein Kind, einen Oscar, einen gehorsamen Ehemann. Vom Sherry Netherland Hotel aus regierte sie die Welt. 1974 war das ungewöhnlich für eine Frau.

Eine von Edna O'Briens Heldinnen sagt irgendwo, daß Filmleute von Dämonen besessen sind, aber von einer sehr niedrigen Form von Dämonen.

Doch einst war ein Dämon ein Daimon – eine kreative Kraft –, und Julia war auch das. Sie strahlte Energie, Ideen, eine Art Charisma aus. Sie flößte mir Ehrfurcht ein, bevor ich sie haßte.

Sie schmeichelte mir die Filmrechte für *Angst vorm Fliegen* ab und kaufte sie schließlich für eine bescheidene Option ohne Rücktrittsklausel und 50000 Dollar.

Selbst 1974 war das kein gutes Geschäft. Es schleppte sich dahin, und mindestens ein Jahr lang veränderten sich die Klauseln im Computer auf magische Weise. Inzwischen schrieb ich mein erstes Drehbuch, hatte im Sherry Netherland endlose Konferenzen über die Story und nahm Tag um Tag Abschied von meiner Ehe. Und da draußen wurde das Buch berühmt. Das erste Anzeichen dafür waren Lastwagenladungen von Post.

Als ich im Herbst nach Kalifornien kam, den ersten Entwurf meines Drehbuchs unter dem Arm, hatte Julia eine andere Ebene des Drogenkonsums erreicht. Aber da ich nichts über Kokain wußte, dachte ich, sie sei bloß grob und beleidigend.

Ich wartete etwa in einem Hotelzimmer – im Beverly Hills –, und sie rief an und sagte: »Auf dem San Diego Freeway ist ein Unfall. Ich komme eine Stunde später.«

Eine Stunde später rief dann ihre Sekretärin an und berichtete von einem weiteren Unfall, einer dringenden Sitzung oder einem verheerenden Problem mit dem Kind. Während es ein Uhr, zwei Uhr, sechs Uhr wurde, fühlte ich mich allmählich zum Opfer gemacht und wütend. Auf die gleiche Weise brüskierte sie Regisseure und Schauspielerinnen; sie selbst tat ihr Verhalten mit einer Art waghalsiger Unverfrorenheit ab, die sowohl inspirierend als auch deprimierend war.

Leute, die durch Drogenkonsum Unruhe stiften, können faszinierend sein. Wir alle hassen die Scheinheiligkeit der Welt und möchten darauf aufmerksam machen, aber wenn der Unruhestifter selber zum Scheinheiligen wird, dann ist dieser Verrat bestürzender als jeder andere. Wie W. H. Auden sagt: »Es ist moralisch weniger verwirrend, von einem Handelsreisenden geleimt zu werden als von einem Bischof.« Julia war kein Bischof, aber ich hatte sie zu meiner Hohepriesterin des Unruhestiftens gemacht; zur Rebellin der Rebellion. Als sich herausstellte, daß sie nur ein Strohmann für die Unterschlagungen von David Begelman war, war ich verwirrt. Wer war nun der Töpfer und wer der Topf?

Zwischen Besprechungen, die nie zustande kamen, und einer Sintflut von Publicity für das Buch war ich damit beschäftigt, Jonathan Fast kennenzulernen und mich in ihn zu verlieben. Durch die Dinnerpartys der Untermeyers waren seine

Eltern meine Freunde geworden. Julia hatte inzwischen damit zu tun, mit ihren schlechten Angewohnheiten jedermann im Filmgeschäft zu brüskieren.

Als Regisseure wie Hal Ashby und John Schlesinger und Schauspielerinnen wie Goldie Hawn und Barbra Streisand sämtlich vor Julias Wahnsinn geflohen waren, entschloß sich Julia, den Film selbst zu inszenieren.

Da platzte mir der Kragen. Trotz ihres kurzen Regiekurses am American Film Institute war Julia eine blutige Anfängerin. (Ich war natürlich auch eine Anfängerin, aber ich hatte ja auch nicht vor, bei dem Film Regie zu führen.)

Inzwischen lebten Jonathan und ich in Malibu zusammen, und ich versuchte, mich aus meiner Ehe mit Dr. Jong zu befreien.

Unser Haus in Malibu hatte ein Wasserbett, von dem aus man den Pazifik sah, einen heißen Whirlpool mit Blick über den Pazifik und einen dschungelartigen Innenhof, der den Elementen offenstand. Vipern und Eidechsen spielten darin. Einmal kam ich nach Hause und fand im Wohnzimmer eine Schlange – und zwar nicht von der Art, wie man sie sonst in den Wohnzimmern Malibus findet.

Das Haus war eine dieser von einem Studioschreiner zusammengeschusterten Werktags- und Nachmittagsabsteigen für Sex zwischen Starlets und Produzenten.

Wir waren glücklich. Wir waren verliebt. Aber wir waren auch traumatisiert. *Newsweek* machte eine Titelgeschichte über mich und setzte Fotografen zwischen Eiskraut und Bougainvilleas. Jonathan versuchte, eine Karriere als Drehbuchautor zu starten, und litt unter den üblichen Qualen der Ablehnung. Ich versuchte, die Welt auszuschließen und einen zweiten Roman zu schreiben – wenn mir auch Schriftstellerfreunde versicherten, das sei sinnlos, denn nach *Angst vorm Fliegen* würde wahrscheinlich alles, was ich schriebe, verrissen werden, und im amerikanischen Leben gebe es keinen zweiten Akt (und keine zweite Chance).

»Schreiben Sie Drehbücher«, sagte Mario Puzo. »Damit ist mehr Geld zu verdienen.«

Aber ich, die schnoddrige ehemalige Dozentin, sah mich um in Malibu mit seinen verdrossenen Multimillionärinnen mit den Doppelnamen, die am Strand entlangliefen und immer reicher und grauer wurden, und dachte nur an Literatur.

»Wenn ich den zweiten Roman nicht schreibe, wie kann ich dann den dritten schreiben?« fragte ich Mario. »Und wenn ich den dritten nicht schreibe, wie kann ich dann den vierten schreiben, wenn ich den vierten nicht schreibe, wie kann ich dann den fünften schreiben . . .« Et cetera.

Ich wollte Ivy Compton-Burnett oder Simone de Beauvoir sein, nicht Robert Towne.

»Narren sterben«, murmelte Mario Puzo.

Vielleicht sagte er auch nur: »Schmock.«

War ich in Hollywood? Nun, dann würde ich Isherwood, Huxley oder Thomas Mann sein – ganz gewiß nicht die Marx Brothers. Meine hohen Begriffe von Literatur haben mir immer übel mitgespielt.

Vielleicht lag es auch daran, daß meines Vaters Unternehmungslust im Showgeschäft gescheitert war.

Irgendwann in der Zeit, als Julia sich zur Regisseurin erklärte, während ich mich zur Literatin salbte, lernte ich einen gewissen Mann kennen. Jemand brachte ihn zu einer Party in unserem Strandhaus mit. Es hätte jeder sein können. Eine Reihe zwielichtiger Gestalten frequentierte unser Haus in Malibu in dem Jahr, in dem ich wirklich berühmt war.

»Ich möchte Sie mit einem engen persönlichen Freund bekannt machen«, sagte der Kuppler und benutzte den Ausdruck, der den völligen Niedergang des Begriffs »Freundschaft« kennzeichnet. Wovon der enge persönliche Freund lebte, war unklar. Wie konnte er Manager, Agent, Produzent und Löwenbändiger in einer Person sein?

Er konnte. Dies war Hollywood.

Jeder (außer mir, die ich 1974 eine snobistische Literatin war) weiß, daß Hollywood voll ist und war mit Gestalten, die ihre Vergangenheit so gewaschen haben, daß sie den Lebensläufen von Charakterdarstellern ähnelt.

Finanzielle Intrigen wurden verschwiegen. Mißerfolge wurden ausradiert, Erfolge von Partnern als eigene hingestellt.

Dieser »Manager« hatte funkelnde grüne Augen und zottiges graues Haar. Ich glaube mich zu erinnern, daß er Zuñi-Schmuck und Leinentuniken trug, die an eine römische Toga gemahnten – aber das ist sicher falsch. Er behauptete, früher in christlichen Erbauungsveranstaltungen als jugendlicher Prediger aufgetreten zu sein. Er behauptete, er sei ein Sünder gewesen, habe bereut und das Licht gesehen, Halleluja. Er erinnerte mich an einen Christen aus dem Altertum, der predigt, ehe er den Löwen vorgeworfen wird. Ich erinnerte ihn anscheinend an dasselbe.

Dieser Herr und ich begannen draußen, in der Nähe des Whirlpools vor dem flammenden Hintergrund des pazifischen Sonnenuntergangs (wir gratulierten uns beide, als Silhouette davor zu erscheinen), miteinander zu reden. Er hatte die Berichterstattung über die Prozesse um *Angst vorm Fliegen* in den Klatschkolumnen verfolgt. Um meinetwillen war er empört.

»Sie sagt, sie sei jetzt Regisseurin, und dabei kann sie höchstens eine einzige Besprechung lang mit einem Schauspieler auskommen. Ich weiß, es geht mich nichts an, aber falls Sie jemals in dieser Sache etwas unternehmen wollen, kann ich dafür sorgen, daß Sie die Rechte zurückbekommen. Man hat Sie über den Tisch gezogen. Man hat Ihnen einen unfairen Vertrag gegeben. Und die Agenten haben sich verschworen, damit Sie ihn unterschreiben.«

Der Haken saß. Mein Gehirn tickte wie eine Bombe. Mein Unruhestifter erhob sich und schlich sich an wie ein Löwe. Mein Instinkt für Unechtes war dahin.

Nach wenigen Tagen wurden Jonathan und ich eingeladen, die Löwen unseres neuen Freundes kennenzulernen.

Sie wurden in einem geheimen Canyon in der Wüste gehalten und streiften durch eine Umgebung, die man wie ein afrikanisches Veldt hergerichtet hatte.

Jon und ich durften sie liebkosen, uns neben sie, auf sie, zwischen ihre Pfoten drapieren. Wir posierten für Polaroidfotos, um sie Howard und Bette Fast in Beverly Hills zu zeigen. Wir wußten, sie würden die angemessenen Schnalzlaute jüdischer Eltern von sich geben.

Unser Löwenbändiger sprang zwischen den Tieren umher und brüllte sie an, um zu beweisen, daß er jeden anbrüllen konnte. Er hob Hocker, Stühle und Peitschen in die Luft. Seine Frau, eine schöne Schauspielerin, die selten arbeitete, schien ebenso begeistert von den Löwen. Wie seine entzückende junge Stieftochter, ein Kinderstar.

»Sie sollten den Käfig besser verlassen«, sagte er unheilverkündend. »Das könnte heikel werden.«

Wir standen draußen und sahen zu, wie der Löwenbändiger seine Hand in die *bocca di leone* legte und dann lächelte. Woher sollte ich wissen, daß er meine Rolle in der ganzen Geschichte demonstrierte?

Aus dem Löwenkäfig ging es in Anwaltsbüros. Der »Manager« erklärte mir, wieso es vollkommen ungefährlich und risikolos sei, Julia, Columbia Pictures und ICM zu verklagen. Ich dachte, er redete von mir, doch er redete natürlich von sich. Er stellte seinen eigenen Rechtsanwalt zur Verfügung, bot sich selbst als Produzent an und trieb mich in seiner Eigenschaft als Löwenbändiger in den Alptraum meines Lebens (komplett mit Zeugenaussagen von Agenten, die Telefonlisten mit Löchern wie Schweizer Käse hochhielten). Natürlich versprach er, alle Kosten zu übernehmen, doch seine Versprechungen waren die eines Erbauungspredigers.

Wenn Ihnen jemals jemand einen »kostenlosen« Prozeß versprechen sollte oder lebenslängliche Steuerfreiheit, dann laufen Sie am besten weg und gehen in Deckung. Der Streich mit den Steuern wurde mir ungefähr um dieselbe Zeit in meinem

Leben gespielt, und dafür bezahle ich immer noch. Diese beiden verheerenden Fehleinschätzungen wurden für mich ein Mittel, mich selbst und meinen Ruhm bequem auf einen Streich zu zerstören. Großgeworden mit Filmen, in denen der Mann von der Straße gegen das System gewinnt, verstand ich nicht mehr von Gerichten als eine Maus von einem Wettbewerb, in dem Käse prämiert wird.

Jeder Narr hätte wissen können, daß eine Klage gegen eine Filmgesellschaft in Burbank ungefähr so klug war, als betrete man ein Löwengehege in einem Wüstencanyon. Mein neuer Berater erwartete eine schnelle Kapitulation und den sofortigen Sieg. Er erwies sich als noch weltfremder als ich.

Die Klage wurde in der Presse verkündet, bekam die Art scheußlicher Publicity, die solche Dinge auf sich ziehen, und schleppte sich endlos hin. Es war schwer genug, nach all dem Tohuwabohu einen zweiten Roman zu schreiben. (*Angst vorm Fliegen* kam mir wie eine Lehrlingsarbeit vor, als ich es schrieb, und jetzt sollte es mein Grabstein werden oder zumindest der »Spontanfick« mein Epitaph.) Doch die Niederschrift eines zweiten Romans, während eine Klage anhängig war, war genau der Hinderniskurs, den ich brauchte, um mich so verdorben zu fühlen, wie ich es nach all dem Erfolg brauchte. Alle rieten mir davon ab. Doch ich hatte es mir in den Kopf gesetzt und beschlossen, daß ich und nicht mein damaliger Schwiegervater Thomas Paine und Spartakus in einer Person war.

Die Sache verdarb zwei Jahre meines Lebens, in denen ich eigentlich Spaß haben wollte. Und wie jeder vernünftige Mensch hätte vorhersagen können, endete sie mit einer verheerenden juristischen Niederlage, riesigen Rechnungen und ohne den Film. Ich ging zurück nach New York, machte eine weltweite Werbetour für *Rette sich wer kann* und wurde nur immer nach dem »Spontanfick« und dem Prozeß gefragt. Als ich wieder in New York war, begann ich einen dritten Roman über einen Urchristen, der den Löwen vorgeworfen wird, gab aber bald auf und zog mich auf die alte Sicherheitsstrategie aus Barnard zurück, den ungefährlichen Rückblick auf das achtzehnte Jahrhundert. Ich begann für eine pikareske Erzählung über ein Waisenmädchen zu recherchieren, das Dichterin, Hexe, Landfahrerin, Prostituierte und schließlich Mutter einer entzückenden Tochter wird, wodurch sie über alle Mißgeschicke triumphiert – die perfekte Heldin, um nach dem Ruhm mein Leben wiederzugewinnen.

Während der fünf Jahre, in denen ich an dieser Erzählung aus dem achtzehnten Jahrhundert werkelte, war ich einmalig glücklich, und beim Ausgang der Handlung bekam ich ebenfalls ein Baby. Mit Fannys Augen schrieb ich über sie:

Ich staunte es an: das Stupsnäschen, die Fäustchen, die sich ziellos öffneten und schlossen, den kleinen Mund, der ziellose Saugbewegungen machte, die winzigen Füßchen, die noch nichts von Wegen wußten, die sie später gehen sollten, nichts von fernen Kontinenten, nichts vom eigenen Geburtsland ...
»Willkommen, kleiner Fremdling«, flüsterte ich unter Tränen. Ich weinte – vor Glück –, bis meine Tränen einen Teil des geronnenen Blutes vom Köpfchen meiner Tochter gewaschen hatten und ich die rosig-durchsichtige Haut sehen konnte.

Als ich ins Krankenhaus kam, war ich nicht sicher, ob ich das Baby bekam oder meine Heldin. Infolgedessen stand auf Mollys Geburtsurkunde zuerst »Belinda« – der Name von Fannys Tochter. Dann erkannte ich meinen Fehler, lag im Bett und erfand Namen für meine schöne Tochter. Gilassanda, Ozma, Rosalba, Rosamund, Justina, Boadicea ... Ich kritzelte sie auf einen Block. Dann fiel mir Molly Miranda ein. Und Jon war einverstanden.

»Gut, daß du wieder zu dir gekommen bist, Mom«, sagt Molly.

Mollys Geburt machte alles wieder gut, und *Fanny* besorgte den Rest. Ich glaube, *Fanny* ist mir lieber als alle meine anderen

Romane (bisher), weil die einzigartige Herausforderung des Schreibens mir tiefe Befriedigung verschaffte – die Herausforderung, Sprache und Handlungsablauf des achtzehnten Jahrhunderts neu zu erschaffen, den männlichen Abenteuerroman auf den Kopf zu stellen. Das machte mich so glücklich, wie ich seit meinem sechsten Lebensjahr nicht mehr gewesen war – genau wie die Ehe mit Jon, solange das Glück dauerte.

Es ist einfacher, über Schmerz zu schreiben als über Freude. Freude ist sprachlos. Nach diesem Krampf des Lebens in der Umlaufbahn war ich entzückt, unbekannt zu sein und mich auf dem Land zu verstecken.

Wir erwogen, wegen der Bibliothek nach Princeton, wegen der Landschaft in die Berkshires, wegen des Lichts nach Key West, wegen der Berge nach Colorado zu ziehen, doch wir landeten in Weston, Connecticut (von wo aus wir mit dem Auto sowohl zur Beinecke Library als auch nach Manhattan fahren konnten), und führten ein nahezu idyllisches Leben: Schreiben, Yoga, Hunde und Kochen. Wir machten bloß den Fehler, uns von der Zeitschrift *People* für einen Artikel über ein glückliches Paar fotografieren zu lassen. Damit machten wir die Scheidung unvermeidlich, genau wie eine Titelgeschichte in *Time* Tod, Bankrott und die Entführung geliebter Babys nach sich zieht.

Fanny machte mich glücklich, weil ich dabei mit dem immer aufgeschlagenen *Oxford English Dictionary* auf meinem Schreibtisch leben mußte – und was kann schöner sein als das? Jon machte mich glücklich, weil er Sinn für Humor hatte und das Gefühl, nichts könne besser sein als Schreiben und Yoga praktizieren. Und Molly machte mich glücklich, weil sie mein gewöhnliches Wunder war, irgendwie von Gott geschaffen, während mein Geist sich mit anderen Dingen beschäftigte – zum Beispiel mit dem Ursprung des Wortes *fichu*.

Der Ruhm dagegen machte mich nie glücklich, obwohl das natürlich nicht bedeutete, daß ich ihn aufgeben wollte. Ruhm ist die größte Prüfung für den Charakter. Verliert oder findet man sich durch ihn? Die meisten von uns verlieren sich, zumindest für eine Weile. Einige kommen zurück. Die meisten nicht. Um diese Zeit wollte ich mich in den Wäldern von Connecticut verlieren, mein Baby nähren, im *OED* Wörter nachschlagen und jeden Morgen Smollet oder Fielding oder Swift lesen, um den Sprachrhythmus in den Kopf zu bekommen. Ruhm erschreckte und verwirrte mich. Innerhalb von drei Jahren hatte er mich erhoben und dann in eine Dornenhecke geschleudert. Ich wollte mich so weit von diesen schmerzhaften Erinnerungen entfernen, wie ich konnte. Die Regentschaft von Queen Anne war perfekt. Ich war gestorben, aber im Begriff, als Rotschopf im Reitkostüm wiedergeboren zu werden.

Ich hatte zumindest überlebt. Und das würde sie auch.

Während ich dies noch einmal durchlese, fällt mir auf, daß das Kapitel nichts über Henry Miller enthält. Vielleicht liegt es daran, daß ich hier über meinen Drang zur Selbstsabotage schreibe und Henry das Gegenteil davon war: Er gab mir Lektionen darin, wie man lebt.

Seltsamerweise lernte ich Henry Miller am gleichen Tag kennen wie Jonathan Fast – einem goldenen kalifornischen Herbsttag im Oktober 1974.

Ich war mit einem gemieteten Buick den Sunset Boulevard nach Pacific Palisades hinuntergefahren und hatte den Nachmittag mit einem erstaunlichen, alten Brooklyner Jungen von dreiundachtzig Jahren verbracht, der mir seit sechs Monaten muntere Briefe schrieb und mir nun in seiner ruinierten Körperlichkeit geistig jünger erschien als ich selbst.

Henry Miller war größtenteils an den Rollstuhl gefesselt, auf einem Auge blind, in Pyjama und einen Bademantel gekleidet und hatte ein Gesicht wie ein uralter chinesischer Weiser. Er erhob sich vom Bett, um mich zu begrüßen, und benutzte sein Gehgestell, was ihm große Mühe bereitete, statt passiv in einem Sessel zu sitzen.

Er sollte mein klares Auge inmitten des Hurrikans werden. Amerikanische Schriftsteller neigen dazu, Trunkenbolde und

Melancholiker zu sein, deren Beziehung zu ihren aufstrebenden jungen Kollegen sich in dem Satz zu erschöpfen scheint: »Sagen Sie mir einen guten Grund, warum ich nicht Selbstmord begehen sollte.« Wenn man hingeht, um sie kennenzulernen und zu bewundern, tut man gut daran, Gin oder ein Buch über die Anonymen Alkoholiker mitzubringen und sich auf eine Menge Ermunterungsarbeit einzustellen. Aber Henry war, wie er selbst es ausdrückte, »immer fröhlich und heiter«. Sein Temperament war seine Gabe und auch sein Geschenk an uns alle.

Hätte ich ihn als jungen Mann kennengelernt, wäre er ungestümer und chaotischer gewesen. Doch die Tatsache, daß er überlebt hatte, was ich gerade durchmachte, und daß er seine Mitte behalten hatte, war das Entscheidende. Er war als »König des Schunds« gebrandmarkt worden und schrieb dennoch weiter, was er zu schreiben hatte. Er hatte allen Grund, sich vor der Menschheit zu verschließen, doch er blieb offen und gab dieses Geschenk weiter.

Wer immer in Amerika auf den Sexknopf drückt, muß sich auf Sirenen und Alarmglocken gefaßt machen. Alles andere, was wir in unserem Leben tun, wird von ihnen übertönt.

»Warum fassen Sie es nicht als Witz auf?« fragte Henry, als ich verwirrt von Briefen berichtete, in denen man mich um getragene Schlüpfer bat. Ich frage mich das noch immer zwanzigmal am Tag. Und meine Fähigkeit, zu jeder gegebenen Zeit darauf zu antworten, ist noch immer der Index für meine seelische Gesundheit.

Ich fuhr über den Sunset Boulevard zurück, beladen mit Wasserfarben, Büchern, Drucken. Henry war niemand, der einen mit leeren Händen gehen ließ.

All diese guten Dinge lagen auf dem Bett, als Jonathan und ich (nachdem wir uns gerade auf der Party seiner Eltern kennengelernt hatten) spät in der Nacht oder frühmorgens dorthin zurückkehrten. Wir hatten eine Stunde lang am Mulholland Drive gesessen, die Lichter von Los Angeles durch den Smog blinken sehen, von der Möglichkeit einer wirklichen Vermählung von Geistern und Herzen gesprochen und gemerkt, daß wir im Begriff waren, uns zu verlieben.

Ich war zweiunddreißig und er sechsundzwanzig, doch in gewisser Hinsicht waren wir beide gerade erst zur Welt gekommen. Wir verpfändeten einander in dieser ersten Nacht gegenseitig unser Leben, und durch Molly werden wir immer verbunden sein.

Später taten wir uns entsetzlich weh, handelten aus Wut, waren unverantwortliche Liebende und Eltern, geblendet von Stolz, Eifersucht und Zorn. Es ist nicht meine Aufgabe, seine Heimsuchung zu sein – doch genau das war ich in einigen Büchern, was nur zeigt, daß ich noch immer dachte, es würde mich befreien, andere zu beschuldigen.

Hier muß ich ihm und Molly Abbitte leisten: Ich wünschte, ich hätte mich selbst besser gekannt und euch weniger verletzt. Ich wünschte, ich hätte damals gewußt, was ich heute weiß: daß es nutzlos ist, Ehemännern oder Kindern die Schuld an unseren eigenen Mängeln zu geben, daß es nur die Selbstkonfrontation verzögert. Und den Wandel hinauszuzögert. Solange man dafür nicht die Verantwortung übernimmt, kann es keinen Frieden geben.

Ruhm erweist sich als mächtiges Instrument der Gnade, denn er demütigt seine erwählten Opfer ganz schnell. Du gleitest hinein, die Segel geschwellt von Grandiosität, und wenn du deine fünfzehn Minuten hinter dir hast und zur Ruhe kommst, erkennst du, daß Grandiosität dich nicht dahin bringt, wohin du gehen mußt.

Erst dann lernst du, zu rudern wie verrückt, und bittest Gott um die Kraft, über Wasser zu bleiben.

Das Schreiben, das für mich als Verführung der Muse und der Liebe des Publikums begonnen hatte, bekam nun eine ganz andere Funktion in meinem Leben. Es wurde wieder der Trost, der es in meiner Kindheit gewesen war – ein Mittel, sich selbst zu erfreuen, sich selbst zu erkennen. Einige weise Schriftsteller, darunter Robert Penn Warren, haben gesagt, erst wenn man den Ehrgeiz aufgebe, beginne man wirklich zu schreiben.

Nach jedem Roman kehrte ich immer wieder zur Lyrik zurück, denn Lyrik garantierte Obskurität und war somit gefeit gegen Ehrgeiz; ich konnte sie also schreiben, ohne mit den Gedanken bei der Außenwelt zu sein.

Ich denke, eine Gesellschaft verarmt, wenn sie nur spärliche Ventile für ehrgeizfreie Aktivitäten bereitstellt. Meditation, Sport, Poesie, Aquarellieren, Tagebuchschreiben und Beten sind nur so weit bereichernd, wie sie frei von Hoffnung auf äußere Bestätigung sind. Wenn sich der Kobold des Ehrgeizes einschleicht, sind sie befleckt. Doch bei der Lyrik hat es der Ehrgeizkobold schwer, weil keiner Lyrik für Geld, für Ruhm, für Bestseller will, und so muß man sie für sich selbst schreiben, wenn man sie überhaupt schreiben möchte.

Ruhm dagegen ist ein Gefangener des Marketings und erfordert, daß man immer wieder dasselbe tut – zumindest, wenn man das Baby ernähren will. *Fanny* hatte die Leute auf meine literarischen Wurzeln aufmerksam gemacht, hatte seriöse Besprechungen bekommen und war weltweit zum Bestseller geworden, doch irgendwie war mein dauerhaftester Ruhm noch immer der als Miss Einsame Möse, Sprachrohr des dunkelsten Drangs amerikanischer Weiblichkeit.

So sehr ich mich auch in die Lyrik vertiefte und so viele Gedichtbände ich auch hervorbrachte, der Kobold des Ruhms wollte mich wieder als Erfinderin des »Spontanficks« in den Mittelpunkt der Bühne stellen – als Symbol des Hungers meiner Generation nach weiblicher Freiheit durch sexuelle Lust.

Du kannst dir nicht aussuchen, wofür du berühmt wirst, und du kannst nicht kontrollieren, welcher der vielen Kämpfe deines Lebens schließlich für dich steht. Du kannst nicht mehr tun als arbeiten, dich nicht allzusehr um die äußeren Symbole kümmern und mit dem weitermachen, was dich deine Mitte behalten läßt und dich an dein wahres Selbst erinnert.

Für mich ist das noch immer die Lyrik.

Wenn das Ziel unserer kurzen Existenz darin besteht, daß wir uns selbst akzeptieren, die Zukunft an unsere Kinder übergeben und – wie grollend auch immer – mit unserer Sterblichkeit Frieden schließen, dann bleibt Poesie das perfekte Mittel dazu.

Dichtung ist von der Sterblichkeit besessen, gefolgt von der Liebe, deren Dienerin. Sie streut die Rosen, und der Tod sammelt sie wieder an seine knochige Brust.

9

Baby, Baby, Baby

Es ist weder weise noch gut, ein Kind mit zu viel Nachdenken zu beginnen.

COLETTE, *Die Freuden des Lebens*

Mutterschaft soll ein Teil der Natur sein – zeitlos, unveränderlich, eine Art Urfels. In Wirklichkeit ist nichts wandelbarer als Mutterschaft – jeweils bestimmt von den Konventionen und Ansprüchen der Gesellschaft, in der sie auftritt. Alles an der Mutterschaft verändert sich mit unseren Ideologien: Stillen und Wickeln, Ammen und Gemeinschaftskrippen, Anästhesie oder keine Anästhesie, Mutter-Kind-Bindung oder Trennung von Mutter und Kind, Gebären im Stehen oder Sitzen oder Liegen, Gebären allein oder in Anwesenheit von Angehörigen, Hebamme oder Geburtshelfer.

Vermutlich gibt es nichts beim Gebären, das nicht durch die Kultur verändert werden kann, ausgenommen die Tatsache, daß nur eine Frau gebären kann! Selbst die Gefühle, von denen die Mutter meint, sie würden von ihr erwartet, sind wandelbar.

Wie ungern wir Mütter das hören! Wir würden vermutlich lieber glauben, daß das Gebären und sein Drum und Dran von der Muttergöttin selbst stammt und sich von einem historischen Moment zum anderen in keiner Weise verändert. Das hormonelle Ritual mag dasselbe sein, die Entstehung des Fötus dieselbe (da er die Phylogenese rekapituliert, wie unsere Biologielehrer an der High School sagten), doch wie wir auf Wehen, Geburt und das Einschießen der

Milch beim Schreien des Babys reagieren, ist unendlich wandelbar.

Wir, die Jo-Jo-Generation, werden von den Mutterschaftstheorien ebenso umgetrieben wie von Sex, Weiblichkeit, Erfolg, Geld, Idealismus, Männern und so ziemlich allem anderen in unserem chronisch bipolaren Leben.

Wir wuchsen mit Bildern von Betty-Crocker-Müttern auf, die ihre Weiblichkeit durch Backen bewiesen. (Ein an die fünfziger Jahre angepaßter Ceres-Mythos?) Die Zeitschriften, die wir in ärztlichen Wartezimmern lasen, versicherten uns, wenn wir die Kinder verließen und arbeiten gingen, würden wir ihr psychologisches Wachstum hemmen und unseren eigenen Seelenfrieden verlieren. Männliche Ärzte machten uns Vorschriften, und wir (und die Ärzte selbst) argwöhnten nur selten, daß sich hinter ihren Worten ein politischer Plan verbarg.

Auf der Hochschule, als ich zum erstenmal verheiratet war, warnte mich der Internist meiner Eltern, mit zweiundzwanzig sei ich schon weit in meinen gebärfähigsten Jahren.

»Warten Sie besser nicht zu lange«, riet er mir.

»Mit dreißig gehören Sie schon zu den Spätgebärenden.«

Spätgebärende. Was für ein erschreckender Begriff. Mit dreißig eine Spätgebärende? (Zweihundert Jahre zuvor waren gebärfähige Frauen mit dreißig meistens tot!) Die Fortpflanzung setzt nicht voraus, daß wir leben, bis wir fünfzig sind – ganz zu schweigen von den dreißig oder vierzig weiteren Jahren, von denen wir alle meinen, sie stünden uns zu.

Ich hatte ganz und gar nicht die Absicht, auf diesen Internisten zu hören (meine ältere Schwester war die Mutter Erde; ich war die Künstlerin), doch die Saat der Angst, die er gesät hatte, trug jeden Monat Früchte. Immer, wenn das Blut strömte, sah ich in seinem Fluß ein totes Miniaturbaby. Vielleicht war es mein letztes. Ich betrauerte jedes Ei, schrieb Gedichte darüber und fühlte mich sowohl elend als auch erleichtert.

Mein ganzer Kampf, schreiben zu lernen und zur Universität zu gehen, fand wie unter einer lauernden Bedrohung statt.

Indem ich so gläubig mein Diaphragma benutzte, verurteilte ich mein Leben vielleicht zu Leere und Verzweiflung. Meine physische Abneigung gegen Babys war damals so groß, daß mir übel wurde, wenn ich eine weitere Klassenkameradin aus Barnard einen antiken Korbkinderwagen die West End Avenue hinunterschieben sah. Entweder sehnte ich mich so sehr nach einer Schwangerschaft, daß ich gegen meine eigene Sehnsucht allergisch geworden war, oder ich war entschlossen, niemals die Kontrolle zu verlieren. Ich haßte und bemitleidete die Kommilitonin, die der weiblichen Schwäche erlegen war und für das Balg im Kinderwagen Babygeräusche machte und Gesichter schnitt. Sie wird nie etwas mit ihrem Leben anfangen, dachte ich verächtlich.

Meine Heldinnen waren Simone de Beauvoir, Virginia Woolf, Elizabeth I. von England – kinderlose Königinnen der Literatur und der Macht. Mir war klar, daß der Verzicht auf das schwache weibliche Schwelgen im Schlamm der Mutterschaft der Preis intellektueller Exzellenz war. Mein Diaphragma war der Hüter meiner Flamme, meines Gehirns, meiner Unabhängigkeit.

Wenn ich zwischen Betty Crocker und Elizabeth I. zu wählen hatte, dann vergeudete ich keine Zeit mit meiner Entscheidung. Mutterschaft war eine Falle, sie war es für meine Mutter, meine Großmutter, für Frauen während der ganzen Geschichte gewesen. Schon ehe Mary McCarthys *Die Clique* herauskam, war ich in der Margaret-Sanger-Klinik gewesen und hatte mir ein Diaphragma anpassen lassen. Das war ein Ritual des ersten Studienjahrs in Barnard. Eine gewisse Unsicherheit herrschte nur bezüglich der Frage, ob man sich vorher bei Woolworth einen Ehering kaufen sollte oder nicht. Ich entschied mich dafür, weiße Glacéhandschuhe zu tragen – als würde ich konfirmiert.

Als mein erster Ehemann sich als schizophren erwies, gratulierte ich mir zu meinem Weitblick, nicht schwanger geworden zu sein. Doch der Schwangerschaftsterror ließ mich kaum zur Ruhe kommen. Jeden Monat ging es um alles oder nichts. Ich notierte meine Perioden in meinem Wochenkalender und wurde verrückt, wenn sie sich um einen Tag verzögerten. Kontrolle, Kontrolle, Kontrolle. Das war für eine Frau die einzige Möglichkeit, die Dinge in der Hand zu behalten.

Allan und ich hatten nie über Kinder gesprochen, ehe wir heirateten. Und nach der Hochzeit sprachen wir über gar nichts mehr. Aber kurz nach unserer Ankunft in Deutschland begann ich zu glauben, er sei ein Wesen von einem anderen Stern. Ich konnte die Wand, die uns trennte, nie durchbrechen – also konnte ich mir auch nie vorstellen, mit ihm ein Baby zu zeugen. Ich glaube, daß wir es bis zum Schluß nicht einmal versuchten – als ich schon wußte, daß ich gehen würde, und mir aus Schuldgefühlen selbst eine Falle stellen wollte. Doch da hatte ich die Tür schon durchschritten.

Jon dagegen fühlte sich immer an wie Fleisch von meinem Fleisch. Wir waren dazu bestimmt, Molly zu bekommen. An dem Abend, an dem wir uns im Haus seiner Eltern kennenlernten und auf dem Mulholland Drive die ganze Nacht redeten, sah ich sie über dem Smog von L. A. schweben.

»Tu es, Mom«, sagte sie. »Ich komme!«

»Warte ein bißchen – wer immer du bist«, sagten wir.

Drei Jahre später hießen wir sie willkommen.

Wie schaffte es jemand mit einer solchen Angst, die Kontrolle zu verlieren, schwanger zu werden?

Der Weg dorthin war mit streunenden Hunden gepflastert.

Wir waren inzwischen nach Connecticut gegangen, hatten ein Haus mit fünf Schlafzimmern gekauft und waren mit unserem New Yorker Feigenbaum und unserem auf der Lexington Avenue in der Nähe von Bloomingdale's gekauften Bologneserhündchen eingezogen, ehe wir uns zur Tierwohlfahrt bekehrten. Oder ehe ich das tat.

Ich kam mittels Osmose (oder Gehirnwäsche) durch unsere Freundschaft mit June Havoc zur Tierwohlfahrt. Ja, sie lebt noch, die liebe, gute June, Gypsie Rose Lees Schwester mit der perfekten norwegischen Nase (vom Hollywood der vierziger Jahre modelliert), und sie wohnt im vollkommenen Haus der Miss Havisham in Connecticut mit einer Menagerie einäugiger, hinkender, verkrüppelter Hunde, dreibeiniger Katzen, arthritischer Esel, zuckerkranker Schweine und flügellahmer Schwäne.

Sie nennt sie »die Kinder« und bezeichnet ihren Unterschlupf für sie als »Altersheim für Schauspieler« – und sie sorgt mit solcher Hingabe für sie, daß sie sich möglicherweise wirklich jeden Augenblick auf die Hinterbeine stellen und anfangen, *Hamlet* zu rezitieren. Wir hatten June auf einer dieser »kostenlosen« Kreuzfahrten kennengelernt (die sich als gar nicht so kostenlos erweisen, da man von Fans mit Manuskripten ihrer Neffen oder von ältlichen Mitreisenden über das B-Deck gehetzt wird, die »Omar Khayyam« ins Urdu übersetzen oder die Oz-Bücher in Verse übertragen und folglich einen »guten New Yorker Agenten« brauchen, und um drei Uhr früh in der Neondiskothek angesprochen wird, um über die »New Yorker Verlagsszene« zu diskutieren).

June war an Bord – und mit ihr eine Menge anderer neuer oder leicht abgenutzter Berühmtheiten.

Jon und ich vertrauten ihr an, daß wir in diesem Jahr der Zweihundertjahrfeier in den ganzen Vereinigten Staaten nach einem Haus gesucht hatten – vom Lake Tahoe über Wyoming und Santa Fe, Isla Moranda und Key West bis zu den Berkshires – und es so leid waren, daß wir im Begriff waren, nach Kalifornien zurückzukehren, diesmal nach Big Sur, Napa oder sogar Berkeley.

Junes Augen leuchteten auf!

»Kommt nach Weston«, sagte sie, »ich werde ein Haus für euch finden.«

Und das tat sie. Und sie half, es zu bevölkern. Junes wegen rannte ich dauernd in nahegelegene Tierasyle, wenn der Anruf kam, der Tag der Euthanasie rücke näher. June und ich traten im Lokalfernsehen auf (wenn das Lokalfernsehen erschien), um Werbung für die anbetungswürdigen verurteilten Tiere zu machen, und wenn kein lokaler Fernsehsender erschien, gingen wir gewöhnlich selbst mit den verlassenen Tieren nach Hause.

Bei einem dieser Ausflüge verliebten Jon und ich uns in Buffy – oder vielmehr, Buffy verliebte sich in Jon. Der große rote Köter folgte ihm überallhin, und als Jon ihn nicht nehmen wollte, begann er zu heulen wie ein Kojote bei Vollmond.

»Schatz«, sagte June, »ich verspreche dir, du wirst es nie bereuen. Wenn du mit ihr nicht zurechtkommst, nehme ich sie in das Altersheim für Schauspieler auf, das verspreche ich dir.« Und so nahmen wir Buffy mit nach Hause.

Sie sah aus wie ein Hund aus dem Lager – Haut und Knochen unter räudigem rotem Fell, riesige braune Augen, deren Hundetiefe alles menschliche Elend seit Beginn der Zeiten widerspiegelte, ein Hang, Mülltonnen umzuwerfen und den Inhalt zu fressen, ganz zu schweigen von Würmern unglaublicher Länge, die in ihren Eingeweiden lebten, und der daraus folgenden unkontrollierbaren Diarrhöe.

Nachdem sie ihn in die Hand gebissen hatte, als er ihre Zähne untersuchte, sagte der erste Tierarzt, zu dem wir sie brachten: »Das wird nie ein Haustier. Man sollte sie einschläfern.«

Das steigerte unsere Entschlossenheit nur. Wir nahmen Buffy wieder mit nach Hause, entwurmten sie und räucherten sie aus, badeten sie mit Antiflohmitteln, wuschen ihr Fell mit Kamillenshampoo und Cremespülung und fingen an, sie mit Steaks, Vitamin-E-Kapseln, Reis und Karotten aufzupäppeln. Sie knurrte uns noch immer an, saß in den Ecken des Hauses und versuchte, den Müllwagen aus der Einfahrt zu jagen. Doch nach und nach beruhigte sie sich.

Nach ein paar Monaten sah sie aus wie Annies Sandy – nach ihrer Adoption durch Daddy Warbucks und dem langen Erfolg der Broadway-Show –, ein großer roter Hund mit dünnen Beinen und einem Büschel rötlicher Haare auf dem hübschen, langen, schmalen Kopf. Wir gaben ihr einen neuen Namen, Virginia Woof (damit sie zu Poochkin, alias Alexander Puschkin, paßte, dem Bologneserhündchen), doch ihr ursprünglicher Name blieb trotzdem irgendwie haften. Buffy, Buffoon, Scruffoon, Miss Woof waren ihre Alias-Namen. Sie wurde ein beispielhafter Haushund – wunderbar trainiert von jemandem, der entschlossener war als ich, so daß sie bei Fuß ging, Fremde anbellte und im Haus niemals »Mißgeschicke« hatte –, was mehr war, als man von Poochkin behaupten konnte, der draußen oder drinnen sein Revier markierte und die Sofakissen masturbierte, bis sie steif waren.

Zuerst waren die beiden unbequeme Hausgenossen gewesen, doch nun saßen sie sich am Herd gegenüber oder hockten wie Buchstützen zu beiden Seiten der Haustür. Buffy war in Jon verliebt und Poochkin in mich. Jeder von uns hatte einen Hundekumpel in seinem Arbeitszimmer sitzen. Aber Buffy war der Hund mit der tiefgründigeren Seele. Schließlich war sie ausgesetzt und aus dem Todestrakt errettet worden. Hunde und auch Menschen sind netter, wenn sie einmal ganz unten gewesen sind.

Wenn ich diesen Hund umdrehen kann, dachte ich, dann gibt es nichts, was ich nicht kann. Sogar ein Kind haben – obwohl ich eine Schriftstellerin bin?

Aber ich zögerte, da ich noch immer das ewige Waterloo der Frauen fürchtete. In dem Sommer, in dem ich fünfunddreißig war, liebte ich streunende Hunde auf Supermarkt-Parkplätzen, weinte über Hunde, die von Autos überfahren worden waren, und schrieb Gedichte über die Intelligenz und Intuition von Hunden.

Als ich eines Tages Buffoon betrachtete, dachte ich, ein Baby könne niemals so viele Schwierigkeiten machen. Sie war jetzt das perfekte Haustier. (Was ich nicht wußte, war, daß die Analogie zwischen Hunden und Babys nur ungefähr ein Jahr dauert. Danach sind Kinder sture kleine Geschöpfe mit eigenem Willen, bis sie im Alter von zwölf Jahren zu

Dybbuks oder Inkubi werden – je nach Ihrer religiösen Überzeugung.)

Doch es war tatsächlich Buffoon, Scruffoon, Spitoon, die höchst angesehene Miss Woof, die mich soweit brachte, ein Baby haben zu wollen. Es war eine andere Art von Kapitulation. Wenn man einmal einem Hund sein Herz geschenkt hat, ist es nicht schwer, es auch einem Baby zu öffnen.

Poochkin war mein Mitwanderer, meine Muse, mein Schutz auf den Straßen von New York, mein Sohn, mein Liebhaber. Aber Poochkin kam als gesunder, vollkommener Bologneserwelpe zu mir. Buffy mußte man wegen all ihrer Probleme liebhaben. Ich nehme an, ich wußte, daß Probleme ein Teil der Mutterschaft sind und daß man, wenn man einen Hund zu sehr lieben kann, dasselbe auch mit einem Baby oder einem Mann tun kann. (Das könnte ein Bestseller sein: Frauen, die mit den Hunden laufen und sie zu sehr lieben.)

Ein Baby! Ein Baby! Wir fingen an, musikalische Diaphragmen zu spielen. Wir fingen an, an Namen zu denken. Wir legten einen Gemüsegarten an und kauften einen Jeep (nicht gerade das perfekte Auto für die Schwangerschaft, aber dennoch häuslich).

Molly war ebensogut Buffys Tochter wie meine. Buffys und Jons Hingabe stand fest. Meine schwankte. Deshalb brauchte ich sowohl den Hund als auch den Mann. Ich weiß, man erwartet von Frauen, daß sie zur Parthogenese fähig sind und niemals zurückblicken. Aber ich brauchte die Sicherheit eines Mannes und einen Hund. Könnte ich Buffy dazu trainieren, wie Nana in *Peter Pan* zu sein? Das war entscheidend. Innerlich durchstreifte ich Wiltshire, London, die Elfenbeinküste und die Karibik; mein Körper bereitete sich darauf vor, ein Baby zu schaffen.

Immer habe ich ein Buch schreiben wollen, das die grundlegende Seltsamkeit eines Schriftstellerlebens einfängt: Man lebt ein extravagantes Phantasieleben in seinem Arbeitszimmer, in seinen Notizbüchern, in den Bibliotheken, um das herum sich ein anderes, alltägliches, häusliches Leben dreht. Wie diese Leben sich ineinander verzahnen, ist ein Teil der Geschichte. Wie kann man eines Morgens dies schreiben ...

Es waren nur fünf Männer, angeführt von einem etwa zehnjährigen Jungen, der wie ein Narr zappelte und geiferte und fortwährend kreischte: »Hexe! Hexe! Sie hat mich verhext!«, wobei er wahllos mit krummem Finger in die Runde zeigte ...
In der Mitte des Heiligtums hielten zwei Männer die wunderschöne Jungfrau des Ordens auf dem kalten Boden fest, während die anderen sie nacheinander mit unvorstellbarer Brutalität vergewaltigten. Sie hatten dabei, das war klar, weniger Vergnügen als das Bedürfnis, sich vor den ebenso viehischen Gesellen großzutun. Zuerst versuchte das arme Mädchen sich zu wehren, aber nach dem·zehnten oder zwölften Mal lag sie still, blickte mit verglasten Augen himmelwärts, und ihre Lippen schienen nur noch ein stummes Gebet zur Göttin zu schicken. Doch gerade diese Frömmigkeit entflammte den Kerl, der sie eben quälte, zu noch wüsteren Ausschweifungen. Er zog seinen häßlichen roten Knüppel aus ihrer Scheide (die längst von dunklem Blut überquoll) und rammte ihn ihr in den Mund – »Das soll dich lehren, den Teufel anzurufen!« –, so daß sie blau anlief und beinahe erstickte. Dieses Beispiel ermunterte auch die anderen, sie auf gleich ekelhafte Weise zu mißbrauchen, bis sie oben nicht weniger blutete als unten. Zum Schluß zog der Häßlichste von allen, ein wahres Schwein mit roter Knollennase und Schlitzaugen, sein Messer und schnitt ihr ein Kreuz in die Stirn, ungeachtet des Jammerns und Flehens der anderen Frauen. Und so, blutüberströmt, stieß sie ihren letzten Seufzer aus.

... und sich dann mit der Familie zum Mittagessen hinsetzen? Man kann.

Und irgendwie wird die Exotik des Schreibens von der Häuslichkeit des alltäglichen Lebens gespeist.

Doch was ist mit den Momenten, in denen das Alltagsleben in das Buch einzudringen scheint, in denen man nicht weiß, ob man Erica oder Fanny ist, in denen man nicht weiß, ob Fanny oder man selbst schwanger ist?

Dieses Buch, diese Schwangerschaft waren dazu bestimmt, einander zu nähren; jedes wurde vom Schicksal des anderen gespeist und verwandelt.

Ich hatte Fanny als Aschenputtel aus einer großen Familie in Wiltshire geholt, hatte sie von ihrem Stiefvater vergewaltigen lassen, sie fortlaufen lassen, um »ihr Glück zu machen«, hatte sie einer Gruppe von Hexen zugesellt, die die Muttergöttin verehrten, dann einer Bande von Robin-Hood-artigen Dieben, die ebenfalls »Merry Men« hießen, hatte sie nach London getrieben, wo sie ihren Lebensunterhalt als Hure in Mutter Coxstarts berüchtigtem Bordell verdiente, als das Buch plötzlich durch eine Reise nach Paris unterbrochen wurde, wo ich für meinen zweiten Roman werben sollte, *Rette sich wer kann*, der auf Französisch *La Planche du Salut* hieß.

Jon und ich wohnten in einem kleinen Hotel in der Nähe von St. Sulpice. Eines Abends fielen wir von Jet lag und gutem Wein erschöpft ins Bett; wir wollten beide schlafen, doch statt dessen griffen wir nacheinander und liebten uns endlos wie in Trance.

Danach lag ich wach, während er schlief. Mein Schoß fühlte sich an wie von Licht erfüllt. Er kam mir vor wie ein riesiger roter Planet, der in mir glühte. Ich spürte das Pochen ein paar Zentimeter unter dem Nabel, bei dem man sich fühlt wie ein Möbiusband, in dem der Kosmos enthalten ist.

Am nächsten Morgen wurde ich für irgendein Hochglanzmagazin vor den Löwen im Brunnen fotografiert, als meine französische Übersetzerin fragte, wieso ich einen so schalkhaften Blick hätte.

»Wir haben letzte Nacht ein Baby gemacht«, sagte ich leichthin – und war nicht einmal sicher, ob es stimmte.

»Und was ist mit dem nächsten Buch?« fragte sie, da sie mir glaubte.

»Was soll sein?« sagte ich unbekümmert mit jener Euphorie, die tatsächlich eine Schwangerschaft ankündigt.

Hortense Chabrier war eine kleine, kettenrauchende, rothaarige Person, die es auf sich genommen hatte, meine literarische Beschützerin zu spielen. Sie hatte selbst zwei Kinder und stand in einer sehr zivilisierten *ménage à trois* mit meinem anderen französischen Übersetzer, Georges Blemont. Ich hatte Georges und Hortense durch Henry Miller kennengelernt. Henry und Georges waren seit den dreißiger Jahren gute alte Freunde, und Hortense war eine brillante junge Lektorin, die für Robert Laffont arbeitete. Henry hatte *Angst vorm Fliegen* entdeckt und ihnen zugeschickt, doch Laffont hatte es mit der Entschuldigung abgelehnt, daß »französische Frauen keine Psychoanalytiker brauchen«. (Vermutlich, weil sie französische Männer haben.)

Georges und Hortense brachten das Thema *Angst vorm Fliegen* wieder auf, übersetzten das Buch unter dem Titel *Le Complexe d'Icare* und stellten fest, daß es französischen Frauen ebenso gut gefiel wie amerikanischen – und aus den gleichen Gründen. Im Laufe dieser Zeit wurden wir gute Freunde.

So unbekümmert ich am ersten Tag meiner Schwangerschaft war, später geriet ich doch in Panik.

Ich hatte das blaustrümpfige Entweder-Oder so sehr verinnerlicht (das Baby oder das Buch), daß ich in tiefste Zweifel darüber stürzte, wie ich diesen erstaunlichen Balanceakt jemals fertigbringen sollte.

Zum Glück hatte das Baby keine Zweifel, sowenig wie Jon, Buffy und Poochkin. Nachts schliefen wir liebevoll alle zusammen, und morgens stieg ich hinauf unters Dach, um mit den Abenteuern Fannys fortzufahren, die erstaunlicherweise ebenfalls entdeckt hatte, daß sie schwanger war.

Eine junge Frau, die – ohne Vermögen, Gatten oder liebe Verwandte – ein Kind erwartet, entwickelt vor allem die Fähigkeit zu harter Arbeit.

Vornehme schwangere Damen, die sich auf dem Lande langweilen, während ihre Männer sich mit Liebes- und anderen Spielen in der Stadt amüsieren, glauben meist, mit allen Übeln ihres Zustandes geschlagen zu sein. Doch wer sich für sein täglich Brot abrackern muß, hat zuviel zu tun, um sich Leiden wie Ohnmachten, Gallenkoliken, Schwermut und Migräne, Ischias und regelmäßiges Erbrechen leisten zu können. Müßiggang ist aller Leiden Anfang! Unermüdliche Arbeit hingegen kuriert jede *Malaise* rascher als der teuerste Modearzt.

Und meine Arbeit war hart, für den Körper wie für die Seele. Denn es ist kein Spaß, dauernd mit Mannsbildern ins Bett zu gehen, die man fürchtet und verabscheut. Stelle dir ein junges Mädchen vor, Belinda, das eigentlich noch »in die Liebe verliebt«, aber gezwungen ist, sich mit jedem X - beliebigen zwischen den Laken zu wälzen: mit krummbeinigen Komödianten, halbtoten Greisen, pockennarbigen Buchhändlern und jungen Ladenschwengeln, deren Bubengesichter noch mit den Pusteln der Unreife übersät sind.

Alle Gefühle der Schwangerschaft – panische Angst, Zuversicht, Freude – flossen in Fanny und wurden in Begriffe des achtzehnten Jahrhunderts übersetzt.

Ich erwog, die Schwangerschaft abzubrechen, und tat nichts. Fanny suchte eine geächtete Apothekerin auf, Mrs. Skynner, weil sie daran dachte, das Baby abzutreiben, aber sie hatte nicht den Mut dazu. Ich fragte mich, wie ich jemals meinen Lebensunterhalt verdienen sollte, wenn ich dieses Buch nicht beendete. Fanny dagegen richtete es so ein, daß sie ausgehalten wurde, gedeckt durch ihren Herrn, der sich als ihr eigener Stiefvater, Lord Bellars, und als Vater des Kindes entpuppte. Mein eigenes Kind schlief sicher in seinem weißen Korbbettchen. Fannys Kind dagegen wurde von einer bösen Amme entführt, und sie mußte über das Meer fliehen, um es zu retten. Jeder Aufruhr der frühen Mutterschaft ging in einen Handlungsstrang des Buches ein. So machen Schriftsteller aus Fleisch und Blut Bücher.

»Sollen wir ins Reformhaus gehen?« fragt der Ehepartner und reißt einen aus einer belebten Londoner Straße (gesäumt von Kanälen voller Abwässer, Fischköpfe, faulender Früchte und Tierkadaver). »Komme sofort!« ruft man nach unten. Und kritzelt ein paar zusätzliche Fischköpfe und tote Katzen ins achtzehnte Jahrhundert, ehe man aus dem Haus eilt, um im zwanzigsten Jahrhundert Tofu einzukaufen.

»Eine Art Leben« hat Graham Greene das genannt – und niemand hat einen besseren Ausdruck gefunden. Aber es ist auch reicher als die meisten anderen Leben, weil es immer an zwei Orten, in zwei Jahrhunderten, in zwei Zeitkontinua gleichzeitig gelebt wird.

Stellen Sie sich vor, rittlings auf dem Kosmos zu sitzen, sich an die Schwänze von Kometen zu klammern und zu wissen, daß die Zeit nicht existiert. Das ist das Leben eines Schriftstellers. Es ist die reinste Verbindung mit dem Universum, die einem Sterblichen möglich ist. Und es ist auch eine Art von Gebet.

Ein Roman, in dem diese beiden Ebenen des Lebens eins werden, in dem das entstehende Buch sich als bestimmend für das entstehende Leben erweist, wäre faszinierend, wenn er auf der tiefsten Ebene geschrieben würde. Doch die meisten Autoren benutzen die Traumrealität auf billige Weise. Viele Bücher beginnen in der »Realität« und wagen sich dann in die Spiegelwelt der Phantasie, nur um am Ende in die »Realität« zurückzukehren. Gewöhnlich wird die »wirkliche Welt« als Rahmen oder Sprungbrett benutzt. Manchmal bringen die Figuren gewöhnliche Gegenstände aus der Traumwelt mit, um zu beweisen, wo sie gewesen sind: das abgenutzte Schuhleder der zwölf tanzenden Prinzessinnen; das Kindertuch, das in *Mary Poppins kommt zurück* auf dem Royal-Doulton-Teller zurückbleibt. Weil wir täglich die Erfahrung machen, daß wir die halbe Zeit träumen und die halbe Zeit wach sind, ist es ganz natürlich, daß wir Geschichten erfinden, die unsere Verwirrung darüber widerspiegeln, welche Welt denn nun die wirkliche ist. Vielleicht schlafen wir hier nur scheinbar, während wir anderswo wach sind. Ist es möglich, daß wir entgegengesetzte Leben in einer scheinbar ganzen Persönlichkeit verschmelzen? Diese Fragen faszinieren uns, weil unser Leben für alle Zeit in Phantasie und Realität gespalten ist. Ein Schriftsteller ist bloß jemand, der diese Spaltung als Kompost für seine Geschichten benutzt.

Während ich mit Molly schwanger war, war ich glücklicher als jemals sonst in meinem Leben. Ich war ein Mensch, der zu zwei Menschen wurde, oder zwei, die zu einem wurden. Meine Stimmung war gelassen. Ich fühlte mich strahlend, voller Sinn und Leben. Und ich schrieb ohne irgendeinen der Zweifel, die mich früher gelähmt hatten. Ich hatte die perfekte Integration von Geist und Körper. Meine Muse war in mir, gab mir eine Mitte. Mein Geist konnte umherschweifen. Ohne mein Eingreifen wußte mein Körper, was er zu tun hatte.

Das war das Merkwürdigste an der Schwangerschaft. Ich brauchte keine Kontrolle zu haben. Ich durfte loslassen. Eine höhere Macht war am Werk. Was für ein gesegneter Zustand für jemanden, der immer gemeint hatte, alles kontrollieren zu müssen.

Als ich im dritten Monat war, ließen Jon und ich uns in unserem Haus in Connecticut heimlich trauen. Wir hielten es vor unseren Eltern, unseren Freunden und den Medien geheim, weil ich einen Artikel für *Vogue* geschrieben hatte, in dem stand, daß ich nicht an die Ehe glaubte. Wie konnte ich das widerrufen? Und ich hatte auch das Gefühl, daß mein Leben zu öffentlich geworden war. Ich wollte die Macht zurückgewinnen, die Heimlichkeit verleiht.

Monatelang redeten Howard und Betty auf uns ein, wir sollten heiraten. Meine Eltern taten gleichgültig. Unmittelbar vor

Mollys Geburt gaben wir nach und sagten beiden Elternpaaren, daß das Baby ehelich sei.

Ich, die ich die Schwangerschaft gefürchtet hatte, war erstaunt, daß mir dieser Zustand so gut gefiel. Ich, die ich die Ehe abgelehnt hatte, war erstaunt, daß ich mich glücklich fühlte. Ich besaß eine Ruhe, wie ich sie kaum je gekannt hatte. Vielleicht gehörte sie dem Baby. Die Schwangerschaft war eine so magische Verwandlung, daß ich begriff, warum meine ältere Schwester neun Kinder hatte, meine Mutter drei und meine jüngere Schwester zwei. Mutterschaft ist in meiner Familie reichlich vorhanden. Die Abweichlerin bin ich.

Die Schwangerschaft schien so problemlos, daß alle, von meinem Frauenarzt bis zur Lamaze-Lehrerin, sich darüber einig waren: »Das Baby wird einfach herausflutschen.«

Yoga-Kopfstände im sechsten Monat und Rumpfbeugen im siebenten hatten die Welt (Jon und unseren gemeinsamen Yoga-Lehrer) davon überzeugt, daß es eine leichte Geburt werden würde. Eine Buchtournee im sechsten Monat überzeugte mich. Nur ein Interviewer wagte zu fragen, ob ich unter meinem Hängekleid schwanger sei.

»Sie sind der erste, der fragt«, sagte ich. »Die anderen haben wahrscheinlich gedacht, ich sei bloß fett.«

Meine Energie blieb fast bis zum achten Monat unerschöpflich – und selbst als ich einen Bauch wie ein Dinosaurierei mit mir herumschleppte, fand ich, daß ich großartig aussah. Der Narzißmus der Schwangerschaft ließ mich für Fotos posieren, auf denen ich mit meinem Bauch prahlte. Demi Moore ging wahrscheinlich noch zur Grundschule, und 1978 hätte niemand solche Aufnahmen auf dem Titelblatt gedruckt, aber wenn ich dafür hätte posieren können, hätte ich es getan. Wann immer möglich, trug ich durchscheinende Kleider, die meinen Bauch sehen ließen.

Ich erinnere mich, wie Jerzy Kosinski ihn auf einer Cocktailparty streichelte. »Ich würde alles dafür geben, einmal gebären zu können«, sagte er.

Aber das Baby »flutschte« nicht einfach heraus. Es war am ersten August fällig, doch es blieb, wo es war, und drückte unentwegt auf meine Blase. Erst am 18. August entschloß Molly sich dazu, sich zu rühren. Ich las in der Pequot Library gerade ein Buch über »Masken und Redouten«, als ich plötzlich durchnäßt war. Ruhig gab ich der Bibliothekarin die Bücher zurück und fuhr nach Hause.

Jon und ich riefen den Arzt an und warteten auf den Beginn der Wehen.

Nichts passierte.

Ich ging in die Küche und machte ein riesiges Steaksandwich mit Fleischtomaten aus dem eigenen Garten. Kaum hatte ich das ganze Ding verschlungen, da setzten die Wehen ein.

Die Anrufe der angehenden Großeltern, die alle fünf Minuten erfolgten, waren lästiger als die Wehen. Howard bestand darauf, daß wir ins Krankenhaus fahren sollten. Schließlich war das sein Enkelkind! Statt zu streiten, fuhren wir. Ich rief meine Lamaze-Lehrerin an und packte meine Exemplare von *Immaculate Deception* und *Leaves of Grass* ein. Ich war entschlossen, dieses Baby auf natürliche Art zur Welt zu bringen – was immer das bedeutete.

Wie bei jedem anderen Übergang in meinem Leben fiel meine Entbindung in eine hochpolitisierte Zeit. Betäubung galt als uncool und antifeministisch. Nur Feiglinge ließen sich eine Spinalanästhesie geben. Keine amazonenhafte Frau und Mutter würde sich solchen K. O.-Tropfen ergeben! Also litt ich acht Stunden lang unter gräßlichen Wehenschmerzen, bis meine Kraft verbraucht war.

Und als mein Arzt einen Kaiserschnitt vorschlug, wehrte ich mich dagegen und zitierte feministische Texte. Erst als sich der Herzschlag des Babys verlangsamte, änderte ich meine Meinung.

Fanny wäre gestorben. Das Baby wäre durch die Geburtszange verletzt, verstümmelt oder tot geboren worden. Wie sollte ich in einem Demerol-Traum vom achtzehnten Jahrhundert wissen, daß ein Knoten in einem gebrochenen Steißwirbel (von einem alten Reitunfall) den Geburtsweg meiner Tochter versperrte und ein Kaiserschnitt die einzige Möglichkeit war?

»Bringen Sie mich nicht um, ich stecke mitten im besten Buch meiner Karriere!« schrie ich David Weinstein an, meinen geliebten Geburtshelfer, als wir auf dem Weg in den Operationssaal im Aufzug steckenblieben. Ein engelhafter Hauswart in einem froschgrünen Anzug rettete uns, und wir rasten aus dem Aufzug – der Arzt schob die Trage, während ich tobte – durch den Gang zum OP.

Jonathan durfte nicht hinein. Ich selbst fast auch nicht. Dies war ein geheiligter Zirkel von Medizinmännern. Ich bekam eine Spinalanästhesie, und meine Beine wurden taub. Ich spürte den Schnitt, aber keinen Schmerz.

Ein blutiger Klumpen wurde mir gezeigt.

»Ist das die Plazenta?« fragte ich.

»Das ist Ihre Tochter«, sagte David und legte ein kleines, von eisenfarbenem Blut bedecktes Geschöpf in meine Arme. Sie war hastig in eine rosa Decke gewickelt worden, und ihre blutbefleckten Augenlider zuckten. Ihr tiefseeblauer Blick traf meinen.

»Willkommen, kleine Fremde«, sagte ich weinend und wusch ihr Gesicht mit meinen Tränen.

Geboren aus einem plötzlichen Wissen zweier schicksalhaft Liebender auf einer smogerfüllten Wolke über einem kalifornischen Canyon, war sie den ganzen Weg zu uns gekommen, war geduldig auf Füßen gegangen, die niemals die Erde berührten (wie Colette über ihre Tochter sagte). Sie war gleichzeitig mein und nicht mein. Sie war das Schönste, was ich je gesehen hatte, und das Erschreckendste. Gott war in mein Leben getreten, bekleidet mit Mollys Gesicht. Oder Gottes Geisel. Mein Leben würde mir fortan nicht mehr allein gehören.

Erschöpft und glücklich wartete ich darauf, daß man sie in mein Zimmer brachte. Ein gewaschenes Baby mit denselben tintenblauen Augen und einem Busch rötlicher Haare, mit einer glänzenden rosa Schleife verziert, wurde in einer durchsichtigen Kiste zu mir gebracht wie ein Valentinsgeschenk. Ich legte sie an die Brust und fragte mich, ob ich es richtig machte. Es funktionierte. Sie saugte. Und ich konnte nicht aufhören, sie anzustarren, als sei sie eine Erscheinung, die so schnell verschwinden würde, wie sie gekommen war.

Dann brach ich zusammen. Ein Tag oder eine Nacht voll medikamentöser Träume, und ich erwachte wieder und sah das rosa Gesicht, die blauen Augen und das kastanienbraune Haar. Was war unser Schicksal – ihres und meines? Welches Wunder hatte sie erschaffen? Wie konnte ein solches Wunder gleichzeitig so normal und so außerordentlich sein? Mollys Geburt machte aus der Agnostikerin eine Gläubige.

Oh, welch ein Wunder ist ein Neugeborenes! Aus dem Nichts gekommen, nach nur neun Monaten der Entwicklung, ist es auf einmal vollkommen fertig da, mit Fingern und Zehen und Nägelchen daran, mit rosenblattzarten Lippen, mit Augen vom unauslotbaren Blau der Tiefsee, einer rosa Zunge, die feuchter schimmert als das Innere einer Muschel und beweglich ist wie ein kleines Tier für sich.
Fast drei Jahrzehnte sind seitdem vergangen, meine Belinda, aber diese ersten Augenblicke vergesse ich nie. Alle Leiden verblassen vor einem solchen Wunder.

Das waren die Zeilen, die ich für Fanny schrieb, als die Erfahrung noch neu und frisch war.

Ich bewahrte jedes Fetzchen Papier aus dem Krankenhaus auf (die im Dämmerzustand aufgestellte Namensliste), jedes Foto (einschließlich des Sonogramms in der zehnten Woche), jedes Namensarmband – ihres und meines. Daraus stellte ich Bücher für sie zusammen – Bücher für Babytage, für jeden Kleinmädchengeburtstag, ein besonderes Buch für ihren Eintritt in die Adoleszenz mit dreizehn Jahren. Ich war Schriftstellerin, ehe ich Mutter war, und es war die Schriftstellerin, die durch die Erfahrung stärker geformt wurde. Mutterschaft ist eine erworbene Vorliebe. Man lernt sie demütig und auf Knien. Über die Mutterschaft zu schreiben, ist der einfachere Teil.

Wir brachten Molly also nach Hause, doch zuerst waren meine Hundebabys nicht so erbaut, ein Geschwisterchen zu haben. Buffy jaulte, wenn ich Molly stillte, und Poochkin hinterließ als Zeichen seiner Empörung Häufchen in allen Zimmerecken.

Eine gräßliche Säuglingsschwester kam von einer Agentur in Greenwich und schickte sich an, das zu tun, was Säuglingsschwestern am besten können: den Eltern das Gefühl geben, Idioten zu sein. Sie aß für zwei, als sei sie eine Amme. Sie hütete das Baby in ihrem Zimmer und brachte sie alle paar Stunden zu mir, nur um den klassischen Satz von sich zu geben: »Missus Fast, Ihre Milch ist nicht gehaltvoll genug.« An ihrem freien Tag rollte ich die Wiege an mein Bett und wachte den ganzen Tag und die ganze Nacht gierig über mein Baby – wenn ich es nicht gerade stillte oder fotografierte. Molly fesselte meine Aufmerksamkeit wie ein feuriges Sternbild. Ihre Augen verhexten mich. Ihr erstes Lächeln brachte Jon und mich dazu, mit dem Baby zwischen uns einen Walzer durchs Zimmer zu tanzen. Wir waren vernarrt in sie, die ersten Eltern in der Geschichte.

Doch ich war auch entschlossen, meinen Roman pünktlich zu beenden. Jeden Morgen ging ich in mein Arbeitszimmer im zweiten Stock, weil ich meinen Ablieferungstermin einhalten wollte. Die Verleger hatten mir die Art von Geld gegeben, die Frauen gewöhnlich nicht verdienen. Wenn ich den Termin verstreichen ließ, würden sie mir alles wieder abnehmen. Es kam mir nicht in den Sinn, mir einen freien Tag zu gönnen. Ich verdreifachte einfach mein Arbeitspensum und machte weiter. Nachts wurde das Baby gefüttert, tagsüber das Buch. Ich produzierte mehr Seiten, nicht weniger. Vielleicht hatte ich Angst, daß sich mein Talent mit der Mutterschaft in Rauch auflösen würde. Ich testete diese Hypothese täglich.

Wie andere Angehörige der Jo-Jo-Generation mußte ich zuviel beweisen – mir, meiner Mutter, allen Männern, die sagten, es sei nicht zu schaffen. Ich mußte beweisen, daß meine Mutter unrecht hatte. Frauen konnten alles schaffen. »Wir haben uns das Recht erkämpft, ewig erschöpft zu sein«, pflegte ich zu scherzen.

Aber war das nicht besser, als überhaupt keine Bücher veröffentlichen zu dürfen?

Bereue ich meine Getriebenheit? Wie könnte ich? Ich rang um mein Leben. Das Recht von Frauen, sowohl Leben als auch Kunst zu schaffen, wurde noch immer überall in Frage gestellt. In vieler Hinsicht wird es das noch heute.

»Mutterschaftsurlaub« kam mir nie auch nur in den Sinn. Ich war so glücklich, eine Frau zu sein und arbeiten zu dürfen, daß ich nicht die Absicht hatte, das Boot zum Schwanken zu bringen. Sie würden mich ohne Rettungsleine über Bord werfen.

Als Molly noch in ein Körbchen paßte, nahm ich sie manchmal mit in mein Arbeitszimmer und stellte sie zum Schlafen auf den Boden unter meinen Schreibtisch, während ich schrieb. Aber bald war sie dazu zu groß und zu hungrig. Irgendwie versäumt es die La Leche League, einem zu erzählen, daß große Babys gern jede Stunde oder so saugen. Sie versuchte sich aufzusetzen, sah sich um, griff nach Gegenständen, hielt Monologe. Die Säuglingsschwester ging, und Lula nahm ihre Stelle ein. Lula war jedermanns Traum von einem Kindermädchen.

Lula war eine ehemalige Lotterieverkäuferin, die gesündigt und viele Sünder geliebt hatte, ehe sie zu Christus kam, doch als ich sie kennenlernte, war sie eine gottesfürchtige Kirchgängerin, und der Pfarrer war der Mittelpunkt ihres Lebens – sie spielte mir Tonbänder von ihm vor. Sie hatte eine große Vorliebe für Aufläufe aus Süßkartoffeln, Schweinsfüße, Grünkohl und Babys. Sie sang Molly vor, wiegte sie, fettete sie mit Vaseline ein, um die Grippe abzuwehren – »Erkältungen mögen kein Fett«, sagte Lula –, und nahm sie mit nach Harlem in die

Kirche, um sie »segnen zu lassen«. Meine Mutter fand das heraus und war nicht amüsiert. Ich dagegen dachte, man könne gar nicht genug gesegnet werden.

»Das Baby klatscht in die Hände und preist Jesus«, sagte Lula. »Das Baby ruft ›Halleluja‹.«

»Ich weiß, ich weiß, Lula, aber meine Mutter macht sich Sorgen.«

»Worüber macht die sich Sorgen?« fragte Lula.

»Sie braucht nichts«, sagte ich.

»Ihr Juden seid verrückt«, sagte Lula.

»Du sagst es«, stimmte ich zu.

Lula konnte Kopfschmerzen »zurück in die Grube« schicken, Erkältungen mit Zitronensaft und Wick kurieren, Bücher auf die Bestsellerliste beten. Sie war eine dreifach bedrohliche Allzweck-Haushaltsgöttin. Wenn Lula in der Nähe war, hatte man keine Angst. Wenn die Sache mit Wick nicht zu kurieren war, half Jesus.

Lula kam, und ich beendete meinen Roman. Als er erschien, war Molly zwei Jahre alt.

Eine der Gaben, die die Niederschrift eines Romans aus dem achtzehnten Jahrhundert während Mollys Babyzeit mit sich brachte, war die Dankbarkeit dafür, daß ich überhaupt am Leben war. Wenn ich mit meiner gynäkologischen Vorgeschichte wirklich Fanny gewesen wäre, dann wäre ich tot gewesen und Molly ebenfalls. Was immer die Wissenschaft getan hat, um die Welt zu zerstören, sie hat zweifellos das Leben vieler Frauen und ihrer Babys gerettet. Die Natur geht nicht freundlich mit uns um, wenn man sie sich selbst überläßt. Heute überleben wir das Kindbett und stehen vor dem Dilemma, fünfzig zu werden. Mary Wollstonecraft ist diesen Weg nie gegangen.

Wir gieren nach immer mehr Leben und wissen selten zu schätzen, was wir haben. Viele meiner Freundinnen sind noch mit vierzig Mütter geworden, und ihre Babys sind schön und intelligent. Wir haben die Grenzen des Lebens erweitert, und doch wagen wir es, gegen das Altwerden zu wüten.

Das scheint verdammt undankbar. Aber wir Baby-Boomer sind eine verdammt undankbare Horde. Niemand hat uns Grenzen gesetzt. Also sind wir gut im Vergeuden und Klagen, aber schlecht in Dankbarkeit. Und wenn wir entdecken, daß das Leben Grenzen hat, versuchen wir, uns mit Zorn zu ruinieren, bevor wir lernen, wie wichtig Kapitulation ist. Wir sind die Ein-plus-Kinder, die Generation der Bestqualifizierten. Immer wieder muß man uns bis auf den Grund schleudern, bis wir begreifen, daß es sich im Leben um Kapitulation dreht. Und wenn der Grund sich nicht zu uns erhebt, so stürzen wir uns hinein und reißen unsere Lieben mit.

Nur wenige Glückliche steigen wieder auf zu Licht und Luft.

10

Scheidung und die Folgen

Alles verändert sich außer dem menschlichen Herzen, sagen die alten Weisen, aber sie haben unrecht.
    Denis de Rougemont, *Liebe in der westlichen Welt*

Dies ist ein Kapitel, das ich nicht schreiben möchte. Aber es muß ein Teil von *Keine Angst vor Fünfzig* sein, denn für meine Generation ist Scheidung der Initiationsritus des Erwachsenenalters – ein Ritual, das Narben verursacht und alles, was hinterher geschieht, erträglich erscheinen läßt.

Sicher hat es damit zu tun, wie lange wir leben. All die Frauen, die im Kindbett starben, konnten nicht mehr als einen Ehemann bekommen, und all die Männer, falls sie nicht an Pocken oder Fieber oder Gicht, Schiffbruch oder Rum zugrunde gingen, mußten ohne Schuldgefühle und Unterhaltszahlungen wieder und wieder heiraten.

Wir heiraten, als ob unser Leben wie ihr Leben damals wäre, aber mit dreißig oder vierzig oder fünfzig sind sie zum großen Teil bereits tot gewesen, während wir uns als andere Menschen wiederfinden. Unsere Werte haben sich verschoben: Unsere Freuden scheinen süßer, unsere Schmerzen schärfer, aber auch weniger neurotisch. Nun wünschen wir uns ein anderes Leben mit anderen Lieben. Wir wachsen aus Partnerschaften heraus, und die Menschen des achtzehnten Jahrhunderts starben so jung und zahlreich, daß die Familiengrabstätten nicht ausreichten. Wir waren nie für ein so langes Leben geplant.

Mit achtunddreißig, einem Baby und einem neuen Bestseller, nachdem ich die Frau des achtzehnten Jahrhunderts in mir selbst zur Welt gebracht hatte, hatte ich das Gefühl, alles zu können. Jon, der zweiunddreißig war, empfand Unsicherheit über seine Karriere und fühlte sich durch das Baby zurückgesetzt.

»Ich komme in diesem Haus immer an dritter Stelle«, sagte er. »Zuerst das Baby, dann das Buch, und wo ist mein Platz?«

Ja, wo? Er konnte weder das Baby stillen noch uns ernähren. Er veröffentlichte keine Bestseller. Ich muß seine Nutzlosigkeit verachtet haben, aber er selbst tat das auch. Es war eine Zeit, in der er Trost und Zuwendung brauchte – aber ich hatte ein Baby und einen Abgabetermin, und so stark ich mich auch gab, ich konnte nicht alles schaffen. Wir waren beide durch die Anforderungen des Babys so aus der Fassung gebracht, daß wir wenig Zeit hatten, uns gegenseitig zu helfen. Also fingen wir an, die verletzenden Dinge zu tun, die verzweifelte Menschen einander zufügen, und fühlten uns beide überlastet, unverstanden und allein.

Mehr denn je hatten wir einen Grund, zusammen zu sein; mehr denn je trieben wir auseinander.

Als Molly drei war, hatten wir genügend Groll gegeneinander angesammelt, um uns beide im Recht zu fühlen. Das Baby war bei all dem der unschuldige Dritte.

Ich war stolz darauf gewesen, die Haupternährerin zu sein; jetzt nahm ich es übel. Der Druck war zu groß. Jon war stolz auf seine fürsorglichen Qualitäten gewesen. Jetzt fühlte er sich dadurch entmannt – jedenfalls sah es manchmal so aus. Ein Baby schleudert einem alle elterlichen Rollen, die man aus der Kindheit kennt, wieder ins Gesicht. Ich wollte »versorgt« werden – was immer das bedeutet. Er wollte »frei« sein und davonfliegen können.

Auf einer Party zu meinem achtunddreißigsten Geburtstag (als Molly ein Jahr alt war) führten die Spannung und Erschöpfung dazu, daß ich mit meinem Leben Russisches Roulette spielte. Es handelte sich um eine mexikanische Party; ich trank also Dutzende von Margaritas und taumelte schon, als ein

»Freund« kam und mir als Geburtstagsgeschenk kleine blaue Pillen anbot. Ich nahm zwei und verlor sofort die Besinnung. Den Rest kann ich nur aus Gerüchten rekonstruieren.

Mein Puls stürzte ab, und mir wurde ganz kalt. Man legte mich auf den Badezimmerboden und später aufs Bett. Ein Arztfreund ging mit mir auf und ab und flößte mir Kaffee und Vitamin C ein. Ich mußte erbrechen, trank weiteren Kaffee und übergab mich wieder. Eine Nacht verzerrter Träume, Bilder der Sahara in meiner Kehle.

Als ich morgens endlich erwachte, waren die Gäste gegangen. Ich fühlte mich gedemütigt und krank. Ich hatte meinen eigenen Geburtstag verpaßt. Das Ende der Welt tauchte bedrohlich als Reihe leerer Tequila-Flaschen auf. Die Scham war ungeheuer.

Dem Baby ging es wider Erwarten gut. Plötzlich dachte ich daran, was mit ihr hätte passieren können, und bekam einen verspäteten Panikanfall. Die Freude, alles zu haben, hatte sich in die Erschöpfung verwandelt, alles zu haben. Ich war so müde. Der Streß, dem Baby geben zu wollen, was es brauchte, Jon zu geben, was er brauchte, und mir selbst zu geben, was ich nötig hatte, hatten mich an den Rand dieses Abgrunds gebracht. Meine Sucht machte sich bemerkbar und wollte bedient werden. Meine Sucht richtet sich mit gleicher Begeisterung auf Essen oder Alkohol oder Arbeit. Wenn ich gerade anfange, sie zu verstehen, legt sie einen anderen Gang ein.

Die Sucht ist auch ein Teil der Geschichte, die ich nicht erzählen möchte – und nicht nur, weil so viele sie erzählt und sich gerühmt haben, sie hätten »die Antwort« gefunden. Unter anderem deswegen finde ich es inzwischen besser, nicht für alles Worte zu gebrauchen. Die Seele kann nur in der Stille hören. Selbstkonfrontation ist öffentlich nicht möglich. Und seine Genesung zu verkünden, ist ein sicherer Weg, sie zu verspielen. Ein alter Hexenspruch lautet: »Geteilte Macht ist verlorene Macht.« Auf Abhängigkeit und Sucht trifft das ganz besonders zu.

Abhängigkeit ist die Krankheit unseres Zeitalters. Sie ist listenreich und mächtig. Sie geht aus unserem chronischen spirituellen Hunger hervor und wird genährt durch unsere Konzentration auf Habenwollen und Ausgeben und auf Neuigkeiten und Klatsch außerhalb unserer selbst. Alles, was wir brauchen, geschieht in unserem Inneren. Daß wir uns auf Berichte über andere konzentrieren, lenkt uns nur von den Bedürfnissen unseres eigenen Geistes ab. Die Sucht mästet sich daran, daß wir unser Innenleben chronisch unterdrücken. Wir glauben, das Spirituelle existiere nicht, weil wir ihm in unserem Leben nicht genügend Raum geben, sich zu manifestieren. Eine sich selbst erfüllende Tautologie.

Auch unseren Ehen geben wir zuwenig Raum für Lust. Das Ergebnis ist, daß wir aus ihnen fliehen und uns auf die Suche nach uns selbst machen. Wir meinen, wir hätten unsere Seelen verloren. Und wir haben sie verloren. Aber vermutlich könnten wir sie gemeinsam wiederfinden – wenn wir nur wüßten, wie.

Reue ist die bitterste Pille von allen. Kein Wunder, daß Dante sie zur Hauptstrafe in der Hölle machte. Heute bereue ich, daß es mir nicht gelungen ist, diese Ehe zum Erfolg zu machen – auch wenn das nicht in meiner Macht lag.

In dem Sommer, in dem Molly drei werden sollte, lief ich vor Jon weg nach Europa und hoffte, er werde mir folgen. Ich zog in ein schönes französisches Landhaus, das dem Ehemann meiner französischen Übersetzerin Hortense gehörte. Aber Jon kam nicht. Statt dessen brach er zu seiner eigenen Odyssee nach Westen auf. Am Telefon zwischen La Mayenne und San Francisco stritten wir uns erbittert. Bei einem dieser Kämpfe sagte ich wütend, ohne es wirklich zu meinen: »Zieh aus.«

Das tat er. Als ich nach Hause kam, fand ich die Trümmer eines zerbrochenen Haushalts vor.

Ich war zur Besinnung gekommen und wollte ihn wiederhaben. Er wollte nichts davon hören. Er wollte hinausgeworfen werden. Das erlaubte ihm, »frei« zu sein. Fast seit der Geburt des Babys hatte er unter einer tiefen Depression gelitten. Er fühlte sich fehl am Platz, verlassen, ungeliebt. Heute kann ich das natürlich verstehen. Aber damals waren die Bürden, die ich trug, zu schwer. Ich hatte keinen Platz für Einfühlung, außer in Molly (und Fanny). Ich hatte nicht einmal Empathie für mich selbst.

So ging es einige Monate weiter. Er kam nach Hause, ging wieder fort, kam nach Hause, ging fort, sammelte Anklagepunkte und lernte seine nächste Frau kennen.

Wir hatten das Vertrauen zwischen uns zerstört. Danach wurde alles möglich.

Der legale Teil der Scheidung war viel zu schnell erledigt. Ich verlangte nichts. Er verlangte nichts. Wir gingen auseinander, als gäbe es kein Kind zwischen uns. Und so haben wir noch immer unerledigte Angelegenheiten. Und da wir sie haben, hat Molly sie auch.

Was passiert, wenn der Partner und beste Freund zum Feind wird? Man schreit und knallt mitten in der Nacht den Telefonhörer auf die Gabel; man stürzt sich auf Autos und Männer, trinkt zuviel, klagt und wird verklagt, gibt Geld aus – und wütet.

Man kann all das nicht überspringen – selbst wenn es am Ende so nutzlos erscheint. Im Unterschied zur Geburt eines Kindes endet es nur in Leere. Wie im Krieg ist man schon froh, wenn man bloß mit dem Leben davonkommt.

Ich habe keine Ahnung, wie ich diese blinden, bitteren Tage des Schmerzes überstanden habe. Ich stolperte mit tobenden Kopfschmerzen hindurch.

Ich erinnere mich, wie ich bei einer Breadloaf Writer's Conference Kurse abhielt und man mir die Ehre erwies, in Robert Frosts weißem Schindelhaus wohnen und schreiben zu dürfen; ich empfand nichts als Verzweiflung. Ich schleppte mich zu den Kursen (und überließ Molly Frosts Geist und einem englischen Au-pair-Mädchen). Ich schleppte mich wieder zurück. Anscheinend dachte ich, Alkohol würde helfen, und dafür war ich genau am richtigen Ort, denn damals konnte man in Breadloaf

Alkohol als Hauptfach belegen. Bei den Fakultätstreffen ging es ausschließlich darum, wie man seine Flaschen markierte. Der ganze Berg brauchte ein Zwölf-Stufen-Programm. Selbst die Bäume hatten vernebelte Gehirne. Sie bogen sich und schwankten. Die Ahornbäume wurden rot vor Scham. Es gab Alkohol auf den Adirondach-Stühlen, Alkohol in der Scheune, Alkohol im Fakultätsraum. In der Dämmerung war der Himmel streifig von Alkohol. Der Kreislauf war fixiert: Alkohol bis zur Bewußtlosigkeit (wie mein Vater über die Musikszene der dreißiger Jahre zu sagen pflegte), Schlaf und Kaffee, um ihn zu überwinden. Die schlimmen Gedanken mußten um jeden Preis ausgeblendet werden. Aber was hat man dann? Bewußtlosigkeit.

Ich erinnere mich, wie ich Jon aus Telefonzellen in ganz Vermont anrief und auf eine Gnadenfrist hoffte, aber es kam keine. Ich weinte, bis meine Augen rot wurden. Dann weinte ich noch ein bißchen mehr.

Die meisten Leute waren in Breadloaf, um ihren Ehegatten zu entkommen. Ich wollte zu meinem zurück. Es gab die übliche Trunkenheit und das Hüpfen von Bett zu Bett unter dem noblen Vorwand der Literatur. Es gab das übliche Chaos, das sich als Wollust verkleidete.

Die Zeitschrift *Time* lauerte, die eine Titelgeschichte über John Irving machte. Er war im Begriff, nach *Garp* den nächsten Roman zu veröffentlichen. John Gardner fuhr fröhlich auf dem Motorrad umher, das ihn bald umbringen sollte. Meg und Hilma Wolitzer – diese talentierte Mutter-Tochter-Nummer – waren bei all meiner chaotischen Trauer stets freundlich zu mir.

Ich hörte das Gerücht, *Time* werde einen Klatschartikel über meine zerbrochene Ehe bringen. Ich fiel über einen der lauernden Journalisten her und bestätigte so unwissentlich das Gerücht.

Ich begann einen harmlosen Flirt mit einem netten, verheirateten Schriftsteller. Eines Abends gingen wir in ein Motel und waren beide erleichtert, daß er impotent war. Er dachte an seine Frau, die genau in diesem Augenblick nach Vermont raste, um ihn einzufangen. Ich dachte an Jon, der das nicht tat. Er griff dauernd über ihren Phantomkörper hinweg, um mich zu berühren. Ich griff dauernd über Jons Phantomkörper hinweg, um ihn zu berühren. Nach einer Weile gaben wir unsere fruchtlosen sexuellen Versuche auf. Wenigstens hatten wir uns gegenseitig unsere Attraktivität bestätigt. Wir wurden Freunde.

Sex bleibt ein Dilemma. So sehr wir ihn brauchen, ohne Gefühl ist er einfach nicht zu haben. Das Gefühl steht immer im Weg, verdammt.

Nach Breadloaf wurde es noch schlimmer.

Die Leere zu Hause war schrecklich.

Ich war mit neunundzwanzig wieder Single, aber diesmal mit Kind und ganz neuen Lebensumständen, an die ich mich gewöhnen mußte. Verabredungen zu treffen war schwierig. Die Welt des Sex hatte sich wieder verändert. Jetzt sah es so aus, als würde von einem erwartet, mit jedermann zu ficken und sich nichts dabei zu denken.

Als Single mit siebzehn hatte ich mir gewünscht, zu heiraten und jede sexuelle Ablenkung auszuschließen. Als Single mit zweiundzwanzig hatte ich ein oder zwei Jahre Freiheit gehabt, war dann in Panik geraten und hatte Allan geheiratet. Mit dreißig trat ich aus dieser Ehe gleich in das nächste romantische Abenteuer mit Jon ein. Doch nun, mit neunundzwanzig, konnte ich meine Phantasien leben, wenn ich mich dazu entschloß. Doch die Aussicht erschien mir auf einmal öde. Nur den Verheirateten erscheinen Phantasien als Lösungen.

In Greenwich lebte eine verheiratete Freundin, die die Hohepriesterin des Ehebruchs war. Sie war das perfekte Exemplar nach Norden gezogener südstaatlicher Weiblichkeit. Ihr Mann war ein kühler Chirurg, der sich nur mit hochklassiger Sportmedizin befaßte. Er war niemals zu Hause. Sie schien immer zu Hause zu sein. Sie schien den Tag damit zu verbringen, antike Möbel zu pflegen, antike Quilts zu restaurieren und ein kreatives Haus à la Martha Stewart zu führen – die Frau, die ihre Freiheit damit verdiente, daß sie die Sklaverei des Heims glorifizierte.

In Wirklichkeit verbrachte die Gattin des Chirurgen viele Wochentage von elf bis vier in einem Hotelzimmer in Stamford mit einer Vielzahl von Burschen, die halb so alt waren wie sie. Sie war geübt darin, den Ehebruch sauber und separat durchzuführen – was man tun muß, wenn man ihn als »Lebensstil« betreibt. Sie war blond, aber nach Stamford fuhr sie mit einer graumelierten Perücke. Sie brachte immer ihren eigenen Jahrgangschampagner, Beluga-Kaviar, selbstgebackenes Pumpernickel, selbsteingelegte Kapern, selbstgezogene Schalotten und Zwiebeln mit – gehackt. Die Servietten waren aus Leinen, und die Blumen kamen frisch aus ihrem eigenen Garten. Martha Stewart wäre mit ihr einverstanden gewesen.

Sie hatte einen Ordner mit besonderen Resümees für frisch verwitwete oder geschiedene Freundinnen. Sie beurteilte die Fähigkeiten der Männer im Bett mit Noten von A bis E und kodierte diese Fähigkeiten mit dem ersten Buchstaben der Bezeichnung, die sie der Sache gab – C, F, K, R, was sich als Cunnilingus, Ficken, Kuscheln und Rückenmassage entpuppte.

Was einen gewissen Aufschluß über ihre Prioritäten gibt.

Ich bekam sieben Resümees mit angehefteten Bildern (von den Köpfen, nicht von den Schwänzen), klare Beschreibungen des Mannes und seines Körpers und die mahnende Warnung, den Mann nie zu Hause zu treffen. Kondome wurden empfohlen, waren aber 1982 noch fakultativ.

Zwei dieser Burschen halfen mir für ein paar Monate über die Runden. Einer war Lastwagenfahrer, der andere Diskjockey. In *Fallschirme und Küsse* nannte ich ihn meinen »Dickjockey«[*], indem ich wie üblich Witze über meinen eigenen Schmerz machte. Aber beide erwiesen sich als schwer loszuwerden.

Männer sagen, sie wollen nur Sex, aber wenn Frauen nur

---

[*] Dick = Schwanz (A.d.Ü.)

Sex geben, stellt sich heraus, daß sie mehr wollen. Besitz. Ehe. Gemeinsames Eigentum.

Wenn man Sex will, ohne sich die häuslichen Telefonnummern zu geben, sind sie oft eingeschnappt und wollen sich nicht verausgaben. Manchmal werden sie schlaff.

Das ist ein weiterer Grund, warum Männer und Frauen nie miteinander zurechtkommen werden: Macht. Eine Frau, die nur Sex will, hat die ganze Macht, und viele Männer verlieren lieber ihre Erektion, als eine Frau dominieren zu lassen. Sie ist Mama zu ähnlich. Die Männer, die Ausnahmen von dieser Regel sind, erweisen sich häufig als total abhängig und fast nicht in der Lage, sich allein die Nase zu putzen. Am Ende schickt man sie weg, weil sie sehr viel mehr Arbeit machen als Babys. Oder Hunde.

Rollenspiele sind eine andere Geschichte. Ein Mann liebt es vielleicht, bei einer bezahlten Domina den kleinen Bettnässer, den kleinen Bettler, den kleinen, unartigen Jungen zu spielen. Männer begreifen solche Geschäfte. Das Machtspiel ist klar. Aber von einer Frau dominiert zu werden, mit der er sein Leben teilt, ist verstörend. Wenn das Rollenspiel zur Realität wird, fangen die Probleme an.

Ist das eine absolute Regel? Keine Regel ist absolut. Doch der Zustand ist allgemein genug, um nichts wert zu sein.

Viele Männer bevorzugen starke Frauen, aber dennoch müssen sie auf irgendeinem Gebiet ihre Kontrolle behaupten. Ohne das ist Sex unmöglich, und seine Augen schweifen umher.

Als alleinstehende Ernährerin und Mutter war ich im Begriff, all die Dinge zu lernen, die meine Jugend in den fünfziger Jahren mir beizubringen versäumt hatte. Das war die kritischste Periode meines Lebens – die Jahre, in denen mein ganzer Körper und meine Gehirnzellen sich veränderten und ich die Herrin – um nicht zu sagen Domina – meines Schicksals wurde.

Doch ehe ich nach der Scheidung in mich gehen konnte, mußte mein Körper seine Toxine loswerden. Die Jahre der Abhängigkeit von Eltern, Großeltern, Männern manifestierten sich in einem kolossalen Kopfschmerz, der sechs Monate andauern sollte. Nichts konnte ihn vertreiben – kein Aspirin, kein Codein, kein Tofranil, kein Nardil, kein Schnaps, kein Haschisch, kein Mann.

Um mit Männern zu schlafen, die ich eigentlich nicht genug mochte, um mit ihnen zu schlafen, gab es Haschisch. Um mit Freunden herumzuhängen, die keine Freunde waren, gab es Schnaps. Für die Vormittage gab es Aspirin. Für die Nächte gab es Valium und Codein. Mein Kopf rebellierte. Er pochte wie ein Pulsar im Weltraum. Jedes Schmerzmittel steigerte seine Entschlossenheit, weh zu tun. Er brauchte diesen Schmerz. Das war die kosmische Botschaft. Solange ich nicht zuhörte, trommelte er mit unsichtbaren Schlegeln auf meinen Schädel.

Der Körper ist weiser als sein Bewohner. Der Körper ist die Seele. Wir ignorieren seine Beschwerden, seine Schmerzen, seine Ausbrüche, weil wir die Wahrheit fürchten.

Der Körper ist der Bote Gottes.

Ich fand einen jungen Medizinstudenten mit prachtvollem Gemächte und einem Kühlschrank voll magischer Pilze. Mit ihm genoß ich die jugendliche Unbeschwertheit, die ich in der Schule nie gehabt hatte. Die Unbeschwertheit war schwarz und pilzig, bitter auf der Zunge. Aber sie brachte Vergessen. Ich hatte die sechziger Jahre verpaßt. Das war meine Art, meine Jugend zurückzugewinnen.

Doch der Medizinstudent, so süß er war, konnte meine Kopfschmerzen nicht heilen. Sie waren größer als ich. Sie waren Gogols Nase – metaphysische Kopfschmerzen. Sie waren die Kopfschmerzen meines Schicksals. Sie waren die Kopfschmerzen, zu denen mein Leben geworden war.

Der Kopfschmerz war ein Zeichen für blockierte Selbsterkenntnis. Wo war Dr. Mitscherlich jetzt? Zu weit entfernt, um mir zu helfen. Krank in Deutschland. Kurz vor dem Sterben.

Mein Kopf platzte beinahe; wollte jemand geboren werden? Schickte Athene sich an, ihm zu entsteigen? Oder war es nur

Pandora? Sollte ich eine Kriegerin sein oder nur die Trägerin einer Büchse mit Plagen?

Vielleicht sind Depressionen bei Frauen eine nicht zur Kenntnis genommene Leidenschaft für die Wiedergeburt. Etwas drängt seinem Erscheinen entgegen. Es ist nicht das Baby; es kann nur die Mutter sein.

Mutterschaft stimuliert all unsere alten Ängste vor dem Verlassenwerden. Wenn Mutterschaft zu Scheidung führt, so ist das Verlassenwerden keine bloße Angst mehr, sondern die tiefste Wahrheit, die wir kennen. Auf dem Weg durch die Urhöhlen meines Selbst fand ich einen weinenden Säugling. Das war nicht meine Tochter. Das war ich.

So begann die Odyssee – ein siebenjähriger Zyklus von Tod, Wiederauferstehung und Geburt. Der letzte Siebenjahreszyklus hatte Molly hervorgebracht. Der nächste brachte mich hervor.

Mit neununddreißig lernte ich, einen Reifen zu wechseln, Schnee zu schaufeln, Holz zu stapeln. Ich lernte, wie man einen Abgabetermin einhält, ohne daß man eine Schulter hat, an der man sich ausweinen kann. Ich entwickelte eine Besessenheit für Feuerholz. Wenn nur immer Feuer im Kamin brannte, wußte ich, das alles gut werden würde.

Prometheus muß eine Frau gewesen sein. Ich kehrte zu meiner alten Natur zurück: Den ganzen Tag erfand ich das Feuer, die ganze Nacht wurde mir die Leber ausgehackt.

Bevor er ging, hatte Jon Lula entlassen. Er entließ sie, weil er wußte, daß meine Arbeit von ihr abhing. Zwei Schriftsteller in einem Haus sind alles andere als bequem. Wenn einer ein Mann und der andere eine Frau ist, werden das Kindermädchen und auch das Kind zu Schachfiguren.

Die Kindermädchen kamen und gingen. Ihnen gefiel es so wenig wie mir, auf dem Land gestrandet zu sein. Ihnen war es egal, ob ich ein Buch beendete oder nicht. Sie waren nach Amerika gekommen, um Ehemänner zu finden oder akademische Grade oder Aufenthaltsgenehmigungen zu erwerben oder sich zu bekiffen – die jungen jedenfalls. Die älteren waren entweder so eigenartig wie frischentlassene Patientinnen einer psychiatrischen Klinik oder aber chronisch deprimiert. Die restlichen gingen, wenn man sich weigerte, sie in bar zu bezahlen.

W. H. Auden hat einmal geschrieben, in seinem Utopia würden alle öffentlichen Statuen verstorbene Köche darstellen und keine Abenteurer. In meinem Utopia würden die öffentlichen Statuen Frauen abbilden, die mit dem gleichen Eifer ein öffentliches und ein privates Leben führten: Harriet Beecher Stowe, Margaret Mead, Hillary Rodham Clinton. (Zoe Baird ist die Jeanne d'Arc derer, die alles haben. Sie fand jemanden für die Kinderbetreuung, aber sie fand die falsche Person. Das einzige Wunder ist, daß sie überhaupt jemanden gefunden hat.)

Natürlich litt ich darunter, eine andere Frau dafür zu bezahlen, daß sie auf mein Kind aufpaßte. Aber wie sollte ich uns ernähren, wenn ich nicht arbeitete? Ich war zu meinem Vater und meiner Mutter geworden. Und in meinem Kopf führten beide Elternteile Krieg miteinander.

All das ist banal: nichts als die übliche Erfahrung meiner Jo-Jo-Generation. Gefangen zwischen unseren Müttern (die zu Hause blieben) und der nächsten Generation (für die das Recht auf Leistung selbstverständlich war), erlitten wir in unseren Köpfen alle Übergänge in der Geschichte der Frauen. Was immer wir taten, fühlte sich falsch an. Und was immer wir taten, wurde vehement kritisiert. Das war das Schicksal unserer Generation.

Die Leistungsfähigkeit einer Frau hängt davon ab, ob sie kinderlos ist oder jemanden hat, der ihre Kinder versorgt. In Amerika, wo wir nicht an eine Unterklasse glauben, die »Frauenarbeit« tut, werden die Frauen selbst zur Unterklasse. Um der Liebe willen.

Keiner bezweifelt, daß die Liebe real ist. Sie gilt unseren Kindern. Aber man erwartet von uns, sie unsichtbar zu üben und niemals zu erwähnen. Alfred North Whitehead, der schließlich keine Frau war, sagte, die Wahrheit einer Gesellschaft sei das, was nicht ausgesprochen werden könne. Und Frauenarbeit kann noch immer nicht ausgesprochen werden. Das gilt als Jammern – selbst bei anderen Frauen. Es wird Sichgehenlassen genannt – selbst von anderen Frauen. Vielleicht werden Schriftstellerinnen gehaßt, weil Abstraktion die Unterdrückung möglich macht und wir uns weigern, abstrakt zu sein. Wie könnten wir? Unsere Kämpfe sind konkret: Nahrung, Feuer, Babys, ein eigenes Zimmer. Diese Grundvoraussetzungen sind selten – selbst bei den Privilegierten. Es grenzt jedesmal an ein Wunder, wenn eine Frau mit einem Kind ein Buch beendet.

Unser Leben – zwischen Baby und Schreibtisch – ist das Leben des größten Teils der Menschheit: nie genug Zeit zum Denken, ewige Erschöpfung. Die umsorgte männliche Elite mit weiblichen Sklaven, die sich ihrer körperlichen Bedürfnisse annehmen, kann unsere Schwierigkeiten kaum als »real« anerkennen. »Real« ist das Defizit, real sind die Ölkriege im Nahen Osten oder die Frage, wieviel von der Milch unserer Kinder das Pentagon bekommen soll.

Dies ist die wahre Teilung der heutigen Welt: zwischen denen, die achtlos »Dritte Welt« sagen, weil sie glauben, selbst Teil der »Ersten« zu sein, und denen, die wissen, daß sie die Dritte Welt sind – wo immer sie leben.

Frauen sind überall die »Dritte Welt«. In meinem Land, wo die meisten Frauen das nicht von sich glauben, sind sie so sehr »Dritte Welt« wie überhaupt nur möglich und glauben dabei, dem Mythos »Erste Welt« anzugehören.

Bevor ich ein Kind hatte, war ich auch in diesem Mythos befangen. Ich hielt meine Privilegien für selbstverständlich. Erst nach Mollys Geburt erkannte ich den Mythos als das, was er war. Erst danach verschmolz ich mit meiner Mutter.

Nach Lula kamen mehrere Kindermädchen, denen ich meine Tochter nicht überlassen wollte, und dann kam Mary Poppins in Gestalt von Bridget-aus-Brighton. Bridget-aus-Brighton hatte dicke Titten, schwarzes Haar, rote Lippen und ein hübsches, herzförmiges Gesicht. Bald verliebte sie sich in den Elektriker, der beim Bau meines Baumhaus-Ateliers half. Kurz darauf zogen sie nach New Hampshire mit seinen Sechserpackungen Bier, seinem Lastwagen, seinen Werkzeugen, ihren Rezepten für Tomatenquiche, Zitronenquark und Torte und ihrer Bereitschaft zu dienen (wenn nicht mir, dann einem Mann). Ihr Freund war eifersüchtig auf Molly; er wollte selbst ein Kindermädchen.

Wie sonst hätten diese beiden relativ verantwortungsbewußten jungen Leute mein Baby in der Badewanne sitzen lassen und nach unten gehen können, um einen Lastwagen zu beladen? Mit dem mütterlichen sechsten Sinn, der in den Nebennieren sitzt, kam ich aus meinem Arbeitszimmer gerannt und fand meine Tochter gurgelnd und die Schaumblasen in ihrem Bad ankrähend. Was hätte ich getan, wenn ich sie unter diesen Schaumblasen gefunden hätte? Als das Kindermädchen und der Elektriker abfuhren, überrollten sie meinen geliebten Poochkin – mein erstes Kind, meinen Vertrauten. Heulend wie eine verlorene Seele starb er auf dem Tisch des Tierarztes. Ich wußte kaum, ob er gestorben war oder ich.

Poochkin war nicht mehr da, aber Molly wurde älter, wie das bei Kindern so ist. Ich lernte, an den Wochenenden, die sie mit ihrem Vater verbrachte, von Dämmerung zu Dämmerung zu schreiben. Ich verschob durch schiere Willensanstrengung meine Stunden tranceartiger Konzentration. (Wie George Sand, wie alle Schriftstellerinnen-Mütter schrieb ich die ganze Nacht und brach in der Morgendämmerung auf dem Diwan zusammen.) Ich hörte auf zu schlafen. Aber was ist Schlaf, wenn der Geist deines Bologneserhündchens in langen, verregneten Nächten vor der Tür wimmert? Buffy war mit Jon fortgegangen; Poochkin starb unter den Rädern des Lastwagens, der dem Freund des Kindermädchens gehörte (um dann durch Emily Doggenson – natürlich nie wirklich – ersetzt zu werden, eine preisgekrönte Bologneserhündin, und Poochini, den süßen Kümmerling ihres Wurfs). Natürlich kann man einen Hund sowenig ersetzen wie einen Menschen; jeder hat seine eigene, besondere Persönlichkeit und seinen Geruch. Kein Wunder, daß unsere schwersten Verluste immer von Hunden angekündigt werden. Wir verwandeln sie in Gedichte und machen weiter.

Beste Freunde

Wir machten sie
nach dem Bild unserer Ängste
um an Türen zu weinen,
bei Abschieden – wenn auch nur kurz,
um bei Tisch um Essen zu betteln
& uns mit diesen großen
wehen Augen anzusehen,
& uns zur Seite zu stehen
wenn unsere Kinder fliehen,

& auf unseren Betten zu schlafen
in dunkelsten Nächten
& sich bei Donner zu ducken
wie in unseren eigenen
Kindheitsängsten.

Wir machten sie mit traurigen Augen,
liebevoll, loyal, ängstlich
vor dem Leben ohne uns.
Wir nährten ihre Abhängigkeit
& Trauer.
Wir halten sie als Erinnerung an unsere Furcht.
Wir lieben sie
als die unerkannten Träger
unserer eigenen Angst
vor dem Grab – Verlassenheit.

Halt meine Pfote
denn ich sterbe.
Schlaf auf meinem Sarg;
wart auf mich,
mit traurigen Augen
mitten in der geschwungenen Einfahrt
jenseits der Friedhofsmauer.

Ich höre dich bellen,
ich höre dein trauerndes Heulen –
oh, mögen alle Hunde, die ich je geliebt habe
meinen Sarg tragen,
den mondlosen Himmel anheulen
& sich mit mir schlafen legen
wenn ich sterbe.

Und dann kam die Muttergöttin – die eine Zeitlang merkwürdig abwesend gewesen war – zurück, ließ sich erweichen und schickte mir Margaret.

Sie kam, wie ich später erfuhr, weil ihre Tochter, die hellsehen kann, eine Annonce in der *Bridgeport Post* entdeckt hatte. »Ich glaube, das ist für dich, Mom«, sagte sie.

»Als Kindermädchen?« sagte Margaret. »Ich habe keine Ausbildung als Kindermädchen.«

»Aber du hast vier Kinder großgezogen, Mom, und liest gerne.«

Anscheinend hatte die Agentur eine Annonce aufgegeben, in der in der Überschrift von einem »berühmten Autor« die Rede war. Vielleicht hatten Kim und ihre Mutter einen Mann erwartet. Vielleicht auch nicht. Die Wellenlänge stimmte. Kim sah für die nächsten paar Jahre ein wenig Licht für uns alle voraus. Molly würde wachsen. Ich würde schreiben. Es würden keine Hunde sterben.

Als ich Margaret kennenlernte, wußte ich, daß sie aufrichtig war und ich Glück hatte. Sie hatte klare, blaue Augen, die meinen Blick sofort erwiderten. Margaret war seit fast einem Jahr Witwe und hatte »ihren Bob« während seines Leidens an der Lou-Gehrig-Krankheit gepflegt; sie brauchte ein Kind, das sie großziehen konnte, genauso dringend, wie ich eine Margaret brauchte. Ihr Mann war fast unmittelbar nach seiner Pensionierung erkrankt. Zwei Jahre Verfall und dann ein langes Sterben folgten.

Margaret, deprimiert und einsam in Florida, war in tiefer Trauer, als ich sie kennenlernte. Sie ging zu Treffen der Anonymen Alkoholiker, weil sie lernen wollte, nicht mehr gegen Gott zu wüten. Sie lernte, wie man bestätigt und nicht verleugnet.

Als Ehefrau eines Fernfahrers, der einen Laster mit achtzehn Rädern steuerte, war sie daran gewöhnt, sich um alles zu kümmern und rasche Entscheidungen zu treffen. Sie hatte ein Baby verloren und vier weitere großgezogen. Sie hatte sich ihrem Leben ergeben, was ich nicht verstanden hatte. Sie wurde mir geschickt, um es mir beizubringen.

Als ich Margaret traf, war sie vor Trauer mollig: eine kleine, runde Frau mit intensiv blauen Augen und ergrauendem Haar. Sie sollte ein Jahrzehnt bei mir und Molly leben. Molly war fünf, als sie kam, und fünfzehn, als Margaret endgültig in Pension ging. Dazwischen hatte es eine Pensionierung gegeben, die nicht andauerte.

Margaret war keine Dienstbotin – es sei denn, eine Dienstbotin Gottes. Sie brauchte es, daß man sie brauchte. Um den Tod zu überwinden, brauchte sie die Möglichkeit, Dinge wachsen zu lassen. »Das würde ich für keinen außer dir tun«, sagte sie immer. Sie war meine Lehrerin, die mir Selbstachtung beibrachte und für Molly sorgte. Sie machte mich mit täglichen Meditationen bekannt, zeigte mir, wie ich mich um meine eigene Seele kümmern und einen Tag nach dem anderen bewältigen konnte. Das Leben mit Margaret war, als bekomme man die Chance einer zweiten Kindheit. Ich hatte eine neurotische jüdische Kindheit hinter mir. Jetzt bekam ich die andere Art.

Die Mutter eines Babys braucht selbst eine Mutter. Molly, Margaret und ich bauten den primitiven Stamm wieder auf. Unsere Kommune in Connecticut hätte eine der Höhlen von Lascaux sein können. Margaret schenkte mir die fünf störungsfreien Stunden am Tag, die ich zum Schreiben brauchte. Und sie half mir auch, die Herdflamme am Brennen zu halten.

Sie schenkte mir das Wertvollste, was ich bekommen habe – nach der Geburt von Molly und der acidophilen Milch meiner Eltern. Meine Eltern gaben mir das Leben. Molly gab diesem Leben Sinn. Margaret half mir, dieses Leben lebendig zu erhalten.

Ich hoffe, daß ich ihr soviel gegeben habe wie sie mir. Ohne sie hätte die Mutterschaft mein ganzes Schreiben verschluckt.

Molly, Margaret und ich bereisten die ganze Welt. Wir verhätschelten zahlreiche Männer und warfen sie dann hinaus. Margaret fütterte meine Verehrer mit hausgemachter Hühnersuppe, teilte ihnen getreulich mit, ich sei »unter der Dusche«, wenn sie anriefen, während ich mit einem anderen im Bett lag, und war für Molly da, wenn ich nicht anwesend war. Sie brachte mir bei, daß Mutterschaft geteilte Verantwortung ist. Sie lehrte mich auch, meinem Kind zuzuhören. Am Ende ließ sie los, und ich übernahm. Wenn Molly nach mir und nicht nach meiner Stellvertreterin verlangte, zog sich Margaret in die Rolle der leitenden Haushälterin zurück.

In ihrer frühen Adoleszenz hatte Molly das Glück, mit zwei Müttern zu leben, gegen die sie sich auflehnen konnte. Sie hatte genug Witz für uns beide. Und genug Wut. Jedes Mädchen braucht mindestens zwei Mütter, die es beschuldigen kann.

Wie stark unsere Welt das Leben von Frauen eingeschränkt hat! Die ägyptische Bäuerin, die das Schwemmland des Nils umgräbt, hat wenigstens Schwestern und Kusinen, die ihr helfen. Sie ist vielleicht arm und ungebildet, aber kaum so allein wie wir in unseren schicken Badezimmern. Ich stellte mir die »privilegierte« amerikanische Frau in einem palastartigen Bad mit einem Kleinkind vor, das zwischen ihren Beinen hervorspäht, während sie auf dem Thron sitzt. Sie hat Apparate in Hülle und Fülle, aber niemals die beiden zusätzlichen Hände, die sie am meisten braucht. Frauen in Amerika mögen die besten Badezimmer zu putzen haben. Aber oft haben sie niemanden, mit dem sie ihre Kinder teilen können.

Frauen in Amerika lesen »Lifestyle«-Seiten, die im Grunde eine Glorifizierung des Kaufens sind. Sie lehren uns, daß wir uns in den Schleier von Make-up hüllen müssen, um geliebt zu werden. Und bereitwillig nehmen wir den Schleier, weil wir denken, er befreie uns. Unser Make-up ist so wenig fakultativ wie der Schleier für arabische Frauen: Es ist unsere westliche Version des Tschadors.

Mit neununddreißig hatte ich eine dreijährige Tochter, alle Verantwortlichkeiten eines Mannes und alle Pflichten einer Frau. Ich verdiente meinen Lebensunterhalt, indem ich das sagte – und von Frauen wird das Gegenteil erwartet. Plötzlich begriff ich manches über die Diskriminierung von Frauen, vor dem mein früheres Leben mich abgeschirmt hatte. Ohne Kindesunterhalt hatte ich keine andere Wahl, als weiterhin zu schreiben – das war die einzige Verdienstmöglichkeit, die ich kannte –, doch mein Schreiben stellte mich immer mitten in das Kreuzfeuer zwischen den Geschlechtern. Ich wünschte mir ein gelassenes Leben, aber ich hatte keine Ahnung, wie man das anstellte. Ich durchlebte die typische Erfahrung meiner Generation – und das auf einer privilegierten Ebene, die die meisten Frauen meiner Generation nicht annähernd haben. Privilegiert oder nicht, es war ein enormer Streß. Ich war dazu erzogen worden, meinen Platz in einer Welt einzunehmen, die es nicht mehr gab.

Wenn ich wie ein Mann leben mußte, gedachte ich auch, mein Recht auf männliche Freuden zu behaupten: anziehende Konkubinen.

Mein vierzigster Geburtstag stand bevor, und ich hielt nach

dem ultimativen Geburtstagsgeschenk Ausschau. Verdiente ich das nicht für all meine harte Arbeit? Dafür, daß ich das Feuer und das Baby am Leben erhielt?

Stellen Sie sich, wenn Sie mögen, einen blauäugigen Fünfundzwanzigjährigen vor. Er ist über einsachtzig groß, hat eine perfekte Stupsnase, perlweiße Zähne, ein blendendes Lächeln, einen kräftigen Brustkorb, muskulöse Arme und Waden. Und als ob das noch nicht reichte, hat er auch eine Liebe zur Poesie, eine literarische Neigung, und sein Schwanz hat ebenfalls eine literarische Neigung. Er biegt sich aufwärts wie ein polierter Krummsäbel.

Wie lernte ich ihn kennen? Nicht durch ein Rundschreiben, das Werbung für Männer mit großem Gemächte machte (obwohl meine Fans mir derartiges regelmäßig zuschickten), sondern in einem Fitneßclub durch eine Freundin. Er schwitzte auf einer Nautilus-Maschine – eine gegen Ende der siebziger, Anfang der achtziger Jahre sehr typische Art des Kennenlernens.

Will Wadsworth Oates III. war der saftgrüne Ast an einem verfallenden Familienstammbaum. An einem Winterabend kam er zum Tee und ging nicht wieder fort – außer, um neue Hanteln und alte Harleys zu kaufen.

»Horizontal betrachtet«, wie Lorenz Hart über Pal Joey schrieb, »ist er Spitze.« Doch vertikal war er auch recht gut. Er wußte, wie man einen Smoking trägt. Er hatte familiäre Übung darin, die richtige Gabel zu benutzen. Niemals verwechselte er den Inhalt einer Fingerschale mit der Consommé. Und er sah auch mit Hut – das Zeichen für einen Herzensbrecher – und Umhang gut aus. Er konnte segeln, schwimmen, singen und sich binnen Sekunden ausziehen. Und er war nett. Meine schwulen männlichen Freunde beteten ihn an. Meine Freundinnen sogen die Luft ein und bezeichneten ihn hinter meinem Rücken als Gigolo. (Aber als intellektuellen Gigolo, wie man das nennt.) Er war ein Büchernarr, ein Romantiker, ein pikaresker Held. Er liebte harte Bücher und weiche Frauen.

Liebe ernährt sich von Ähnlichkeit oder eingebildeter Ähnlichkeit. Wenn sie zerplatzt, werden wir wütend. Warum? Weil wir unseren Zwilling selbst gewählt haben.

Woher sollte ich wissen, daß Will (oder Oatsie – wie seine alten Freunde ihn nannten) die meisten meiner Freundinnen anmachte, von meinen männlichen Freunden zu Auditions vermittelt werden wollte und sich ständig Geld »lieh«?

Ich dachte, ich würde die Regeln kennen. Ich besorgte ihm eine Kreditkarte. Ich kannte sie nicht alle. Das Limit war zu hoch.

Ich kaufte ihm tolle Kleidungsstücke und schenkte ihm ein Auto (doch da ich praktisch veranlagt war, versäumte ich, es auf seinen Namen zuzulassen). Im Sommer nahm ich ihn mit ins Cipriani in Venedig, als sei er ein Starlet. Wenn er im Pool seine Bahnen schwamm, wurde er von Damen und Herren gleichermaßen bewundert. Will war so eifrig darauf bedacht zu gefallen, daß er jeden in sich verliebt machen konnte. Seine ganze Schauspielerei ging in sein Leben ein.

Doch jüdische Mädchen und Waffen passen nicht zusammen, und Will bewahrte in meinem Haus geladene Waffen auf. Als ich das entdeckte – fünf Jahre zu spät –, warf ich ihn hinaus. Vielleicht war ich ohnehin dazu bereit. Am Anfang dachte ich, die Waffen seien nicht geladen (»eine glaubhafte Geschichte, Ma'am«), weil er schwor, er bewahre die Munition getrennt auf.

Wenn ich heute an ihn zurückdenke, verschmilzt er in meiner Vorstellung mit Colettes Chéri. Ich meine zu sehen, wie er im Bett meine Perlen anprobiert. Er hatte die spielerische Art des geborenen Gigolos – und jede befreite Frau braucht von Zeit zu Zeit einen Gigolo. Die Nebenbedeutung des Wortes verrät unsere Mißbilligung der Lust selbst. Doch es muß nicht immer schlecht sein, für Empfinden und Lust zu leben. Will war mein Bacchus – schön, androgyn, voller Saft.

Wir haben etwas gegen den Gigolo, weil er für die Liebe bezahlt wird, aber wir haben nichts gegen den Söldner, der fürs Töten bezahlt wird. Unsere Statuen verherrlichen Abenteurer und keine *cavalieri serventi*. Wäre es umgekehrt, wäre unsere Welt besser.

Schwule Männer beherrschen diesen Tanz viel besser als Frauen. Vielleicht haben sie mehr Sinn für den Handel, um den es geht. Manchmal adoptieren sie ihre Liebhaber und sehen diese Beziehung als eine Art elterliches Rollenspiel an. Doch am Ende haben sogar sie die Nase voll. Wenn der Handel nicht mehr stimmt, werden sie wütend. Dann werfen sie die Bastarde hinaus.

Will war im wesentlichen freundlich – wenn auch der Strichjunge in ihm gelegentlich die Oberhand gewann. Er liebte es, sich zu produzieren – sowohl im Alltagsleben wie auf der Bühne. Wenn Jon kam, um Molly abzuholen, pflegte Will auf dem Rasen mit Hanteln zu trainieren. Er hoffte, gefährlich genug zu wirken, um mich zu beschützen. Ich war gerührt.

Er drängte mich, ihn zu heiraten, und ich zauderte dann. Nicht nur, weil ich gern vor dem Gesetz ledig war, sondern auch, weil ich wußte, daß ich Will niemals würde heiraten können. Mein Leben konnte sich jeden Tag verändern – ohne das Eingreifen von Rechtsanwälten. Also sagte ich weder ja noch nein. Und er wurde wütend.

Ich dachte immer, Molly hätte ihn gern. Später sagte sie mir, sie hätte Angst vor ihm gehabt. Mich schaudert, wenn ich mich an die versteckten Waffen erinnere. Will schwor immer, sie seien außer Reichweite. Doch woher konnte er das wissen, da Bekifftsein bei ihm Normalzustand war? Ganze Horden von Engeln müssen uns beschützt haben, und Margaret muß unter ihnen gewesen sein.

Als die Dinge in unserem Leben chronisch scheußlich wurden, merkte ich, wieviel wir tranken. Eine Menge. Ich schleppte Will zu den Anonymen Alkoholikern, da ich dachte, er müsse nüchtern werden. Eine weitere grandiose Selbsttäuschung. Wie viele Abhängige brauchte ich seine Sucht, um mich meiner eigenen zu stellen.

Wir fingen an, gemeinsam zu Versammlungen zu gehen.

Zuerst erschreckten sie mich, und ich weinte während der ganzen Sitzung. Warum, wußte ich nicht. Ich haßte den Jargon und die Slogans und machte mich lustig über die puritanische Art, wie AA-Konvertiten die Sprache des Programms benutzten: Nimm's leicht, Ein Tag nach dem anderen, Nimm das von der Sorgenliste, Laß los, Laß Gott ... Dann begann ich zu sehen, daß AA der einzige Ort meiner Welt war, an dem ich ohne Verurteilung willkommen war. Ich verliebte mich in AA – eine gesegnete Alternative zur Natur von »Zähnen und Krallen«, die den Rest unserer Gesellschaft charakterisiert. AA-Leute sind aus Prinzip freundlich. Sie wissen, daß sie anderen dienen müssen, um sich selbst zu dienen.

Will blieb ein Jahr lang nüchtern. Ich zwei. Der Geschmack der Nüchternheit brachte mich auf den Weg und zerbrach unsere Beziehung. Ich begann mit meiner noch immer unvollendeten Reise auf der langen und gewundenen Straße der Kapitulation. Ich bin noch immer starrsinnig und ängstlich, aber zumindest weiß ich das jetzt.

Als Will auszog, fand ich einen Knoten in meiner linken Brust. Während ich auf das Ergebnis der Biopsie wartete, versöhnten Will und ich uns kurzzeitig, und zwar aus Todesangst. An dem Tag, an dem der Knoten sich als gutartig erwies, zog er aus. Der Knoten blieb eine Weile, dann verschwand er, als hätte es ihn nie gegeben.

Ich träumte endlos von Will. Manchmal tue ich das noch immer. Im Traum kann er mich noch immer kommen lassen. Wenn ich allein in einem Hotelzimmer bin oder mich irgendwo auf der Welt in einem gemieteten Haus niederlasse, ist er sofort zur Stelle.

Ich habe viele Leute sagen hören, in irgendeiner Synapse liebten sie ihre alten Lieben noch immer. Das gilt auch für mich. Die Erinnerung verschleiert die Liebe, wie sie es soll, doch hinter dem Dunst des Vergessens bleibt sie bestehen. Ich liebe sie alle noch immer – Jon, Will, Michael, Allan. Ich liebe sie sogar mehr, als ich es tat, als wir zusammen waren, weil ich heute mehr Empathie besitze. Vermutlich wollen sie meine Liebe nicht, aber sie ist trotzdem da. Ich kann sie nicht verlieren. In meinen Träumen kehrt sie zurück.

Es scheint, als sei ich über die Scheidung hinweggeschlittert wie über dickes, glattes Eis. Doch so war es wohl nicht. Es war eher wie ein Einbrechen. Hinunter in das schwarze Wasser, in Tinte eingetaucht, aber unfähig, damit zu schreiben (keine Feder, kein Papier), unfähig zu lesen, unfähig zu atmen, unfähig, auf dem schlammigen Grund zu stehen.

Einige Vorfälle schimmern durch die Schwärze und bringen die Traurigkeit der ganzen Erfahrung zurück.

Eines Morgens wache ich in dem Wasserbett in Connecticut mit Will auf. Die Türglocke läutet. Draußen steht ein Zusteller wie aus einem Roman von Dickens, mit rotem Gesicht und gelbem Haarschopf.

Ich stolpere hinaus, einen feuchten Bademantel um meine Nacktheit gewickelt.

»Entschuldigen Sie«, sagt er mit der eisigen Höflichkeit der Geheimpolizei in Nabokovs *Zembla*.

»Sind Sie Missus Yong?«

»Ja, das bin ich.«

»Dies ist für Sie.«

Und er händigt mir einen dicken Umschlag aus, dreht sich rasch um, läuft den vereisten Weg hinunter und fährt weg.

Ich reiße den Umschlag an der Tür auf, zitternd. Ich habe noch nie einen Zusteller gesehen. Und auch nicht ein Blatt Papier wie dieses. Es scheint zu sagen, daß ich, falls ich aus Fairfield County wegziehe, »mit allen gesetzlichen Mitteln« verfolgt werde und das Sorgerecht für Molly (»den Abkömmling aus dieser Verbindung«) verliere, wenn ich nicht meinen Wohnsitz in einer der folgenden vier Städte nehme: Westport, Weston, Fairfield oder Redding.

Ein sehr verwirrender Rechtsstreit, möglicherweise verfassungswidrig und nicht zu gewinnen, aber ein Nadelstich ins Herz. Schließlich fühle ich mich ohnehin dauernd als »schlechte

Mutter«, weil ich arbeiten muß, um Molly zu ernähren. Irgendwie habe ich das Fehlen von Kindesunterhalt und die beiläufigen Grausamkeiten akzeptiert (etwa, das Telefon auf Anrufbeantworter zu schalten, damit ich mich nicht nach meiner Zweijährigen erkundigen kann), doch dies ist die äußerste Sabotage: Sie wollen mir wegen meiner rebellischen Bücher mein Kind wegnehmen. Dieser Verrat trifft mich ins Mark. (Damals konnte ich nicht wissen, daß Sorgerechtsprozesse zur grausamen und üblichen Strafe meiner Generation dafür geworden sind, daß eine Frau es wagt, Mutterschaft und Karriere gleichzeitig zu verfolgen.)

Zwei Jahre und etliche tausend Dollar später sitzen Jon und ich im Zimmer der Sozialarbeiter im Keller des Gerichtsgebäudes von Stamford. Die Sozialarbeiter, ein Mann und eine Frau, fragen uns in ihrem Fachjargon: »Auf welchem Gebiet scheinen Sie nicht übereinzustimmen?«

Irgendwie hat mein Anwalt Molly dem Gericht ferngehalten, hat mich mit psychologischen Beglaubigungen präpariert, die ihre geistige Gesundheit bestätigen, hat den Sorgerechtsprozeß verhindert und statt dessen »Mediation« beantragt – eine Therapie, die eigentlich niemanden außer den Richter erleichtert. Bei der Mediation gibt die faire Partei nach, und die verrückte Partei trifft die Entscheidung – gewöhnlich durch Geschrei.

Zwei Stunden lang haben wir in einem Gang im Keller zwischen schwarzen Eltern im Teenageralter aus dem Ghetto, geschlagenen Latinas und anderen gewartet, die so arm waren, daß sie sich eine Scheidung nicht leisten konnten.

Gebeten, unser Problem darzulegen, stellen wir fest, daß wir es nicht einmal formulieren können. Schließlich platzt Jon heraus:

»Meine Exfrau möchte unsere Tochter zu Ethical Culture schicken – und ich finde, sie sollte nach Dalton gehen.«

»Nun – Ethical wäre besser für sie, denn sie ist . . .« Ich verstumme.

Die Sozialarbeiter schauen uns an, als hätten wir beide einen Furz gelassen.

»Das können wir bestimmt lösen«, sagt die Frau mit erstickter Stimme.

Und ein »Kompromiß« wird geschlossen. Ich werde Molly nach Dalton schicken (Jons frühere Schule), und er wird die Klage fallenlassen. Ich wäge Mollys Unruhe bezüglich der Klage dagegen ab, sie auf eine Schule zu schicken, die ich falsch für sie finde, und entscheide mich für das geringere Übel. Jon zuckt mit den Schultern und läßt die Klage fallen. Er ist die Sache leid. Ich ebenfalls.

Ein Jahr später bin ich im Begriff, *Molly's Book of Divorce* zu veröffentlichen, ein illustriertes Kinderbuch darüber, wie ein kleines Mädchen sich zwischen Mommys und Daddys Haus hin und her bewegt. Das Buch ist ironisch, aber es ist auch ein Valentinsgruß an Kinder und Eltern, die unter einer Scheidung leiden. Ich schrieb es als Gutenachtgeschichte, die Molly helfen sollte, ein Leben zu bewältigen, in dem sie immer Socken, Unterhosen und Teddybären in einem anderen Haus zurückläßt. Ich schrieb es auch für mich selbst. Es endet mit einer Party, bei der die geschiedenen Eheleute und ihre neuen Partner sich alle küssen und versöhnen. Wunschdenken. Das Buch ist im Druck – und plötzlich bringt der Brief eines Anwalts alles zum Stillstand.

Jons Anwalt droht, wenn der Name des Kindes nicht geändert werde, werde er mit allen Mitteln eine einstweilige Verfügung gegen das Buch anstreben.

Der Vater von Alice im Wunderland hat so etwas nie getan, auch nicht der von Christopher Robin (natürlich, weil er der Autor war), aber es ist nutzlos, vor Gericht zu gehen, um zu beweisen, daß Kinderbücher traditionell nach wirklichen Kindern benannt sind. Der Verleger ist bereits in Panik. Ich werde in sein Büro zitiert und angewiesen, der Forderung stattzugeben.

Um einen Prozeß zu vermeiden, ändere ich den Namen des

kleinen Mädchens in Megan, und die Druckpressen laufen wieder an. Die unbrauchbaren Drucke werden mir in Rechnung gestellt. Endlose Treffen mit Anwälten finden statt, um den Verleger zu beruhigen, aber irgendwie ist die Energie verpufft. Die Boulevardpresse hat die Geschichte aufgegriffen und das übliche Haschee daraus gemacht. Alle Besprechungen des Buches reden über den »Skandal« und nicht über das Buch. Welchen Skandal?

Es gab keine Klage, keine einstweilige Verfügung, nur den Brief eines Anwalts, harte Worte und endlose Verhandlungen. Aber das Buch ist trotzdem befleckt. Der Verleger zuckt davor zurück. Und die Eltern, für deren Kinder es vielleicht tröstlich wäre, finden es niemals in den Buchhandlungen. Doch ich weigere mich, es aufzugeben – wie ein geschädigtes Kind. Entschlossen, das Buch in einer anderen Form herauszubringen, stelle ich das Material für eine Fernsehserie zusammen – Loretta Swit als Mommy, Keri Houlihan als das kleine Mädchen, Alan Katz für den Pilotfilm. Der Pilotfilm ist fabelhaft. Aber es wird nie eine Serie daraus.

»Scheidung senkt die Einschaltquoten«, sagen die Verantwortlichen des Senders.

»Loretta ist zu alt«, sagen sie (nachdem sie sechs Monate zuvor darauf bestanden hatten, daß sie die Rolle bekam). Dabei gab sie eine wunderbare Vorstellung und übernahm auf unheimliche Weise einige meiner Manierismen, wie Schauspielerinnen das tun. Mit ihrer einzigartigen Kombination aus Schneid und Sanftmut wäre sie vielleicht eine Inspiration für alleinerziehende Mütter gewesen. Aber die Serie wurde von Frauen entwickelt und von Männern vernichtet – wie üblich. Zwischen »Loretta ist zu alt« und »Scheidung senkt die Einschaltquoten« starb die Serie. Der Pilotfilm wurde gesendet und bekam bessere Kritiken als die meisten meiner Bücher. Dann verschwand er im Niemandsland der Videos.

Die Hälfte der amerikanischen Familien erlebt 1986 eine Scheidung, aber nicht in den Fernseh-Sitcoms. »Scheidung« ist für die Fernsehsender noch immer ein schmutziges Wort. Ein paar Jahre später reißen sie sich darum, solche Sendungen zu machen.

»Sie müssen prophetische Gaben haben«, sagen mir Fernsehleute heute. »Sie waren Ihrer Zeit um Jahre voraus.«

Megan wird nicht mehr gedruckt. Kindertherapeuten entdecken das Buch und kaufen es in Antiquariaten, um Kindern bei einer Scheidung besser helfen zu können. Ich schicke ihnen alle Exemplare, die ich noch habe. Doch ansonsten ist das Buch nicht zu finden – ein weiteres Scheidungsopfer.

Nach dieser Sabotage drehe ich ein bißchen durch und verklage Jon wegen Belästigung, indem ich meinen Verlust an Lebendigkeit und die Unterbrechungen meiner Arbeit anführe. Die Belästigung ist durchaus real, aber die Gesetze sind für so etwas nicht gemacht – und auch nicht gegen gebrochene Herzen. Dieser absurde neue Prozeß zieht sich kostspielig in die Länge und unterbricht meine Arbeit noch weiter.

Schließlich stelle ich fest, daß ich nicht wütend genug auf Mollys Vater bleiben kann, um ihn weiterhin zu verklagen. Ich empfinde noch immer Zärtlichkeit für ihn. Ich träume davon, daß wir eines Tages Freunde sein werden. Und ich möchte mein Leben weiterführen.

Jon und ich haben einander weggestoßen, uns verletzt, unser Kind verletzt. Jetzt besucht Molly die erste Klasse in Dalton. Es ist an der Zeit, daß wir lernen, Eltern zu sein, wenn wir auch noch keine Freunde sein können. Ich wohne, zumindest wochentags, in einem schönen Appartement in Manhattan mit Blick über den East River. Zwischen uns und unserem Schmerz liegt eine gewisse Distanz. Narbengewebe entsteht. Ständig wird es wegen des Kindes, das wir miteinander teilen, wieder aufgerissen. Doch ganz allmählich lernen wir zu teilen. An den Wochenenden treffen Jon und ich uns in Connecticut. Ich behalte das Haus in Connecticut für Molly, damit sie ihrem Vater nahe sein kann. Außerdem ist das Haus meine Zuflucht zum Schreiben.

Wie sich herausstellt, liegt mein neues Appartement in New York in einem jener vorsintflutlichen Gebäude, in denen Juden ermutigt werden, ihre Vorhaut wachsen zu lassen, um als WASPs durchzugehen. Sie wissen, daß sie hier nur geduldet sind, denn das Gebäude war früher »Sperrbezirk«; also werden sie zu Vollstreckern und halten andere Juden fern.

Wie im Maidstone Club in den Hamptons, wo die Gründungsväter niemals die Absicht hatten, ihr Viertel für »Schwule, Leute aus dem Showgeschäft oder Juden« zu öffnen, sehen die Bewohner dieses spießigen Gebäudes sich jetzt umzingelt.

Sie verkauften mir die Wohnung – obwohl ich der Inbegriff von allem bin, wovor sie ihr ganzes Leben lang geflüchtet sind. Als Will einzieht – mit seiner Harley, der schwarzen Lederjacke, den Armbändern mit Spikes und dem Akzent eines feinen Internats –, werde ich zur Jeanne d'Arc des Gracie Square.

Im Haus flüstert man, bei uns »quietschten nachts die Bettfedern«, Will rauche – oder verkaufe – im Carl Schurz Park Drogen, und die kleine, rothaarige Fünfjährige und die freundliche, weißhaarige Kinderfrau seien praktizierende Heiden, die mitten in der East End Avenue den Gehörnten Gott verehrten.

Die Eigentümervertretung beschließt plötzlich, ein Komitee zur Inspektion meines Appartements zu schicken. Haben wir genügend Teppiche oder nicht? Das ist die Frage.

Ein Bettfedernkomitee wird gebildet. Diese erlauchte Körperschaft – bestehend aus einem Juden mit rekonstruierter Vorhaut (einem Anwalt), einem nicht geheilten WASP-Alkoholiker (ebenfalls Anwalt) und einer perfekt frisierten Chanel-Trägerin mit verschlungenen Cs auf ihrer Schafledertasche (einer Innenarchitektin, die mit einem Anwalt verheiratet ist) – inspiziert feierlich meine Wohnung. Die grau-mauve getönten Teppiche passen zum Fluß. Die Wände sind verspiegelt, um ihn zu reflektieren. Das Wasserbett ist mit einem Amish-Quilt und einem Kopfteil aus Messing verkleidet und sieht aus wie ein gemütliches *letto matrimoniale* in einer Frühstückspension in Neuengland.

Ich halte den Atem an, während das Komitee durchs Schlafzimmer geht. Jeder Zentimeter der Wohnung ist mit Teppichen ausgelegt, bis auf den winzigen, verspiegelten Flur. Das Wasserbett ist natürlich illegal – das weiß ich.

Doch meine Inspektoren sind zu prüde, um die Oberfläche des Bettes zu berühren. Es hätte unter seinem antiken Sternenquilt geschwappt und mich verraten. Aber sie hatten ihren Kitzel und gehen, nicht wenig erstaunt über mein scheinbares Einhalten der Regeln.

Doch jetzt beginnt die Belästigungskampagne im Ernst. Jede Nacht um drei ruft jemand an und legt dann auf, und unter unserer Wohnungstür werden giftige anonyme Briefe durchgeschoben. Einmal wird Molly im Aufzug wegen meiner vermuteten Sünden angeschrien.

Will und ich konsultieren Anwälte. Sie sagen uns nichts und verlangen saftige Vorschüsse. Sie versprechen, mit der Eigentümervertretung zu verhandeln. Ich habe eine plötzliche Eingebung: Das ist wieder so ein Problem, das das Gesetz nicht lösen kann! Und was mache ich überhaupt in so einem Haus? Ich gehörte auf die West Side, wo ich aufgewachsen bin. Wie sich herausstellt, ist die Wohnung, in der ich aufwuchs, zu verkaufen. Ein Immobilienmakler ruft an und fragt, ob ich sie besichtigen wolle. Ich will – bis ich den Preis höre. Zwei Millionen? Als meine Eltern hier wohnten, kostete die Miete zweihundert Dollar im Monat. Thomas Wolfe hatte recht: Man kann nicht wieder nach Hause gehen.

Will, Molly, Margaret und ich mieten in diesem Sommer für drei Monate eine Wohnung in Venedig und bieten Gracie Square in aller Stille zum Verkauf an. Eines Nachmittags liegen Will und ich im Bett und beobachten, wie das Wasser des Kanals magische Kringel an die Decke malt, als mein Bevollmächtigter mit der Nachricht anruft, jemand wolle die Wohnung in New York kaufen.

»Verkaufen Sie sie!« sage ich. Will und ich ficken uns um den Verstand und tanzen dann kichernd im Zimmer herum.

Schwule, Leute aus dem Showgeschäft und Juden, vereinigt euch! Ihr habt nichts zu verlieren außer euren Immobilien! (Und wer will heutzutage schon Immobilien?) Unverheiratete Mütter mit jungen Liebhabern können in New York nicht in »guten« Häusern wohnen. Mein Fehler war, daß ich in einem »guten« Haus leben wollte. Besser, mich an meinesgleichen zu halten.

Also verlassen wir Vorhaut-Towers und fangen an, nach einem *Brownstone*, einem alten Klinkerbau, Ausschau zu halten. Keine Eigentumswohnung auf der East Side mehr. Wir brauchen einen eigenen Rasen, um ein Zuhause zu haben.

Wir finden ein schmales Reihenhaus in der Vierundneunzigsten Straße zwischen Park und Lexington, das von einem netten Psychiater, seiner munteren Frau und drei sehr klugen Kindern bewohnt wird. Sie hoffen, daß sie nach Paris ziehen werden. Über dem Bett des Seelendoktors hängt ein Schild: »Psychische Gesundheit ist unser größter Reichtum.« Das erscheint mir als ausgezeichnetes Omen, und ich kaufe das Haus auf der Stelle.

Alles muß erneuert werden – neues Dach, neue Küche, Waschküche, Boiler, Bäder. Ich tue, was ich immer mit Häusern tue – ich gebe Geld aus, bis ich keines mehr habe, und mache mich dann wieder an die Arbeit, um das Buch zu beenden.

Früher oder später laufe ich schreiend vor der Renovierung davon und rufe: »Bargeld!« Drei der vier Stockwerke sind einladend, auch wenn Garten und Erdgeschoß unfertig bleiben. Inzwischen sind die Wände mit William-Morris-Tapeten des gleichen viktorianischen Jahrgangs wie das Haus tapeziert; die Treppenflure sind purpurrot, die Kronleuchter venezianisch. Mein Vater sagt, es sähe aus wie ein Bordell.

»Woher weißt du das?« frage ich.

Lebt wohl, Vorhaut-Towers. Niemand kann mir sagen, mit wem ich in meinem alten Klinkerhaus zu leben habe. Doch das Haus ist nie so recht praktisch. Da es immer Ärzten gehört hat, ist der Keller voll unheimlicher alter Medizinutensilien, Röntgenaufnahmen von Brustkörben, Becken, Schädeln. Frühere Patienten, die verschiedene spanische Dialekte sprechen, kommen noch immer mitten in der Nacht und wünschen Beistand. Selbst bei Tageslicht ist das Haus dunkel, wie es bei Reihenhäusern oft der Fall ist, und aus Sicherheitsgründen sind alle Mitglieder meiner Kommune – bis auf Poochini (den Nachfolger von Poochkin) – verpflichtet, Panikknöpfe zum Aktivieren des Alarmsystems zu tragen, wenn wir den Müll hinausbringen oder die Haustür öffnen.

Das Klinkerhaus löst unsere Wohnprobleme für eine Weile. Außerdem gibt es Will etwas zu tun und mir Gründe, ihm dankbar zu sein. Doch wie sich herausstellt, spuken hier meine alten Kopfschmerzen. Die Geister früherer Bewohner und ihrer Patienten sind noch vorhanden. Ich habe in diesem Haus die falschen Träume – Träume, die den Patienten eines der früheren Besitzer gehören müssen. Oder die Geister greifen auf einen viel älteren Jahrgang zurück.

Wurde der Leichnam des Managers der Brauerei Ruppert (für den das Haus erbaut wurde) in dem Gewölbe unter dem Bürgersteig beigesetzt? Hat irgendein empörter Ehemann hier seine treulose Frau getötet? Ich engagierte eine Geistheilerin (die angeblich Margaret Mead in ihrem letzten Lebensjahr geholfen hatte), um das Haus zu exorzieren. Sie versprach, es zu tun, aber nur, wenn ich vorher ihre Patientin würde. Ich pflegte zu ihrem »Studio« in der York Avenue zu gehen und mich nackt auf ihren Tisch zu legen, wo sie meine unzuverlässige Schilddrüse besprach, meine gesunde Leber abtastete und mir die astralen Besuche beschrieb, die sie um fünf Uhr morgens meinem Sandsteinhaus abstattete. (»Ich bin frühmorgens gekommen, haben Sie mich nicht gesehen?«) Dann bezahlte ich sie bar.

Sie betonte immer, wie sehr sie Exorzismen haßte (Reinigungen nannte sie sie) und daß sie ihr kolossale Kopfschmerzen verursachten. Doch sie muß Wunder gewirkt haben, denn ich verkaufte das Haus mit Gewinn, und zwar unmittelbar vor dem Einbruch des Immobilienmarktes.

Und so zog ich wieder um. Als ich Ken kennenlernte, wohnte er in einem Haus, das auf »Schwule, Leute aus dem Showgeschäft und Juden« spezialisiert war. Wir kauften in diesem Haus eine größere Wohnung und blieben. Ich war entzückt, nach Jahren der Dunkelheit im sechsundzwanzigsten Stock zu wohnen. Und ich war entzückt, unter meinesgleichen zu sein. Das Gebäude, in dem ich lebe, ist auch reich an Hunden und Katzen. Anscheinend sind Schwule, Leute aus dem Showgeschäft und Juden sehr tierlieb.

Molly wechselte in die Tagesschule über, wo die Mütter bei Ausflügen keine Riesendiamanten trugen und die Kinder nicht in Limousinen abgeholt wurden. Eine Menge Kinder an New Yorker Privatschulen wurden in den achtziger Jahren in Limousinen zum Unterricht gefahren – bis ihre Daddys in den Knast wanderten.

Ich war immer entweder flüssig oder pleite, aber irgendwie schaffte ich es, meine Rechnungen zu bezahlen und meine Tochter großzuziehen. Ich lernte sogar, eine anständige Mutter zu sein. Schließlich hörten Jon und ich auf, gegeneinander zu prozessieren, und begannen zu reden.

Manchmal erinnern wir uns sogar an alte Zeiten und daran, warum wir uns liebten. Und Mollys Gesicht leuchtet auf wie tausend Kerzen.

Ich kann gar nicht erwarten, daß sie ihre Seite der Geschichte erzählt, obwohl ich weiß, daß ich dabei nicht gut wegkommen werde. Bis sie alles versteht, wird die wahre Geschichte unausgesprochen bleiben. Es ist an ihr, sie zu erzählen, nicht an mir.

Was die Scheidung betrifft, war alles einmalig und gleichzeitig ganz normal. Zwei Schriftsteller – konfrontiert mit Ruhm, Ablehnung, Geldsorgen und ihren eigenen Schmerzen – versuchen, ein Kind großzuziehen. Die Tochter, die sie aufziehen, weist Ähnlichkeiten mit beiden auf, ist aber vor allem sie selbst: wahnsinnig komisch, zynisch, wortmächtig. Das muß sie sein, um ihre Eltern zu überleben.

Meine Generation ist von Scheidungen geradezu heimgesucht. Wenn wir zurückblicken, fragen wir uns oft nach dem Grund. Was haben wir gewonnen, indem wir nicht um der Kinder willen zusammenblieben? Haben wir überhaupt etwas gewonnen?

Wir waren die Generation, die ewig leben würde. Und wir sind fünfzig geworden wie alle anderen. Schließlich werden wir den *malach ha-movis** doch nicht besiegen.

Manchmal sieht es so aus, als seien sowohl unsere Kinder als auch unsere Eltern klüger als wir. Wir fallen irgendwo in die Mitte zwischen dem Idealismus unserer Eltern in den dreißiger Jahren und dem Zynismus unserer Kinder in den Achtzigern. Irgendwo tief innen glauben wir noch immer, daß Liebe alles ist, was wir brauchen – *all we need is love, love, love*. Irgendwo tief innen fragen wir, wie wir an graue Haare gekommen sind. Wie in aller Welt sind wir erwachsen geworden? Das Wunder ist, daß unsere Kinder heranwachsen – trotz allem, was wir getan haben, um sie zu zerstören.

---

* Hebräisch: Todesengel.

11

Doña Juana wird klug oder Regeln für den Umgang braver Mädchen mit bösen Buben

Wenn es dir an Freiheit fehlt, kannst du sie anderen nicht geben.
ARABISCHES SPRICHWORT

Weißt du, je älter ich werde, desto sicherer bin ich, daß der einzige Mann, den man wirklich lieben kann, der ist, den man nicht achtet.
MARIE DORVAL IN ANDRÉ MAUROIS,
Das Leben der George Sand

Ich wurde in den fünfziger Jahren zum braven Mädchen erzogen, das glaubte, *Love and marriage go together like a horse and carriage*. Zum ersten Mal heiratete ich 1963, zum zweiten 1966, zum dritten 1978 und zum vierten Mal 1989. Mein Leben hat sich in dieser Zeit als Mikrokosmos von Liebe und Sex für meine Generation erwiesen. Jedesmal, wenn ich wieder ledig war, fühlte ich mich wie Margaret Mead unter den Manus oder den Mundogumor. Die Regeln für Partnerwahl und Verabredungen hatten sich »verändert, in höchstem Maße verändert, und eine schreckliche Schönheit ward geboren«.

Von all diesen unermeßlich dunklen Zeitaltern waren die achtziger Jahre am schlimmsten. Das Problem war, daß alle Männer dachten, sie müßten die Herren des Universums sein, und alle Frauen sich für Verliererinnen hielten, wenn sie es nicht schafften, sich Männer zu angeln, die ihnen Smaragde so groß wie das Ritz kaufen konnten. Irgendwann während dieser verrückten Epoche muß ich beschlossen haben, einen Leitfaden zu schreiben, der eine Zusammenfassung von allem sein würde, was ich in meinem viel zu langen Liebesleben über Männer gelernt habe.

Mein Arbeitstitel war *Die Schöne und das Biest: Regeln für den Umgang braver Mädchen mit bösen Buben*. Ich wußte, daß Frauen Regeln wollten. Woher ich das wußte? Weil ich selbst welche wollte. Und so gab ich sie mir:

Zwölf Irrtümer, auf die Frauen hereinfallen

Irrtum 1
Wenn er mich liebt, wird er immer treu sein.
Wahrheit
Seine Liebe zu Ihnen hat nichts mit seiner Treue zu tun. Einige Männer sind monogam. Die meisten sind es nicht. Die, die sexy sind, sind es gewöhnlich nicht. Bei den meisten Männern dauert die Monogamie drei Tage, drei Wochen, drei Monate oder höchstens drei Jahre. Oft dauert sie gerade lange genug, um Sie zu schwängern. Dafür hat die Natur einen Grund. Männer sind darauf programmiert, ihren Samen soweit wie möglich zu verbreiten, Frauen darauf, lebendige, gesunde Babys großzuziehen. Menschliche Babys brauchen lange, bis sie für sich selbst sorgen können – wie Sie vielleicht schon bemerkt haben. Einige Männer lügen besser als andere, doch Lügen ist bei dieser Spezies endemisch. Einige wenige Musterexemplare der Männlichkeit sind treu. Die meisten anderen betrügen. Die Frage ist: Können Sie das aushalten? Wenn der Betrug nicht eklatant und respektlos ist und die Beziehung Ihnen in anderer Hinsicht viel gibt (einen Freund, einen Liebhaber, einen Vater für Ihre Kinder, einen ökonomischen Partner), dann erwägen Sie diese Alternativen: Sie können seinen Betrug elegant hinnehmen und gleichzeitig emotional und finanziell von seinen Schuldgefühlen profitieren. Sie können diskret selbst betrügen – falls (und nur dann) Sie es genießen (und es nicht aus

Boshaftigkeit tun). Sie können sich klarmachen, daß es nichts mit Ihnen zu tun hat. Er tut es für seine Männlichkeit und nicht gegen Ihre Weiblichkeit.

Irrtum 2
Ich brauche einen Mann, um mich ganz zu fühlen.
Wahrheit
Sie brauchen einen Mann nicht so sehr, wie ein Mann Sie braucht. Frauen sind das selbstgenügsame Geschlecht, Männer sind das abhängige Geschlecht. Frauen pflanzen die Spezies fort; sie schaffen Leben in sich (oder die Muttergöttin tut es durch sie). Männer wissen das und haben in ihrer Unzulänglichkeit eine Welt geschaffen, die jede weibliche Leistung beeinträchtigt und erniedrigt – von der Glorie des Gebärens bis zur Frauenarbeit auf jedem kreativen und beruflichen Gebiet. Sie mögen die Welt nicht verändern können – noch nicht –, aber auf diese Lüge brauchen Sie nicht hereinzufallen. Sie sind mächtig, stark, selbstgenügsam. Je mehr Sie das verinnerlichen, desto glücklicher werden Sie sein, mit oder ohne Mann.

Irrtum 3
Wenn Sie Ihre Macht benutzen, um einen Mann zu unterstützen, dann wird auch er Sie immer unterstützen.
Wahrheit
Leider stimmt das nicht. Es ist wunderbar, wenn Sie Ihrem Mann beistehen, wenn Sie dem, den Sie lieben, viel geben, aber Sie dürfen nie sich selbst und Ihre Kinder vergessen, denn genau das könnte er tun. Da er ein Mann ist, findet er es selbstverständlich, daß seine Bedürfnisse an erster Stelle stehen. Da Sie eine Frau sind, finden Sie das auch. Tun Sie es nicht. Schützen Sie sich – nicht mit feministischer Rhetorik oder Argumenten, sondern durch Handeln. Ein Bankkonto und eine Immobilie auf Ihren eigenen Namen, auf die Seite gelegtes Geld für die Ausbildung Ihrer Kinder, an das er nicht herankommt (oder das er der nächsten, jüngeren Ehefrau und

ihren Abkömmlingen geben kann), ein eigener Beruf, auf den Sie sich verlassen können. Pflegen Sie vor allem Ihre eigene Macht, und dann helfen Sie ihm bei seiner, falls Ihnen das gefällt.

Irrtum 4
Männer lieben es, wenn Sie ihnen die Wahrheit über Ihre Beziehung sagen.
Wahrheit
Sie hassen es. Ihre Wahrheit und die Wahrheit der Männer sind in jedem Fall verschieden. Deren Wahrheit dreht sich um ihre Prioritäten (Erobern, Gewinnen, Ficken). Unsere Wahrheit dreht sich um unsere Prioritäten (Nähren, Kreativität, Liebe). Unsere Prioritäten machen Leben möglich. Ihre Prioritäten machen es möglich, daß sie gewinnen. Sie sehen unsere Prioritäten als trivial an, aber sie könnten ohne sie nicht leben. Sie leugnen ihre menschlichen Abhängigkeiten, und unsere Prioritäten ermöglichen ihnen, dieses Leugnen aufrechtzuerhalten. Wie kann man darüber reden? Das ist, als würde der eine Griechisch und der andere Suaheli sprechen. Beiderseitiges Unverständnis.

Sprechen Sie nicht über die Beziehung – tun Sie etwas. Genießen Sie sie oder geben Sie sie auf. Machen Sie Ihre Bedürfnisse klar. Ergreifen Sie Ihre legitime Macht. Sprechen Sie immer darüber, wie Sie sich fühlen oder was Sie brauchen, und klagen Sie niemals an. Seien Sie freundlich, aber fest. Machen Sie sich klar, was Sie wollen, und verlangen Sie es. Wenn er einmal zu oft nein sagt, wägen Sie Ihre Optionen ab. Wenn Sie Masochistin sind, machen Sie weiter. Diese Welt ist zu grausam zu Ihnen, als daß Sie zu diesem Verbrechen noch beitragen dürften, indem Sie grausam zu sich selbst sind. Sprechen Sie sanft mit ihm und noch sanfter mit sich selbst. Lieben Sie sich selbst. Männer sind Nachahmer. Wenn Sie sich selbst lieben, werden Sie auch von ihnen geliebt.

Irrtum 5
Männer lieben Frauen, die sich ihnen nie widersetzen und allen ihren Launen folgen.
Wahrheit
Marabel Morgan und Anita Bryant haben diese große Lüge vor anderthalb Jahrzehnten verbreitet, und schauen Sie sich an, wohin es sie gebracht hat. Tatsache ist, daß Männer sich unsicher fühlen bei Frauen, die sie ständig bei Laune halten, allen ihren Stimmungen erliegen und ihnen nie sagen, was sie tun sollen. Sie wollen nicht niedergemacht werden, aber sie wollen angeleitet werden. Sie wissen, daß sie die bösen Buben sind, und eine Frau, die jeder ihrer Launen folgt, verursacht ihnen nur mehr Schuldgefühle. Wenn Sie wollen, daß ein Mann Sie liebt, dann geben Sie ihm das Gefühl, er sei großartig, und feste, aber freundliche Anleitung. Er zählt darauf, daß Sie ihm das Leben retten. Er weiß, daß er nicht der Ritter auf dem weißen Roß oder der Märchenprinz ist – warum wissen Sie es nicht?

Irrtum 6
Männer möchten Ritter auf weißen Rössern sein und Sie retten.
Wahrheit
Das stimmt. Was kein Widerspruch zu Nr. 5 ist. Er möchte den Anschein erwecken, Sie zu retten, obwohl er insgeheim weiß, daß in Wirklichkeit Sie ihn retten. Gönnen Sie Ihrem Ritter seine Phantasie. Schwelgen Sie darin. Nähren Sie sie. Benutzen Sie sie im Schlafzimmer, um den Sex anzuheizen. Aber seien Sie sich in Ihrem Herzen darüber klar, daß es eine Phantasie ist. Wenn Sie den Amazonas hinunterfahren und in von Krokodilen verseuchten Gewässern Schiffbruch erleiden, ist die Wahrscheinlichkeit groß, daß Sie ihn retten und er die Anerkennung einheimst.

Irrtum 7
Männer hassen Feministinnen.
Wahrheit
Die Wahrheit ist: Sie hassen Frauen, die über den Feminismus plappern, ohne etwas anderes zu tun, als ihnen die Schuld zu geben, aber sie lieben Frauen, die wissen, wie stark sie sind, während sie Lippenbekenntnisse darüber ablegen, wie notwendig Männer sind. Ist das unehrlich? Ja und nein. Es ist unehrlich, wenn Sie das Gefühl haben, Männern immer die Wahrheit sagen zu müssen – was der größte Fehler ist, den Sie machen können, wenn Sie von ihnen gefickt werden wollen. Wenn Sie das nicht brauchen – Sie sind entweder fröhlich zölibatär oder fröhlich lesbisch –, dann lesen Sie nicht weiter. Sie haben es schon begriffen.

Irrtum 8
Männer lieben Babys und sehnen sich geradezu danach, hingebungsvolle Väter zu sein.
Wahrheit
Einige tun das, einige nicht. Die meisten stehen – wie Sie – der Elternschaft ambivalent gegenüber, was schließlich nur menschlich ist. Sie jedoch haben Hormone, die durch Ihren Körper strömen und Sie – oder den größten Teil von Ihnen – Babys mit einer Rührseligkeit betrachten lassen, die den meisten Männern fremd ist. Während Ihrer Menstruationsjahre erinnert Ihr Körper Sie jeden Monat an Ihre Sterblichkeit und Ihre Zeugungsfähigkeit – sein Körper tut das nicht. Sein Körper erinnert ihn daran, daß sein Penis stets vorhanden, verletzlich, beharrlich und einsam ist. Er wird ihn dazu bringen, fast alles zu Ihnen zu sagen, um unbesiegbar, hart und nicht einsam zu erscheinen. Und hinterher wird er ihn alles sagen lassen, um sich davonzumachen. Während Sie sich danach sehnen, mit einem anderen Menschen zu verschmelzen, hat er Angst davor. Ihre früheste Bindung galt einem Menschen des gleichen Geschlechts, seine einem des anderen. So fürchtet er das Eins-

sein, auch wenn er es anstrebt. Ihre Sehnsucht nach Einheit ist unzweideutig. Sie haben keine Angst, von Ihrer Mutter verschlungen zu werden. Tatsächlich erwarten Sie, sie zu werden. Fügen Sie das den hormonellen Unterschieden zwischen den Geschlechtern hinzu, und Sie haben ein Geschlecht, das sich nach Verschmelzung sehnt, und ein anderes, das sie sowohl will als auch fürchtet. Männer sind leidenschaftlich und klaustrophobisch gleichzeitig; simultan gehen sie voran und weichen zurück. Das ist Gottes kleiner Spaß mit der menschlichen Rasse. Einige Psychologen nehmen theoretisch an, wenn Männer sich um die Babys kümmerten, würde es anders. Wir sind bereit, das auszuprobieren, aber viele Männer sind es nicht. Babys scheinen sie nervös zu machen. Natürlich gibt es diese Musterexemplare, die Artikel für die Männerkolumne der *New York Times* schreiben. Die zählen nicht. Wer weiß, was sie tun, nachdem sie ihre Kolumne abgeliefert haben? Außerdem sind sie so wenig Jedermann, wie Katherine Hepburn Jedefrau ist. Wenn Sie einen solchen Mann haben, werden Sie dies hier wahrscheinlich gar nicht lesen. Vielleicht wird Ihre Tochter einen solchen Mann haben – aber für Sie ist es zu spät. In der Jo-Jo-Generation verschlimmern Babys die männliche Klaustrophobie – was der Grund dafür ist, daß er in dem Moment, in dem Ihnen am meisten nach Nestbau zumute ist, am stärksten auf Flucht bedacht ist. Wenn Sie das begreifen und nicht persönlich nehmen, werden Sie sehr viel glücklicher sein.

Irrtum 9
Männer mögen wollüstige Frauen.
Wahrheit
Für die meisten Männer wäre die ideale Frau diejenige, die auf Kommando wollüstig ist. Und zwar auf sein Kommando. Und so schnell wieder abschaltet, wie eine Peep-Show zu Ende ist oder man die Illustrierte mit der Nackten in der Mitte zuklappt. Haben Sie je bemerkt, auf welche Weise der wollüstigste Mann sich die Schöne im *Playboy* zu Gemüte führt und dabei die

wirkliche, lebendige Frau in seinem Bett ignoriert? Ist das ein Paradox? Eigentlich nicht. Die Illustriertenschöne (wie die Peep-Show) ist ungefährlicher. Sie folgt seinem Zeitplan. Eine wirkliche, lebendige Frau tut das nicht. Noch besser wären zwei Frauen. Eine wollüstig und in Abständen verfügbar. Eine nichtsexuell und muttihaft und stets verfügbar (zum Nähren). Für den männlichen Verstand ist das der Himmel (d. h. totale Sicherheit) – was uns auf Irrtum 1 zurückbringt.

Irrtum 10
Männer sind rational, Frauen irrational.
Wahrheit
Wenn Konsequenz Rationalität ist, dann sind Frauen rationaler. Sie sehnen sich nach Integration, Aufrichtigkeit, Einssein. Sie mögen unter prämenstruellem Syndrom, Wochenbettdepression und prämenopausaler Angst leiden, doch gewöhnlich sind sie weniger ambivalent, wenn es darum geht, ins Leben hineinzuspringen. Männer wissen das und sehnen sich nach starken Frauen, die sie führen. Nach starken Frauen, die aus strategischen Gründen vorgeben, schwach zu sein.

Irrtum 11
Männer hassen Frauen, die mehr Geld haben als sie.
Wahrheit
In Wirklichkeit hassen Männer Frauen, die sie kontrollieren. Sie sind vollkommen glücklich, Frauen mit Geld zu haben, solange sie (die Männer) das Geld kontrollieren – oder diesen Anschein erwecken. Erinnern Sie sich an den Napoleonischen Code? Erinnern Sie sich an all diese Erbinnen, die ihres Geldes wegen geheiratet wurden, als damals das Geld einer Frau automatisch zu dem ihres Ehemannes wurde? Was Männer hassen, sind Frauen, die die Macht haben, sie zu kontrollieren. Und in unserer Gesellschaft ist Geld die ultimative Repräsentation von Macht. Wenn Sie mehr Geld verdienen oder haben als Ihr Mann, dann werden Sie reale oder imaginäre Möglichkeiten

finden müssen, ihm die Kontrolle zu geben, genug Kontrolle, um ein Gleichgewicht herzustellen – und trotzdem verzeiht er Ihnen möglicherweise nie.

Irrtum 12
Männer lieben schöne Frauen mit vollkommenen Zügen und vollkommenen Körpern.
Wahrheit
In Wirklichkeit mögen Männer solche Frauen lieber aus der Entfernung als aus der Nähe, wo sie sie ein bißchen nervös machen – außer, um sie zur Schau zu stellen.

Wenn ich das jetzt lese, kommt es mir vor wie ein Schmerzensschrei, verkleidet als Ratschlag an die Liebeskranken. Die Liebeskranke war ich – ob ich es zugab oder nicht.

Ich hatte Verabredungen und versuchte zum ersten Mal in meinem Leben, das andere Geschlecht zu verstehen. Ich mußte. Ich hatte das Gefühl, daß es um mein Leben ging. Immer hatte es Dutzende von Männern gegeben, unter denen ich wählen konnte. Nun war ich in den Vierzigern, und die Männer waren größtenteils verheiratet oder tot. Andere trafen sich nur mit Frauen unter dreißig. Der Rest war schwul – großartig für Freundschaft, aber für Sex im allgemeinen nicht zu haben. Ich würde entweder die Männer aufgeben müssen – vielleicht keine schlechte Idee, aber ich dachte, das könne ich später immer noch tun – oder endlich lernen, wie sie tickten. Dieses unvollendete Ratgeberbuch muß mein Versuch gewesen sein, mein Wissen zu kodifizieren. Und ich glaube noch immer an jede einzelne dieser »Liebesregeln«: Nach mehreren Jahren Ehe in der Lebensmitte glaube ich mehr denn je daran.

Wir könnten die Frage aufwerfen, warum ich – mit über vierzig – dachte, ich bräuchte einen Mann. Ich mag meine eigene Gesellschaft; ich kann meinen Lebensunterhalt selbst verdienen; ich hatte nie Schwierigkeiten, Liebhaber zu finden. Warum wollte ich dann überhaupt einen Partner?

Ich habe über diese Frage gerätselt und nie eine rationale Antwort gefunden. Vielleicht ist die Antwort nicht rational. Vielleicht ist es bloß derselbe Grund, aus dem sich Gänse paaren und Rhesusaffen wirkliche Mütter Gestellen aus Stoff und Draht vorziehen. Vielleicht ist es nur eine Sache der Wärme. Oder vielleicht ist es die traurige Tatsache, daß Frauen in einer Männerwelt noch immer so diskriminiert werden, daß es besser ist, einen speziellen Verbündeten zu haben, als sich allein der ganzen diskriminierenden Welt zu stellen.

Welcher Reichtum an Wärme und Schutz scheint in diesem Ausdruck »mein Mann« enthalten! Welche Gewißheit, Sicherheit, Solidarität! Vielleicht ist das der Grund, warum wir heiraten, obwohl wir wissen, Ehe kann bedeuten, daß uns unser Geld gestohlen wird, daß unsere Kinder als Geiseln benutzt werden oder daß man uns physisch mißhandelt. Zumindest bedeutet Ehe

> die Rolle der Vermittlerin, sage ich Ihnen, zwischen Monsieur und dem Rest der Menschheit ... Ehe ... bedeutet: »Binde mir meine Krawatte! ... Entlasse das Dienstmädchen! ... Schneide mir die Fußnägel! ... Steh auf und mach mir etwas Kamillentee! ...« Sie bedeutet: »Gib mir meinen neuen Anzug und pack meinen Koffer, damit ich zu ihr eilen kann!« Dienerin, Krankenschwester, Kindermädchen – genug, genug, genug!

Vielleicht war das der Grund, warum Colettes Figur Renée in *La Vagabonde* zu dem Schluß kam:

> »Ich bin nicht mehr jung genug, enthusiastisch genug und großzügig genug, um mich noch einmal auf eine Ehe oder ein Eheleben einzulassen, wenn Sie so wollen. Lassen Sie mich allein in meinem verschlossenen Schlafzimmer bleiben, geschmückt und müßig, und auf den Mann warten, der mich zu seinem Harem erwählt hat. Kurz, ich will von der Liebe nichts als Liebe.«

Nach drei Ehen stimmte ich natürlich mit ihr überein. Welche Perversität ließ mich noch immer den vollkommenen Mann suchen – von dem ich wußte, daß er nicht existiert?

Nach meiner proletarischen Phase begann ich, mich um die männliche Seite dessen zu kümmern, was als Oberschicht von Manhattan galt. Wenn das die Oberschicht war, wo war dann die Unterschicht? Diese Männer waren so byzantinisch wie Höflinge im alten Konstantinopel.

Ich erinnere mich an erste Verabredungen, die mir vorkamen wie Interviews mit Eigentümervertretern bei der Bewerbung um eine Wohnung oder Fragebögen von Dun & Bradstreet. Ich erinnere mich an Männer, die »fast geschieden« waren. Ich erinnere mich an Männer mit Toupets, die Bentleys fuhren, um ihren Mangel an Haaren auszugleichen. Ich ging sogar mit einem noch praktizierenden Rabbi und einem abgefallenen Priester aus. Vermutlich hätte ich selbst einen Ayatollah ausprobiert, wenn einer mich koscher genug gefunden hätte, um sich mit mir zu treffen.

Einige Männer waren eindeutig in Single-Kreisen herumgekommen. Jede andere hatte sie schon ausprobiert. Die leicht beschädigten Exemplare waren auf dem Papier meist vollkommen, hatten aber irgendeinen fatalen Makel, wenn man sie näher kennenlernte. Der fatale Makel war selten auf den ersten Blick sichtbar. Der betreffende Mann hatte beispielsweise kein Herz oder keinen Schwanz.

Eines dieser Musterexemplare war groß, dunkelhaarig und blauäugig und wohnte die halbe Woche in einem anderen Land. An den drei Tagen, die er New York gewährte, mußte er viele Verabredungen erledigen, ehe die Concorde wieder abhob – so daß man immer das Gefühl hatte, daß er entweder mit einem jonglierte oder einen auspreßte. Er pflegte um acht Uhr am Montag morgen zu verschwinden und dann drei Wochen nicht anzurufen. Ich hatte ihn gerade vergessen, wenn er sich auf einmal meiner Existenz zu erinnern schien. Es war, als rotierten die Frauen bei ihm nach einem so präzisen Stundenplan wie die Mahlzeiten in einem Sanatorium. Ich hatte das Gefühl, daß ich einen Bonus dafür bekommen sollte, mit ihm zu ficken – wie den Meilenrabatt für Vielflieger.

Doch seine Wochenenden waren oft in Stücke geschnitten wie ein Kirschkuchen. Vielleicht hatte er Angst, eine einzige Kirsche würde den Kuchen durchfeuchten. Oh, er war intelligent und attraktiv und hatte unfehlbar Kondome bei sich. Noch erstaunlicher, er benutzte sie auch. Und danach verschwand er regelmäßig.

Doch wenigstens war er tatsächlich unverheiratet. Und er schien heterosexuell zu sein – aber wer kann das heutzutage schon sagen? Ich traf mich mit ihm ein Jahr lang immer wieder, gab aber klugerweise meine anderen Verehrer nie auf.

Das deprimierendste am Single-Dasein ist das Überangebot an verheirateten Männern. Daß irgendeine Frau nach acht Jahren Single-Leben in New York – oder sonstwo – wieder heiratet, muß dem »Triumph der Hoffnung über die Erfahrung« zuzuschreiben sein (wie Ken und ich es in unserer Heiratsannonce ausdrückten). Oder einer Amnesie.

Verheiratete Männer sind natürlich die besten Liebhaber – außer wenn Sie zufällig die Ehefrau sind. Sie haben immer Zeit für Sie. Außerdem haben sie die Tendenz, für eine berufsmäßige Schriftstellerin gerade oft genug verfügbar zu sein. Bei verheirateten Männern hat man Wochenenden, Ferien und Silvesterabende, um zu schreiben. Wenn die ganze Welt tut, als sei sie im Delirium, können Sie es beim Schreiben wirklich sein. Es mag nichts für jede Frau sein, aber für Schriftstellerinnen mitten in der Karriere ist es perfekt. Wenn Ihr Kind bei Ihrem Exmann ist, haben Sie das ganze gesegnete Wochenende für die Arbeit frei. Wie viele verheiratete Frauen sehnen sich danach?

Wo habe ich diese Männer kennengelernt? So ziemlich überall. Wenn Sie wahrhaft freundlich sind, ist es nicht schwer, Männer kennenzulernen. Die meisten Männer sind so in Angst und Schrecken vor ihren Müttern, Schwestern, Ehefrauen und Töchtern, daß eine Frau, die oberflächlich nett zu ihnen ist und über ihre Witze lacht, sich als seltener entpuppt als das Einhorn. Das Geheimnis, Männer kennenzulernen, besteht darin, Männer zu mögen. Und ein bißchen *rachmones** für sie zu haben.

Ich traf sie in der Concorde, als ich noch dachte, ich könne mir leisten, damit zu fliegen. Ich traf sie bei Konferenzen, bei Eröffnungen, bei Partys. »Die Welt ist voll von verheirateten Männern«, schrieb Jackie Collins. Man könnte das modifizieren: Die Welt ist voll von einsamen verheirateten Männern.

Denn sie wirken wahrhaftig einsam und dankbar für ein bißchen Zuhören und ein bißchen Zärtlichkeit. Sie kommen nicht wegen des Sex allein, sondern weil sie ein bißchen Zuwendung und ein offenes Ohr brauchen, etwas, das sie anscheinend zu Hause nicht bekommen. Als Geliebte bin ich am besten: charmant, zärtlich, lustig. Wenn man getrennt von einem Mann lebt, ist es einfach, nett zu ihm zu sein. Man hat sein eigenes Badezimmer, Schlafzimmer, seinen Schrank und seine Küche. Man kann den ganzen Tag schlafen und die ganze Nacht schreiben. Man kann am Wochenende mit seinen Kindern oder allein etwas unternehmen. Man kann sich in der Badewanne aalen, Gedichte lesen, zum Abendessen Joghurt zu sich nehmen. Man kann sich mit seiner Tochter gegenseitig pediküren. All die weiblichen, fürsorglichen Dinge, die Männer albern zu finden scheinen (es sei denn, sie kommen ihnen zugute), können die wichtigsten Stützen des Lebens werden.

Da ich nicht gerne Verabredungen traf, schlitterte ich leicht in Beziehungen zu verheirateten Männern. (Außerdem waren die, die noch »in Frage kamen«, immer so arrogant. Sie waren sicher, daß man darauf aus war, sie einzufangen. Je mehr sie einen mochten, desto schneller liefen sie demzufolge davon.)

Meine Analytikerin warnte mich, ich hätte verheiratete Männer zu gern. Sie behauptete, ich hätte Angst vor der Ehe. Warum sollte ich nach meinen drei gescheiterten Ehen keine Angst vor der Ehe haben? Für mich war die Ehe gewöhnlich ein

---

* Jiddisch: Mitgefühl.

schlechtes Geschäft gewesen. Ich hatte aus Liebe geheiratet und mußte schließlich vor Gericht um mein Kind kämpfen. Wäre ich nicht besser dran gewesen, wenn ich nie geheiratet hätte?

Vielleicht traf ich auch bloß immer die falsche Wahl. Wenn ein netter Mann hinter mir her war, wählte ich unweigerlich den verlogenen Schurken. Warum sollte ich nicht einfach eingestehen, daß die Ehe nichts für mich war, und aufgeben?

Meine Seelenärztin war sehr für die Ehe. Sie war berühmt dafür, ihre Patientinnen unter die Haube zu bringen, und sah die verheirateten Männer in meinem Leben mit Befremden.

Ich habe mein kleines schwarzes Buch verbrannt. An seiner Stelle habe ich vor, den zusammengesetzten verheirateten Mann zu erschaffen.

Man trifft sich bei einer Buchpremiere, einer Vernissage oder einem politischen Ereignis. Er erwidert Ihren Blick intensiver als andere. Er hat Ihre Bücher gelesen und behauptet, sie gefielen ihm (vielleicht gefallen Sie seiner Frau). Er sieht Sie mit diesem scheuen, fußscharrenden Teenagerblick an.

Das Gespräch beginnt und hört nicht mehr auf. An irgendeinem Punkt fragen Sie sich, ob er es in die Länge zieht – oder Sie. Für einen Augenblick schauen Sie in seine Augen und sehen den kleinen Jungen, der er einmal war. Er sagt etwas Intimes über Ihr Parfum oder Ihr Haar. Er fragt, ob er Sie nach Hause fahren kann.

Im Auto wird Ihnen bewußt, daß etwas Sie zu ihm hinzieht – eine quasi magnetische Kraft, der Sie jedoch nicht folgen können. An Ihrer Tür geben Sie ihm Ihre Telefonnummer und keinen Kuß.

Er berührt Ihre Hand ein bißchen zu intim oder Ihr Haar mit einem fast besitzergreifenden Tätscheln. Er möchte Sie nicht gehen lassen, aber Sie machen deutlich, daß Sie gehen werden. Er sieht aus wie ein geliebter Hund, den man vor den Ferien in einem Zwinger abgibt.

Morgens vor zehn Uhr bekommen Sie einen Anruf. Er lädt

Sie zum Mittagessen ein, sehr bald – vielleicht am gleichen Tag. Sie wissen, daß er verheiratet ist, weil er Sie nicht zum Abendessen einlädt. Und auch, weil er offen Sehnsucht zeigt. Unverheiratete Männer zeigen nie offen Sehnsucht.

Beim Mittagessen – in einem reizenden Lokal etwas abseits der üblichen Pfade – bestätigt sich, daß er verheiratet ist. Nicht, weil er es sagt, sondern weil er so viel aus seinem Leben nicht erwähnt.

Er sagt Dinge wie »Ich war im Kino« oder »Ich war in Europa«, aber der Beschreibung können Sie entnehmen, daß er nicht allein war. Männer allein bleiben im Splendido in Portofino oder im Hotel du Cap oder im Eden Roc gewöhnlich nicht allein. Ein leeres Bett mit reinen, weißen Leinenlaken mag Ihre Vorstellung vom Himmel sein, aber üblicherweise nicht seine.

Nach seinen Kindern zu fragen, ist ungefährlich. Auf diese Weise können Sie seinen Personenstand feststellen. Wenn er geschieden ist, wird er die Mutter seiner Kinder erwähnen – gewöhnlich negativ. Aber wenn er verheiratet ist, wird es so aussehen, als habe er die Kinder ganz allein bekommen.

Wenn Sie noch immer Zweifel haben, können Sie unverhohlen fragen: »Sind Sie verheiratet oder geschieden?« Normalerweise wird er etwas Unaufrichtiges antworten wie »Weder – noch«, »Ich versuch's herauszufinden« oder »Wir führen eine offene Ehe«. Für ihn mag sie offen sein, für Sie ist sie es wahrscheinlich nicht.

Ein verheirateter Mann hat sogar einmal zu mir gesagt: »Wir waren früher Hippies und führen seit den sechziger Jahren eine offene Ehe.« Später erfuhr ich, daß das vor zwanzig Jahren einmal gestimmt hatte, jetzt aber nicht mehr – was vermutlich erklärte, warum sie noch immer verheiratet waren. Ein anderer sagte: »Meine Frau will mich nicht um sich haben, sie ist glücklich, wenn sie mich los ist.« Wieder ein anderer sagte: »Meine Frau ist mit den Kindern in unserem Haus in Barbados.« Und ein anderer: »Sie ist auf Geschäftsreise in Kalifornien.« Was unausgesprochen heißen sollte: Aus den Augen, aus dem

Sinn. Männer haben eine Fähigkeit, ihre Gefühle in Kästchen unterzubringen, die Frauen unbegreiflich ist.

Bis man miteinander ins Bett geht, dauert es eine Weile. Er scheint unendlich geduldig, mehr an Ihrem Geist interessiert als an Ihrem Körper. Er ruft Sie mehrmals täglich an, verhält sich aber nach Sonnenuntergang und an den Wochenenden merkwürdig still. Sie rufen ihn stets im Büro an. Sie haben nicht einmal eine andere Telefonnummer. Und diese Unterlassung wird mit bewußter Sorgfalt nicht erwähnt.

Wollen Sie wirklich eine andere Nummer? Sie haben jede Menge Arbeit. Sie gehen gern allein zu Bett, lesen nachts, so lange Sie wollen, haben Ihre saubere Küche, Ihr Bad, Ihr Auto für sich. Sie gleiten ungehindert zwischen die reinen, weißen Laken. Sie erinnern sich an das Chaos aus schmutzigen Socken, Handtüchern und leeren Sodabüchsen und schwören sich: Nie wieder. Dennoch fühlen Sie sich erregt, lebendig, weiblich. Es ist schön, einen Mann zu haben, mit dem man nicht zusammenlebt. Es ist schön, einen Mann und gleichzeitig keinen Mann zu haben. Sie fühlen sich gelassen. Vielleicht werden Sie es immer so beibehalten – mit aller Macht auf Ihrer Seite.

Doch gerade, wenn Sie zurückzucken, ist er ganz versessen darauf, Sie zu besitzen. So ist die männliche Spezies nun einmal gemacht.

Die Bühne ist bereit. Ihr Haus an einem Wochenende, an dem Ihr Kind bei seinem Vater ist, ein Gasthof in Vermont (an einem Wochenende, an dem die Ehefrau verreist ist), eine Insel in der Sonne (in einer Woche, in der die Ehefrau in Europa oder Asien ist). Wenn er sein Haus vorschlägt, gehen Sie nicht hin, und überdenken Sie die Sache noch einmal. Einem Mann, der keine Skrupel hat, eine andere Frau in das Bett seiner Ehefrau mitzubringen, ist nicht zu trauen – nicht einmal als gelegentlichem Liebhaber. Außerdem wollen Sie einen Teilzeit-Mann und nicht den Kopf einer anderen Frau auf einem Tablett. Sie ist die Ehefrau, also können Sie die Geliebte sein. Geliebte zu sein, hat seine ganz eigenen Reize.

Er kommt an diesem Tag und sieht aus wie ein scheuer Bittsteller. Vielleicht bringt er Blumen, Wein, CDs oder ein rotes Seidennachthemd mit. (Wenn er es selbst zu tragen beabsichtigt, überlegen Sie sich die Sache noch einmal.) All das vielleicht, aber noch keinen Schmuck. Er fragt sich, ob Sie eine gute Investition sind. (Sind Sie ihm zu bald erlegen? Hätten Sie die Jagd in die Länge ziehen sollen? Bekommen Sie besseren Schmuck, wenn Sie nicht kapitulieren? Ich weiß nicht – vielleicht ist das der Grund, warum ich keinen guten Schmuck besitze.)

Und dann ins Bett. Jetzt verschiebt sich das Machtgleichgewicht. Wenn er für Sie im Bett gut ist, sind Sie nun in Schwierigkeiten. Wenn Sie für ihn gut sind, ist er in Schwierigkeiten. Das Bett ist der Angelpunkt der Machtverschiebung. Das Bett ist die Wasserscheide zwischen vorher und nachher. Was als nächstes passiert, liegt bei Ihnen.

Wenn Sie zu klammern beginnen, vertreiben Sie ihn. Wenn er montags romantische Lobsprüche auf den gemeinsamen Sex ins Telefon haucht, halten Sie ihn hin. Sie könnten den größten Spaß ihres Lebens haben. Niemand hat ihn je besser verstanden. Er verwendet sogar das Wort »Liebe«. Ein weiterer Grund, warum Sie wissen, daß er verheiratet ist. Er ist geimpft. Er kann sagen, was immer er will, ohne sich irgend etwas zu holen.

Männer sind sehr simple Geschöpfe. Füttern Sie sie, ficken Sie mit Ihnen, aber geben Sie den Burgschlüssel nicht aus der Hand. Männer sind zutiefst auf ihr Revier bedacht und liebenswürdiger, wenn sie ihre Schuhe nicht unter Ihrem Bett parken.

Diese Affären können jahrelang dauern und Ihnen dennoch für alles Übrige in Ihrem Leben Zeit lassen. Sie sind nicht zu verachten. Sie müssen nicht unbedingt in eine Ehe münden. Ein verheirateter Mann nahm Urlaub von seiner Ehe und mietete ein Landhaus in meiner Nähe. Doch an den Wochenenden fuhr er noch immer nach Hause. Als es hart auf hart kam und er eingeladen werden wollte, zu mir zu ziehen, erinnerte ich ihn daran, wie sehr seine Frau ihn liebte. Ich glaube, damit hatte er nicht gerechnet. Aber ich schätzte meine Freiheit und wußte, daß die Beziehung anstrengend werden würde, wenn ich die ganze Zeit mit seinen Problemen konfrontiert wäre.

Kann das wirklich Liebe sein?

Warum nicht? Können Frauen nicht lieben, ohne ihr Leben aufzugeben? Männer haben das immer so gemacht.

Wir neigen zu der Annahme, daß wir nicht wirklich lieben, wenn wir nicht alles aufgeben. Aber das ist ein Modell, das nicht funktionieren kann, wenn man über fünfzig ist. Und warum sollte es auch? Mit über fünfzig gehört unser Leben uns und nicht der Spezies. Unser Leben ist uns wichtiger als der männlichen Welt – endlich.

Aber ich war damals noch in den Vierzigern, also mußte ich mich fragen: Will ich diesen Mann heiraten, wenn er seine Frau verläßt?

Ich entschied, daß ich das nicht wollte. Also veranlaßte mein Gewissen mich, ihn nach Hause zu seiner Frau zu schicken. Sie wollte ihn auf eine Weise, wie ich ihn nicht wollte. Es war nur fair, ihn heimzuschicken.

Andere Affären hören nie auf. Sie setzen sich mit Unterbrechungen über die Jahre fort – selbst wenn einer von Ihnen (oder beide) inzwischen zu seinem Ehegatten zurückgekehrt ist oder jemand anderen geheiratet hat. Die Affäre wird zu einem privaten Ort, der mit dem Rest Ihres Lebens nichts und alles zu tun hat. Sie beinhaltet keinen Schmerz, nur Lust, da sie ihrer Natur nach nicht auf Dauer angelegt ist. Die ultimative Phantasie ist die von Liebenden, die sich einmal im Jahr treffen (wie in *Nächstes Jahr, selbe Zeit*) und eine kleine Oase außerhalb der Zeit finden – von Zeit zu Zeit.

Doch früher oder später verlieren selbst die besten Affären an Bedeutung. Vielleicht ist Ihr Ich, das diese spezielle Oase brauchte, von einem anderen Ich abgelöst worden. Vielleicht finden Sie Zuflucht in einer anderen Beziehung, die allein erfüllend genug scheint. Vielleicht werden Sie zu alt und müde für die notwendigen Enttäuschungen. Oder Sie entscheiden sich dafür, daß Sie ein sauberes, ehrliches Leben wollen.

Im Grunde war es die Affäre, die Sie an diesen Punkt gebracht hat. Sie werden immer dankbar dafür sein. Und er auch. Sie treffen Ihren früheren Liebhaber auf einer Party oder in einem Flugzeug, und er schaut Sie mit seinem Kleiner-Junge-Blick an. Sie haben ihn an seiner spielerischsten Stelle berührt, und er ist dankbar, erkannt worden zu sein. Erkannt zu werden, durchbricht die Einsamkeit des Menschseins. Sie sind dafür ebenfalls dankbar.

Sie umarmen sich innig und trennen sich wieder – ohne Küsse.

Alle braven Jungen sind auch böse Jungen. Und wir lieben sie dafür, daß sie beides sind. Wie langweilig, einen perfekten Mann zu haben – wenn es ein solches Wundertier überhaupt gibt. Wie langweilig, immer brav zu sein.

Nette Frauen fühlen sich zu Männern hingezogen, die die Regeln brechen, weil unser weibliches Bravheitstraining so absolut ist, daß wir den unterdrückten Teil unseres Selbst unbedingt finden müssen: Rebellion. Wir können uns nicht immer allein befreien, wir brauchen einen Mann, der das Band mit – wenn nicht für – uns durchschneidet. Welches Band? Das blutrote Band, das uns noch immer an unsere Mütter und unsere Väter bindet.

Denken Sie an all die großen Feministinnen, die mit bösen Buben durchgebrannt sind!

Mary Wollstonecraft lief mit Gilbert Imlay davon – einem ungezogenen Revolutionär, der sie mittellos und schwanger zurückließ. Hat sie mit sich gehadert? Im Gegenteil, sie schrieb: »Ach, mein Freund, Sie kennen nicht die unbeschreibliche Wonne, die exquisite Lust, die aus einem Einklang von Zuneigung und Verlangen entsteht, wenn die ganze Seele und die Sinne einer lebhaften Vorstellungskraft hingegeben sind.«

George Sand heiratete mit Casimir Dudevant einen bösen Buben und erwählte einen bösen Buben in Gestalt von Alfred de Musset zum Liebhaber (wenn nicht in Gestalt des viel zu moralischen Frédéric Chopin). Vor ihnen hatte es zahlreiche weitere böse Buben gegeben, darunter einen, Stéphane de Gransagne, der der Vater ihrer einzigen Tochter Solange war. Ihr erster Liebhaber, Aurélien de Séze, hatte einen Namen, der mit den gleichen drei Buchstaben begann wie ihr eigener, Aurore. Nach diesen beiden gab es noch viele, viele böse Buben, die ihre Leidenschaft erregten und ihre Bücher bevölkerten.

Für Sand waren Leidenschaft und Dichtung eindeutig miteinander verbunden. Böse Buben waren ihre Musen. Sie überlebte sie glücklich alle und endete als zufriedene Großmutter, die nie zu schreiben aufhörte. Selbst mitten in einer Affäre, selbst auf Reisen schrieb sie pro Nacht fünf bis acht Stunden. Wenn sie ihre Tür vor Musset versperrte, um ihr nächtliches Pensum an Seiten zu produzieren, tröstete er sich mit den Tänzerinnen aus dem Fenice, Venedigs wunderschönem Opernhaus. Das unterbrach Sands Schreiben nicht – wenn es auch vielleicht ein Stück ihres Herzens zerbrach. So zärtlich und mütterlich sie zu allen ihren Männern war, sie wußte, daß Arbeit, nicht Liebe, sie am Leben erhielt. Sie ist die erste unserer modernen Spezies von Schriftstellerinnen-Müttern-Geliebten.

Vielleicht kann man nicht sagen, daß Elizabeth Barrett Browning in Robert Browning einen archetypischen bösen Buben geheiratet hat, aber er hat sie gewiß von ihrem Zuhause befreit und wurde ihre Muse. »*How do I love thee? Let me count the ways*« wirft ein Glanzlicht auf die Tradition von Dichterinnen, die von befreiender Liebe getragen wurden. In diesem Jahrhundert setzt sich die Tradition mit Anna Achmatowa und Edna St. Vincent Millay fort. Und wer war Sylvia Plath, wenn nicht ein braves Mädchen, das einen archetypischen bösen Buben liebte? Sie bezahlte mit ihrem Leben für den Liebestod ihres Dichters. Mary Godwin Shelley (Mary Wollstonecrafts Tochter mit William Godwin), die Autorin, die das immergrüne Genre des Horrorromans erfand, liebte in Percy Bysshe Shelley einen bösen Buben. Er war ein Revolutionär, ein Verräter an seiner Klasse, ein sexueller Rebell, und das war der Grund, warum sie ihn, ganz Tochter ihrer Mutter, im zarten Alter von sechzehn Jahren erwählte. Er verehrte ihre verstorbene Mutter genau wie sie, und so kam es zu faszinierenden Verführungsszenen auf dem Friedhof mit dem Grabstein ihrer Mutter als eine Art magischem Amulett. (Allerdings ist es für Mädchen im Teenageralter auch einfacher, tote Mütter zu verehren als lebendige.)

Die Brontës – Emily, Charlotte und Anne – hatten alle eine Schwäche für böse Buben – wenn auch nur in ihrer Fiktion und Poesie. Heathcliff und Rochester haben Tausende von Helden in Gestalt böser Buben in minderen Romanen und Filmen hervorgebracht (geschrieben von Leuten, die die Brontës nie auch nur gelesen hatten, sondern den Archetyp durch die Osmose der Popkultur übernahmen). Der sehnsüchtige Ton von Emily Brontës Liebesgedichten hat die Stimmlage hervorgebracht, die noch immer einen großen Teil der Frauenlyrik des zwanzigsten Jahrhunderts durchdringt.

Junge Frauen wollen auf selbstvernichtende Weise lieben. »All mein Lebensglück liegt mit dir im Grab« ist ein Schrei, den wir in der Adoleszenz wie ein Echo wiederholen. Erst die reife Weiblichkeit lehrt uns schließlich den Wert intimer Frauenfreundschaften, intellektueller Freundschaften und des Dienstes an Leben jenseits unseres eigenen.

Mit sechzehn sind Heathcliff und Rochester stärkere Lockmittel als alles andere. Wir können es gar nicht erwarten, für die Liebe alles aufzugeben.

Dafür muß es einen evolutionären Grund geben. Liegt es daran, daß Heathcliff und Rochester uns helfen, die Bindung an das Zuhause zu lösen, und uns frei machen, den Abenteuern unseres eigenen Lebens nachzugehen? Liegt es daran, daß sie eine größere Kraft repräsentieren als die Leidenschaft, zu Hause bei Mutter zu bleiben? Ich glaube, all das trifft zu. Junge Frauen träumen von Romantik und Leidenschaft, wie Männer von Eroberung träumen, weil diese Träume ein notwendiger

Ansporn sind, das Zuhause zu verlassen und erwachsen zu werden. Wie sonst können wir die Tatsache erklären, daß die vehementesten Feministinnen auch die vehementesten Liebhaberinnen waren?

Selbst wenn sexuelle Leidenschaft nicht den Fortbestand der menschlichen Rasse sichern würde, wäre sie notwendig, um die Bindung des heranwachsenden Mädchens an ihre Mutter zu lösen, damit sie schließlich zu ihrer Mutter werden kann. Leidenschaft ist ein starker Katalysator für das Erwachsenwerden.

Viele Frauen, die ihre künstlerischen und intellektuellen Kräfte voll entfalten, sind auch von ihren Vätern besessen. Mary Godwin Shelley war dafür ein perfektes Beispiel. Ihr Problem war eine mythische Mutter und ein allzu realer Vater. Er war brillant, aber emotional schwach, und so heiratete er eine Schreckschraube – was emotional schwache Männer häufig tun. Percy Shelley wurde Mutter, Vater und Zuflucht für Mary. Sie konnte ihm nicht widerstehen – vor allem, als er schwor, er würde sich das Leben nehmen, wenn er sie nicht haben könne.

Das ödipale Tabu fordert einen Fremden (scheinbar dem Vater unähnlich), um Leidenschaft zu erregen, die alle praktischen Erwägungen über den Haufen wirft. Und dazu eignet sich der böse Bube perfekt. Er muß mit stampfenden Hufschlägen über das Moor gestürmt kommen; er muß unsere kreative Arbeit lieben und uns nach Italien oder England oder auf den Mond entführen; er muß von anderer Farbe, Rasse, Nationalität, Klasse sein; er muß eine andere Sprache sprechen; er muß nach einem anderen Rhythmus tanzen. Sonst ist die ödipale Anziehung zu stark, als daß wir Daddy und das Zuhause überhaupt verlassen könnten.

Doch warum fortgehen – wo doch unsere ersten Lieben dort sind? Weil wir, wenn wir nicht fortgehen, auch nicht mit den Schätzen der Kunst nach Hause kommen können.

Wenn wir uns das Leben kreativer Frauen wie Mary Wollstonecraft, George Sand, Sylvia Plath, Colette, Edna St. Vincent Millay, Anna Achmatowa, Mary McCarthy und vieler anderer ansehen, dann sollten wir vielleicht nicht bedauern, daß sie chronisch die falschen Männer liebten. Den falschen Mann zu lieben, ist vielleicht das einzige, was eine kreative Frau tun kann, wenn sie jung ist und sich aus ihrem Zuhause befreien muß. Einen bösen Buben zu lieben bedeutet, den bösen Buben in ihr selbst zu lieben, ihre Freiheit, die Wildheit ihrer Seele zu behaupten. Der böse Bube ist der rebellische Teil ihres Selbst, den ihre weibliche Erziehung gewöhnlich zu unterdrücken versucht hat. Erst wenn sie den bösen Buben in ihre eigene Persönlichkeit integriert, kann sie seine rauhe Liebe aufgeben. Wenn sie sie überlebt, ist sie dadurch stärker geworden. Das ist ihre Reife, ihre Vermählung von Kraft und Zärtlichkeit, ihre Unabhängigkeit.

Wenn man über fünfzig ist, ist nichts von dem notwendig. Wir entdecken, daß wir der böse Bube und das brave Mädchen gleichzeitig sein können. Mit über fünfzig können wir sowohl die Macht des bösen Buben als auch unsere mütterliche Wärme behaupten. Wir brauchen den bösen Buben nicht mehr an unserer Seite, um unsere Virilität zu bestätigen. Und wir brauchen auch unsere Mütter nicht mehr, um selbst mütterlich zu sein. Wir sind jetzt vollständige, androgyne Menschen – wild und zärtlich zur gleichen Zeit.

Wenn wir danach streben, unsere Identität als Frau zu erfüllen, ist es wichtig, daß wir die verschiedenen Übergänge des Lebens nicht miteinander verwechseln. Was wir in der Mädchenzeit oder in der Jugend brauchen, sind nicht die gleichen Eigenschaften, die wir brauchen, wenn wir reif sind. Die Aufgabe der Adoleszenz besteht darin, das Zuhause zu verlassen. Und Frauen in einer sexistischen Gesellschaft fiel das chronisch schwer. Unsere Biologie verstärkt genau die Abhängigkeit, die unser Geist schon überwunden hat. Patriarchalische Praktiken wie arrangierte Ehen, Abtreibungsverbot und weibliche sexuelle Verstümmelung halten uns dazu an, unser Ausharren als Selbstschutzstrategie auszugeben.

Kein Wunder, daß unsere kreativen Heldinnen Strategien

finden mußten, um fortzugehen. Diejenigen, die heterosexuell waren, entwickelten als Hauptmittel zur Trennung die Strategie, sich in böse Buben zu vergucken. Wir machen einen Fehler, wenn wir denken, sie seien nur Opfer gewesen. Zuerst waren sie Abenteurerinnen. Daß sie Opfer wurden, war nicht ihre Absicht. Sylvia Plath war nicht bloß eine Masochistin, sondern eine kühne Abenteurerin, die vielleicht mehr bekam, als sie hatte haben wollen.

Mit zunehmendem Alter begreife ich allmählich, daß die scheinbar selbstzerstörerischen Besessenheiten meiner verschiedenen jüngeren Leben nicht nur selbstzerstörerisch waren. Sie waren auch selbst-kreativ. In allen Stadien unseres Lebens durchlaufen wir Verwandlungen, die sich vielleicht erst dann zu erkennen geben, wenn wir sie sicher hinter uns gebracht haben. Die Rebellen und bösen Buben, die ich geliebt habe, waren die Vorboten dafür, daß ich diese Eigenschaften in mir selbst liebe. Ich liebte und verließ die bösen Buben, aber ich danke ihnen, daß sie mir geholfen haben, die starke Überlebende zu werden, die ich heute bin.

12

VENEZIANERIN WERDEN

Der Wahn, daß Kunst und Natur in Italien eines seien, irritierte Byron, der eines seiner Hauptopfer war, wenn er ihn bei anderen spürte. Thomas Moore erzählt folgende aufschlußreiche Geschichte vom Zusammentreffen mit seinem großen Freund in Venedig nach einer langen Trennung. ›Wir standen draußen auf dem Balkon, damit ich, ehe das Tageslicht ganz verschwunden wäre, einen Blick auf die Szene werfen konnte, die der Canale grande bot. Mit Blick auf die Wolken, die im Westen noch immer hell waren, bemerkte ich zufällig, was mir bei italienischen Sonnenuntergängen auffalle, sei dieser besondere rosige Farbton – und kaum hatte ich das Wort ›rosig‹ ausgesprochen, verschloß mir Lord Byron lachend mit der Hand den Mund und sagte: ›Komm, Tom, verdammt, sei nicht poetisch.‹«

LUIGI BARZINI, Die Italiener

Inmitten dieser Jahre des Schiffbruchs und des Aufruhrs verliebte ich mich in eine Stadt: *Venedig, Venezia, La Serenissima, Venise*. Ich dachte, diese magische Insel würde mir das Leben retten. Ich glaubte an die literarischen Mythen, die sich um sie herum erhoben wie Nebel; wieder und wieder kehrte ich zurück auf der Suche nach Liebe, auf der Suche nach mir selbst.

Für Schriftsteller, die die englische Sprache benutzen, ist Italien mehr Mythos als Realität geworden.

All das ist Schuld einiger weniger Dichter des neunzehnten Jahrhunderts: zuerst die Brownings – Mr. und Mrs. –, die die Horden nach Florenz brachten, auf der Suche nach Fra Lippi und allesverändernder Liebe (die nach dem Tod besser wird), und die nur Autoabgase, schmelzendes Speiseeis, ausgeplünderte Museen, zynische Lederhändler und betrügerische Goldschmiede auf dem Ponte Vecchio fanden; zweitens Lord Byron, der im Canale Grande schwamm, während sein Diener hinter ihm her ruderte (und seinen romantischen Umhang und seine Hosen trug), und der den Palazzo Mocenigo adelte, indem er dort Verse des göttlichen *Don Juan* schrieb, die Frauen in seinem Leben aber scheußlich behandelte und seine geliebte Tochter Allegra in einem Kloster sterben ließ, statt sie ihrer Mutter zu geben; drittens Percy Bysshe Shelley, der sein Herz am Strand von Lerici verlor, um es den Flammen zu entreißen, die den Rest seiner Person verzehrten; und, *last but not least*, Mary Godwin Shelley, die ihr menschenähnliches Ungeheuer in den Alpen empfing und dann nach Italien kam, nur um ihren Ehemann ertrinken zu sehen, womit sich die Prophezeiung ihres Romans erfüllte.

Vergessen Sie für einen Augenblick George Sand und Alfred de Musset (die einander in Venedig betrogen), Henry James, John Singer Sargent, John Ruskin, Vita Sackville-West, Nathaniel Hawthorne, Baron Corvo, Igor Strawinsky, Ezra Pound und all die anderen Betörten. Byron und Browning und die Shelleys allein reichen aus für die touristische Geißel des ruinös teuren Italien. Die Dichter kamen und schrieben; dann kamen die Horden. Wer sagt, Dichtung habe keine ökonomische Schlagkraft?

Der Zauber, den diese Dichter über geheiligte Orte auf diesem schönen, aber leicht abgenutzten Stiefel warfen, verhexte alle, die von Büchern verhext waren. Wir gingen nach Italien und suchten Liebe und Poesie – und Liebe und Poesie waren für uns austauschbar.

Als ich das erste Mal nach Venedig kam, war ich neunzehn und reiste allein mit dem Zug von Florenz aus an (wo ich diesen Sommerkurs in Italienisch machte). Das College-Programm fand im Torre di Bellosguardo aus dem dreizehnten Jahrhundert statt (der heute ein stimmungsvoller, wenn auch etwas heruntergekommener Landgasthof mit Blick über Florenz von genau dem Hügel aus ist, zu dem Vita und Virginia flohen). Alles in Italien ist mit sexuell-poetischen Anspielungen belegt – denn Italien ist vor allem das Land des poetischen Durchbrennens –, wenigstens für Amerikaner und Engländer. Für die Italiener ist es ein völlig anderes Land.

Ich stand am Rand des Bahnhofs Santa Lucia, ein kleines, blau eingebundenes Exemplar von *Don Juan* umklammernd. Die Marmortreppe des Bahnhofs wirkte länger und steiler, als sie ist. Ich sah weder die toten Katzenjungen noch die leeren Kondome, noch die Fanta-Flaschen herumschwimmen. Ich sah nur die Poesie und Liebe. Dichter sind die besten Werbeleute, die es gibt.

Ich nahm den Vaporetto nach San Marco und bewunderte die Paläste am Canale Grande. Als ich ein Schild mit der Aufschrift »*Qui abita Lord Byron*« (Lord Byron wohnte hier) an der Mauer des Palazzo Mocenigo hängen sah, wäre ich beinahe ohnmächtig geworden. Die Literatur war gegenwärtig – diese alte Täuschung, dieser intellektuelle Gigolo. Wie Mary Shelley über ihre Flitterwochenflucht ins Ausland sagte: »Es war romantisch jenseits aller Romantik.«

Und so wanderte ich in diesem lebenden Museum von einer Stadt durch das Gewimmel des Markusplatzes und durch den Dogenpalast.

Ein hübscher, junger chinesischer Arzt (nicht der, den ich später heiratete) kaufte mir Veilchen und ein Eishörnchen und sprach mit mir über Byron. Ein grober amerikanischer College-Boy forderte mich auf, sein schmuddeliges Zimmer in einer Flohkiste in der Nähe des Bahnhofs mit ihm zu teilen. Eine Reihe von Italienern kniff mich in den Hintern. Ich glitt dahin, von der Poesie beschützt.

Nichts veränderte den Zauber. Ich war gelähmt, hypnotisiert. Damals waren Bücher meine Droge. Ich trug sie in meinem Herzen und in meinem Kopf.

Ich betrat ein Haus mit Ruskins Namen an der Seite und wurde gründlich ausgenommen – es war kein Museum. Ich aß touristische Mini-Pizzas und trank sauren Wein wie eine Touristin. Für mich war alles Manna.

Die zerfallenden roten Ziegeldächer, die Glocken, die Möwen, die goldene Kugel von *La Dogana* (dem Zollhaus, das Venedig durch Durchsuchung und Beschlagnahme bereicherte), die grüne, konische Haube des Campanile von San Giorgio Maggiore gegenüber dem Becken von San Marco und dessen Campanile, die Art, wie die beiden Campanili sich im Kanal aneinanderreihen und einen deutlichen Orientierungspunkt für die Segelboote bilden, die in den Hafen streben, die Art, wie die Kreuzfahrtschiffe wie auf unsichtbaren Schienen durch den Giudecca-Kanal gleiten – all das verzauberte mich, zog mich in einen Bann, der mich immer wieder zurückbrachte. Ich reiste mit Freundinnen nach Venedig, schließlich mit Allan, mit Jon, mit Will und viele Male allein. Ich wohnte überall – vom Ostello di Gioventù über billige Hotels und bescheidene Pensionen bis zu den haarsträubend teuren Palästen wie dem Gritti oder dem Cipriani. Später fing ich an, Häuser zu mieten – so weit von den Touristen entfernt, wie ich welche finden konnte. Ich schmeichelte mir, wenn schon keine Einheimische, so doch wenigstens ein *habitué* zu sein.

Oft kam ich in Venedig an und fragte mich, was in aller Welt mich zurückgebracht haben mochte. Venedig war träge; es neigte dazu, mich zu fesseln und festzuhalten, doch das Verhextsein (wie Anaïs Nin das nennt) war nicht immer angenehm. Ich fühlte mich wie eine Fliege im Spinnennetz, wie ein Matrose, der von einem phantastischen Tintenfisch in die Tiefe gezogen wird. Ich war nie sicher, was die Stadt von mir wollte.

Der blaue Sommerhimmel und die glitzernde Lagune können täuschen. Die Touristen strömen durch Venedig wie schmutzige, sonnenverbrannte Bettler, begierig, nach Hause zu kommen und zu erzählen, sie hätten es gesehen. Doch wenn man eine Weile in Venedig lebt, Sommer oder Winter, entdeckt man, daß die Stadt Tausende von Geheimnissen hat, in die sie einem erst mit der Zeit Einblick gewährt.

Im Sommer 1983 war ich zu einem Schriftstellerkongreß in der Sowjetunion eingeladen. Es war der reizende, jetzt verstorbene Harrison Salisbury, der mir die Einladung verschaffte. Zu den Gästen gehörten Studs Terkel, Susan Sontag, Robert Bly, Gwendolyn Brooks, Irving und Jean Stone. Wosnessenski war angekündigt, erschien aber nicht. Viele Apparatschiks kamen. Wir fuhren mit der Eisenbahn von Moskau nach Kiew. Ich war erstaunt, wie unverhohlen Gwendolyn Brooks' schwarzes Gesicht in Moskau und Kiew angestarrt wurde. Sie teilte im Zug mein Abteil, und wir blieben die ganze Nacht wach und sprachen über Dichtung und Mutterschaft.

Warum folgte auf diese Reise Venedig? Das lag an Carly Simon. Sonst wäre ich vielleicht einfach direkt nach Connecticut zurückgeflogen, wo Will für mich das Haus hütete.

»Treffen wir uns am ersten August im Cipriani in Venedig«, hatte Carly Simon einige Monate zuvor bei einem köstlichen Lunch im Village vorgeschlagen. Prahlerisch verglichen wir unsere jungen Liebhaber. Wir würden sie beide nach Venedig mitbringen und sehen, was passierte. (Wollten wir tauschen? Das war nicht klar.) Also buchte ich im Cipriani (von dessen Existenz ich nichts wußte, ehe Carly es erwähnte). Nach dem Rückflug aus Moskau traf ich Will auf dem Flughafen in Mailand. Wir rannten in ein Hotelzimmer, um uns Treue zu geloben – wenn man das so nennen kann –, und dann flogen wir in der Abenddämmerung nach Venedig. Der Anblick der Stadt, wenn man verliebt ist, ist nicht beklemmend, sondern öffnet einem das Herz.

Damals hatte ich Geld oder dachte vielmehr, es gehöre mir und nicht dem Finanzamt, also nahmen wir im Cipriani eine Suite am Pool. Tagsüber verließen wir sie nie. Den ganzen Morgen und Nachmittag blieben wir im Bett, liebten uns und ließen uns vom Zimmerservice bedienen; die ganze Nacht wanderten wir durch die Straßen.

Carly mit ihrem damaligen Liebhaber Al Corly tauchte niemals auf. Das war eine dieser überschwenglichen Einladungen gewesen, die der Einladende sofort wieder vergißt. Aber wir vermißten niemanden. Abends brachte mir Will in dem riesigen, verlassenen Pool das Schwimmen bei (der Pool war übergroß, weil jemand Meter mit Fuß verwechselt hatte). In der Dunkelheit erforschten wir die kleinen Gassen der Giudecca. Wir tranken in Cafés, in unserem Zimmer, im Bett, am Pool. Wir liebten uns, als hätten wir die Liebe erfunden, und glaubten das auch. Darin waren wir wie alle Liebenden.

Venedig wurde zu unserem besonderen Ort. Jeden Sommer kamen wir mit Molly und Margaret in eine gemietete Wohnung, ein Haus oder eine Beletage. Wir glitten in den Adagio-Rhythmus der Lagune. Will ging morgens frisches Brot kaufen. Dann frühstückten wir gemächlich. Danach schrieb ich. Anschließend machten wir uns alle zum Mittagessen in einer örtlichen Trattoria auf.

Vom Alter von fünf Jahren an verbrachte Molly ihre Sommer in Venedig. Den größten Teil des späten Nachmittags schwammen wir im Pool des Cipriani, duschten dann, nahmen den Vaporetto nach Hause, zogen uns um und gingen zum Dinner aus – eine vierköpfige Familie.

Der Tag verging mit Schreiben, Spazierengehen, Schwimmen, Essen. Die Spannungen New Yorks fielen ab. Ich machte mir Notizen, erträumte Gedichte, begann Geschichten, von denen ich dachte, ich müsse sie schreiben. Manchmal wurden Bücher daraus, manchmal nicht. Doch der träge Rhythmus des Lebens förderte diese Blüte, und die Wasserwelt taufte sie. Immer kam ich mit einem Kopf voll exotischer Blumen nach Hause zurück.

Wie ich in Venedig träumte – diesem Boot, das auf der Adria schwimmt! Es war, als schliefe man auf einem Schiff, bei Wasserplätschern und wiegenden Wellen. Manchmal dachte ich, ich käme nur zum Schlafen nach Venedig.

Während dieser Sommer fing ich an, das Ghetto von Venedig zu erforschen, und geriet in den Bann des sechzehnten Jahrhunderts.

Will und ich kamen immer mit Büchern beladen an, um sie

gemeinsam zu lesen. Wir lasen laut, strichen an und schrieben Randbemerkungen auf die Seiten.

Von den frühesten Tagen an wurden wir mit Venezianern bekannt gemacht, die uns umherführten und uns die Museen und Bibliotheken öffneten. Wir begannen die Stadt zu erkunden, um zu sehen, ob sie eine Geschichte hatte, die sie mir erzählen wollte – oder durch mich erzählen wollte.

Das Ghetto von Venedig nahm uns gefangen. Um seine Solidarität mit mir zu zeigen, fing Will an, einen in venezianisches Glas eingebetteten Davidsstern zu tragen. Wir begannen auch, Geschichten über die venezianischen Juden zu lesen.

Dank Cecil Roth, Riccardo Callimani und der Steine selbst wurde das Venedig des sechzehnten Jahrhunderts für mich lebendig. Es war eine Zufluchtsinsel, durchdrungen von all den Juden, die hier Asyl suchten. Sephardim aus Spanien, Ashkenasim aus Deutschland, levantinische Juden aus dem Nahen Osten trafen und vermischten sich in Venedig mit Christen und Moslems und schufen die Magie der venezianischen Kultur.

Ich sah sofort eine Analogie zwischen der Insel Venedig und der Insel Manhattan. Venedig im sechzehnten Jahrhundert war Manhattan im frühen zwanzigsten Jahrhundert: wimmelnd von Juden, die aus Europa und dem Nahen Osten vertrieben worden waren und die die christliche Welt bereichern und für immer verändern sollten.

Die Juden kamen nach Venedig, weil Venedig sie aufnahm, und bald wurden sie Händler für Altkleider, Antiquitäten, Bücher. Sie spezialisierten sich auf Bühnenkunst, Drucken, Buchbinden, Kunst, Antiquitäten – wie heute. Sie gründeten Synagogen, Theater, Verlage, Handelsgesellschaften. Sie praktizierten die Künste. Sie konzentrierten ihre Energien auf die wenigen Dinge, die ihnen nicht verboten waren, und wurden eine Macht. Und sie gediehen. Venedig gedieh. Sie trugen eine andere Art Hefe zu dem großen, gezuckerten Kuchen der Serenissima bei.

Während der langen, faulen Aufenthalte in Venedig begannen die Steine eine Geschichte zu flüstern. Ein jüdisches Mädchen, die wahre Jessica, wird von ihrem Vater Shylock (oder Shallach, wie der Name gelautet haben muß, ehe er anglisiert wurde) im Ghetto gefangengehalten.

Bei einem ganz gewöhnlichen täglichen Ausgang trifft unsere Jessica im Ghetto einen jungen Engländer – der dorthin gekommen ist, um die berühmten Rabbiner predigen zu hören und eine neue Bühnenkunst zu erlernen (wofür die Juden Venedigs im sechzehnten Jahrhundert berühmt sind). Er ist erst achtundzwanzig, ein Dichter, Schauspieler und Stückeschreiber, der mit seinem lasziven, bisexuellen Herrn, dem Earl of Southhampton, nach Venedig gekommen ist. Die Pest hat die Londoner Theater geschlossen, und so ist Zeit, mit seinem Lord zu reisen (der wahnsinnig in ihn verliebt ist und, wie es die Art wahnsinnig Verliebter ist, ihn auch beherrschen will).

Will, denn ironischerweise ist das der Name des jungen Mannes, und Jessica verlieben sich auf den ersten Blick ineinander (wie alle Liebenden im Märchen), und ihre Liebe veranlaßt sie, das Ghetto, Southhampton, Shallach und allen Zynismus zu fliehen – denn die Liebe ist dazu geboren, den Zynismus zu besiegen.

Etwas in dieser Art köchelte in meinem Kopf, während ich einen anderen Roman beendete, *Fallschirme und Küsse*. In diesem Winter erreichte mich die unerwartete Einladung, Jurorin beim Filmfestival von Venedig zu werden. Da ich wußte, daß ich diese Geschichte ans Licht bringen mußte, nahm ich sofort an – und brachte meinen eigenen Will als *cavaliere servente* mit.

Das Filmfestival war ein Irrenhaus. Jewgenji Jewtuschenko war aus Moskau gekommen, mit einer britischen Ehefrau, von der er sich bald trennen sollte, und den Manieren eines Moguls. Er war groß, theatralisch, gewöhnt, mit seinen Verehrern Stadien zu füllen, und er suchte Ärger. Der Pfeife rauchende, grüblerische Günter Grass kam aus Deutschland in ähnlicher Laune an, aber er war zu klug und überlegt, um es zu zeigen.

Balthus hätte lieber gemalt. Er wohnte mit seiner schönen japanischen Frau und seinen Töchtern im Gritti und schien die Reise träge bloß als sinnlose Arbeit zu betrachten – was weise war. Wir sahen ihn selten und nie bei Filmvorführungen. Die Brüder Taviani – Paolo und Vittorio – waren bescheiden, humorvoll und entsetzlich nervös. Sie waren im Begriff, *Kaos* vorzustellen, ihren brillanten Pirandello-Film. Michelangelo Antonioni war körperlich nicht ganz gesund, aber von leidenschaftlichem Ernst und sah sich jeden Film an. Den ganzen Tag lang betrachtete die Jury Film um Film – die besten, die schlechtesten, die mittelmäßigen. Sozialistisch-realistische Filme aus dem Ostblock, indische Filme aus Neu-Delhis Zelluloidfabriken, chinesische Filme, produziert von Moguln aus Hongkong, japanische Kunst- oder Gebrauchsfilme, Filme, die schokkieren, Filme, die lähmen sollten, so viele Filme, daß man sich kaum je hätte träumen lassen, sie seien in einem einzigen Jahr auf dem Planeten gedreht worden.

Es wurde langweilig. Nichts ist ermüdender als mittelmäßige Filme. Und während die Tage vergingen, konnte man die Sturmwolken über der Lagune drohen sehen.

Als Claudia Cardinale mit ihrem sizilianischen Liebhaber und Produzenten anreiste, war die Szene für den Showdown bereit, die Große Schlacht um den O. K. Corral. Cardinale spielte in einem schrecklichen Film, der nicht so sehr auf der Geschichte basierte, sondern eher eine Seifenoper war, Clara Petacci, die letzte Geliebte Mussolinis. Sofort sah der Russe etwas, wogegen er protestieren konnte. Und der Deutsche sah einen Russen, den er übervorteilen konnte. Der Tumult begann.

Wie es anfing, ist ein Geheimnis. Konferenzen und Seminare haben eine Tendenz, sich nach etwa fünf Tagen spontan zu entflammen. Vielleicht ist es die Disziplin, die sie undisziplinierten Leuten auferlegen. Vielleicht liegt es auch daran, daß Künstler nicht gewohnt sind, in einer Gemeinschaft zu leben, und das nur für kurze Zeitspannen bewältigen. Vielleicht erfordert diese ganze Gemeinsamkeit ein Sicherheitsventil, und die Explosion muß unabwendbar kommen.

Zuerst debattierte die Jury darüber, ob es »moralisch« sei, einen Film anzusehen, der Mussolini als Liebhaber zeigte; dann gab es verbale Scharmützel beim Lunch und beim Tee, und auf einmal hielt Jewgenji eine Pressekonferenz, und die italienischen Zeitungen hatten etwas zu schreiben! Das Festival mochte langweilig sein, die Juroren waren es nicht. Bumm! Zack! Wumm! Krach!

»Es ist empörend, Faschisten als Liebhaber zu glorifizieren« – oder etwas in der Art. Der Streit nährte sich selbst, wie es bei Presseschöpfungen häufig der Fall ist. Die Medien lieben nichts mehr als karikaturhafte Kontroversen. Die Franzosen und Engländer suchten sich gegenseitig mit Absurditäten zu übertreffen. Die Italiener nahmen freudig daran teil. Die amerikanischen Zeitungen griffen es aus den italienischen auf.

Natürlich wurden wir alle gebührend interviewt und zitiert. Wir waren samt und sonders verpflichtet, zu diesem harmlosen Drama Stellung zu beziehen. (Anita Hill hat einmal gesagt, wenn man erst eine öffentliche Figur sei, würde erwartet, daß man zu allem eine Meinung hat. »Ich behalte mir das Recht vor, keinen Kommentar abzugeben«, sagte sie. Wäre ich – und der Rest der Jury – nur so weise gewesen wie sie!)

Claudia Cardinale wurde fotografiert. In ihrer Empörung sah sie entzückend aus. Ihr Liebhaber und Produzent (oder Produzent und Liebhaber) schwor dunkle *vendetti*.

Und so bekam das Festival die Medienaufmerksamkeit, die es wollte, und alle bekamen Publicity – ob sie es wollten oder nicht. Und die Stadt Venedig bekam etwas für ihr Geld von den Berühmtheiten, deren Flüge und Aufenthalte sie bezahlte. Zuletzt schwebte Liv Ullmann auf dem Kriegsschauplatz ein, um den Goldenen Löwen zu überreichen.

Das Staunen über dieses Festival und den spontanen Aufruhr brachte mich dazu, wieder an meinen venezianischen Roman zu denken. Jeder Schriftsteller träumt davon, eine Geschichte in der Art von *Ein Yankee aus Connecticut an König Arthurs Hof* zu schreiben. Jeder Schriftsteller möchte eine Zeitreise in die Vergangenheit unternehmen, solange er sicher in die Zukunft zurückkehren kann.

Was wäre, wenn meine Jessica keine Jüdin, sondern beim ersten Kennenlernen Christin wäre? Was, wenn sie eine in Radcliffe erzogene, widerstrebende Debütantin wäre, die aus einer verstaubten alten WASP-Familie der oberen East Side käme und an die Royal Academy of Dramatic Arts in London ginge, statt standesgemäß zu heiraten, und trotz der familiären Mißbilligung entschlossen wäre, Schauspielerin zu werden? Was wäre, wenn sie ihr Leben lang Shakespeares Dichtung geliebt hätte und sich eines Tages in Venedig, wo sie Jurorin bei einem Filmfestival war, durch einen Spalt in der Zeit als Jüdin des sechzehnten Jahrhunderts im Ghetto wiederfände, wo sie sich in einen poetischen Engländer namens Will verliebte?

Was wäre wenn ist immer der Beginn einer Geschichte.

Ich hatte meine Geschichte. Oder sie hatte mich. (Man weiß ja nie, oder? wie Fats Waller gesagt haben soll.)

Hektisch begann ich mir Notizen zu machen. Hier war eine Chance, einen Kuchen aus allem zu backen, was ich über Venedig, Shakespeare, Elisabethaner und Juden wußte.

Ich machte die Erzählung angemessen shakespearisch und blutig. Dolche, Gifte, Degen, Stilette waren obligatorisch. Ich wollte elisabethanische Wortmusik hören und lauschte immer wieder, wie Sir John Gielgud die Sonette las, bis ich sie gar nicht mehr los wurde. Ich besuchte jede Inszenierung von *Der Kaufmann von Venedig*, die in diesem Jahr gespielt wurde. Ich sah mir alte Filme und Videobänder des Stücks an. Ich las es mir selbst laut vor. Dann las ich alles darüber, was ich finden konnte. Shakespeare ist ein ergiebiger Jagdgrund für Geister, die ihr Gleichgewicht verloren haben, sagte Joyce (durch Stephen Dedalus). Ich wollte ihn nicht bestätigen, aber ich wollte eine Zeitreise in die Vergangenheit unternehmen. Also kehrte ich im regnerischen Herbst ins Ghetto zurück und brütete.

Wieder hörte ich das Geflüster der Steine. Wieder sah ich Shakespeare und die Dunkle Dame im Regen umhergehen.

Das Geheimnis, Shakespeare in der Gegenwart wirken zu lassen, besteht darin, seine grundlegenden Wahrheiten über den Charakter nicht durch elisabethanische Verzierungen und Schnörkel zu verdunkeln. Shakespeares Publikum durchschaute diese natürlich, denn es war an seine sprachlichen und Bühnenkonventionen gewöhnt. Wir müssen die Stücke so transparent machen, wie sie für die Elisabethaner waren. Eine gute Adaptation muß die Barriere entfernen, die das elisabethanische England von uns trennt, statt sie zu verstärken.

Doch *Der Kaufmann* ist ein sehr schwer zu modernisierendes Stück, weil Shakespeares Einstellung zu Shylock wegen ihres Antisemitismus so unangenehm und doch so wesentlich für das Stück ist. Shakespeare sieht Shylock als menschliches Wesen wie er selbst, doch das alte Vorurteil der Elisabethaner gegen die Juden (in ihrer stark judenhassenden Zeit) ist zäh. Selbst der Charakter der Jessica ist schwächer als der der Portia. Daß Jessica ihren Vater verleugnet, ist grausam, genau wie der Diebstahl seines kostbaren Ringes (den ihm ihre verstorbene Mutter gegeben hatte). Shylocks Vergleich von Töchtern und Dukaten kann kalt als Verunglimpfung der Juden gelesen werden, aber man kann ihn auch so leidenschaftlich spielen, daß er den Zorn und die Liebe eines Vaters illustriert. (Laurence Olivier und Dustin Hoffman taten das.)

Ich wollte, daß *Serenissima* ein für allemal das Dilemma Jessicas löst und zeigt, warum Jessica ihren Vater verrät – nicht nur für Liebe und Freiheit, sondern auch für Poesie. Und ich wollte das Geheimnis der Dunklen Dame der Sonette erhellen. Ich dachte, ich würde zwei Fliegen mit einer Klappe schlagen, wenn ich sie zu derselben Jüdin im Ghetto machte, die die Gestalt Jessicas inspirierte.

Damit hatte ich mir wie üblich sehr viel vorgenommen. Das Buch sollte literarisch sein, aber auch irgendwie aufklärerisch für Frauen des zwanzigsten Jahrhunderts, eine spannende Geschichte, die den Leser zwang, die Seiten umzublättern, aber auch ein Plädoyer für den zentralen Stellenwert von Poesie in unserem Leben.

Obwohl *Serenissima* mich mit seinem Potential noch immer fasziniert, habe ich das Gefühl, diesen Roman teilweise verfehlt zu haben, weil ich meine eigene Beziehung zur Stadt Venedig noch nicht ganz begriff. Und ich versuchte zuviel auf einmal in einem schmalen Buch. *Serenissima* hätte länger und reicher sein sollen, wie *Fanny*. Es hätte mehr Figuren, mehr einander kreuzende Strömungen und Nebenhandlungsstränge enthalten sollen. Und es hätte weniger redigiert werden sollen.

Da ich mir meiner eigenen Tendenz zum Übertreiben bewußt war, heuerte ich einen freischaffenden Lektor an, der mir die Flügel stutzen sollte. Wir ermutigten uns gegenseitig, zuviel zu stutzen, und strichen den Roman zusammen, statt ihn zu erweitern. V. S. Pritchett sagt, daß die Stärken und Schwächen eines Schriftstellers so miteinander verwoben sind, daß man die einen nicht ohne die anderen aufgeben kann.

Venedig war für mich wie New York eine Stadt der Vorfahren, eine Stadt, die mich zu den Wurzeln meines Judentums zurückführte. Aber es war noch mehr: Sein Mythos ist der der magischen Insel, wo Probleme gelöst werden und Rätsel sich allein aufklären oder zumindest im Wasser auflösen.

Der Kaufmann von Venedig ist nur eine von vielen Versionen Shakespeares zu dieser Geschichte. Doch auch dieses Stück ist kein voller Erfolg – trotz Shylocks vehementer Zeilen über sein Judentum, trotz des magischen Sternenhimmels von Belmont, trotz Jessicas dunkler, verwirrter Schönheit und Portias preziöser Zusammenfassung der Gerechtigkeit als einer Art *noblesse oblige* gegenüber armen Kreaturen wie den Juden, solange sie kniefällig konvertieren, auf ihr Blut, ihre Nahrung, ihre Dukaten, ihre Töchter und das Judentum ihrer Enkel verzichten.

Also ist *Der Kaufmann* auch nicht ganz so wirkungsvoll, das muß gesagt werden. Vielleicht ist es der Haß in seinem Kern, der das Stück beeinträchtigt. Haß bringt selten gute Literatur hervor. Das andere Stück von einer magischen Insel dagegen, *Der Sturm*, löst wunderbar all seine Rätsel und hat, das muß man sagen, eine kolossale Wirkung.

Es gibt wirkliche Liebe zwischen den Liebenden, wirkliche Reue auf seiten des Zauberkönigs Prospero, wirkliche Freiheit für die gefesselten Geister Caliban und Ariel, wirkliche Freiheit für den Dichter, als er Abschied nimmt. Die magische Insel könnte Venedig sein (sie ist schließlich eine Insel vor Norditalien), ist es aber eindeutig nicht. Sie kann es nicht sein, denn Venedig ist vor allem die Insel der Toten, wie Thomas Mann besser wußte als jeder andere. Venedig ist der Ort, der gequälte Geister einfängt. Es ist die Fliegenleim-Insel. Es braucht ständig neues Blut, um das alte aufzufüllen. Venedig selbst ist nicht mehr und nicht weniger als ein Vampir.

Ich kannte einen dänischen Pianisten, der Jahr für Jahr nach Venedig zurückkam, um in einer schäbigen Bar zu spielen. Im Winter und Frühjahr wurde er von einem Scheich in Charga für viele, viele Dukaten beschäftigt. Doch jeden Sommer und Herbst kehrte er wie unter Zwang nach Venedig zurück, als rufe ihn der Geist seines früheren Selbst.

Dieser melancholische Däne hatte Recherchen über seinen Geist angestellt, der ein Bäcker aus dem dreizehnten Jahrhundert zu sein schien. Nachts füllte sich sein Zimmer manchmal mit einem mehlartigen Aroma oder dem warmen Duft von backendem Brot. Schüsseln und Gestelle knackten und klapperten. Wenn er erwachte, war alles von einem feinen weißen Staub bedeckt. Er blinzelte und war nicht überrascht.

Er war ein blauäugiger, blonder Mann, zierlich gebaut und schlank und mit dem scharfgeschnittenen Gesicht, das man manchmal bei Skandinaviern findet. Wenn er Klavier spielte, sah er jung aus, doch wenn man ihn aus der Nähe erblickte, merkte man, daß er alles von fünfzig bis unendlich sein konnte. Sein Gesicht war von feinen Linien durchzogen. Er war wie ich süchtig nach Venedig, obwohl man sehen konnte, daß es seiner Gesundheit nicht gut tat.

Natürlich mußte es dort irgendeinen Liebhaber geben – irgendeinen unmöglichen Liebhaber wie meinen Piero, der unvorhersehbar kam und floh. Gewiß hatte der Liebhaber dieselbe unbewußte, kindliche Grausamkeit wie von Aschenbachs Tadzio. Die haben alle venezianischen Liebhaber.

Vielleicht war Piero nicht nur mein Liebhaber, sondern auch der dieses Dänen. Vielleicht war er auch Tadzios Liebhaber. Und Alfred de Mussets. Und Byrons. Und Shakespeares. Wer weiß? In Venedig kann man verschiedene Leben in verschiedenen Zeiten führen. Die vielen Durchgänge machen das möglich. Der Dunst und die Schatten verdecken alles. Die *aqua alta* steigt unerbittlich und überflutet die unteren Geschosse.

Wir redeten viele Nächte lang miteinander – der dänische Pianist und ich –, und obwohl ich mich nicht an seinen Namen erinnere, weiß ich, daß seine Geschichte etwas mit meiner zu tun hatte. Leute, die sich nicht von Venedig befreien können, sterben am Ende dort. Die Lagune braucht ihre Opfer, um andere angehende Geister zurückzulocken.

Es gab noch ein weiteres Problem mit meinem venezianischen Roman: Er sagte nicht die ganze Wahrheit über Venedig. Nicht, daß ich nicht mein Bestes getan hätte. Das habe ich. Aber ich kannte die ganze Wahrheit über Venedig noch nicht. Venedig ist nicht sonnig. Venedig ist ein Grab.

Die gestohlenen Liebesakte zwischen Frühstück und Lunch, die wilde Leidenschaft von fünf bis sieben sind Mittel, uns immer wieder nach Venedig zurückzuholen. Doch die Liebesakte erzeugen kein Leben. Sie erzeugen nur Geister, verführerische Geister, Geister mit unglaublichen magnetischen und sexuellen Kräften, Geister, die bei den tollsten Orgasmen auf Erden die Töpfe klappern lassen. In Wirklichkeit handelt es sich nicht um *terra firma*, sondern um das Meer, und die Barke des Todes gleitet nach Westen der untergehenden Sonne entgegen.

Vor nicht langer Zeit (mitten in der Arbeit an diesem Buch) reiste ich wieder mit meiner Tochter nach Venedig. Wir gingen spazieren und redeten und erinnerten uns an andere Sommer, als sie ein kleines Mädchen und ich Single war. Aber als ich meine alten Freunde besuchen ging, wollte sie nicht mit, sondern blieb lieber im Gritti, sah im Fernsehen CNN und ließ sich vom Zimmerservice bedienen. Also ging ich allein.

Meine Freunde nahmen mich in Beschlag, wie Inselbewohner das mit Neuankömmlingen tun – aus erschrockener Langeweile. Sie luden mich zu Mittagessen, Abendessen und Tees ein und berichteten mir von besonderen Besitztümern, die in Venedig zu verkaufen seien. Im Hotel wurden Botschaften ehemaliger Liebhaber für mich hinterlassen, aber wenn ich anrief, waren sie niemals zu Hause. Wenn ich zurückkam, gab es neue Botschaften, die sich ebenfalls als unbeantwortbar erwiesen. Es gab Nachrichten von Leuten, die ich nicht kannte. War ein Bäcker aus dem dreizehnten Jahrhundert unter ihnen?

Mein dänischer Freund war fort. Ich glaubte Piero allein in seinem Motorboot durch den Canale Grande tuckern zu sehen, doch dann schien er es doch nicht zu sein. Ich versuchte, ihn anzurufen, doch eine Sekretärin sagte, er sei »*fuori Venezia*« (nicht in Venedig). Der Himmel senkte und verdunkelte sich. Die Fenster in meinem alten Zimmer im Gritti (Hemingways, wie man mir sagte) flogen auf. Die ganze Nacht hindurch ließen Schritte die Zimmerdecke knarren, doch als ich mich beschwerte, sagte mir der Portier, der Raum über mir sei unbewohnt.

Endlich, am fünften Tag, fand ich mich in einem grünen Garten (von dem es hieß, er sei einst ein Friedhof gewesen) in Dorsoduro wieder. Statuen von Gestalten in Umhängen und Hüten und mit verschleierten Gesichtern lauerten in den samtigen Schatten. Die Hecken waren von moosigem, gesprenkeltem Grün, und hier und da brachen leuchtend Fuchsien oder Zyklamen aus dem Grün hervor wie ein Blumentopf auf einem Grab.

Ich saß in der Mitte einer Frauengruppe. Eine war eine Künstlerin aus Österreich, die seit fast dreißig Jahren hier lebte (angezogen von italienischen Liebhabern und dem Licht). Jetzt hatte sie die Männer (aller Nationalitäten) aufgegeben. Eine andere, eine mollige, geschiedene Amerikanerin, hatte endlich ihre New Yorker Wohnung verkauft und sich hier niedergelassen. Eine weitere, eine reiche englische Witwe, hatte sich einen Palazzo am Canale Grande gekauft und renovierte ihn gerade. Eine andere war die voluminöse Herzogin, die meinen Piero, ihren Piero, jedermanns Piero aushielt. Er segelte auf dem Mittelmeer. Wo, wußte niemand.

Wir sprachen über Diäten, Gymnastikkurse, Essen, eigenwillige Kinder, eigenwillige Dienstboten, eigenwillige Männer. Alle drängten mich, New York, meinen Mann, meine Familie aufzugeben und ganz nach hier zu ziehen. Der Lebensrhythmus sei einfacher, sagten sie, und ich könne hier schreiben.

Doch ich könnte nur über die Vergangenheit schreiben, dachte ich, und schließlich würde ich überhaupt nicht mehr schreiben können, weil Gras meine Finger bedeckte. Der Friedhof schlug mich in seinen Bann, und Venedig machte diesen Vorgang köstlich. Das Boot, das dem Sonnenuntergang entgegenfährt, wartete am Rande des Kanals. Der plätschernde, verführerische Laut, den das Wasser von sich gab, war der Klang Venedigs: *vieni, vieni.*

Der Tod, den Venedig anbot, war nicht *la petite mort*. Es war der große. Und er war unausweichlich.

Venezianische Liebhaber, wer immer und welchen Geschlechts sie auch waren, waren bloß seine Kammerzofen, sein Flakfeuer, seine Wandergefährten. Sie lauerten hier auf robuste Menschen. Aber wir konnten nur aus eigenem, freiem Willen bleiben – wie der Tod uns haben will. Er macht uns in Venedig bereit, Schritt für Schritt, Ruderschlag für Ruderschlag, Orgasmus für Orgasmus.

Ich erinnerte mich an das erste Mal, als es mich zu Piero hinzog, vor acht oder neun Jahren. Wir waren in einer lauen Nacht Mitte Juli auf seinem Segelboot im Becken von San Marco. Es war das Redentore-Fest, das die Befreiung der Serenissima von der Pest vor einem halben Jahrtausend feiert. Eine Brücke aus Booten reichte von der Piazza del Giglio in San Marco bis Santa Maria della Salute in Dorsoduro und Palladios herrlicher Redentore-Kirche auf Guidecca. Die ganze Stadt schien auf dem Wasser zu wandeln. Wer nicht mit Kerzen, Essen und Prosecco über die Brücken schlenderte, lehnte in den blumengeschmückten Booten und trank von den Früchten der Reben. Musik von Vivaldi, Monteverdi und Albinone wehte über den Wassern. Die großen Tiere – zukünftige *Tangentopolisti* (profitgierige oder korrupte Politiker), die heute die Gefängnisse bevölkern – saßen in einer Art schwimmender Königsloge auf Pontons, von denen aus ebenfalls laute venezianische Musik ausgestrahlt wurde. Fernsehteams schaukelten in kleinen Motorbooten umher, um dem staunenden Rest von Italien, der Venedig noch immer als Merkwürdigkeit ansieht – halb italienisch, halb andersartig –, diese *festa* zu übertragen.

Pieros üppige Herzogin kochte Langusten, Tintenfische und schwarzes Risotto mit der Tinte venezianischer *seppie*. Ich beobachtete erstaunt ihre kulinarischen Fertigkeiten und auch ihre Gelassenheit. Piero schlüpfte dicht hinter mich.

Er atmete in meinen Nacken, fuhr mit einem Finger besitzergreifend und warnend über meinen Unterarm. Mit den Augen nahm er mich in Besitz.

Ich verlor mich in diesem braunen Blick eines Fauns, roch das Feuer unter seiner gebräunten Haut, seinem lockigen goldenen Satyrhaar. Sein Schweiß war ziegenartig und köstlich – oder war es mein eigener? Wir schienen den gleichen Geruch zu haben.

»Tut mir leid, daß ich nicht so frei bin«, sagte er mit Blick auf die Herzogin. Dabei meinte er das Gegenteil – wie es oft der Fall ist: »Ich bin froh, daß ich nicht so frei bin. Sie ist meine Impfung, mein Schutz, mein unsichtbarer Schild. Aber ich würde mich freuen, dich wieder und wieder zu kleinen Kostproben von meinem Zauberstab nach Venedig zu locken.«

So fing es an. Es gor ein volles Jahr in der Lagune, wurde ein

Jahr später in einer Vollmondnacht vollzogen, dauerte mit Unterbrechungen jahrelang und endete für immer, als ich in Panik aus Venedig floh, ohne ihn auch nur gesehen zu haben.

Der Wind wehte heftig vom Kanal her. Fenster, Töpfe und Klaviere klapperten, ratterten, spielten abgehackte Melodien und bliesen eine Wolke feinen Staubs auf alles. Ich sah in den Spiegel. Ich war weiß wie ein Geist.

»Frau, die ich Mutter nenne – wenn das tatsächlich dein Name ist«, sagte meine fünfzehnjährige Tochter, »wir müssen hier weg. Etwas Schreckliches wird passieren.«

Binnen einer Stunde hatten wir gepackt und waren mit einem Taxiboot mit all unserem Gepäck zum Depot der Autovermietung gefahren. Als wir über den Damm in Richtung Festland rasten, jagte uns ein wildes Gewitter, rüttelte an unserem Geländewagen und verdunkelte die Fenster.

Wir waren gerade noch rechtzeitig abgereist. Geister wirbelten und kreischten in der Luft über der Lagune. Die Damen aus dem Friedhofsgarten riefen: »*Non scappi!*« (Laufen Sie nicht weg!)

Doch ich hatte den Fuß fest auf dem Gaspedal und Mailand vor Augen. Zurück ins Leben, zu Hast und Häßlichkeit des Verkehrs, zur Weltlichkeit der Geschäfte, zu Telefonen, die die Toten nicht erreichen.

Selbst Browning ging fort und Byron und die Shelleys auch. George Sand gab Venedig auf, als ihr Buch fertig war. Nur Aschenbach blieb. Und Pound. Und Strawinsky. Sie sind hier begraben.

Nachdem ich den Damm überquert hatte, konnten die Damen aus dem dunklen Garten mir nichts mehr anhaben.

»Mommy«, sagte Molly, »ich war noch nie so froh, dort wegzukommen. Als ich klein war, habe ich Venedig geliebt – was ist passiert?«

»Damals warst du jung genug für Venedig«, sagte ich und raste dem Festland zu.

»Ich verstehe nicht, Mom.«

»Wir sind noch nicht bereit, Venezianerinnen zu werden«, sagte ich.

Vor meinem geistigen Auge sah ich, wie die Wasser über dem Ort zusammenschlugen, die goldenen Mosaiken untergingen und zerbrachen, die byzantinischen Heiligen langsam zerfielen.

Eines Tages würde dieses verlorene Atlantis in den wärmenden Wassern versinken, und niemand wäre klüger. Die Archäologen des Jahres 5040 würden es ausgraben und die Handwerksarbeit des Todes bestaunen.

Ich dachte an den Tag, an dem wir unsere Künstlerfreundin Vesty Entwhistle auf dem grünen Friedhofsgarten von San Michele, der Bestattungsinsel, beigesetzt hatten und wie wir goldene Fliesen in die Erde über ihr geworfen hatten, weil sie solche goldenen Quadrate in ihre Mosaiken eingearbeitet hatte. Ein weiteres Leben, um die wimmelnden Geister zu füttern. *La Serenissima* triumphiert, wann immer jemand dort begraben wird.

Zwölf Jahre später graben die Totengräber mit den skelettartigen Schädeln die Knochen all jener wieder aus, die nicht berühmt genug sind, neue Touristen anzuziehen. Sie werfen die unwürdigen Knochen in das gemeine Beinhaus – eine Knocheninsel, von der ich nur habe flüstern hören. Für die ersten zwölf Jahre haben Sie Ihren Vorgeschmack von Unsterblichkeit. Und dann, wenn Sie nicht mehr berühmt sind, fort mit Ihnen – Schädel, Becken, Rückenwirbel, Schienbeine, Wadenbeine, alles. Wessen Unsterblichkeit dauert denn wirklich länger? Schließlich ist Unsterblichkeit die Erinnerung an Sie in Seelen, die die Ihre liebten.

Ich möchte nicht mehr in Venedig sterben. Und so kann ich dort natürlich nicht leben.

Ich vermute, ich bin jetzt zu alt, um das Risiko einzugehen, Venezianerin zu werden.

13

Das pikareske Leben

Wenn wir über fünfzig sind, erkennen wir mit Überraschung und einem Gefühl suizidaler Absolutheit, daß das, was wir beabsichtigten und nicht erreichten, niemals hätte geschehen können.
    Robert Lowell

Was immer ich gewonnen habe, war stets der Liebe zu verdanken und nichts anderem.
    Saul Bellow, *Der Regenkönig*

Was ist die Persönlichkeit, losgelöst von der der Freunde, mit denen das Schicksal uns zufällig verbunden hat? Ich kann mich nicht vom Einfluß der zwei oder drei größten Freundschaften meines Lebens getrennt sehen, und jeder Bericht über mein eigenes Wachstum muß auch ihren anregenden und aufklärenden Einfluß enthalten.
    Edith Wharton, *A Backward Glance*

Für jede Schriftstellerin ist die unauslöschlichste aller Wahrheiten über sie selbst die innere Geschichte, die Geschichte, die sie schreibt, ohne zu wissen, warum, die automatische, instinktive Geschichte, die ihr Unbewußtes ihr intravenös einflößt. Meine Geschichte ist pikaresk.

Ich entdeckte das erst, als ich sechs Romane geschrieben hatte – lauter Romane über irgendeinen Weg (den Weg nach Wien und zurück, nach Kalifornien und zurück, ins London des achtzehnten Jahrhunderts und zurück, ins Venedig des sechzehnten Jahrhunderts und zurück, in den Alkoholismus und zurück usw.). In jedem triumphiert eine verstörte Heldin lächelnd über Widrigkeiten, nachdem sie auf dem steinigen

Pfad des Lebens einer Menge Schlaglöchern und Gräben, Bastarden und bösen Buben begegnet ist.

In einer melancholischen, hyperintellektuellen, phobischen, paranoiden russisch-jüdischen Familie geboren, brauchte ich eine solche Geschichte. Und einen solchen Schluß. Und meine Leser auch.

In der Lebensmitte drängte es mich, meine Memoiren zu schreiben, weil ich mich selbst verstehen mußte, ehe es zu spät war. Und wie kann man sich selbst besser verstehen, als indem man die Mythen betrachtet, nach denen man sein Leben gelebt hat?

Meine Generation wuchs mit einem aufgezwungenen Mythos auf: dem Mythos, für immer glücklich weiterzuleben, was immer einen Mann impliziert, einen Prinzen, der eines Tages kommt (und der einen selbst auch kommen läßt).

Ob wir diesen Mythos oder sein Gegenteil schrieben (es gibt keinen Prinzen, und selbst wenn es ihn gibt, kommt er nicht, und selbst wenn er kommt, läßt er uns nie kommen), wir haben unser Leben trotzdem mit den Begriffen dieses Mythos betrachtet. Pro-Prinz oder anti-Prinz, die Begriffe der Debatte waren definiert, und nicht von uns. Wir versuchten, andere Mythen zu schreiben, eines Tages wird meine Prinzessin kommen, oder ich bin meine eigene Prinzessin, doch alle waren nur von diesem abgeleitet. Der Anker der Handlung war derselbe. Wir schufen nicht, wir reagierten. Wir hatten die Begriffe nicht erweitert, in denen wir unser Leben sahen.

Gibt es nur eine Geschichte? Der Prinz kommt oder kommt nicht? Die Prinzessin ersetzt den Prinzen? Einsamkeit ersetzt beide?

Könnten wir keine Geschichte finden, die damit nichts zu tun hat, eine Geschichte, in der weder Beziehung noch der Verzicht auf Beziehung das Eigentliche und Endgültige wäre?

Anscheinend nicht. Unsere Schriftsteller und Philosophen haben dieses Territorium beackert und neue Versionen, aber keine neu erschaffenen Mythen hervorgebracht.

Selbst diejenigen unter uns, die neue Hypothesen über das Altweibertum und ältere Frauen aufstellten, haben bei diesem alten Thema keine neuen Fältchen gefunden. Gail Sheehy sagte: Du kannst auch nach der Menopause noch Männer anziehen. Germaine Greer sagte: Wer will das denn? Doch Beziehung war immer noch das Thema. Selbst Gloria Steinem gestand, sie könne nicht nur für die Bewegung leben. Und Betty Friedan sagte, das Alter sei zwar fabelhaft, aber das Tanzen gebe sie nicht auf. Die Frauen, die Männer aufgegeben haben, haben Frauen ohnehin immer lieber gehabt oder dort jetzt mehr Freundlichkeit entdeckt, wobei sie übersahen, daß mit über fünfzig überall mehr Freundlichkeit herrscht und selbst Beziehungen zu Männern, wenn man sie finden kann, freundlicher sind.

Indem ich mir von meinem Unbewußten ein pikareskes Modell diktieren ließ, habe ich vielleicht nach so einem Frauenleben gestrebt, das so reich, heroisch und vielgepriesen ist wie das eines altmodischen Helden (selbst Männer haben ein solches Leben nur noch selten), aber meine Heldinnen wurden auch ständig in Beziehungen niedergemacht. Isadora lernt etwas über das Leben, nachdem sie von einem herzlosen Bastard sitzengelassen wird; Fanny lernt Heldentum, indem sie ihre Tochter rettet; und Leila wird nüchtern, indem sie ihren unmöglichen Freund nüchtern macht.

Wo ist die Frau, die selbst etwas beginnt, die nicht nur reagiert, die ihr Leben für ein Ideal außerhalb von Beziehungen lebt? Können wir uns eine solche Frau auch nur vorstellen? Und wenn wir sie uns vorstellten, würden sich die Leserinnen mit ihr identifizieren?

Letzten Sommer ertappte ich mich dabei, daß ich wieder mein Schelmenleben lebte – doch diesmal mit einem Unterschied.

Meine Tochter und ich hatten unbesehen ein Haus auf einem Hügel mit Oliven und Zypressen in der Toskana gemietet, in der Nähe von Lucca. Wir sollten Ende Juli eintreffen, nachdem ich zwei Wochen in Salzburg ein Seminar abgehalten hatte und wir dann einige Tage in Venedig, Mailand und Portofino verbracht hatten. Zwei von Mollys Freundinnen sollten sich uns anschließen, dann Margaret und meine beste Freundin. Mein Mann würde später kommen, und später sollten auch noch andere Freunde eintreffen.

Wir hatten in der Nähe von Lucca und nicht in Venedig gemietet (wo ich so viele Jahre verbracht hatte), weil unsere Freunde Ken und Barbara Follett dort im vergangenen Jahr gemietet und uns als Hausgäste in ihre große Villa eingeladen hatten. Im August rührten sie sich nie ohne ihre gemischte Brut aus Kindern, Patenkindern, Neffen, Schwiegerkindern und Freunden der Kinder von der Stelle. Sie wurden auch zu einer Art Außenstelle der Labour Party, wenn Leute wie Neil und Glenys Kinnock zu Pasta, Vino und Polemik vorbeikamen.

Wir liebten die Süße der Landschaft und die Tatsache, daß sie noch kein ruiniertes Museum des Todes war wie Venedig. Und wir freuten uns auch darüber, daß Molly, mein einsames Einzelkind, eine Horde von Jugendlichen um sich hatte. Außerdem liebten wir Ken und Barbara, die nicht nur klug und talentiert sind, sondern auch überaus freundlich und loyal.

Erhitzt und voller Straßenstaub, in einem gemieteten Opel-Kombi mit defekter Gangschaltung und nicht ganz einwandfreien Bremsen, hatten Molly und ich Lucca erreicht. Wir hatten zwei Tage mit den Folletts in ihrem prächtigen gemieteten Haus in einem nahen Dorf verbracht. Wir hatten Margaret und ihr ganzes Gepäck am Flughafen von Pisa abgeholt und waren nun zu unserem toskanischen Bauernhaus unterwegs, mit hochgespannteren Erwartungen als denen von Miss Havisham an die Ehe. (Sicher würde sie heute Ms. Havisham heißen und an einem zwölfstufigen Programm zur Heilung von gegenseitiger Abhängigkeit teilnehmen.)

Von der schön ummauerten Stadt aus fuhren wir auf einer alten Straße nach Norden und fingen an, Dörfer und Weinberge, Weinkellereien und Bauernhäuser zu zählen.

Bei einer Art toskanischer Hundehütte an der Straße, die kurvenreich am Hang über einem ausgetrockneten Fluß entlangführte (einem unbedeutenden Nebenfluß von Arno oder Po namens Serchio), bogen wir nach rechts ab und fuhren einen zerfurchten Sandweg hinauf, der aus losen Steinen und unregelmäßigen Bewässerungsgräben bestand, und prompt gerieten wir in einen Graben. Der Opel bockte, fuhr wieder ein Stückchen hoch und fiel dann mit einem müden Ächzen zurück. Wir drei stiegen aus und schoben ihn wieder auf den Weg – nur um in den nächsten und übernächsten Graben zu fahren.

Ein ungeheuer fetter Feuerwehrmann, der noch seinen Gummianzug und seinen Helm trug, kam auf die Veranda der Hundehütte gelaufen und begann in seinem reinen toskanischen Dialekt zu rufen: »*Questa macchina non va su quella strada*«, worauf wir auch schon gekommen waren.

Hinter ihm erschien Signora Feuerwehrmann mit *la bambina*, die brüllte, weil wir sie geweckt hatten.

Wir tuckerten den Hügel hinauf, der Wagen bockte wieder, wir stiegen aus und sahen fasziniert und entsetzt auf einen hübsch mit Oliven durchsetzten Abhang unter uns. Ich erstarrte.

Ich war schon immer eine ängstliche Autofahrerin. Ich setzte den Hügel hinunter zurück, prallte gegen einen Stein, zwang den Mietwagen zum Nachgeben und raste erneut in den inzwischen schon sehr vertrauten Graben.

Der Feuerwehrmann, seine Frau und sein Baby lachten.

Doch Molly gab nicht auf.

»Ich gehe den Hügel hinauf und sehe nach, wie es weitergeht, Mom«, sagte sie und stieg aus. Ich sah ihre breiten Schultern und ihre rote Mähne um die Kurve des steinigen Weges verschwinden. Seit sie mehr als zehn Zentimeter größer ist als ich, ist es immer schwerer, ihr etwas vorzuschreiben.

»Molly«, schrie ich.

»Nur die Ruhe, Mom!« rief sie zurück wie nur irgendeine pikareske Heldin.

Kurz darauf kam sie in einem Landrover wieder den Hügel hinunter, der von einem robusten Herrn gesteuert wurde, dem Besitzer des Hauses. Molly grinste. Er wirkte verwirrt.

»Wie seltsam«, sagte er. »Keiner hatte bisher Probleme mit diesem Hügel. Kommen Sie, steigen Sie ein, meine Lieben!«

»Die Mietagentur hat nichts davon gesagt, daß wir einen Jeep brauchen«, sagte ich verdrossen und hoffentlich leicht drohend. Ich dachte bereits an eine Klage wegen »mangelnder Information«, aber wer würde so etwas in Italien schon wagen? Es würde den Rest meines Lebens dauern. Ich sprang in den Landrover, und wir fuhren durch die Haarnadelkurven des steilen Hügels bis zur »Burg« des Engländers auf der Kuppe.

Es war ein toskanisches Bauernhaus mit Balken und einem himmlischen Blick – *all'Italiana*. Ich starrte voller Ehrfurcht. Dann fuhr unser Hausbesitzer wieder nach unten, um Margaret und unser Gepäck zu retten.

»Hallo, meine Lieben!« sagte die Dame des Hauses, als Molly und ich die drei Schiefertreppen zu dem Traumhaus in Chiantiland hinauftrotteten.

Bald kam der Hausherr in unserem Wagen – mit Margaret darin – wieder den Hügel hinauf.

»Selbst ohne meinen Wagen ist es ein Kinderspiel«, sagte er.

»Über die Straße hat sich noch nie jemand beklagt«, sagte die Frau, die in ihrem rosengeblümten Stretchbadeanzug aussah wie Mistress Quickly. Sie hatte ein Doppelkinn und einen vorstehenden Bauch, den keine der fitteren Cheerleaderinnen der Menopause billigen würde – und auch nicht Lotte Berk und ihre modisch abgemagerten Eastsiderinnen. Aber sie war mit sich selbst im Einklang. Gut für sie.

Ich gehe auf das Haus zu, um Besitz von dem zu ergreifen, was meine Schekel gemietet haben.

»Nein, bloß nicht«, sagt Missus. »Nicht in meine Küche, ehe das Mädchen den Boden gewischt hat. Nicht für Geld und gute Worte, bei meiner Hausfrauenehre.«

Ihr Mann hielt mich mit einem Glas Wein und Mineralwasser zurück, und wir setzten uns zu einem netten Plausch darüber nieder, wie die Mietagentur uns beide geneppt hatte. Ich hatte zuviel bezahlt (sechs Monate im voraus), und sie hatten ihr Geld nicht bekommen, aber sie hofften, es gefiele uns trotzdem.

»Wunderschön«, sagte ich, und es stimmte.

Er und sie hätten nicht bemühter sein können, während wir da mehr als zwei Stunden in der Sonne saßen und mit Margaret Konversation machten, über die Queen, die Königinmutter, Prinzessin Di; die Hausfrau rühmte sich ihrer Mitgliedschaft bei den Daughters of Scotia und beschrieb in allen Einzelheiten das Haus einer ihrer Tanten, die in der Heidekraut- und Stechginsterlandschaft der Highlands lebte, den Tod ihres schottischen Onkels, Ort und Zeit seiner Beisetzung sowie, was sie alle danach zum Tee gegessen hatten.

Konversation. Sie füllt eine Menge kleiner Lücken.

Endlich, geröstet von der Sonne der Toskana und benebelt von ihren Trauben, waren wir bereit, das Haus zu inspizieren.

»Wir haben es aus einer Ruine erbaut«, sagte der Hausherr.

Und tatsächlich sah man noch die Puppe, der dieser Schmetterling entschlüpft war.

Eine Schäferhütte auf einem Hügel war zu einer Bastion britischer Lebensart geworden, komplett mit Satellitenschüssel, MTV, CNN, Regalen mit Videobändern und Straßenatlanten, aber wenigen Büchern bis auf Koch- und Heimwerkerbücher (und das übliche Regal der von diversen Mietern zurückgelassenen Bestseller). Es gab von Ghostwritern geschriebene Autobiographien etlicher Berühmtheiten, Bücher von Generälen und Chirurgen, Romane von verblassenden Filmstars, früheren Kabinettsmitgliedern und Fernsehpredigern. (Einige waren sogar noch aktuell.) Doch trotz alledem war es ein literarisches Haus, denn John Mortimer hatte es in einem Jahr gemietet, um ein Buch über die Toskana zu schreiben.

»Ich hab' dir doch gesagt, du solltest *Summer's Lease* studieren«, warf mein Mann am Telefon aus New York ein.

»Wer kann in New York schon lesen?« gab ich zurück. »Dazu muß man in die Toskana fahren.«

Nach und nach lernten wir dieses Wunderland mit seinen erstaunlichen Ausblicken von allen Stellen des Hauses kennen. Zypressen säumten den Hang, dunkel und speerartig vor den belaubten Kastanienbäumen und den silbrigen Oliven. Fuchsien und Glyzinien blühten üppig überall. Schwalben flitzten vor dem weiten, klarblauen Himmel von Hügelkuppe zu Hügelkuppe. Wer wäre nicht aus London hierher gezogen? Es war der Italientraum eines englischen Dichters.

Die Betten waren klumpig und die Kissen anscheinend aus dem örtlichen Carrara-Marmor gehauen. Es gab vier Doppelschlafzimmer, nicht sieben, wie versprochen, und der Begriff »Doppel« war etwas hoch gegriffen. Fünfzehn Leute konnten in diesem Haus nur schlafen, wenn sie sehr robust waren und einige sich mit der Terrasse, der Pergola oder dem Pool begnügten.

Egal. Wir waren hier, um zu bleiben. Mollys Freundinnen würden angeflogen kommen. Ich hatte bereits voll bezahlt, und dieses trauliche Paar brauchte meine *soldi*, um auf Weetabix zu überwintern.

»Ist dieses Haus nicht hinreißend, Mommy?« sagt Molly, der es wirklich gefällt. »Es ist gemütlich, nicht unheimlich«, sagt sie. Sie erinnert sich an die Wohnung in Venedig, die wir Palazzo Erica zu nennen pflegten – die verfallende Beletage mit ihrem geheimen Tunnel zu Pieros Palazzo.

Palazzo Erica hatte einen Hauptvorzug – die Nähe zu Piero und das winzige Studio hinter dem ummauerten Rosengarten, wo wir uns zum Stelldichein treffen konnten, während die Familie oben weilte.

Mit einem Teenager im Schlepptau würde ich das nie riskieren. Mein Teenager hat mich auf einmal zu einer musterhaften Hausmutter gemacht, und ich weiß nicht, ob mir das gefällt oder nicht. Kinder verlangen nicht weniger als alles – Herz, Seele, Genitalien, MTV und CNN. (Und meistens wollen wir es ihnen auch geben.)

»Ich hab' diesen Artikel in *Elle Décor* gelesen, Mom – vielleicht war es auch in einer anderen Zeitschrift –, in dem es hieß, in einem gemieteten Haus sollte man immer die Möbel umstellen. Man sollte ihm seine eigene Persönlichkeit geben, stand da.«

Molly ist auf Zierdeckchenpatrouille (nennt man sie noch immer Schondeckchen?), sie zieht sie unter allen Pflanzen, allen Trockenblumensträußen hervor und verbannt sie in die Schrankschubladen.

Dann reiht sie auf einem Balken Äpfel auf, wie sie es in ihrer Dekorationszeitschrift gesehen hat. Danach schiebt sie den riesigen, häßlichen Eßtisch an eine Wand, um für mich einen Schreibtisch herzustellen.

»Hier kannst du schreiben, Mom, das weiß ich!« sagt sie und ist plötzlich keine Saboteurin mehr, sondern meine Mitverschworene. Sie hat eigene Eisen im Feuer – eine Villa voll englischer und südafrikanischer Jungen drüben in Vorno, Freundinnen, die kommen werden, das Versprechen ihres Stiefvaters, ihr in Italien das Autofahren beizubringen. (»Wenn du in Italien fahren kannst, kannst du überall fahren«, sagt sie stolz am Telefon zu ihrer Freundin.) Sie möchte jetzt, daß Mommy schreibt und aus dem Weg ist. Sie ist Expertin darin geworden, meine ewigen Ablieferungstermine zu benutzen, um mich loszuwerden, mich aber auch zur Hand zu haben, wenn ich gebraucht werde. Das Kind der Schriftstellerin ist unendlich einfallsreich, mit Sicherheit die beste Kreation der Schriftstellerin.

Jetzt ist Molly die pikareske Heldin, und ich bin Sancho Pansa.

Sie richtet ihr Haus für ihre Feundinnen her, probiert Badeanzüge an, um sie am Pool mit den Jungen zu tragen, denkt an den Jungen, den sie letztes Jahr in Lucca kennenlernte. Wird sie ein Leben haben, in dem sich nicht alles um Beziehungen dreht? Ich zweifle daran. Schon bezieht sie ihr Glück oder ihre Traurigkeit aus leidenschaftlichen Freundschaften; sie phantasiert über Jungen; sie möchte ein gemütliches Haus, in das sie ihre Lieben mitbringen kann.

Doch sie versteht sich auf ihren Weg wie nur je eine pikareske Heroine und kann unfehlbar Flughäfen und *autostrade* finden. Sie kennt sich nach weniger als einer Stunde in italienischen Supermärkten aus. Sie hat den Weg zu der anderen Villa ausgekundschaftet – wo die Jungen sind.

Sie ist jetzt auf ihrer eigenen Abenteuerreise, aber schon dreht sich ihr Streben darum, ein neues Heim zu schaffen. Sie hat all meine Unzulänglichkeiten genommen und zu Tugenden gemacht: Ich verirre mich, sie nicht; ich bin leidenschaftlich und romantisch, also ist sie pragmatisch und zynisch; ich habe für das Schreiben gelebt, also lebt sie um des Lebens willen. Sie gefällt mir viel besser, als ich mir selbst gefalle.

Ein paar Tage später habe ich einen Jeep gemietet, die Straße gemeistert, mich an die Betten gewöhnt, ein paar halbwilde Katzen adoptiert, das Haus mit Lebensmitteln versehen, die erste von Mollys Freundinnen abgeholt, und ich sitze im Mondschein und sehe zu, wie der Vollmond aufgeht, von einer dunklen Zypresse aufgespießt. Noch immer flitzen Schwalben von Hügel zu Hügel. Die Blätter der Olivenbäume blitzen silbern im Mondschein. Die vermutlich halbwilde schwarze Katze mit dem verstümmelten Schwanz springt auf meinen Schoß, stupst mit ihrer spitzen Schnauze gegen meinen Bauch, lehnt dann ihren Kopf dagegen, um gestreichelt zu werden, und beginnt zu schnurren.

Ich sitze mit Stift und Schreibblock an dem Eßtisch im Freien. Der Vollmond sieht aus, als versuche er, sich an den Zypressen selbst zu entleiben, aber bald steigt er über ihre Spitzen hinaus und beschreibt einen langsamen, silbrigen Bogen über den Himmel. Ich sitze da und beobachte hingerissen, die Serenade der Grillen im Ohr, wie der Mond sich zum gegenüberliegenden Hügel bewegt. Ich schaue auf die Uhr und sehe, daß drei Stunden vergangen sind. Ich habe keine Zeile geschrieben. In Italien spielt die Zeit immer solche Streiche. Die holperige

Straße, die Hundehütte im Tal, die steinharten Betten – alles ist vergessen, während der Mond meine Augen durch die Ewigkeit führt.

Ich bin wieder in die Landschaft verliebt, in die Freuden von schwärzlichem Grün, silbernem Grün und den verschiedenen tiefen Rottönen von Trauben und Beeren, und ich weiß, warum Italien immer die Dichter anlockte. Der Tod ist kein zu hoher Preis für diese Schönheit. Ich gehe mit dem Vollmond schlafen, der durch mein Fenster scheint, und alle Männer, die ich geliebt habe, stehen auf meiner Traumtanzkarte und sind eingeladen, mein Bett zu besuchen. Ich vermisse meinen Mann, aber ich weiß, daß es wichtig für uns ist, jeden Sommer ein paar Wochen getrennt zu verbringen. So erinnern wir uns daran, wer wir ohne einander sind. Es gestattet uns, Leben und Phantasien zu haben, die nicht immer miteinander verwoben sind.

Am nächsten Morgen erwarte ich meine beste Freundin aus New York. Plötzlich kommt ein panischer Anruf vom römischen Flughafen.

»Ich habe die Maschine nach Pisa verpaßt und ein kleines Autochen gemietet, um nach Lucca zu fahren. Das einzige Problem ist, ich bin so schwach, ich glaube nicht, daß ich es schaffen kann...«

»Was ist denn los?«

»Ich blute«, sagt sie besorgt. Und dann eine Explosion statischen Rauschens, und wir werden von den Sadisten, die das italienische Telefonnetz bedienen oder nicht bedienen, getrennt. Ich gehe um den Pool herum und warte darauf, daß das Telefon erneut klingelt. Ich hole es nach draußen an den Pool, starre es an und hoffe, es so zum Läuten zu bringen. Ich hantiere in der heißen Sonne herum, gieße die Geranien, reibe mich mit Sonnenblocker ein. Ich gehe auf und ab und denke nach. Seit Gerris Mann gestorben ist, habe ich mich für sie verantwortlich gefühlt, aber ich kann sie nicht erreichen, wenn sie nicht noch einmal anruft. Ich stelle mir vor, wie sie in der glühenden Sonne über die *autostrada* fährt – obwohl sie zu schwach ist, um zu fahren. Sie wird einen billigen Wagen ohne Klimaanlage gemietet haben. Selbst wenn sie krank ist, könnte sie niemand dazu überreden, eine Limousine mit Fahrer zu mieten – Gerri ist nämlich stolz auf ihre Selbstgenügsamkeit. Das »Autochen« hat vermutlich zweifelhafte Bremsen und die Gangschaltung am Armaturenbrett.

Und dann schaue ich hinaus über die toskanischen Hügel mit ihren schwarzen Zypressen, und ein tiefes Gefühl des Friedens kommt über mich.

Natürlich ist sie in Ordnung, sage ich mir selbst.

Und ich atme tief ein und fange an, alles, woran ich mich aus den Jahren meiner Freundschaft mit Gerri erinnere, in mein Notizbuch zu schreiben.

Wir bezeichnen einander als beste Freundinnen.

Das ist, als sei man zwölf, aber seltsamerweise trifft es nicht zu. Wir teilen Krankheiten, Knoten in der Brust, Häuser, neurotische Ängste um unsere Kinder, echte Ängste um unsere Kinder. Wir erzählen uns schreckliche Geheimnisse über unsere Ehemänner, Ex-Ehemänner, toten Ehemänner. Wir kennen die Größe ihrer Schwänze und wissen, wieviel sie verdienen/verdienten und ob sie im Bett verdrossen oder spielerisch sind/waren und ob sie schnarchen/schnarchten, herumhuren/herumhurten und ob sie uns an längst verstorbene/noch lebende Großväter, Väter, Onkel oder Brüder erinnern/erinnerten.

Ich habe keine Brüder. Sie hatte zwei. Einer, lustig und schön, starb an Aids. Und sie wurde dazu auserwählt, ihm beim Sterben zu helfen. Jetzt hat sie nur noch ihren älteren Bruder. Gerri ist wie ich ein mittleres Kind.

Aber ich hatte zwei Schwestern, die mich oft beneideten, und sie ist meine gute Schwester, die wußte, daß ich auch Probleme hatte. Es gibt noch Geschwisterrivalität, aber die bleibt selten ganz unbemerkt.

Nicht, daß wir uns nicht anschreien und streiten und schreckliche Dinge zueinander sagen würden. In siebzehn Jahren muß man schreckliche Dinge gesagt haben. Doch die andere blickt immer über das Geschrei hinaus. Wie uns das möglich ist, kann ich nicht sagen. Mit meinen wirklichen Schwestern kann ich das nicht immer. Obwohl wir in letzter Zeit, getrieben vom Gefühl der Sterblichkeit in der Lebensmitte, neue Brücken zueinander bauen.

Gerri und ich lernten uns an einem Sonntagnachmittag in den siebziger Jahren kennen. Ich trug einen elfenbeinfarbenen, gehäkelten Badeanzug mit mehr Löchern als Garn und sie ein Schwimmtrikot – vermutlich Speedo. (Sie ist eine Sportkanone, ich nicht. Sie kann nie die verständnislosen Blicke begreifen, die ich ihr zuwerfe, wenn sie berühmte Ballspieler erwähnt. Ihre ganze Familie besteht aus Sportkanonen. Wenn sie nicht gerade Bälle werfen oder anderen Leuten beim Bällewerfen zusehen, investieren sie Geld: eine Welt, die mich genauso verblüfft wie der Sport.)

Als ich Gerri kennenlernte, fielen mir als erstes ihre riesigen, graugrünen, blitzenden Augen auf, ihr lockiges, rotbraunes Haar, das ihr Gesicht umgab wie ein kupferner Heiligenschein, ihre hohen Wangenknochen, ihr voller Mund, der aussah wie eine reife Pflaume.

In vieler Hinsicht waren wir gegensätzlich. Sie hatte drei Kinder, ich damals keines. Sie hatte immer Mutter sein wollen und war verwirrt, als Mutterschaft keine Vollzeitbeschäftigung mehr war. Ich hatte nie Mutter sein wollen, glaubte ihr aber, daß es großartig sei. Sie war wortgewandt und klug, empfand aber nicht mein Bedürfnis, alles zu Papier zu bringen. Sie war Sportlerin, ich saß am Schreibtisch. Ich konnte kaum glauben, daß sie Jüdin war. Sie fuhr Ski wie eine WASP.

Sehr bald stellten wir fest, daß wir fast gleichaltrig waren, beide die gleichen Sommerkurse in Florenz besucht hatten, beide Italien, schmutzige Witze sowie Wodka mit Orangensaft an Sommernachmittagen am Pool mochten. Sie schwamm durch die Wodkapools wie John Cheevers Schwimmer. Wir lebten in derselben Straße in Connecticut (wo ich damals dauernd wohnte). Sie kam zu der Zeit nur am Wochenende.

Ich lebte mit Jon zusammen, und damals war unsere Beziehung ganz ungetrübt. Wir hatten noch nicht geheiratet. Wir schrieben den ganzen Tag zu Hause, praktizierten Yoga, kümmerten uns um unsere beiden Hunde und einander. Sie war mit David verheiratet, einem Prachtkerl mit Muskeln wie Michelangelos David, grünen Augen (von denen eines wanderte – wenn auch nicht im biblischen Sinne), und sie hatte drei großartige Kinder: ein sportliches (und poetisches) kleines Mädchen namens Jenny und zwei ungestüme, sportliche Jungen namens Andy und Bob. Sie waren die nettesten Kinder, die ich je kennengelernt hatte: nicht zu bändigen, liebevoll, intelligent.

Wir adoptierten einander auf der Stelle.

Da ich meine Freundin als Expertin für Mutterschaft betrachtete, fragte ich sie, ob ich ein Baby bekommen solle. (Natürlich wußte ich die Antwort schon vorher. Ansonsten baten wir einander nie um Rat.)

Ohne zu zögern, sagte sie: »Du wirst es nie bereuen.« So wurde sie Mollys Patin im jüdischen Stil, was immer das bedeutet. (Ich glaube, es bedeutet Vertraute.)

Als ich im folgenden Sommer mit Molly schwanger war, half sie mir, die Schwangerschaft zu einem einzigen langen Fest zu machen. Ich erinnere mich an Tage an ihrem Pool mit versammelten Familien und Nächte in meinem heißen Whirlpool, als wir alle vier Seitenblicke auf die nackten Körper der anderen warfen und zu dem Schluß kamen, daß unsere Freundschaft wichtiger war.

Als Molly geboren war, wurde die Bindung zwischen Gerri und mir enger. Ich begriff nun, wie sie das verbracht hatte, was sie als die schönsten Tage ihres Lebens ansah. Damals hatte ich schreckliche Angst davor, für einen Säugling zu sorgen. Ich versuchte mir vorzustellen, ich sei Gerri, aber ich war es nicht. Ich konnte nicht immer diese ungebrochene Konzentration aufbringen, die Kinder verlangen, aber wenigstens hatte ich ein Vorbild dafür.

Meine eigene Psyche war chronisch geteilt. Wenn ich meinem Kind vorsang, hörte ich den Sirenengesang meines Buches. Wenn ich in mein Buch vertieft war, vermißte ich mein Kind. Nur gelegentlich brachte ich das hingerissene Zuhören auf, das die Hauptgabe der Mutterschaft ist.

Von Anfang an respektierten Gerri und ich uns gegenseitig für das, was die jeweils andere konnte. Sie liebte Bücher und hätte gern welche geschrieben. Ich las ihr Kapitel von *Fanny* vor, und sie ermutigte mich zum Weitermachen. Später investierte sie das Geld, das nötig war, um eine Musicalfassung zu erarbeiten. Immer, wenn meine Arbeit in Gefahr war, war sie da, um sie zu retten.

Ich liebte Kinder und hätte gern mehrere gehabt. Ich adoptierte ihre.

Ich ließ mich scheiden; das tat sie nie. Sie wurde als erste fünfzig. Sie verlor zuerst ein Geschwister, den Vater. Sie kümmerte sich während meiner Scheidung fürsorglich um mich. Ich kümmerte mich um sie, wenn sie in Trauer war, und weinte noch jahrelang mit ihr, als einige ihrer anderen Freunde meinten, das Weinen solle zu Ende sein.

Ich machte schreckliche Zeiten mit Männern durch, und sie war immer da. Nach dem Tod ihres Mannes war sie der einzige Mensch außer Molly und Ken, der mich stören durfte, wenn ich schrieb.

Sie fühlte sich vom Tod umgeben. Ich fühlte mich von Aufruhr und Verlassenheit umgeben. Manchmal war die Verlassenheit zumindest teilweise selbst erzeugt, aber von ihr konnte man das nicht sagen. Ich brauchte Einsamkeit so sehr, wie sie sie haßte und fürchtete. Manchmal vertrieb ich Männer, um schreiben zu können. Sie jedoch hielt an ihrer Ehe fest und machte sie gut, sogar, als sie hätte schiefgehen können.

Wir hatten dieselbe Analytikerin, unsere eigene gute Mama: eine üppige Muttergestalt mit beruhigenden Bromiden und vehementen Einsichten; sie hatte winzige Füße und trug fließende Gewänder wie ein delphisches Orakel. Sie war die Hohepriesterin des Selbstwertgefühls und der Ehe. Und sie hatte eine Aversion dagegen, sich von Patienten zu verabschieden.

Mit ihrem Botero-Körper und ihren winzigen Beinen und Füßen, ihrem gelassenen, schönen, alternden Gesicht pflegte sie zu weinen, wenn man ihr traurige Geschichten über sein Leben erzählte, einen besonderen Mann kennenlernte oder einen »Durchbruch« schaffte.

»Ich bin so stolz auf Sie«, sagte sie dann. Sie war die gute Mutter, die keiner je gehabt zu haben glaubte. Sie war perfekt in allem, nur konnte sie niemanden gehen lassen.

Wer kann schon ganz die Mutter sein, die man braucht? Man kann nicht einmal seine eigene Mutter sein. Und bei seinem eigenen Kind ertappt man sich dabei, daß man all die schrecklichen Dinge tut, die die eigenen Eltern auch getan haben. Manchmal stelle ich fest, daß ich Molly mit der Stimme meiner Mutter anschreie.

»Du hörst dich an wie Grandma«, sagt sie. »Das ist Kindesmißhandlung. Ich gehe jetzt.«

Habe ich wirklich gesagt, sie solle für die Schule dankbar sein, weil die Kinder in Bosnien nicht zur Schule gehen können? Habe ich wirklich gesagt, Benetton, Gap und Calvin Klein seien keine spirituellen Ziele? Habe ich wirklich gesagt, ich hätte mit fünfzehn kein speziell für mich gemischtes Make-up kaufen dürfen? Habe ich wirklich gesagt, sie sei ein verwöhntes Balg?

Anscheinend ja. Der Begriff »Kindesmißhandlung« existierte zu meiner Zeit nicht. Und auch nicht *date rape*, die Vergewaltigung bei der ersten Verabredung, »Inzestopfer« und »politisch korrekt«. Wie sind wir bloß mit »Freudscher Fehlleistung«, »Anmachen« und »Momismus« ausgekommen? Es muß eine verbale Herausforderung gewesen sein. Wie habe ich meine Mutter je dazu gebracht, mich nicht mehr anzuschreien, ohne den Begriff »Kindesmißhandlung« zu verwenden?

Gerri und ich hatten ähnliche Mütter: ein weiteres Band zwischen uns. Beide waren liebevolle, aber unberechenbar wilde Geschöpfe. Beide konnten in die Luft gehen. Und plötzlich wieder herunterkommen. Wir mußten beide lernen, damit zu leben. Da wir beide mittlere Kinder waren und unseren Platz in der Familienkonstellation suchten, haben wir ihn gefunden, indem wir den Familienclown spielten. Und keine von uns hat die *Ridi-Pagliaccio*-Rolle je aufgegeben. Beide lachen wir, um den Schmerz zu verbergen.

Was ist denn schon Lachen? Ein anderer Blickwinkel. Dafür liebt man eine Freundin: ihre Fähigkeit, unseren Blickwinkel zu verändern, unser Bestes aus uns hervorzuholen, wenn wir uns am schlimmsten fühlen, uns an unsere Stärken zu erinnern, wenn wir schwach zu sein glauben. Und die Wahrheit zu sagen – aber ohne Bosheit. Liebevolle Offenheit ist das Geheimnis der Freundschaft.

Unsere Freundschaft begann in den langen, grünen Sommern Connecticuts und gedieh wie ein großes, gesundes Gewächs. Ich hielt mich bloß für eine passable Mutter (trotz der Tatsache, daß ich einen Preis namens *Mother of the Year Award* gewann, verliehen 1982 von der Vereinigung der Floristen). Doch Gerri war eine der großen Mütter aller Zeiten. Ich war voller Ehrfurcht, wenn ich sah, wie sie mit einem Baby reden konnte. Ich war mit Molly anfangs so ungeschickt. Ich fürchtete, der Schlüssel zum Geheimnis der Mutterschaft würde mir immer verwehrt bleiben. Molly war ein robustes Baby, aber ich glaubte stets, sie würde an einem Stück Brot ersticken oder sich eine Gehirnerschütterung holen, weil sie aus ihrem Bettchen fiel. Mit ungefähr elf Monaten schlug sie in ihrem Gehgestell Purzelbäume und stürzte die Treppe hinunter und mit dem Kopf auf einen Fliesenboden. In panischer Angst rief ich den Kinderarzt an.

»Hat sie Gedächtnisverlust?« fragte der Kinderarzt.

Ich vergaß, daß Molly noch kein Jahr alt war, und schaute sie fragend an. Sie weinte. Erinnerte sie sich an ihr Geburtstrauma, oder war sie hirntot? Sie weinte lauter. Dann spähte sie nach oben und begann zu lachen.

»Wie soll ich feststellen, ob sie Gedächtnisverlust hat?« fragte ich den Arzt.

»Lassen Sie sie rückwärts zählen.«

»Sie kann noch nicht mal vorwärts zählen.«

»Oh. Wer ist sie?«

»Molly – Molly Jong-Fast.«

»Ach, ja, die, der Rotschopf. Ich bin sicher, daß sie in Ordnung ist.«

Wie konnte ich Mutter sein – und Schriftstellerin? Ich war immer sicher, das sei unmöglich. In dem Augenblick, in dem ich aufhörte, das Baby zu beobachten, würde es sterben. Und in dem Augenblick, in dem ich aufhörte, das Buch zu beobachten, würde das Buch sterben. So verbrachte ich das erste Lebensjahrzehnt meiner Tochter, egal, ob verheiratet oder geschieden. Ich war immer sicher, ich würde für mein Schreiben bestraft werden, indem man mir meine schöne Tochter nahm. Als Jon mit seiner verrückten Klage um das Sorgerecht begann, geriet ich in Panik.

In den Romanen vieler Frauen sehe ich dieselbe Vergeltungsphantasie. Gewöhnlich hat sie mit Sex zu tun. In *August Is a Wicked Month* geht Edna O'Briens Heldin für die ersten Ferien seit Jahren nach Südfrankreich, und plötzlich wird ihr Sohn getötet. Der Sohn ist mit seinem Vater in Urlaub, aber in Frauenphantasien ist nur eine Mutter ausreichend. In *Die gute Mutter* von Sue Miller kommt ein ähnlicher Archetyp an die Oberfläche. Die Heldin strebt nach Lust und verliert dadurch ihre Tochter. Der Mythos ist tief in unsere Psyche eingegraben. Wir können ihn nicht bloß paranoid nennen, weil wir die Generation sind, für die er oft wahr wurde. Wir wurden mit Sorgerechtsprozessen für unsere Unabhängigkeit und unseren Erfolg bestraft.

Halb glaubte ich, gewöhnliche Dinge, wie die Diagnose von Fieber bei einem Baby, gingen über meinen Horizont. Ich war nur auf die Erde gestellt worden, um zu schreiben, nicht um zu leben, meinte ich. Gerris größtes Geschenk an mich war, daß sie mir den Mut gab, mein Leben in den Griff zu bekommen.

Gerri wuchs schließlich in New Jersey auf, und so konnte sie Dinge, die ein Kind, das in Manhattan aufwuchs, nie können würde – etwa Autofahren mit sechzehn, Einkaufen im Großhandel und eine richtige Mutter sein.

»Schreiben ist einfach im Vergleich dazu, den ganzen Tag ein Baby zu versorgen«, pflegte ich zu Gerri zu sagen, die das nicht fand. Kurz nach unserem Kennenlernen mietete sie ein kleines Büro und ging jeden Tag hin in der Hoffnung, eine Schriftstellerin zu werden. Ich wurde schwanger mit Molly. Das war unser Tribut aneinander.

Göttin sei Dank, sie wurde nie meine Konkurrenz und ich nicht ihre. Als Amateurmutter mit nur einem Kind nahm ich niemals auch nur einen Monat Urlaub vom Schreiben. Und es war schon zu spät für mich, um drei Kinder zu haben. Damals war Gerri für mich ein Weg, den ich nicht eingeschlagen hatte, eine Erdmutter wie meine ältere Schwester. Sie war der Beweis dafür, daß eine Menge witziger, belesener, intelligenter Frauen sich entschließen konnten, ihr Leben auf die Mutterschaft zu konzentrieren.

Ihr Leben war das Gegengewicht zu meinem. Von ihr lernte ich, daß Feminismus Frauen wie sie einschließen muß. Von ihr lernte ich, daß eine Frau, die sich dafür entscheidet, Hausfrau und Mutter zu sein, deswegen noch keinen rein männlichen Kongreß oder rein männlichen Obersten Gerichtshof will. Meine Großmutter hätte mir das auch beibringen können, aber mein Großvater hatte mich gelehrt, ihr nicht zuzuhören.

Mitte der siebziger Jahre, als Gerri und ich Freundinnen wurden, war die Frauenbewegung mitten in genau dieser Krise. Die berauschende Begeisterung der späten sechziger und frühen siebziger Jahre war zwangsläufig geschwunden, und es war Zeit, daß die Bewegung die Durchschnittsfrau mit Kindern einschloß, statt sie zu entfremden.

Daß es Betty Friedan und Gloria Steinem nicht gelang, eine Allianz zu schmieden, war symptomatisch für das Problem. Frauen, die das Familienleben ablehnten, verachteten Frauen, die es wollten. Der Haß war vielleicht teilweise so wie die sauren Trauben. Der Drang, Kinder zu haben, ist so stark, daß man einen hohen Preis zahlen muß, wenn man selbst darauf verzichtet.

Meine beste Freundin verstand all das viel früher als ich.

»Wie kann ich mich mit einer Bewegung identifizieren, die sagt, man müsse kinderlos oder lesbisch sein, um Feministin zu sein?«

»Du übertreibst das Problem«, sagte ich zu ihr. »Du bist auch ein Teil der Wählerschaft.«

Aber sie fühlte sich ausgeschlossen. Und das taten viele Frauen. Ich traf sie überall – diese leidenschaftlichen Feministinnen, die Männer und Kinder lieben. Solange wir nicht offen die Fehler einräumen, die der Feminismus vor dem Jahrzehnt der Gegenreaktion machte, können wir nicht verhindern, daß es wieder zu einem Rückschlag kommt.

Als Frauen müssen wir noch üben, uns mit anderen Frauen zu verbünden. Wir neigen noch immer dazu, andere Frauen als Konkurrentinnen zu sehen, die man beseitigen muß. Wir handeln noch immer wie in *Alles über Eva*. Jüngere Frauen intrigieren, um ältere Frauen zu ersetzen; älteren Frauen fällt es schwer, jüngere Frauen zu loben. Männer werden von männlichen Mentoren auf der Erfolgsleiter nach oben geschubst, während wir immer Mittel und Wege finden, Angehörige unseres eigenen Geschlechts niederzumachen. Wir dürfen diese Sabotage nicht einmal eingestehen, weil sie offiziell nicht existiert. Aber wir haben sie alle erlebt. Und je länger wir darüber schweigen, desto länger behält sie ihre Macht über uns.

Davids Tod. Wie hörte ich von Davids Tod?

Es war im März – diesem nassen, grauen Monat, der meinen Geburtstag, das Passahfest, Ostern bringt. Gewöhnlich fühle ich mich im März wie neu geboren, wenn die Tage länger und heller werden und mein Geburtstag naht. Doch dieser besondere März sollte einen Winterhimmel haben, der sich nicht heben wollte. Mitte des Monats telefonierte ich gerade mit meinem alten Freund Arvin Brown wegen der Besetzung für einen Workshop über mein Musical *Fanny Hackabout-Jones*, als plötzlich ein weiterer Anruf für ihn kam.

»Kannst du einen Moment am Apparat bleiben?« fragte er.

»Natürlich.« Dann wartete ich eine Weile, die mir ziemlich lang vorkam. Wieder Arvins Stimme – total verändert.

»Ich habe soeben etwas Entsetzliches gehört«, sagte er leise und zögernd, »und ich weiß nicht mal, ob es stimmt.«

»Was?«

»David ist umgekommen.«

»Wie? Wo?« fragte ich.

»Mehr weiß ich nicht«, sagte Arvin.

Ich sagte ihm, ich würde ihn wieder anrufen, und drückte den Knopf für die Schnellwahl von Gerris Nummer in Colorado.

»Was ist passiert?«

»David ist tot«, sagte sie mit einer Stimme wie aus dem Weltraum, wo die Telefonleitungen aufhören. »David geriet in eine Lawine ... Jesus ... Gott ...«, sagte sie. In ihrer Stimme lag eine Endgültigkeit, als habe sie immer damit gerechnet.

»Guter Gott!« rief Arvin, als ich ihn wieder anrief. »Guter Gott«, sagte er wieder und hielt inne, als warte er darauf, zu hören, daß es nicht wahr sei.

Arvin war Davids bester Freund, und da sie das wußten, hatten Bekannte, von denen ein anderer Freund am gleichen Helikopter-Skiausflug teilgenommen hatte, angerufen und ihm die schreckliche Neuigkeit mitgeteilt. Über Glasfaserkabel verbreitete sich die Nachricht im Land.

Die Art, wie eine Tragödie unter einer Gruppe von Freunden bekannt wird: wie Gift, das ins Grundwasser sickert. An einem bestimmten Tag wissen es alle. Der Brunnen ist vergiftet. Die

Anrufe kommen von überall, zuerst verifizierend, dann informierend, dann, um Gefühle zu teilen. Jeder von uns erschauert im strafenden Wind der Sterblichkeit. Es ist unser Moment des großen Frierens. Der schöne David ist tot.

Wir waren alle ungefähr im gleichen Alter wie David – David, der in Schneeschuhen den Ajax hinaufging, um sich für einen Tag mit Skiabfahrten aufzuwärmen. Nicht im Traum hätten wir gedacht, ihn zu überleben. David war grundsolide, furchtlos, hatte einen perfekten Körper. David hätte uns alle begraben sollen. Nun hatte er keinen Körper mehr.

Es war bestürzend und unglaublich. Die Tatsache war allen unbegreiflich. Tag um Tag löste das Rätsel sich allmählich. Aber wir konnten es noch immer nicht fassen. Bruchstücke von Tatsachen sammelten sich wie Kristalle an einem in Zukkerwasser geworfenen Orangenstab.

Er machte eine letzte Abfahrt über den jungfräulichen Hang. Er war zu müde, um den Notrucksack zu tragen, und gab ihn einem anderen Skifahrer, der überlebte. Der Boden vibrierte, aber man hörte keinen Laut. Die Führerin schrie: »Der Hang rutscht!« Die ersten paar Skiläufer auf dem Gletscher entkamen dem Schnee, der mit hundert Meilen in der Stunde und dem Gewicht von nassem Zement herunterkam.

Irgendwie tauchte die Führerin wieder auf und kam aus dem Schnee heraus, doch David war vom Aufprall voll getroffen, von der Schneewelle mitgerissen und gegen einen Baum geschleudert worden. Er hing kopfüber in den Zweigen, während sein Sender sein klägliches Signal ausstrahlte. Neun Menschen starben. David war als einziger nicht enthauptet oder verstümmelt. Die meisten Opfer wurden nur noch von ihren Skianzügen zusammengehalten.

Was einst David war, kam nach Hause – oder wenigstens nach Frank E. Campbell. Die Botschaft lautete: Fleisch ist eine Illusion. Nur der Geist ist real.

»Es war Mord«, sagt meine gebrochene Freundin. »Sie haben der Bergführerin beigebracht, durch den Schnee zu schwim-

men, aber den zahlenden Kunden nicht. Sein Gesicht sah aus, als sage er: ›Scheiße!‹ Sein schöner Rücken war gebrochen, seine Lungen zerschmettert, die Aorta geborsten. Seine Brust fühlte sich schwammig an – seine schöne, starke Brust. Er muß sofort tot gewesen sein. Er wußte nicht einmal, was ihn da traf.«
Sie schluchzt in meinen Armen, als weine sie alle Tränen der Welt. Und das tut sie. Die Tränen sind unerschöpflich.
»Wenigstens starb er sofort«, biete ich an, da ich mich so verdammt nutzlos fühle. »Er hat nicht gelitten.«
»*Er wußte es*«, sagt sie. »*Er wußte es.*«
Die Beerdigung findet da statt, wo wir ihren jüngeren Bruder und ihren Vater begraben haben.
Wir alle bewegen uns wie Schlafwandler.
Ich bin bei diesem melancholischen Anlaß für die Poesie und die Unterwäsche zuständig. Ich fahre mit Jenny los, um einen schwarzen Büstenhalter zu kaufen. Sie hat keinen, sie ist ja noch ein Kind. »Ich vermisse meinen Daddy«, sagt sie schmerzerfüllt. Wir besprechen, was wir zur Beerdigung tragen werden, und dann gehe ich nach Hause. Ich schließe mich in meinem Arbeitszimmer in New York ein, ziehe den Stecker des Telefons heraus und versuche, meine anarchischen Gefühle zu einem Gedicht zu kondensieren.

Die Farbe von Schnee

Für David Karetsky (14. April 1940 – 12. März 1991)
Umgekommen in einer Lawine

Die Skier niedersetzen
in den weißen Schnee,
während der Wind singt,
der Blizzard der Zeit
an deinen Augen vorbeiweht,
es ist ein wenig
wie eingeschneit sein

im Haus in Connecticut
an einem Tag, an dem die Welt
verschwindet

und nur der weiße Hund
folgt dir hinaus
um frische Spuren
in den langen, blauen Schatten
des Berges zu setzen.

Wir alle sind halbwegs dort
und denken
lieber nicht daran.
Du gingst als erster
den Berg hinunter
in einem Lichtermeer,
erinnerst uns daran
unser Leben zu ergreifen,
mit dem Wind zu leben
der in unsere Ohren pfeift,
und dem Licht,
das die Spitzen unserer Skier blendet

und die Menschen die wir lieben
warten unten in der Hütte
kritzeln Zeilen
auf Papier in der Farbe
von Schnee

wissend, daß es kein
Festhalten gibt
sondern nur den singenden Wind
und diese Zeilen aus Licht,
die leuchten
im frischen Schnee.

Am Ende des Gottesdienstes in Frank E. Campbell, nachdem die Kinder, Gerri und andere Familienmitglieder gesprochen hatten, las ich dieses Gedicht vor – »das David-Gedicht«, wie ich es bei mir nenne. Menschenmengen strömten auf die Straßen. Die Beerdigungsunternehmer hatten nicht genügend Stühle bereitgestellt. Sogar die Berühmten – vor allem die Berühmten – haben außer Neugierigen wenige, die sie betrauern. Wenn der Augenblick ihres Glanzes vorbei ist, kommt keiner, nicht einmal ein Freund.

Doch David hatte Freunde, von denen keiner von uns auch nur gewußt hatte. Es gab Kinder, die er unterrichtet, Erwachsene, denen er geholfen hatte, Kollegen von vor vielen Jahren, College-Freunde und Geschäftspartner, die er jahrelang nicht mehr gesehen hatte. Sie alle kamen vorbei, um zu sagen, warum sie da waren.

Meine Freundin hielt eine schöne Rede, an die sich keiner von uns erinnert. Sie und ihre Kinder standen da, die Arme umeinandergelegt, leicht schwankend. Jeder versuchte, etwas Humor in der ungemilderten Düsternis zu finden, doch wir alle wußten, daß wir die nächsten waren.

Das war der Tod, der mich erkennen ließ, daß ich sterblich bin.

Ich wußte, daß David die Kinder auf diese letzte Reise hatte mitnehmen wollen und von Gerri daran gehindert worden war. Ich wußte, daß er Gerri hatte mitnehmen wollen und sie sich geweigert hatte. Sie war im Vorjahr mit ihm dort gewesen und hatte Tod in der Luft gespürt. Ich konnte nur daran denken, daß er nie hatte alt werden wollen. Irgendein blindes Vorauswissen hatte Gerri zurückgehalten, und nun lernte sie die Schuld kennen, am Leben zu sein.

Ich sah nur die Außenseite der Trauer, also ist es wohl kaum an mir, sie mit Worten in Anspruch zu nehmen. Ich bemerkte Gerris Widerstreben, ihn loszulassen – als würde sie ihn auf Dauer töten, wenn sie losließe, als sei sie die geweihte Trägerin der Erinnerung an ihn, als werde er ihr entgleiten, wenn sie auch nur für eine Sekunde aufhörte, sich auf ihn zu konzentrieren.

Emily Brontë wußte das. In der Trauer erleben wir es alle. Wir möchten vergessen, um zu leben, aber wir fürchten, Vergessen werde die Toten erneut sterben lassen. Und dieser Tod werde endgültig sein.

> Kalt in der Erde, und der tiefe
> Schnee über dir aufgehäuft,
> weit, weit entfernt, kalt
> im trostlosen Grab,
> hab ich vergessen, mein einziges Lieb,
> dich zu lieben,
> endlich abgetrennt von
> der alles durchtrennenden Welle der Zeit?

In den ersten paar Nächten schliefen Gerri und die Kinder alle zusammen wie junge Hunde oder Katzen. Dann mußte jeder seine eigene Trauer bewältigen, und jeder anders.

Die Kleider kamen nach Hause, dann die Skier, dann die »persönlichen Habseligkeiten«. Juristische Dinge mußten erledigt werden: Geld, Stöße nutzloser Papiere. Meine Freundin stolperte durch all das und wollte nicht mehr leben. Morgens ging es manchmal, aber die Nächte waren schlimm. Auch ihr Schlaf war umgekommen. Sie konnte sich ihm nicht überlassen, aus Angst, David zu verlieren, dessen schwache Verbindung zum Leben nun ihre Erinnerung war.

Was ich am besten im Gedächtnis habe, ist, wie jeder verlangte, sie solle wieder munter werden, die Toten begraben, erneut heiraten. Aber sie hatte die Trauer nötig. Schmerzhafter noch wurde dieses Bedürfnis durch das Verleugnen des Todes, das unsere Kultur durchdringt. Sie mußte schreien und toben und sich die Haare raufen. Sowohl die New Yorker als auch die Aspener fanden das unangebracht.

»Klopf dir den Staub ab und geh weiter«, sagte die kollektive

Stimme kollektiver Weisheit. »Hast du nicht schrecklich lange getrauert?« Unausgesprochen enthielt diese Frage die Vorstellung, jeder Partner sei ersetzbar. Schaff dir einen anderen an, wie du dir einen neuen Hund »anschaffen« würdest. Doch selbst ein Hund ist nicht zu »ersetzen«, ehe man genügend getrauert hat. Du kannst den neuen Welpen niemals lieben, solange du nicht den alten so sehr beweint hast, daß deine Tränen ihn hätten ins Meer schwemmen können. Der neue Welpe wartet mit nassen Augen, bis du dies angemessen erledigt hast. Erst dann kannst du ihn mit offenem Herzen in die Arme nehmen.

Leute flüsterten mir zu, zwei Jahre seien genug. Woher sie den Mut nahmen, über die Trauer eines anderen Menschen zu urteilen, weiß ich nicht. Vielleicht ließen sie sich von niemandes Abwesenheit sonderlich verletzen, oder sie glaubten, Gefühle verleugnen zu müssen, um auf der Höhe der Zeit zu sein. Es war, als lasse man sich die Augen und das Kinn richten, als bleibe man fit; unpassende Gefühle waren so unerwünscht wie unpassendes Fleisch.

Ich war niemals Witwe geworden, aber ich wußte, wie zerstört ich war, als Jon auszog. Es hatte sich angefühlt wie Witwenschaft. Überschwemmt von Flüssigkeiten und Gefühlen, die ich mir nie zuvor zu kennen gestattet hatte, wollte ich zuerst gar nicht getröstet werden. Die Lover konnten mich nicht zerstreuen, die alten Freunde auch nicht, ebensowenig der Medizinstudent oder Will. Sex war ein zeitweiliges Betäubungsmittel, aber trotzdem mußte ich überleben, bis meine abgezogene Haut nachwuchs. Das dauerte sieben Jahre. Und genau sieben Jahre später heiratete ich tatsächlich wieder.

Plötzlich klingelt das Telefon. Es ist Barbara Follet. (Ich habe diese Notizen in mein Tagebuch geschrieben, und als ich auf die Uhr schaue, sehe ich, daß fünf Stunden verstrichen sind.)

»Ich fahre schnell hinunter nach Lucca, um Gerri zu holen. Sie hat deine Telefonnummer verloren und gerade meine gefunden. Und sie hat die Wegbeschreibung zu deinem Haus verlegt.«

»Wie geht es ihr?« frage ich.

»Schwach von Grippe und einem Blasenkatarrh, scheint es, aber ich glaube, das wird schon wieder. Ich brauche die Telefonnummer des Arztes.«

Ich gab sie ihr und saß dann wieder unbeweglich am Telefon. Ich finde es lustig, daß ich nicht mehr auf die Anrufe von Männern warte, sondern auf die von Freundinnen, die einander beistehen. Plötzlich läutet es, und Gerri meldet sich, sehr in Eile: »Ich bin in einer Hotelhalle in Lucca. Barbara hat mir gerade deine Telefonnummer gegeben. Die und die Wegbeschreibung hatte ich am Schalter der Mietwagenfirma in Rom vergessen. Ich war entsetzt. Dann fand ich auf einem Zettel die Nummer der Follets.«

»Erklär mir nichts! Barbara kommt und bringt dich zum Arzt.«

Etwa eine Stunde später erscheint eine Autokarawane und verteilt die Steine auf unserer Zufahrt neu.

Ein Taxifahrer führt sie an (mit Barbara und Gerri auf den Rücksitzen), dann folgt ein Follet-Patenkind, das Gerris Auto fährt, dann die Haushälterin der Follets in Ken Follets Wagen mit Londoner Kennzeichen.

Benommen von der Sonne und der Aussicht, bricht Gerri in meinen Armen zusammen. Ich bringe sie zu Bett, schleppe Unmengen Wasser, Pfefferminztee und ihre Medizin herbei. Sie sieht schwach und müde aus. Margaret und ich tauchen ihre blutigen Kleider in eine Wanne mit kaltem Wasser.

»Ich werde sie waschen«, sage ich.

»Um Gottes willen, nicht«, sagt sie.

»Es ist bloß Blut«, sage ich. »Sollen wir uns nach all den Jahren von Menstruation und Mutterschaft etwa vor Blut fürchten?«

Sie schließt die müden Augen.

»Versuch einfach zu schlafen«, sage ich.

Und sie schlummert ein.

Später geht der Mond auf – heute abend ein wenig voller. Ich sitze da und betrachte ihn, während die fünf anderen Frauen des Hauses fest schlafen.

Was will ich von diesem alten Mond? Ich will, daß er mich befreit. Ich will dieses pikareske Leben nicht mehr, diktiert vom Blut von Frauen, von der Anziehungskraft der Gezeiten, von der Anziehungskraft des Mondes. Ich will, daß der Sex mich los läßt. Und ich möchte diese Stelle in mir selbst loslassen, die sich an Männern festhakt und sie zum Zentrum jedes Abenteuers macht.

Ich bin jetzt bereit, Erica Orlando zu verkörpern (und ich meine nicht in Disneyland). Ich bin jetzt bereit, ein androgynes Geschöpf zu werden, das von Jahrhundert zu Jahrhundert springt, in einer Garderobe voller Petticoats und Reithosen, Redingotes und Schals, Dreispitze und Hauben, Fichus und Krawatten, Toupets und Perücken. Ich bin bereit, die Straße entlangzugehen, als sexuelles Wesen unerkannt, meine Lieder unter einem Schleier, einer Maske, einer Kapuze hervor zu singen – wie diese zweideutigen Statuen im venezianischen Garten meiner Freundin. Es wäre befreiend, so geschlechtslos zu sein wie der Tod – und die Eigenschaften von Mann oder Frau anzunehmen, wie es meiner unmittelbaren Verführung dienlich ist.

Nicht, daß ich Männer nicht mehr liebte, aber ich möchte erleben, wie es ist, vom Sex unberührt zu sein, damit ich wirklich die Liebe kennenlernen kann – die Liebe, die am Ende der Reise alles in ihren Armen zusammenfaßt.

In den letzten paar Tagen habe ich ein Buch noch einmal gelesen, das ich liebte, als ich um die Zwanzig war – *Der Regenkönig* von Saul Bellow. Wieder ein pikareskes Abenteuer. Und eines, in dem der Held, weil sein Herz immer: Ich will! Ich will! pocht, nach Afrika geht, ohne zu wissen, warum. Dort trifft er verschiedene Stammesangehörige, die ihn auf eine spirituelle

Reise mitnehmen; dadurch gewinnt er seine eigene Seele zurück. Am Ende seiner Geschichte sagt er, jeden spirituellen Fortschritt, den er in seinem Leben gemacht habe, habe er der Liebe zu verdanken. Und mit Liebe scheint er die Liebe von Frauen und Kindern zu meinen. Männliche Freunde hatte er nicht, bevor er nach Afrika kam. Es sind die afrikanischen Männer, die ihm beibringen, anderen Männern zu vertrauen. Sein Leben mit Männern, angefangen bei seinem Vater, war größtenteils eine Kampfarena. Liebe, das waren Frauen. Frauen lieferten die fehlende Hälfte.

Vielleicht kann Henderson der Regenkönig die Gnade seines Lebens der Liebe zuschreiben, doch für Frauen ist sexuelle Liebe eine gefährlichere Sache. Jahrhunderte des Sterbens im Kindbett, des Todes von Kindern, Myriaden gebrochener Versprechen von Männern haben uns gelehrt, daß wir der fleischlichen Liebe nicht über unser eigenes Überleben hinaus vertrauen können.

Für uns mag sexuelle Liebe ein Luxus sein, zu dem man am Ende einer Reise heimkommt. Für Männer jedoch ist sie auf ihrem Weg eine Notwendigkeit. Henderson kommt der Liebe wegen heim; Odysseus und Tom Jones tun dasselbe. Doch für Frauen ist diese Art Liebe die große Teergrube – ein klebriger Tümpel, der uns bis auf die Knochen auffressen kann.

Vielleicht können wir uns zu diesem Zeitpunkt der Geschichte solche hingebende Liebe nicht leisten. Vielleicht nimmt sie uns zuviel. Als Frauen der Jo-Jo-Generation bestand unser Dilemma immer darin, wie wir liebten und uns doch gleichzeitig auch selbst lieben konnten.

Ein Teil von uns möchte lieben wie die Göttinnen – kühl und kapriziös. Ein Teil von uns schuldet Kali Loyalität, die ihren Geliebten verzehrt und seinen Schädel an ihrem Gürtel befestigt. Ein Teil von uns möchte lieben wie Juno, sterbliche Männer aufgreifen, mit ihnen spielen und sie dann loslassen und beim Abschied in Höhlen verwandeln, die das Meer durchtost, in große phallische Steine oder sogar, wenn wir gnädig sind, in

Schweine. Ein Teil von uns möchte Athene und Diana sein, die keine Liebhaber brauchen, sondern statt dessen Intellekt und Treffsicherheit besitzen.

Selbst die Mondgöttin mit ihrem großen, hohlen Kopf rät zu Kälte. Das Ende des Pikaresken ist Vernunft, sagt sie. Und Vernunft siegt immer über die Liebe.

Aber hat sie recht? Vielleicht gelangen wir schließlich zu einer anderen Art von Liebe. Vorbereitet durch sexuelle Liebe, mütterliche Liebe, anhängliche Liebe, erreichen wir vielleicht die Liebe, die uns mit der Ewigkeit verbindet. Um dahin zu kommen, müssen wir zuerst anfangen, an sie zu glauben. Das geschieht zuerst widerstrebend, dann zögernd, dann leidenschaftlich. Wir müssen zu der Überzeugung kommen, daß fleischliche Liebe nicht genug ist. Dann wird der spirituelle Ozean, in dem wir schwimmen, erkennbar werden.

Um unsere gewohnte Blindheit gegen alles andere als Materie zu durchbrechen, ist eine gewisse Disziplin erforderlich. Abstinenz von Alkohol und Drogen mag für einige notwendig sein; Abstinenz von Essen oder materiellen Dingen für andere. Verzicht hilft uns, den Weg deutlicher zu sehen, doch das Thema ist weder Trinken noch Essen. Die Enthaltung legt nur den Weg frei, der immer da war.

Eine Woche später hat Gerri sich vollständig erholt. Sie und ich gehen den steinigen Pfad von unserem Haus hinunter und die Landstraße hinauf zu (ich schwöre es) Dantes Restaurant. Der Weg ist von Tag zu Tag weniger steinig und steil geworden, und die toskanische Landschaft reift mit dem Herannahen des Augusts. Es gibt hängende Kirschtomaten, Bündel purpurner Trauben, einzelne gelbe Strauchrosen mit schweren, duftenden Blüten.

Wir sprechen über die Liebe, wie üblich, und über Kapitulation.

»Es ist nicht das Nicht-Trinken«, sagt Gerri, »sondern die

Aufgabe des Kampfes – dich selbst nicht als Stein im Weg der Natur zu sehen, sondern als den Weg selbst.«

Betroffen von der Schönheit ihres Satzes, erinnere ich mich an die Klarheit, die ich hatte, als ich nüchtern war: eine ruhige Klarheit, die alle um mich herum inspirierte – besonders aber meine beste Freundin.

Warum hatte ich meine Nüchternheit verloren? Nicht, daß ich viel oder unkontrollierbar getrunken hätte. Trinken ist nicht meine einzige Abhängigkeit. Es kann auch Arbeit sein. Oder Essen. Oder Sorge. Oder verschreibungspflichtige Medikamente. Oder Geldausgeben. Oder Nicht-nein-sagen-Können. Oder Männer. Meine Süchte verändern ihre Form, um mich zu täuschen. Sie beschleichen mich unmerklich – listig und mächtig tragen sie ihre eigene Verleugnung in sich.

Doch einst besaß ich wirkliche Gelassenheit und gab sie an meine beste Freundin weiter, als sie um ihren schönen Mann trauerte, der sinnlos in einer Lawine umgekommen war. Ich war der Fels, an den sie sich klammern konnte, als der Schnee mit seinem schrecklichen Geheimnis sie einhüllte. Jetzt gab sie mir diese Stetigkeit zurück. Wenn wir alle von Gott geschaffen sind, so sind es unsere Freunde, die uns daran erinnern. Wir geben die Gabe Gottes an sie weiter. Sie geben sie uns zurück, wenn wir sie am nötigsten brauchen.

Der pikareske Weg kann vermutlich auch eine Metapher für die Rückkehr der Seele zu ihrem Schöpfer sein. Die Diebe, die einem unterwegs auflauern, die Gelddiebe, die Liebesdiebe, die Magiediebe, die Zeitdiebe, sind bloß menschliche Hindernisse, die die Reisende von der Erkenntnis abhalten, daß sie selbst der Weg ist.

Der Weg ist so steil und abschüssig, wie wir ihn machen, so eben und gewunden, wie wir ihn gestalten, so stetig, wie wir stetig sind, so gangbar oder ungangbar wie unser eigener Wille, ihn zu beschreiten.

Bei einer wahren Pikareske hört der Held zu kämpfen auf und wird der Weg.

Mit fünfzig brauchen wir dieses Wissen am meisten.

In der Toskana schliefen Gerri und ich lange und teilten uns unsere Träume mit, wenn wir erwachten. Es gab Träume von früheren Leben, alten Lieben und bläulichen Schneefeldern. Verstümmelte Körper und zertrümmerte Autos übersäten die Hänge. Manchmal steckten wir uns mit unseren Träumen gegenseitig an. Wir lasen uns aus Lyrik- und Meditationsbüchern vor. Wir analysierten unsere beiderseitigen Schwierigkeiten, wie wir es immer tun. Wir lachten über alles.

Wir stritten auch über alles – wie wirkliche Schwestern. Wir stritten über Geld, Schlafzimmer, darüber, wessen Auto benutzt werden sollte. Jede dieser Streitigkeiten drehte sich eigentlich um etwas anderes – gewöhnlich um Verlassenheit. Ich wollte die erste auf ihrer Liste sein und sie die erste auf meiner. Ich wollte all ihre Aufmerksamkeit, all ihre Liebe, all ihr Geld. Ich wollte, daß sie meine Mutter, mein Vater, meine Schwester sei. Sie wollte dasselbe von mir. Sie wollte gefüttert, umsorgt, grenzenlos verhätschelt werden. Sie wollte Rückenmassagen, Gedichte, Pastas und Alleinsein, wenn sie Alleinsein brauchte. Sie wollte vor meinem Schreiben, vor meinem Kind, vor meinem Mann kommen. Und ich wünschte mir nicht weniger von ihr.

Zuerst war sie krank, also kümmerte ich mich um sie. Dann war ich eifersüchtig auf die Aufmerksamkeit, und sie kümmerte sich um mich. Wir waren hinuntergestiegen in die Urhöhle unserer Freundschaft. Nachdem wir uns genug geliebt gefühlt hatten, um zu toben und zu streiten, die Innenseite unserer bloßen Kehle und unsere nackten Fänge zu zeigen, tat die Freundschaft einen weiteren Sprung in Richtung Intimität. Ohne Wut ist Intimität nicht möglich. Das hatte ich durch meine Ehe gelernt – die vierte –, die, die vielleicht dauern könnte.

Heute läuft der Mietvertrag aus. Alle außer Ken und mir sind in der Morgendämmerung abgefahren. Molly ist fünfzehn Jahre und zwei Tage. Heute früh dankte sie mir für »den tollsten Sommer meines Lebens«! Dann flog sie mit Margaret und ihren Freundinnen nach Hause zu ihrem Vater. Gerri ist ebenfalls nach Hause geflogen. Um sieben Uhr morgens bin ich allein auf dem toskanischen Hügel und sehe zu, wie der Morgenstern im Rosa der aufgehenden Sonne verblaßt.

Der Hahn kräht. Die Grillen wärmen sich auf für einen heißen Tag.

Die Zypressen sind noch immer schwarz, die Olivenbäume noch immer stumpfsilbern, die Kastanien noch immer grün.

Die schwarze Katze, die wir den ganzen Monat gefüttert haben, tigert über die Steinterrasse und zischt die braunweiße Katze an, die gekommen ist, um an den Gaben teilzuhaben. Sie leben auf diesem Hügel und werden von dem Feuerwehrmann und seiner Frau, unseren Vermietern und einer weiteren englischen Familie gefüttert, aber sie gehören keinem. Dies ist ihr Hügel, nicht unserer. Territorialität regiert das Tierreich, dem wir so widerstrebend angehören.

Unsere Taschen sind gepackt. Wir hinterlassen Wein und Olivenöl und Stapel von Büchern für die nächsten Durchreisenden auf diesem kleinen Sockel vor dem Himmel. Die Straße ist noch immer unpassierbar, aber nicht für uns. Nichts von all dem ist unser. Wir haben es für einen Monat gemietet und ziehen weiter. Die Olivenbäume, die Zypressen, die Walnußbäume (mit ihren noch grünen Früchten) sind auch nicht unser, und wir werden zur Ernte nicht hier sein. Ich werde meine Gedichte und Fotos nehmen, die Kapitel, die ich hier geschrieben habe, und zum nächsten Ziel reisen.

All die Dinge, die mich verrückt gemacht haben – das Hausmädchen, das kein Geschirr, sondern nur Handtücher für die nächsten Mieter waschen wollte, der Besitzer, der herumlungerte und so tat, als repariere er den Filter des Pools, in Wirklichkeit aber meine Tochter und ihre Freundinnen beim Sonnenbaden belauerte, der Ofen, der nicht brennen wollte, die Wespen, die schwärmten, wann immer wir einen Pfirsich oder eine Melone aufschnitten oder eine Cola öffneten, die streitenden halbwilden Katzen – all das entzückte Molly am Ende und füllte das Konto ihrer Erinnerungen mit glänzenden Münzen.

»Wir verbrachten die Sommer immer in Italien«, wird sie sagen, »damit meine Mutter schreiben konnte.«

Und alles Gezerre zwischen Mutter und Tochter wird vergessen sein, wenn sich die Erinnerungen häufen.

Natürlich haben wir uns in Autos über Straßenkarten angeschrien, in der Küche über schmutzigem Geschirr, in Geschäften über die Preise von Dingen. Natürlich hat sie mich mit ihren endlosen Bedürfnissen bis zum Äußersten getrieben, und ich habe sie mit meinen verrückt gemacht, vor allem mit meinem Bedürfnis nach Stille, das Teenagern so total unbegreiflich ist.

Manchmal fühle ich mich zu alt, um einer Fünfzehnjährigen standzuhalten. Manchmal fühle ich mich so jung, daß nur ihre Existenz mich vorgeben läßt, erwachsen zu sein.

Wie wurde ich erwachsen? Manchmal finde ich mich noch immer auf dem Hügel sitzend wieder, wo ich Rachepläne an der erwachsenen Welt schmiede. Ich sage noch immer »Mom«, wenn ich Angst habe, obwohl ich meine Mutter nie so genannt habe.

»Mom« ist zu unstetig, um mir jetzt zu helfen. Und in Wahrheit war sie immer instabil – obwohl sie mich liebte. Und Molly muß Dinge lernen, von denen ich vergessen hatte, daß ich sie weiß. Beispielsweise, wann es okay ist, einen Jungen anzurufen, wie man dummes Zeug für eine Prüfung auswendig lernt, wann man angsterregende neue Dinge tun darf und wann man sie der Selbsterhaltung wegen unterlassen muß. Ich wache auf und erinnere mich daran, daß ich für sie eine Erwachsene bin. Sie ermahnt mich, meine kindlichen Verhaltensweisen abzulegen.

Ich habe Pläne über Pläne: Mein *Keine Angst vor Fünfzig* zu beenden und wieder in meinen Roman über die Zukunft einzutauchen; mir selbst das Geschenk zu machen, wieder Gedichte zu schreiben; ein paar Kurzgeschichten zu schreiben;

mein Musical zu beenden; mein Meditationsbuch zu vervollständigen; jeden Morgen mein Leben zu behaupten und mir einen guten Tag zu machen; mich jede Nacht zu befreien, um die notwendigen Träume zu träumen; Freude daran zu finden, denen zu dienen, die ich liebe; die Schuldgefühle aufzugeben, wenn ich mich verweigere, weil sie meine Selbstvernichtung verlangen; Freude am Lehren zu finden; Freude daran zu finden, zu liebevollen Lesern zu sprechen (die meinen, ich hätte Antworten, wo ich doch nur ein paar pointierte Fragen habe); mir jeden Tag die Zeit für einen Spaziergang oder einen Museumsbesuch zu geben; großzügig zu sein, weil es mich daran erinnert, wieviel Großmut ich erfahren habe; liebevoll zu sein, weil es mich daran erinnert, nicht auf diejenigen eifersüchtig zu sein, die mehr zu haben scheinen; mein Leben beim Schopf zu packen; meine Wut herauszulassen; die bekannte und die unbekannte Welt zu segnen; die Olivenhügel zu segnen; die Pinienzapfen zu segnen, die von den Schirmpinien fallen; die noch grünen Walnüsse zu segnen; den rosigen Glanz der Sonne zu segnen, den ich vielleicht keinen weiteren Sommer mehr sehen werde, vielleicht nicht einmal einen weiteren Tag.

Wenn ich es jeden Tag wage, mich daran zu erinnern, daß ich auf Abruf hier bin, daß dieses Haus, dieser Hügel, diese Minuten mir nur geliehen sind, nicht gegeben, dann werde ich nie verzweifeln. Verzweiflung ist für diejenigen, die erwarten, ewig zu leben.

Ich tue das nicht mehr.

14

Wie man sich verheiratet

Die wahre Vermählung aufrichtiger Seelen besteht zwischen zwei Menschen, die einen genau gleich gestimmten Sinn für Humor oder Ironie haben, so daß ihre gemeinsamen Blicke auf irgendein beliebiges Thema sich bündeln wie die aufeinandertreffenden Strahlen von Suchscheinwerfern.
            Edith Wharton, *A Backward Glance*

Aber ich war ziemlich oft verliebt gewesen und glaubte nicht, daß es den Verschleiß wert war.
            Enid Bagnold, *Autobiography*

Ich traf meinen Mann an einer Straßenecke. Beinahe hätte ich ihn angefahren. Ich holte ihn zu einem *blind date* ab (von einem gemeinsamen Freund arrangiert, der Humorist ist), und fuhr mit dem eigenen Wagen, weil ich nicht im Auto eines Unbekannten in der Falle sitzen wollte.

Beim Abendessen verschlang er sein Gericht in weniger als zwei Minuten und redete gleichzeitig. Ich versuchte, mich an das Heimlich-Manöver zu erinnern – obwohl er vielleicht ein anderes Manöver bevorzugt hätte. Ich muß ihn gemocht haben, weil ich ihn den ganzen Abend monologisieren ließ. Normalerweise halte ich die Monologe.

Zu dieser Zeit hatte ich noch verschiedene Lover mit gelenkigen Hüften auf verschiedenen Kontinenten, und ich glaubte nicht, einen Ehemann zu brauchen, obwohl ich gewiß einen Freund brauchte. Es macht mich verlegen, das zuzugeben, aber ich heiratete ihn vier Monate später. In den Flitterwochen segelten wir auf dem Mittelmeer. Dann lernten wir einander kennen. Inzwischen empfehle ich längere Werbungszeiten.

Noch heute haben wir manchmal Kehlkopfentzündung vom gegenseitigen Anschreien: das schmutzige kleine Geheimnis einer dauerhaften Ehe.

Ich werde mich nie von ihm scheiden lassen – wie könnte ich, er ist Scheidungsanwalt –, aber vielleicht erschieße ich ihn einfach. Wenn das so ist, wissen zwei Menschen voneinander, daß sie zusammengehören.

Er scheint mein Bestes zu wollen (und ich seins). Sein Strafregister ist in keinem Computer zu finden. Er hat – keuch – einen »guten Charakter«, wie meine Mutter gesagt haben könnte, wenn sie jemals solche Dinge gesagt hätte. Ich hasse es, Gutes über diese Ehe zu schreiben, denn es ist eine bekannte Lebensregel, daß Berichte über »glückliche Paare« in einer beliebigen Zeitschrift sofort zur Scheidung führen und positive Aussagen über den Partner in einem Buch Eheprobleme nach sich ziehen. (Negative übrigens auch.)

Irgendwie kam es so, daß Ken und ich nach unserer ersten Verabredung dauernd miteinander redeten, wo immer auf der Welt wir auch waren. Ich reiste nach Kalifornien, um meinen Agenten zu sehen, der kurze Zeit dort lebte, und ohne es wirklich zu wollen, rief ich Ken an. Ich ging nach Italien, angeblich, um in Umbrien einen Kochkurs zu besuchen, doch in Wirklichkeit, um einen nicht verfügbaren Liebhaber zu treffen, der Himmel und Hölle in Bewegung setzte, um mich nicht mehr als einen Abend sehen zu müssen, und ich rief Ken an. Ich wartete darauf, daß das unzuverlässige umbrische Telefon läutete, und es war Ken. Ich dachte daran, nach Venedig zu fahren, um den anderen zu sehen, und traf statt dessen mit Ken eine Verabredung in Paris. Mein schlauer zukünftiger Ehemann hatte mir tatsächlich telegrafisch ein Ticket nach Paris geschickt, woraufhin ich mich selbst dadurch in Erstaunen versetzte, daß ich hinflog, um einen verfügbaren Mann zu treffen, während doch ein nicht verfügbarer in Italien auf mich wartete. Irgend etwas in meinem masochistischen Spatzenhirn mußte sich verändert haben, oder aber – oh, Schreck! – ich war verliebt.

Ich wollte aber nicht verliebt sein. Ich wollte nur jemanden mögen. Liebe hatte sich immer bloß als problematisch erwiesen. Wie Enid Bagnold sagte, war sie den Verschleiß nicht wert. Also beschloß ich, als ich Ken traf, daß ich mit der Liebe fertig sei. Früher hatte ich gewöhnlich mit verschränkten Fingern geheiratet.

Am ersten Abend, als ich Ken traf, kam ich gerade von dieser Hochzeit in St. Moritz, wo mein bester (männlicher) Freund, der schöne Römer, eine kluge, schöne, blonde Prinzessin geheiratet hatte – mit den von und zu, die es bewiesen. Sie war etwas über zwanzig. Ich war etwas über vierzig. Er war etwas über dreißig. Irgendwie machte mich das glücklich, einen Mann meines eigenen Alters zu treffen. Und ich mochte sein Aussehen, wie ein Bär, der auf einen Campingplatz in Yellowstone stapft.

Ken, ein großer, zerzaust aussehender Mann mit schwarzem Schnurrbart und Bart, dichtem schwarzem Haar (das an den Schläfen silbern wurde), dreiteiligem Anzug und roter Fliege kam mir vor wie ein freundliches Tier, das in die Luft schnuppert. Seine Augen waren braun und liebevoll. Er schien seine Beine einklappen zu müssen (wie man einen Regenschirm zusammenklappt), um in mein Auto zu steigen. Er wandte sich mir zu und lächelte wie ein Kater, der eine Untertasse voller Sahne betrachtet.

»Hallllooo«, sagte er, eindeutig erleichtert. Hatte er eine Vampirin, eine Boadicea, eine speertragende Amazonenkönigin mit nur einer Brust erwartet?

Mein Freund Lewis Frumkes, der Humorist, hatte mir gesagt, er sei etwa in meinem Alter. Und klug. Und nett. »Eine seltene Kombination«, sagte Lewis. »Normalerweise sind sie klug oder nett, aber nicht beides.«

»Er ist doch hoffentlich kein alleinstehender Mann, der in Frage kommt?«

Dieser Satz verblüffte Lewis – verständlich.

Woher sollte er wissen, daß ich »alleinstehende Männer, die in Frage kommen«, haßte? Gewöhnlich entpuppten sie sich als arbeitssüchtig und sexscheu und wollten einen schon bei der ersten Verabredung zu potentiellen Ehevereinbarungen überreden. Ich war schon lange zu dem Schluß gekommen, daß treulose Italiener, arbeitslose Schauspieler, minderjährige WASP-Erben und verheiratete Männer sexier waren.

Meine Analytikerin analysierte das als Allergie gegen die Ehe, die in Wirklichkeit eine ödipale Verliebtheit in meinen mich anbetenden Vater sei. Sie war groß darin, Ratschläge zu geben, obwohl sie immer behauptete, das tue sie nicht. Es war offenkundig, wen sie billigte und wen nicht.

»Wo ist er jetzt?« fragte sie immer, wenn man einen Mann erwähnte, der reich oder berühmt oder beides war und mit dem man sich, wenn auch nur kurz, früher getroffen hatte. Sie spitzte die Ohren wie eine Matrone von Edith Wharton.

Sie sah mich an, als seien meine umherziehenden Schauspieler und streunenden Ehemänner indiskutabel.

Sie wollte, daß ich heiraten und Kreditkarten bekommen sollte, statt welche zu verteilen. Sie fand, ich werfe mich weg wie Perlen vor die Säue. Sie meinte, ich schätzte mich selbst zu wenig. Vielleicht tat ich das. Aber ich mochte Sex, und die meisten der sogenannten in Frage kommenden Männer hatten eine Todesangst davor.

»Wenn ich ledig wäre, würde ich dann in Frage kommen?« fragte Lewis.

»Entschieden nicht«, sagte ich lachend.

Er sah verwirrt aus und wußte nicht, ob das eine Beleidigung oder ein Kompliment war.

»Ich habe Lewis gesagt, ich wollte keine Prominente treffen«, sagte Ken. »Aber da sagte er: ›So ist sie nicht.‹«

»Sie meinen, Sie haben über mich geurteilt, ohne mich zu kennen?«

»Jeder urteilt dauernd über jeden«, sagte er, schob den Autositz zurück und streckte die Beine aus. »Jedesmal, wenn ich mit anderen Anwälten verhandle, ist es ein Wettbewerb, bei dem wir unsere Schwänze messen. Sie wissen das. Ihre Bücher drehen sich doch nur darum.«

»Und warum hatten Sie etwas dagegen, mich zu treffen?«

»Vermutlich aus Angst. Ich dachte, Sie wären eine Männerfresserin. Jetzt ist klar, daß Sie keine sind.«

War das nun eine Beleidigung oder ein Kompliment? Wer konnte das sagen? Ich wußte sofort, daß er aufrichtig und äußerst nervös war. Er konnte nicht stillsitzen. Seine Unruhe ließ ihn größer wirken.

Ich parkte das Auto in einer Garage an der unteren Fifth Avenue, und wir gingen in eines dieser grotesk überteuerten Restaurants in der Innenstadt, das im Begriff war, ein Opfer der Pleitewelle der späten achtziger Jahre zu werden.

Den ersten Tisch lehnte er ab und den zweiten auch. Wir setzten uns an den dritten. Ein eingeborener New Yorker, dachte ich.

»Nein – Great Neck«, sagte er, »aber Central Park West, als ich ein Baby war. Ich erinnere mich daran, wie ich Bezugsscheine – rote Punkte – aus dem Fenster warf, oder vielmehr erinnern die anderen sich daran. Ich war ein Kriegsbaby.«

Ich auch, dachte ich. Sollte ich es sagen? Oder wurde von mir erwartet, über mein Alter zu lügen? In den Vierzigern hatte ich mich noch nicht entschieden. Meine Analytikerin glaubte daran, das Alter nicht zu verraten. Ich war nicht ihrer Meinung. Wer bin ich denn, wenn nicht jemand, der mitten im Zweiten Weltkrieg geboren wurde? Mein Alter ist ein Teil dessen, wer ich bin. Aber Frauen, sogar begehrenswerte Frauen, haben immer Angst davor, nicht begehrenswert zu erscheinen. Aufrichtigkeit braucht viel Zeit. Unentschieden, ob ich ehrlich sein sollte oder nicht, ließ ich ihn reden. Ich verzichtete auf meine übliche ungestüme Vorstellung und sang auch nicht für mein Abendessen. Unsere erste Verabredung wies keine Spur des üblichen verbalen Duells in New York auf: Können Sie das übertreffen?

Ken erzählte mir die Geschichte seines Lebens – von den Bezugsscheinen an. Er skizzierte seine Eltern, seine Schulen, seine ersten Jobs – Journalismus, Film –, seinen Werdegang als Anwalt. Er erzählte mir von zwei Ex-Ehefrauen, einer angebeteten Stieftochter, einer langen Beziehung, die soeben geendet hatte, seiner Liebe zu Flugzeugen und dem Sammeln seltener Bücher. All das kam mit viel Selbstironie aus seinem Mund. Und herausfordernd. Wie bei mir.

Er versteckte sich nicht vor mir. Viele der Männer, die ich kannte, versteckten sich und wußten es nicht einmal.

Ich war verwirrt darüber, daß er Pilot war. Der Roman, den ich am gleichen Nachmittag bei einem Verleger abgeliefert hatte (und mit dem ich die letzten drei Jahre gekämpft hatte), endete damit, daß Isadora Wing einen Amateurpiloten heiratete, in vierter Ehe. Das war total erfunden. Ich hatte mich nie auch nur mit einem Amateurpiloten getroffen. Isadora hatte es einfach nötig, einen Piloten zu heiraten und Flugstunden zu nehmen, um ihre Angst vorm Fliegen für alle Zeit zu überwinden.

Der letzte Blues begann mit ihrem Tod. Sie hatte ein letztes Manuskript hinterlassen, das posthum veröffentlicht werden sollte. Dieser Band fiel in die Hände einer total humorlosen feministischen Literaturwissenschaftlerin, die Isadoras Scherze alle wörtlich nahm und politisch unkorrekt fand. Aber in Wirklichkeit war Isadora nicht tot. Sie war nur im Südpazifik verschwunden wie Amelia Earhart. Doch im Unterschied zu Amelia konnte sie sich retten. Sie kehrte nach Connecticut zurück, um wieder Dichterin zu werden – verschwunden für die Welt, aber nicht für sich selbst.

Mein Unbewußtes hatte diesen eigenen Mythos von Luftfahrt und Wiedergeburt erfunden, weil ich dazu neige, Metaphern aus den Konflikten zu machen, die ich erlebe. Als ich mit *Der letzte Blues* begann, fühlte ich mich tot. Meine öffentliche Person widerte mich an, ich wollte nie wieder ein Isadora-Buch schreiben, und so brachte ich mutwillig meine berühmteste

Heldin um. Doch während ich schrieb, erwachte sie wieder zum Leben, und mir ging es genauso. Wir werden von unseren eigenen Schöpfungen gerettet.

Und da war ich nun und traf am selben Tag, an dem ich das Buch ablieferte, einen Amateurpiloten. Alle Schriftsteller wissen, daß jedes Buch ein Abguß von Runen ist, ein Kartenlesen, eine Landkarte von Hand und Herz. Wir schaffen den Ozean und fallen dann hinein. Aber wir schaffen auch das Rettungsfloß. Und wir können heilenden Atem in die Münder unserer Geschöpfe hauchen.

Trotz all meiner Versuche, mein Alter ego Isadora umzubringen, blieb sie hartnäckig am Leben. Ich auch. Nun brauchte ich nur noch fliegen zu lernen.

Ich könnte mit diesem Mann befreundet sein, dachte ich, während er darüber sprach, warum er das Fliegen liebte.

»Es ist Freiheit«, sagte er, »eine Mißachtung von Grenzen.«

»Woher kommt es, daß Sie so ehrlich sind?« fragte ich.

»Was ist die Alternative?« fragte er. »Wenn ich es jetzt nicht bin, wann dann?«

Die erste Verabredung war an einem Mittwochabend. Ich setzte ihn vor seiner Wohnung in den East Sixties ab und fuhr eilig zurück nach Connecticut, wo Molly und Margaret und Poochini die Frühjahrsferien verbrachten.

Am nächsten Morgen um zehn rief er an. Er spielte keine Spielchen.

»Es war ein schöner Abend mit Ihnen.«

»Für mich auch«, sagte ich.

Dann geriet ich in Panik, weil ich soviel zugegeben hatte, und verstummte. Meine verschiedenen unverbindlichen Freier hatten mich gelehrt, nicht allzu offenherzig zu sein. Das war gefährlich uncool.

»Wie wär's mit nächsten Samstag?« fragte er.

»Was soll damit sein?«

»Würden Sie mit mir ausgehen?«

»Ich gehe samstags abends nicht aus«, sagte ich sachlich. »An den Wochenenden bin ich auf dem Land ... Ich schreibe ...«

»Dann werde ich aufs Land kommen ...«

»Nein, das werden Sie nicht«, sagte ich.

»Warum nicht?«

»Ich lade neue Männer nicht in mein Haus ein ... Das ist gegen meine Religion.«

»Dann konvertieren Sie.«

»Nicht so schnell«, sagte ich.

Eine verlegene Pause folgte, während wir beide unseren ersten Machtkampf überdachten.

»Ich werde Sie in New York treffen«, sagte ich schließlich.

»Fein! Kommen Sie mit dem Zug, und ich hole Sie am Grand Central ab. Dann kann ich Sie nach Hause fahren.«

»Nein«, sagte ich wild. (Ich wollte bei einem neuen Mann nie ohne Auto sein.) »Ich komme mit dem Wagen und treffe Sie.«

»Machen Sie das nicht. Wo wollen Sie parken?«

»In meiner Garage, oder ich nehme mir einen Fahrer. Das ist es, ich nehme mir einen Fahrer, damit ich schnell zurück bin und morgens meine Tochter sehen kann.«

»Ich fahre Sie zurück – ich fahre gern.«

»Nein«, sagte ich.

»Okay, wie Sie wollen. Solange Sie nur auftauchen.«

»Warum sollte ich nicht auftauchen?«

»Sie könnten in Panik geraten«, sagte er. »Das passiert manchmal.«

Habe ich nach dem Anruf viel an ihn gedacht? Nein. An diesem Punkt war ich klug genug, über keinen Mann nachzudenken.

Meine Tage vergingen mit Überlegungen, wann ich in Venedig anrufen sollte, an welchen Wochenenden die Ehefrau meines derzeitigen Freundes nicht da war, und mit endlosen Überarbeitungen von *Der letzte Blues*, obwohl ich schon abgeliefert hatte. (Ich bin eine der Autorinnen, deren Lektoren ihnen das Manuskript aus den Händen reißen müssen.) Außerdem arbeitete ich an dem Musical über *Fanny Hackabout-Jones*, recherchierte für ein Buch über Henry Miller und machte Notizen für einen neuen Roman. Inmitten von alldem tauchte einer meiner zurückhaltenderen Verehrer auf – nach einer Abwesenheit von vier Monaten.

Er schickte mir ein Geburtstagsgeschenk, eine indische Miniatur einer tanzenden Göttin, und rief mich danach an. Was ich an meinem Geburtstag mache, wollte er wissen. Es war, als hätte er intuitiv geahnt, daß ich nicht frei war. Sonst hätte er nicht gefragt.

Ich sagte ihm, zu meinem Geburtstag (der in diesem Jahr auf den Ostersonntag fiel) würden Ken und Barbara Follett nach Connecticut kommen. Er fragte, ob er auch kommen könne. Ich sagte, ich würde die beiden anrufen und fragen, was sie davon hielten.

»Wer ist das denn?« wollte Follett wissen, der mich sechs Monate zuvor in Venedig mit Piero gesehen hatte. Und dann lachte er. »Natürlich, lade ihn auch ein. Ich würde gern sehen, wie er im Vergleich zu dem anderen ist.«

»Kennen wir den?« fragte Barbara. In den letzten paar Jahren war ich mit allen möglichen Begleitern durch London gezogen, verheiratet oder ledig. Meine Freunde waren immer fasziniert, hatten aber auch einen starken Beschützerinstinkt. Barbara fragte einen meiner Galane einmal rundheraus: »Sind Sie verheiratet?« Er war ein gutaussehender portugiesischer Historiker, den ich bei einer Konferenz in Rom kennengelernt hatte. Er hatte keine Ahnung, was er auf eine solche Frage antworten sollte.

»Ja, das bin ich wohl«, sagte er kleinlaut.

Barbara warf ihm einen vernichtenden Blick zu.

»Schauen wir ihn uns an«, sagte Barbara am Telefon. »Sehen wir jedenfalls mal, wie er Ostereier bemalt.«

An diesem Wochenende bemalten wir in Connecticut tatsächlich Ostereier. Wir saßen mit Molly um den großen runden Eßzimmertisch und malten mit Ölfarben Selbstporträts auf hartgekochte Eier.

»Wie du dich selbst siehst, verrät etwas darüber, wer du bist«, sagte Barbara, Expertin im Handlesen, Gesichterlesen, Menschenlesen.

»Und was du für ein Tier bist. Ken ist ein Wolf – nicht, Wolfie? Und Molly ist ein Elefant – die hohe, gewölbte Stirn. Und Erica ist ein *bichon frisé* wie Poochini.«

Wir alle malten unsere Gesichter auf Eier, sogar der widerstrebende Verehrer. Sein Gesicht war unverbindlich. Barbaras direkte Art schüchterte ihn etwas ein. Ich war froh.

Er und ich schliefen in dieser Nacht zusammen, aber wir berührten uns nicht einmal. Ich träumte, mit Isadora Wing und Piero und einem großen schwarzen Bären in einem kleinen Flugzeug zu fliegen. Piero war fassungslos, aber der Bär nicht. »Keine Panik, meine Damen und Herren«, sagte er. Plötzlich waren Ken und Barbara Follett ebenfalls in dem Flugzeug, und Molly, und die Follett-Kinder.

»Hast du je versucht, auf den Flügeln zu gehen?« fragte ich den Bären.

»Ich bin ein konservativer Pilot«, sagte er, »ich möchte gerade jetzt nicht sterben. Ich habe eine Menge, wofür ich leben will.«

An meinem Geburtstag, Ostersonntag, rief der Bär aus Toronto an.

»Wie ist Ihr Wochenende?« fragte ich.

»Schrecklich«, sagte er. »Man kann die Vergangenheit wohl nicht wieder lebendig machen.«

Ich war verwirrt.

»Ich bin hergekommen, um meinen Geburtstag mit meiner früheren Freundin zu verbringen.«

Ich schluckte, aber mein Mund blieb trotzdem trocken.

»Ihren Geburtstag? Wann haben Sie denn Geburtstag?«

»Heute – am sechsundzwanzigsten März.«

»Mein Gott«, ich schnappte nach Luft, »ich auch.«

Langes Schweigen. Aber er schien nicht überrascht.

»Sehe ich Sie nächste Woche?« wollte er wissen.

»Samstag?«

»Ja, an dem Abend, an dem Sie schreiben?«

»Ja«, sagte ich. »In Ihrem Fall mache ich eine Ausnahme.«

Es ärgerte mich, daß er meinen Geburtstag hatte. Erstens sollte niemand anderer meinen Geburtstag haben. Und zweitens schien das ein weiteres verdammtes Omen zu sein. Etwas schloß sich um mich, und das gefiel mir nicht. Wie Anita Loos sagt: Dauernd passiert Schicksal.

Wie konnte dieser Mann es wagen, meinen Geburtstag zu haben? Hatte er denn vor gar nichts Respekt? Wollte er sich in alles einmischen, was ich hatte? Mein Geburtstag gehörte mir.

Am Samstag abend holte ich ihn mit meinem Wagen ab – ich hatte für diesen Anlaß einen Fahrer engagiert –, und wir fuhren in die Innenstadt zum Public Theatre, um ein Musical zu sehen, das halb englisch, halb jiddisch war. Seine Wahl. Der Art, wie er mich dauernd ansah, entnahm ich, daß dies ein Test war. Er wollte wissen, ob ich an den richtigen Stellen lachte, ob ich das Jiddische verstand, ob ich mich in diesem Bereich auskannte. Aha, ich hatte kapiert. Dies war eine Art Probe, das Thema der drei Schatullen, der Glasberg, der zu erklimmen ist, der Kuß für den schlafenden Prinzen, um zu sehen, ob der Bann gebrochen werden kann. »Wie kann er es wagen, mich zu testen?« dachte ich. Eigentlich sollte ich ihn testen.

»Na, hab' ich bestanden?« fragte ich, als wir in meinen Wagen stiegen.

»Was in aller Welt meinen Sie?«

»Hören Sie, ich erkenne eine Prüfung, wenn ich eine sehe. Ich bin nicht blöd.«

Er sah mich spöttisch an.

»Wo haben Sie Jiddisch gelernt?« fragte er.

»Genau da, wo Sie es auch gelernt haben«, sagte ich. »Außerdem kann ich nicht viel.«

»Sie haben immer an den richtigen Stellen gelacht«, sagte er.

»An denen, die Sie als solche definieren«, sagte ich. »Gott, Sie sind ein anmaßender Hundesohn.«

»Und das gefällt Ihnen«, sagte er.

Danach fingen wir an, jeden Abend zum Essen auszugehen.

»Ich habe einen wirklich netten Mann kennengelernt«, erzählte ich meiner Therapiegruppe.

»Ja, ja«, sagten sie. »Wenn er wirklich nett wäre, wärest du nicht fähig, ihn zu mögen ...«

»Ach, ja?« sagte ich.

»Ja, ja, ja«, sagten sie.

Ken und ich gewöhnten uns an, bis zur Sperrstunde in Restaurants zu sitzen. Wir saßen und aßen und tranken und redeten, und auf einmal fingen um uns herum Leute an, aufzuwischen oder zu fegen.

Worüber redeten wir? Ich kann mich nicht erinnern. Aber wir konnten nicht aufhören. Ich pflegte ihn am Tisch anzusehen und zu denken: Ich werde nie mit ihm schlafen. Ich war die Dinge so leid, die mit Sex anfingen und dann im Sande verliefen. Wir würden Freunde sein, sagte ich mir, Freunde, nicht Liebende. Dann konnte nichts schiefgehen. Freundschaft war schließlich das Beste. Freundschaft hatte eine Chance, dauerhaft zu sein.

Also aßen wir jeden Abend zusammen und gingen nicht miteinander ins Bett.

Es wurde ein Spiel, zu sehen, wie lange ich das hinziehen konnte. Sex beweist nichts, sagte ich mir. Er trübt nur die Wasser. Ich war sexuell von vielen Männern hingerissen, und wenn ich die Sucht durchbrach, war das, was blieb, gewöhnlich nicht der Mühe wert. Diesmal würde ich den Mann zuerst mögen. Ich würde ihn nicht heute heiraten und hinterher verändern.

Inzwischen war da Piero in Venedig. Seine Liebe war unvergänglich, weil sein Leben einer anderen versprochen war. Er hatte mich nicht lange vor meiner Bekanntschaft mit Ken in Connecticut besucht, und außerhalb der Wasserwelt Venedigs war er etwas weniger eindrucksvoll. Wie Undine an Land brauchte er seine irisierenden Schuppen, um zu bezaubern. Nach der Hochzeit in St. Moritz hatte ich ihn kurz gesehen, und der Zauber wurde teilweise wiederhergestellt. Aber ich glaube, in Wirklichkeit wurde ich seiner berechenbaren Ungreifbarkeit allmählich müde. Wenn ich bequem zur Verfügung stand, erschien er, wenn es ihm paßte – für eine Weile. Der Sex hatte natürlich nie aufgehört, berauschend zu sein, aber sogar der Rausch hat seine Grenzen. Ohne Masochismus, der ihn speist, wird er kalt. Wie die Männer, die einen glühend verfolgten und dann wegliefen, wie die »in Frage Kommenden«, die einen nach Investitionen und Besitztümern ausfragten, wurden sogar die großen Lover nach einer Weile langweilig. Sie hatten einen neuen Tanz erfunden, das war alles: den Tanz des Gigolos. Sie verstanden es, einen kommen und kommen und kommen und kommen zu lassen. Na, und? Sobald man den Zynismus dahinter erkannte, war die Ekstase nicht mehr so wichtig. Eher Manipulation als Offenbarung.

Ich war für ein paar Tage in Los Angeles, um meinen literarischen Agenten zu sehen und meinen neuen Roman einer handverlesenen Auswahl von Baby-Filmmoguln vorzustellen (die *Angst vorm Fliegen* in der Grundschule gelesen hatten), und ich wohnte in der Wohnung einer befreundeten Schauspielerin in West Hollywood. Jeden Morgen, wenn ich drei Stunden früher aufwachte als nötig, ertappte ich mich dabei, daß ich Ken anrief, ohne daß ich das wirklich vorgehabt hätte. Ich beschrieb ihm die Szene, in der ich vor einem Publikum von Zwanzigjährigen in Armani-Anzügen die Handlung meines neuen Romans, *Der letzte Blues*, vortrage. Meinen ersten Roman stibitzten sie noch von den Bücherborden ihrer Eltern und onanierten im Badezimmer hinein. Ich versuche ihnen klarzumachen, warum dieser Roman über eine Künstlerin in mittleren Jahren, die in einen prachtvollen jungen Lover verknallt ist, einen großartigen Film abgeben wird. Aber sie wollen ihn nicht kaufen. Für sie bin ich ein Kuriosum, eine Antiquität aus einem Zeitalter, das im Dunst der Geschichte verschwunden ist: den siebziger Jahren.

»Meine Mutter liebt Ihre Bücher«, sagt einer von ihnen. Und es ertönt ein Chor von: meine auch, meine auch, meine auch.

Sie gehen zurück in ihre Büros und rufen stolz ihre Mütter an. »Rate mal, wenn ich kennengelernt habe?« werden sie sagen. Aber möchten sie Filme machen, die ihren Müttern gefallen könnten? Absolut nicht. Ihre Mütter sind per Definition alt.

»Früher war ich für alles zu jung, und jetzt bin ich für alles zu alt«, sage ich am Telefon zu Ken. »Als ich in den Siebzigern in Hollywood war, war ich eine frische Berühmtheit und leichte Beute für jeden Bauernfänger. Alle Leute, die etwas zu sagen hatten, waren älter. Jetzt sind alle, die etwas zu sagen haben, jünger – aber es sind noch immer lauter Männer.«

Ich frage mich, warum ich ihm das alles erzähle. Weil er es versteht? Weil er es kapiert? Weil wir reden können, als hätten wir unser ganzes Leben lang miteinander geredet?

Trotzdem traue ich der Sache nicht. Wann wird er sich in ein Ungeheuer oder einen Schwächling verwandeln? Wann wird er vor der Intimität fliehen? Wann wird er den Mr. Hyde hinter dem Dr. Jekyll zum Vorschein kommen lassen?

Während meiner Woche in Los Angeles erinnere ich mich dauernd an Hannah Pakulas unsterblichen Satz über die Rückkehr in den Osten: »Hollywood ist kein Ort für eine Frau über vierzig mit einem Bibliotheksausweis.« Hollywood gibt mir immer das Gefühl, daß ich niemals reich genug oder dünn genug oder jung genug sein werde. Selbst als ich jung genug war, fühlte ich mich für Hollywood zu alt. Um so entzückter bin ich, als der Inbegriff älterer Frauen, die Hollywood erobert haben, bei Morton's – wo ich mit meinem Agenten zu Abend esse – ganz aufgeregt über meine Bücher an meinen Tisch kommt. Sie lädt mich für den nächsten Tag in ihr Haus zum Mittagessen ein, und ich entdecke, daß die sehr grandiose, sehr glamouröse Joan Collins unter der ganzen Bemalung in Wirklichkeit eine kuschelige jüdische Erdmutter ist.

Wir sitzen in ihrem weißen Wohnzimmer und erzählen uns Geschichten über jüngere Männer. Sie hat gerade um Haaresbreite die schwere Prüfung mit dem sehr schlangenhüftigen und aalglatten Peter Wie-auch-immer-er-Hieß überlebt.

»Ich habe nie gewußt, daß er lügt«, sagt sie, »oder daß er meine Freundinnen vögelt. Er war so romantisch. Das ist es, was uns fehlt, Männer, die keine Angst haben, romantisch zu uns zu sein.«

Ich fliege zurück nach New York, und Ken wartet am Flughafen.

»Ich dachte, du brauchst jemanden, der dich abholt«, sagte er und verscheuchte den angeheuerten Fahrer.

Kurz nach der Reise nach Kalifornien nahm er mich zum ersten Mal zum Fliegen mit. Seine Maschine war eine Cessna 210, die auf dem Flugplatz von Teterboro in New Jersey stand. Er brachte mir bei, die Inspektion zu machen, den Treibstoff, die Landevorrichtung, die Klappen zu überprüfen, ließ mich die Checkliste für den Start verlesen und wurde ganz ruhig und konzentriert, als er abhob. Fliegen war für ihn ein anderer Bewußtseinszustand. Nie war er so glücklich wie in der Luft. Als wir über die Gastanks und den Industriemüll New Jerseys aufstiegen, fielen die Probleme der Erde ab. Der Himmel war voller kleiner Flugzeuge, jedes durch einen ständigen Strom von Funkkontakten mit dem Boden verbunden. Die Luft war der letzte verbliebene Ort, an dem Freiheit mehr war als ein Wort.

Wir flogen nördlich den Hudson mit seinen purpurnen Palisaden hoch, dann nach Osten über den Long Island Sound, wo wir eine schnelle Wendung über dem Ende der Insel mit seiner schäumenden Gischt und den grünen Kartoffeläckern machten. Wir hörten uns die Wetterberichte anderer Piloten an und ritten auf thermischen Turbulenzen über den Wolken. Kein Wunder, daß ich für Isadora einen Piloten als Ehemann erfunden hatte! Das war die Freiheit, die ich mein ganzes Leben lang gesucht hatte. Aber wie hatte eine fiktive Gestalt es geschafft, einen wirklichen Mann herbeizurufen? Ich mußte einen machtvollen Zauberspruch geschrieben haben.

Wir landeten.

»Du hattest überhaupt keine Angst«, sagte er.

Und es stimmte.

Nach diesem ersten Flug fuhren wir zurück zu meinem Sandsteinhaus, wo Molly wartete, die gerade von ihrem Vater zurückgekommen war. Ken kannte sie noch nicht. Fleißig saß sie am Eßzimmertisch und beendete ihre Hausaufgaben.

»Was willst du werden, wenn du groß bist?« fragte er (ziemlich einfallslos).

»Prozeßanwältin für Zivilrecht«, sagte sie fröhlich.

Und er verliebte sich vom Fleck weg in sie.

Wieder gingen Alarmglocken los. Dieser Typ meint es ernst, dachte ich. Was sollte ich tun?

Nach Italien abreisen, so schnell wie möglich. Das sollte ich tun. Zum Glück hatte ich eine Freundin, die mich zu einer Vergnügungsreise mit einem Kochkurs in Umbrien eingeladen hatte. Wir sollten uns alle in Rom treffen, eine Woche lang in die umbrischen Hügel fahren, um zu lernen, wie man Olivenöl abschmeckt, Pastateig knetet und Sugo zubereitet. Ich hatte mich auf diese Reise festgelegt, als ich Ken noch gar nicht kannte, aber kaum kam ich in Rom an, fehlte er mir schon. Ich vermißte auch Molly. Ich wollte Ken anrufen. Anscheinend gab es keinen Grund für mich, hier zu sein. Ich hatte schon lange aufgehört, auch nur so zu tun, als wolle ich kochen.

Wir wurden alle in einem reizenden Gasthaus untergebracht, das früher ein Stall gewesen war. Die Zimmer hatten Steinwände, waren feucht und besaßen kein Telefon. Die umbrische Landschaft war überwuchert von Wildblumen, Mohn, Iris, Hyazinthen, aber unablässig strömte Regen herab. Ich versuchte wie üblich, Piero anzurufen, und er war wie üblich schwer zu erreichen. Dann rief er zurück (als ich bis zu den Ellbogen in Pastateig steckte) und sagte, er könne nicht kommen. Dann verband er mich mit seinem Stiefsohn – was, wie ich später erfuhr, ein Hinweis an mich sein sollte, daß er doch käme, aber seine Familie sollte nichts davon wissen.

In der Annahme, er käme nicht, machte ich Pläne, sofort nach Hause zu fliegen. Doch als er anrief und sagte: »*Non scappi*«, köderte er mich mit seiner Stimme wieder.

Inzwischen rief Ken aus New York an und bat mich, ihn in Paris zu treffen. Ich legte mich nicht fest. Dann tauchte wie aus dem Nirgendwo Piero auf. In dem steinernen Stall verbrachten wir eine selige Nacht zusammen. Wir liebten uns mit der üblichen wundervollen Leichtigkeit und schliefen in inniger Umarmung. Am nächsten Tag erforschten wir die nasse umbrische Landschaft und landeten in Todi, wo wir im Ristorante Umbria aßen. Während wir lachten und uns berührten, aßen und tranken, fragte ich ihn, warum er bei einer Frau blieb, die er nicht liebte.

»Sie ist mein Antibiotikum«, sagte er. »Ohne sie hätte ich zwanzigmal geheiratet.«

Da habe ich meine Antwort, dachte ich bei mir. Sie ist das Antibiotikum, und ich bin die Krankheit.

Er fuhr mich zurück zu meinem Kochkurs, wir küßten und verabschiedeten uns. Als ich in mein Zimmer kam, gab es drei Nachrichten von Ken; die letzte teilte mir mit, am römischen Flughafen liege ein Ticket nach Paris für mich bereit.

Später rief er an und sagte: »Fühl dich nicht verpflichtet zu kommen, aber es wäre toll, wenn du es tätest.«

Endlich dämmerte der Tag, an dem ich eigentlich nach Hause fliegen sollte, und ich fuhr mit einem Taxi nach Rom zum Flughafen, unsicher, wo ich diesen Nachmittag beenden würde.

Wenn ich nach Venedig flog, würde ich warten und warten, um ein paar Stunden mit Piero verbringen zu können. Wenn ich nach Paris flog, würde etwas anderes geschehen.

Im Flughafen ging ich an den Schalter der Air France und fand mein Ticket. Ich sah mir den Flugplan an. Der nächste Flug nach Venedig ging in einer Stunde, der nächste Flug nach Paris in neunzig Minuten. In Panik lief ich durch den Flughafen und schob mein Gepäck vor mir her. Meine Augen wurden glasig. Ich prallte gegen Leute und Wände. Mir kam es so vor, als sei diese Entscheidung ein Drehpunkt meines Lebens. Ich dachte an das schöne Venedig und den schönen Piero und an die paar verzauberten Tage, die wir nach der Hochzeit in St. Moritz verbracht hatten. Das könnte ich wieder haben. Oder? Man tritt nie zweimal in dasselbe Schlafzimmer. Wenn Sie erst anfangen, die Routine der Seligkeit zu sehen, ist es dann noch Seligkeit? Selbst Hedonisten können an ihre Uhr gefesselt werden. Ach, Zeit für mein nächtliches Eintauchen in Chaos und Urnacht. Die unterweltlichen Gottheiten lassen sich auf keinen Stundenplan ein. Macht man sie zur Routine, neigen sie zum Verschwinden. Und Pan? Er galoppiert zurück in den Urwald.

Und wenn ich nach Paris flöge? Nun, etwas Neues würde geschehen. Eine andere Tür würde sich öffnen. Oder schließen. Mir brach der Schweiß aus, wenn ich nur daran dachte. Ich fürchtete, meine Freiheit aufzugeben, mein Leben.

Ich flog nach Paris. Als ich mein Gepäck abholen ging, sah ich durch die Glasschranke diesen großen Bären von einem Mann, der mir wild zuwinkte und lächelte. Er hatte ein so offenes Gesicht. Als ich ihn hinter der Barriere traf, konnte er gar nicht aufhören, mir zu sagen, wie sehr er sich über mein Kommen freue. Als wir in den Wagen stiegen, den er gemietet hatte, schaute er mich ständig so intensiv an, daß wir dauernd auf den Gehsteig fuhren. Er hörte nicht auf zu sagen: »Ich bin so froh, daß du gekommen bist. Ich bin so froh, daß du gekommen bist.«

Wir stiegen in seinem Lieblingshotel ab, einem kleinen Relais in einem Park mitten im sechzehnten Arrondissement. Die Zimmer dieser früheren *maison de passe* waren winzig und voller gräßlicher Rokokomöbel, aber unsere Suite ging auf einen grünen Garten hinaus.

»Ich brauche ein Bad«, sagte ich. Ein Bad ist bei mir so etwas wie eine Lösung für alles. Ken lief geschäftig herum, ließ das Badewasser ein, gab piniengrünes Vitabath dazu, versuchte, mir beim Auspacken zu helfen, und tapste durch die winzige Suite, bis ich rief: »Bitte, sitz still! Du machst mich verrückt!« Er wollte so eifrig gefallen, daß er mich nervös machte.

Als ich endlich allein im Bad war, lag ich im Wasser und dachte nach. Was in aller Welt machte ich hier?

Es klopfte an die Tür.

»Möchtest du Tee oder Kaffee?« fragte er. »Soll ich etwas bestellen?«

Es ärgerte mich, beim Brüten gestört zu werden. Aber ich schrie: »Kaffee.«

Als ich aus der Wanne kam, setzten wir uns in den Wohnraum der Suite und tranken ihn.

»Es gefällt mir, wie du in deinem Körper zu Hause bist«, sagte er. »Du gehst einfach durchs Zimmer, angezogen, halb angezogen, ausgezogen, und fühlst dich wohl in deiner Haut. Ich war noch nie mit so einer Frau zusammen.«

»Wie meinst du das?«

»Normalerweise schließen sie die Tür ab und schminken sich. Frauen haben solche Angst davor, mit ihrem eigenen Gesicht gesehen zu werden.«

Wir redeten. Wir gingen zum Abendessen in eine Brasserie in der Nähe. Wir redeten und redeten und redeten noch ein bißchen mehr.

Beim Essen dachte ich daran, wie anders mein Abend verlaufen wäre, wenn ich nach Venedig gegangen wäre. Ich hätte eine Menge Zeit mit Telefonieren, Arrangieren, Absagen, erneutem Arrangieren zugebracht. Dann wäre heißer Sex gekommen – und dann der Abschied. Dies war das Gegenteil. Wir waren am Anfang, nicht am Ende von etwas. Wir wanderten lange durch die Straßen von Paris. Wir redeten. Als wir ins Hotel zurückkamen, redeten wir weiter. Irgendwann, dachte ich, werden wir den Sex aus dem Weg schaffen müssen, und was dann? Es war ein Rubikon, der überquert werden mußte, möglicherweise ein Waterloo.

»Ich habe seit Jahren kein Kondom mehr getragen«, sagte er und spielte Fröhlichkeit und Humor, um seine Panik zu verbergen, als die Rede auf Sex kam. »Ich habe jahrelang mit jemandem zusammengelebt.« Und tatsächlich führte die Prozedur, das obligatorische Kondom anzulegen, zu sofortiger Erschlaffung.

»So viel zu *political correctness*«, sagte er. Ich tat so, als lachte ich. Aber ich war verzweifelt und er auch. Als ich am nächsten Morgen erwachte und seine Erektion an meinem Körper spürte, verpaßte ich mir prompt einen ausgewachsenen Anfall von Schuldgefühlen gegenüber Piero, um auch nur der Möglichkeit von Sex zu entgehen. Armer Piero, dachte ich. Wie konnte ich ihm das antun? Wie konnte ich ihn eines anderen Mannes wegen im Stich lassen?

Armer Piero? Der arme Piero muß in der ganzen Zeit, die ich ihn kannte, zahlreiche andere Frauen gehabt haben, und ihn hatte ich nie gezwungen, ein Kondom zu tragen. (Wir haben ein Regelwerk für böse Buben und ein anderes für gute.)

Was wollte ich? Wollte ich zurück zum Tanz der Gigolos? Schließlich war es in meiner Generation Häresie, wenn der erste Sex irgend etwas anderes war als magisch, spontan, ein Wunder der Chemie. Wir hatten aufgehört, an Gott zu glauben, und sofortigen tollen Sex an seine Stelle gesetzt. Wenn sich das als problematisch erwies, erklärten wir Gott für tot. Das Land des Ficks war unser geheiligtes Land, und wenn es sich als schwer zugänglich herausstellte, erklärten wir uns für ausgesetzt.

Am Vormittag, dem Himmel sei Dank, hatte Ken eine Verabredung. Und ich blieb daheim, um zu schreiben. Ich brütete eine Weile vor mich hin, dann rief ich Piero in Venedig an. Er schien es bemerkenswert nonchalant aufzunehmen, daß ich nicht gekommen war, und murmelte etwas von Projekten, an denen er mit seiner Dame arbeiten müsse, und wie wenig Zeit er habe. (Er erwartete, mich im Sommer zu sehen, wenn ich meinen üblichen verfallenen Palazzo mieten sollte.)

Als Ken zurückkam, war ich entzückt, ihn zu sehen. Er hatte dieses sonnige Lächeln, das einen froh machte, am Leben zu sein. Er reichte mir ein kleines Päckchen. Ich öffnete es. Es war eine Erstausgabe von Colettes *Chéris Ende*.

»Ich wollte, daß du etwas hast, um dich an dieses Wochenende zu erinnern«, sagte er, »für den Fall, daß es unser letztes ist.«

»Woher hast du gewußt, daß das eines meiner Lieblingsbücher ist?« rief ich aus.

»Das habe ich nicht gewußt. Es schien mich nur vom Bücherregal aus anzulachen.«

Woher sollte er wissen, daß ich alle Stadien meines Lebens an Colettes Fortschritt maß? Ich hatte meinen Will gehabt, meinen Chéri – sollte er dieser unmögliche Mann sein, der auch ein Freund wird? Colette sah das als letztes Stadium eines Frauenlebens. Er hatte dieses Buch gekauft und es als Abschiedsandenken gedacht. Er wußte, daß Rettung angesagt war.

Doch was für eine Rettung! Irgendwie hatte er das einzige Buch herausgepickt, das mein Herz öffnen konnte.

Noch heute erstaunt es mich, daß wir durchhielten.

Denn die Wahrheit ist, daß ich mit Ken das einzige fand, was in meinem sexuellen Katalog nicht vorkam: Einfühlung. Ich dachte, ich würde alles kennen, aber das kannte ich nicht. Männer werden von der Macho-Mythologie genauso unterdrückt wie Frauen. Sie haben panische Angst davor, Lover sein zu müssen. Im Namen der Befreiung haben wir sie auf Lover oder gar nichts reduziert. Wir haben auf Gigolos bestanden und dann geweint, weil wir nur Gigolos bekamen. »Chemie« ist zur neuen Tyrannei für meine angeblich sexuell befreite Generation geworden. Aber Chemie kann durch Nähe blockiert werden.

Was ich mit Ken lernte, ist, daß einige von uns die Liebe noch mehr fürchten als wünschen. Wir haben gelernt, den Sex zu benutzen, um die Liebe zu verbannen.

Eine merkwürdige Konstellation der Sterne brachte Joan Collins zur gleichen Zeit nach Paris wie uns. Sie lud uns ein, beim Drehen eines Interviews für das französische Fernsehen zuzuschauen. Danach sollten wir alle zum Abendessen in die Brasserie Lipp gehen.

Joan wurde in einem phantastischen rosa Chanelkostüm und in einem Interieur mit Antiquitäten von Didier Aaron interviewt. Aus irgendeinem Grund sprach sie über Antiquitäten und darüber, wieviel Spaß es machen würde, sie zu kaufen. Ich saß dabei und beobachtete ihre perfekte Professionalität. Hier war eine Frau, die das System geschlagen, alle ihre Ehemänner überlebt, ihre Kinder gerettet und der Welt, die über ältere Frauen lachte (und Schauspielerinnen als frei verfügbare Gebrauchsgegenstände behandelte), eine lange Nase gedreht hatte. Sie hatte schließlich die beste Rache genossen: ein gutes Leben. In einer geistig gesunden Welt wäre sie ein Rollenvorbild, kein Angriffsziel für andere Frauen. Doch die Feministinnen hatten ebensoviel gegen sie wie männliche Chauvinisten. Warum? Weil sie Make-up trug? Weil sie es wagte, eine ältere Frau zu spielen, die sexy ist? Weil sie sich als Schauspielerin, die sie ist, darauf versteht, einen Auftritt zu inszenieren?

Nach den Dreharbeiten gingen Joan, ihr Freund Robin, Ken und ich zum Tee ins Hotel Bristol. Ein amerikanisches Ehepaar erblickte uns, Joan und ich gingen vor den Männern. Die Frau blieb stehen und rief: »Da ist Joan Collins!«

»Welche ist es?« fragte der Mann.

So ist der Ruhm.

An diesem Abend bei Lipp waren wir eine fröhliche Tischrunde. Nachdem die Presse so über sie hergezogen war, wollte Joan nicht mit ihrem Freund Robin Hurlstone fotografiert werden, und darum bat sie Ken, ihr männlicher Begleiter zu sein. Sie sprach mit ihm, ich sprach mit Robin, und die Paparazzi waren gebührend verwirrt, als wir eintraten. Jetzt sammelten sie sich in Massen auf der Straße vor dem Restaurant. (Kein Wunder, daß die Paparazzi die Prominenten hassen, von denen sie sich ernähren. Sie warten immer draußen in der Kälte, während die Beute drinnen beim Essen sitzt.)

Wenn ich in der Nähe von Prominenten von Joan Collins' Kaliber bin, bin ich immer dankbar, bloß eine Schriftstellerin zu sein. Ich werde vielleicht für kurze Zeitspannen erkannt, wenn ich Werbung für ein Buch mache, aber in der restlichen Zeit bin ich unsichtbar und mache mir Notizen.

Irgendwann im Laufe dieses sehr fröhlichen (wenn auch etwas zu öffentlichen) Essens gingen Joan, ihre Sekretärin und ich nach unten in den Waschraum.

»Er ist klasse«, sagte Joan über Ken. »Und er scheint intelligent genug für dich.« Sie rollte mit den riesigen Augen.

Da ich zu diesem Zeitpunkt alles in meiner Macht Stehende versuchte, um von Ken wegzukommen, gab es mir zu denken, daß Joan ihn »klasse« fand. Ich dachte dauernd daran, Paris zu verlassen und nach Venedig zu fliegen, doch dann fiel mir wieder ein, daß ich nichts hatte, weswegen ich hinfliegen sollte.

Es ist schwer, sich jemandem zu öffnen, der einen wirklich lieben könnte. Ich versuchte ständig, Ken zu vertreiben, und er bestand eine Prüfung nach der anderen, indem er blieb.

Ständig bemühte er sich, Dinge für mich zu tun, so ließ er etwa das Badewasser ein oder fütterte mich mit Imbissen. Ich erinnere mich, wie wir beide in der winzigen Suite herumhüpften wie Boxer im Ring.

»Glaub doch nicht, keiner würde dich je lieben, wenn du nicht dauernd etwas für ihn tust!« rief ich verzweifelt.

Das ließ ihn innehalten.

»Nein«, sagte er.

»Nun, du bist liebenswert«, schrie ich, »das Problem ist bloß, du glaubst es nicht.«

Er fing an zu weinen. Er lehnte sich auf dem Bett zurück, und Tränen strömten über sein Gesicht. Ich warf die Arme um ihn.

»Du bist liebenswert, du bist es«, sagte ich. Und unter Tränen liebten wir uns an diesem Abend zum ersten Mal.

So begann unsere Beziehung. Wäre ich Buchmacherin gewesen, hätte ich nicht darauf gewettet.

Ein paar Wochen später, zurück in den Staaten, nahm er mich für ein Wochenende in sein Haus in Vermont mit. Es war zu stürmisch, um zu fliegen, und so fuhren wir die Route 89 hinauf nach Brattleboro und schlugen dann den Weg in die

Green Mountains ein. In Putney hielten wir zum Abendessen an. Das Gespräch zwischen uns war flüssig wie immer, und ich bekam Angst davor, wie nahe wir uns rückten.

»Ich habe mein ganzes Leben lang auf dich gewartet«, sagte er.

»Ich habe schreckliche Angst«, sagte ich, da ich es endlich erkannte.

»Wovor?«

»Wenn ich dich liebe, werde ich die ganze Zeit versuchen, dir zu gefallen, und nicht schreiben können«, sagte ich. »Ich muß frei sein, um bei meinem Schreiben ehrlich zu sein, und das muß vor allem anderen kommen. Ich kann keinen Mann beschützen.«

»Schreibe, was immer du über mich schreiben mußt, über alles schreiben mußt«, sagte er. »Das werde ich dir nie übelnehmen. Deshalb liebe ich dich.«

»Das sagst du jetzt, aber es wird sich ändern. Es ändert sich immer. Männer sagen eine Sache, wenn sie hinter dir her sind, und eine andere, wenn sie dich eingefangen haben. Vermutlich glaubst du im Augenblick, was du sagst – aber das wird sich ändern, das verspreche ich dir.«

»Nein, das wird es nicht«, sagte er. »Außerdem, ich bin nicht Männer.« Er griff nach einer Serviette. »Ich entbinde dich – von allem«, schrieb er darauf. Und dann: »Schreib, was immer du willst, immer.« Und er fügte seine Unterschrift und das Datum hinzu.

Ich habe dieses Dokument noch immer in einem Safe.

Aber in Wirklichkeit hatte ich mehr Angst vor mir selbst als vor ihm. Wenn ich ihn liebte, würde ich dann mein Schreiben zensieren, um ihm zu gefallen? Wenn ich ihn heiratete, würde ich mich dann auch zwingen, verheiratet zu schreiben?

Das war anfangs mein Dilemma, denn vier Monate später heirateten wir in Vermont. Ich mußte meine eigene Tendenz bekämpfen, gefallen zu wollen, indem ich die Wahrheit zensierte.

Doch das wollte er nicht. Und es war an ihm, mich davon zu überzeugen.

»Wenn du irgend etwas zensierst«, sagte er, »wirst du schließlich verrückt werden und mich verlassen. Mir ist lieber, daß du die Wahrheit sagst und bleibst.«

Es war mein spezieller Wahnsinn zu glauben, ich müsse immer zwischen meinem Schreiben und dem Leben wählen. Vielleicht ist das der Wahnsinn jeder Schriftstellerin. Ich kämpfte noch immer den Krieg meiner Mutter und Großmutter.

Ehe wir im August in Vermont heirateten, gaben unsere Eltern ein kleines Essen in einem Landgasthof. Auf dem Heimweg verfuhren Molly und ich uns. Ken fuhr seine Eltern zurück ins Sugarbush Inn, und ich fuhr Molly. Irgendwo nahm ich eine falsche Abzweigung und fuhr über die Berge in Richtung New York. Es regnete in Strömen. Ich fuhr und fuhr.

Molly machte sich wie üblich über meinen mangelnden Orientierungssinn lustig.

»Weißt du, Mom«, sagte sie, »du brauchst nicht zu heiraten, wenn du nicht willst.«

In diesem Moment wurden wir gefunden. Ken und sein Vater fuhren hinter uns.

Erst nach unserer Heirat entdeckten wir alle Gründe, aus denen unsere Ehe unvermeidlich war. Seine natürliche Munterkeit gleicht meine gewohnte Düsternis aus. Er hat die gleiche verrückte Zähigkeit wie mein Vater. Er gibt nie einen Kampf auf. Er ist besessen vom Dämon der verrückten Witze. Mitten in der Nacht wacht er lachend auf. Er hat es nötiger, mich zu lieben als mich wegzustoßen. Ich brauche die Liebe zu ihm mehr als das Gefühl von Verlassenheit und Entbehrung.

Warum haben wir geheiratet, statt einfach zusammenzuleben? Weil wir das Wissen brauchten, daß wir bleiben und daran arbeiten würden, wenn es hart auf hart kam. Und es gab Härten jeder Art. Sexuelle Probleme, Geldprobleme, die einzigartigen Schwierigkeiten von Stieffamilien. Manchmal streiten wir uns wie die Kesselflicker und schlafen miteinander wie

Liebende. Manchmal drehen wir einander den Rücken zu. Selbst wenn wir schreien und mit Sachen werfen, sind wir Freunde. Wer ist der Mann und wer die Frau? Manchmal weiß das keiner von uns. Die Ehe ist androgyn – wie die engsten Freundschaften. Sie wird halten.

Beide akzeptieren wir die Tatsache, daß wir Geschichte machen, indem wir versuchen, eine Ehe von Gleichberechtigten zu führen (wie der Rest unserer Pioniergeneration). Beide akzeptieren wir die Tatsache, daß wir einander nicht gehören. Beide sind wir fähig, dem anderen alles zu sagen – und wir hatten so schwarze Kräche, daß es aussah, als würde die Sonne nie wieder aufgehen.

Doch auf dem Grund all der Düsternis gibt es ein Gefühl, daß wir füreinander verantwortlich sind – wenn nicht sogar verantwortlich für das Glück des anderen. Es gibt Einfühlung, Bewunderung, Respekt vor der Intelligenz und Ehrlichkeit des anderen. Ich kann mir nicht vorstellen, ein so nacktes Buch wie dieses zu schreiben, wenn diese Ehe nicht wäre.

Wenn ich feststecke, sagt Ken: »Was soll's, wenn sie dich angreifen oder sich über dich lustig machen – das hast du früher schon überstanden. Es löscht deine Worte nicht aus.«

Und mir wird klar, daß ich alles überstanden habe und am anderen Ende wieder herausgekommen bin, lachend und meinem besten Freund im Bett laut vorlesend.

15

Männer sind nicht das Problem

Frauen sind nun einmal die Feiglinge, die sie sind, weil sie so lange Zeit halbe Sklaven waren. Die Zahl der Frauen, die bereit sind, einzustehen für das, was sie wirklich denken, fühlen, erfahren mit einem Mann, den sie lieben, ist noch klein. Die meisten Frauen rennen noch immer wie kleine Hunde, nach denen man Steine wirft, wenn ein Mann sagt: Du bist unweiblich, aggressiv, du kastrierst mich.
Doris Lessing, aus dem Vorwort zu
Das Goldene Notizbuch.

Weil ich als Zweitgeborene zwischen zwei Schwestern aufgewachsen bin, war ich mir immer der Rücksichtslosigkeit von Frauen bewußt, der vehementen Konkurrenz, die zwischen Schwestern möglich ist. Als kleines Mädchen wäre ich gern den Brownies oder Girl Scouts beigetreten und wagte es nicht, weil meine ältere Schwester Pfadfinderinnen als Tugendbolde und erbärmlich spießig betrachtete. Als ich in Barnard mit der Mitgliedschaft im Honour Board beehrt wurde (was einem das zweifelhafte Privileg einbrachte, eine schwarze Robe zu tragen und bei Abschlußprüfungen die Aufsicht zu führen), verschwieg ich es meiner älteren Schwester, da ich wußte, daß sie sich über mich lustig machen würde. Sie war die Rebellin und ich die brave Kleine, während meine jüngere Schwester, Claudia, meine Last war, meine Verantwortung, mein Kreuz, das ich zu tragen hatte. Ich lag häufig im Bett und fragte mich, ob die Nagelschere im Badezimmer meiner Mutter auf geheimnisvolle Weise aus dem Necessaire fliegen und meine kleine Schwester ins Herz stechen würde. Und dann dachte ich mir ausgetüftelte Pläne aus, um das zu verhindern – ich machte meinen eigenen Wunsch in Gedanken ungeschehen.

Also weiß ich, wie gemein Frauen zu anderen Frauen sein können. Ich weiß es aus meinen eigenen verdrängten Wünschen. Die Männer in meinem Leben waren gewöhnlich freundlicher und weniger kritisch. Sogar meine literarische Karriere wurde von freundlichen Männern gefördert, von Jim Clifford bis Louis Untermeyer, von John Updike bis Henry Miller und Anthony Burgess. Manchmal legten gerade diese als Sexisten verschrienen Männer mehr wohlwollende Billigung der weiblichen Vorstellungskraft an den Tag als viele Frauen. Viele Frauen schienen tatsächlich zu fordern, Literatur solle nicht spielerisch sein, und Heldinnen müßten der einen oder anderen Parteilinie angehören. Da ich Fiktion und Lyrik schrieb, hatte ich oft das Gefühl, es gar nicht richtig machen zu können, denn das Ziel waren nicht Gleichnisse, sondern eine so byzantinische *political correctness*, daß ihr niemand entsprechen konnte – nicht einmal die Gesetzgeberinnen selbst. Wenn ich über eine Frau schrieb, die einem Mann hörig war, dann galt das als falsch, als könne meine Fiktion Fakten schaffen, als sei der Spiegel, der der Natur vorgehalten wurde, ein Schwert. Wenn ich über die Freude beim Stillen eines Babys schrieb, galt ich als konterrevolutionär, als schlechte Schwester – als sei die Brust nicht unser Symbol. Wenn ich schrieb, daß Frauen unfreundlich sein können, dann galt ich als Verräterin – als sei es kein schlimmerer Verrat, so zu tun, als seien alle Frauen freundlich. Mir war nicht gestattet, auf der Buchseite zu spielen. Alles wurde als politische Anleitung und daher als gefährlich angesehen. Ich entdeckte (wie viele andere Schriftstellerinnen auch), daß die Regeln sehr viel strenger waren, wenn sie von Frauen kamen, als wenn sie von Männern aufgestellt waren.

Das bekam ich bitter zu schmecken, als ich 1979 als frischgebackene Mutter, die gerade zu stillen aufgehört hatte, bei einem Lyrikfestival für Frauen in San Francisco eine Reihe von Gedichten über Schwangerschaft und Geburt vorlas. Ich begann mit diesem:

Dich nähren

In der ersten Nacht
des Vollmonds
brach die Urblase des Ozeans
& ich gebar dich
kleine Frau,
kleiner Rotschopf,
kleine Stupsnase,
preßte dich aus mir heraus
wie meine Mutter
mich aus sich herauspreßte,
wie ihre Mutter
& vor ihr die Mutter ihrer Mutter,
alle geboren
als Frau.

Ich bin die zweite Tochter
einer zweiten Tochter,
aber du sollst die erste sein.
Du sollst den Ausdruck
»zweites Geschlecht«
nur mit Verwirrung sehen
und dich fragen, wie irgend jemand,
außer einem Verrückten,
dich »zweite« nennen kann,
wo du doch so prachtvoll
erste bist,
sogar deiner Mutter
Erstheit, Weite, Fülle gibst
während der volle Mond
den Himmel erhellt.

Jetzt ist der Mond wieder voll
& du bist vier Wochen alt.

Kleiner Löwe, Löwin,
maunzend nach meinen Brüsten,
den Mond anknurrend,
wie liebe ich deine herzhafte Energie,
dein forderndes rotes Gesicht,
deinen heulenden, hungrigen Mund,
deine Schreie, dein Weinen,
die alle Leben buchstabieren
mit großen Buchstaben
in der Farbe von Blut.

Als Frau bist du geboren
um der bloßen Glorie dessen willen,
kleiner Rotschopf, schöne Schreierin.
Du bist nicht das zweite Geschlecht,
sondern das erste des ersten;
& wenn die Mondphasen
den Zyklus deines Lebens
ausfüllen,
wirst du krähen
vor Freude
eine Frau zu sein,
und dem bleichen Mond sagen
er solle sich
im blauen Ozean ertränken
& frohlocken, frohlocken, frohlocken
im rosigen Wunder
deines sonnigen, wunderbaren
Selbst.

Als ich fertig war, hörte ich, daß viele Zuhörerinnen zischten.
 Bekehrt zur verwandelnden Macht der Mutterschaft, erkannte ich plötzlich, daß sie Teil des weiblichen Heldentums ist; daß eine Frau, wenn sie erst Mutter wird, in ihrem Feminismus radikaler werden kann. Ihr Einsatz bei der Rettung der

Erde vor männlichen Politikern ist höher. Ihr Einsatz in Erziehung und Gesundheit, Umwelt und Sozialpolitik ist höher. Sie begreift endlich, wie unsere Gesellschaft Mütter und Kinder zu ihrer geringsten Priorität macht.

Doch die Frauen bei diesem Festival – viele davon Fans von *Angst vorm Fliegen*, *Rette sich wer kann* und den frühen Lyrikbüchern – schienen sich von diesem und anderen Gedichten über Mutterschaft betrogen zu fühlen. Sie pfiffen und buhten – obwohl viele von ihnen Kinder in den Armen hielten. Damals fühlte ich mich verraten. Hatte ich nicht versucht, Schriftstellerin und Mutter zu sein? Hatte ich nicht versucht, andere kreative Frauen zu unterstützen? Die Kritik der Frauen schmerzte wesentlich mehr als jede Kritik von Männern. Sie schien von meiner Mutter und meinen Schwestern, die mir meinen Erfolg schon lange verübelten, auf meine Haut geschrieben zu sein.

Doch meine Jo-Jo-Generation ist mit Begriffen zwanghafter Mutterschaft aufgewachsen. Man gab uns Namen wie »alte Erstgebärende« und schlimmere. Befreiung bedeutete: keinen Zwang mehr. Vielleicht hatten die buhenden Frauen im Publikum das Gefühl, ich werfe mein Gewicht in die Waagschale der zwanghaften Mutterschaft, obwohl ich das natürlich nicht tat. Ich war eine späte, widerstrebende Mutter, eine ältere Erstgebärende, und ich hatte all meine Kraft und all meinen Mut gebraucht, um mich zu einem Baby zu entschließen. Und dann überraschte es mich, daß die Schwangerschaft mich veränderte und ich mich in das Baby verliebte. Die Wandlung zur Mutter machte mich nicht abgeklärter. Wenn überhaupt etwas, dann wurde mein Feminismus vehementer.

Doch all das konnte ich an diesem Tag in San Francisco nicht in Worte fassen. Ich begriff es selbst noch nicht.

Diese und ähnliche Erfahrungen lehrten mich, daß es von entscheidender Bedeutung ist, Frauen vor allem beizubringen, sich zu verbünden. Wir werden so erzogen, daß wir das nicht gut können. Trotz all der Mannschaftssportarten, die jungen

Mädchen heute offenstehen, intrigieren sie noch immer gegeneinander, wie es die Mädchen meiner Generation taten. Sie konkurrieren in bezug auf Kleider, Jungen, Status und Geld und belegen sich gegenseitig noch immer mit Schimpfnamen.

Einmal ging ich ins Zimmer meiner Tochter und hörte zufällig, wie sie und zwei Freundinnen ein anderes Mädchen als »Schlampe« bezeichneten.

»Nennt ein Mädchen niemals Schlampe«, sagte ich. »Das ist ein sexistischer Begriff.«

Molly: »Aber sie ist eine Schlampe, Mommy.«

Mommy: »Der Ausdruck wertet Frauen ab, bloß weil sie sexuell aktiv sind.«

Molly (zu ihren Freundinnen): »Das kommt davon, daß meine Mom die Sex-Autorin der westlichen Welt ist. Sie war ganz oft verheiratet.«

»Vier Ehen sind nicht ganz oft, wenn man bedenkt, wie alt ich bin«, sage ich und zitiere Barbara Follett, die ebenfalls viermal geheiratet hat.

Mollys Freundinnen kichern.

Ich schließe die Tür.

Separatismus zwischen den Geschlechtern bedeutet nicht automatisch Feminismus, und Feminismus bedeutet nicht automatisch Männerhaß. Viele Mütter und Ehefrauen, die sich in den Siebzigern dem organisierten Feminismus anschließen wollten, berichteten von der gleichen schmerzhaften Zurückweisung, die ich erlebt habe. Für meine Generation waren feministische Ideen nie mächtiger als damals. Doch eine chronische Kurzsichtigkeit erschwerte es einigen feministischen Organisationen, das Eisen zu schmieden, solange es heiß war. Wenn man einen »bürgerlichen Lebensstil« praktizierte, wurde man als aussätzig behandelt. Man bekam das Gefühl, gemieden zu werden, wenn man nicht die Insignien radikalen Lesbentums trug. Und es waren Insignien. Damals herrschte ein Stil vor, dem man sich anzupassen hatte: Overalls, Arbeitsstiefel, kein Make-up. Es war wichtig, so auszusehen, als komme man geradewegs aus einer Kommune. Lippenstift und Lidschatten waren nicht nur konterrevolutionär, sie wurden auch in Kritiken meiner Bücher erwähnt. Niemand war sexistischer als diese Feministinnen.

Wie konnte unsere Generation plötzlich den Werten abschwören, mit denen sie erzogen worden war? Sie konnte es eben nicht. Ein paar von uns wurden Extremistinnen, wie alle, die eigentlich Angst haben. Und wie bei Revolutionen üblich, vertrieben die Eiferer die Gemäßigten. Die Hasser des Feminismus nutzten die Spaltung für ihre eigenen Zwecke aus. So wuchs eine ganze Generation von Töchtern heran, die von dem Begriff »feministisch« nichts wissen wollte.

Die Wahrheit war, daß wir alle diskriminiert wurden, einfach, weil wir Frauen waren – warum haben wir das nicht gesehen? Frauen, die sich wegen politischer Unlauterkeit gegenseitig ablehnten, würden sich niemals solidarisieren und den Feminismus voranbringen. Wir brauchten alle Arten von Feministinnen. Wir brauchen sie immer noch.

Wer ist bei einem Holocaust in größeren Schwierigkeiten, die wenigen, die sich dem Widerstand anschließen und ihr Leben dem Kampf widmen, oder die vielen, die denken, es werde vorübergehen und das Leben wieder normal?

Man muß verheiratete Frauen mit Kindern gewinnen, weil sie Gefahr laufen, sich über den »Schutz«, den sie von Männern bekommen, etwas vorzumachen. Vielleicht sind unfaire Scheidungen, die Belästigung oder Entführung ihrer Kinder oder brutale Mißhandlung nötig, um sie aufzuwecken. Die alltäglichen, gewöhnlichen, häuslichen Grausamkeiten, die in der Ehe zwischen Mann und Frau vorkommen, erzeugen vielleicht Wut, aber sie können keine Bewegung aufbauen. Das ist die Rolle des Feminismus.

Alle Frauen haben eine gemeinsame Sache. Separatismus ist schlecht für unsere Bewegung. Separatistische Tendenzen der siebziger Jahre warfen unseren Erfolg zurück und halfen, dem Gegenschlag die Tür zu öffnen.

Kein Wunder, daß das Wort »Feminismus« gefürchtet wurde. Es war viel zu eng definiert. Ich definiere eine Feministin als sich selbst ermächtigende Frau, die dasselbe für ihre Schwestern will. Ich glaube nicht, daß der Begriff eine bestimmte sexuelle Orientierung, einen bestimmten Kleidungsstil oder die Zugehörigkeit zu einer bestimmten politischen Partei beinhaltet. Eine Feministin ist nur eine Frau, die die Vorstellung nicht akzeptieren will, daß die Macht der Frauen von den Männern kommen muß.

Die Wiederkehr des Frauenhasses in den achtziger Jahren war teilweise ein Produkt der rechtsgerichteten politischen Macht. Aber sie war auch, mindestens zum Teil, eine Reaktion der Politik von Frauen gegen Frauen. Stellen Sie sich vor, was wir hätten tun können, um den Gegenschlag zu kontern, wenn wir einig gewesen wären statt gespalten? Wir wachten erst auf und fingen mit dem Aufbau von Solidarität an, als die Reaktion gegen den Feminismus sich schon über ein Jahrzehnt festgesetzt hatte.

Warum sind Frauen zu anderen Frauen so wenig großzügig? Liegt es daran, daß wir so lange Alibifrauen waren? Oder gibt es eine tiefere Animosität, die zu erforschen wir uns schuldig sind?

Ein Verleger, der auf ausgezeichnete Lyrikbände spezialisiert ist, schrieb mir verzweifelt, jede bedeutendere Dichterin, die er angesprochen habe, habe sich geweigert, für das Buch einer begabten jungen Dichterin ein lobendes Zitat zu signieren. Er konnte nicht verstehen, wieso Frauen einander so ungern halfen, sogar im angeblichen »Jahr der Frau«, und flehte mich an, das Buch zu lesen. Ich las es, war davon bewegt und lobte es. Doch mir ging kurz die Vorstellung durch den Kopf, ich könnte irgendwie meine eigenen Chancen auf dies und das – was, wußte ich nicht – beeinträchtigen, indem ich dieser Dichterin half. Wenn es nur für eine Dichterin Raum gab, dann wäre wieder ein Platz besetzt.

»Pfeif drauf«, sagte ich mir. Und schickte das lobende Zitat ab. Aber meine Reaktion ist vielsagend. Wenn ich noch immer das Gefühl habe, mit anderen Frauen zu konkurrieren, wie fühlen dann weniger bekannte Frauen? Schrecklich, muß ich annehmen.

Ich mußte mich darin üben, auf Partys Frauen genausoviel Aufmerksamkeit zu widmen wie Männern. Ich mußte meine Beziehungen zu meinen Schwestern nähren und Feindseligkeit und Neid ablegen. Ich mußte an der Freundschaft zu meiner besten Freundin arbeiten, damit sie trotz aller Widrigkeiten funktionierte. Ich mußte mich zwingen, die Kreativität anderer Frauen nicht abschätzig abzutun. Wir waren so lange halbe Sklavinnen (wie Doris Lessing schreibt), daß wir die Freiheit in uns selbst pflegen müssen. Sie kommt nicht von allein. Noch nicht.

In ihren brillanten Büchern über das Drama der kindlichen Entwicklung hat Alice Miller unter anderem eine Theorie der Freiheit entworfen. Damit es sich die Freiheit zu eigen machen kann, muß ein Kind ausreichend genährt, ausreichend geliebt werden. Sicherheit und Fülle sind die Grundlagen von Freiheit. Alice Miller zeigt, wie falsche Kindererziehung von einer Generation an die nächste weitergegeben wird und wie der Faschismus von Generationen mißbrauchter Kinder profitiert. Frauen sind jahrhundertelang mißbraucht worden, also sollte es niemanden überraschen, daß das, was wir am besten können, der gegenseitige Mißbrauch ist. Solange wir nicht lernen, damit aufzuhören, bleibt unsere Revolution unwirksam.

Die meisten Frauen werden in der Kindheit geschädigt, sie sind ungeschützt und unrespektiert, und sie werden unaufrichtig behandelt. Ist es da ein Wunder, daß wir starke Abwehrmechanismen gegen andere Frauen errichten, da diejenigen, die in der Kindheit diesen Mißbrauch trieben, so oft Frauen waren? Ist es ein Wunder, daß wir Einschüchterung mit Einschüchterung vergelten oder unsere größte Wut denen vorbehalten, die uns an unsere eigenen Schwächen erinnern, nämlich anderen Frauen?

Männer mögen intellektuell herablassend oder flegelhaft anzüglich sein oder uns von ihren Clubs fernhalten, aber sie sind selten so berechnend grausam wie Frauen. Sie neigen eher dazu, uns zu fördern, wenn wir jung und niedlich sind (und wie goldige Töchter aussehen), und uns zu ignorieren, wenn wir älter und unserer Meinungen sicherer sind (und wie angsterregende Mütter aussehen), aber sie wissen nicht wirklich, was sie tun. Sie sind zu sehr damit beschäftigt, sich mit anderen Männern zu verbünden und männliche Hackordnungen zu schaffen, um uns zu beachten. Wenn wir geschickt darin wären, Kompromisse zu schließen und uns zu verbünden, könnten wir die Gesellschaft verändern. Das Problem ist: Wir sind noch nicht gut darin. Wir streiten uns noch immer untereinander. Das ist die Krise, vor der der Feminismus heute steht. Es war lehrreich, jüngere Feministinnen zu lesen wie Naomi Wolf und Katie Roiphe. Das sind zwei Frauen, die von gestandenen feministischen Müttern in einer Zeit erzogen wurden, als Frauen nach Princeton und Yale gehen und Rhodes-Stipendiaten werden konnten, und beiden war der programmatische zeitgenössische Feminismus auf unterschiedliche Weise unbehaglich. Was war ihnen unbehaglich? Einfach ausgedrückt: daß der Feminismus es nicht geschafft hatte, weibliches sexuelles Verlangen und weibliche Ambivalenz der Macht gegenüber zu berücksichtigen. Katie Roiphe reagiert auf die »*Take-Back-the-Night*«-Märsche auf ihrem Campus in Princeton mit einem Plädoyer dafür, die Sexualität als ein Merkmal des Menschen anzusehen und nicht als etwas, das Frauen von wüsten Vergewaltigern aufgezwungen wird. Naomi Wolf wagt es, den Mythos des »Opferfeminismus« zu untersuchen, und plädiert dafür, Frauen als ebenso voll guter und böser Wünsche, als ebenso gierig nach sexueller Erfüllung und Macht wie Männer anzusehen, jedoch zurückgehalten durch die Zwillingsmythen vom artigen Mädchen und von der sentimentalen Schwesternschaft. Obwohl sie vielleicht allzu zuversichtlich ist, Frauen könnten ihre Angst vor Macht überwinden, erfüllt Wolf mich mit Hoffnung, weil ich ihre Analyse als Erschütterung der falschen Kategorien betrachte, die meine Generation gefangen hielten. Frauen brauchen nicht in allem übereinzustimmen, um sich miteinander zu verbünden und die weibliche Macht zu fördern. Frauen brauchen das böse Mädchen in ihrem Inneren nicht auszustoßen, um ihr Recht auf Macht zu behaupten. Frauen brauchen ihre Sexualität nicht abzulegen, um »gute Schwestern« zu sein.

Die Tatsache, daß jüngere Feministinnen kommen und die Frauenbewegung mit dieser Debatte beleben, ist faszinierend. (Susie Bright ist eine weitere junge Stimme von vehementem Feminismus und herzhafter politischer Unkorrektheit.) Das macht mir Hoffnung auf eine neue Bewegung, die wirklich eine Massenbewegung werden kann. Ich kenne die Hindernisse, denen Roiphe, Wolf und Bright begegnen werden, wenn sie als Schriftstellerinnen reifen. Die meisten Hindernisse werden von anderen Frauen kommen, die, nachdem sie selbst es sich jahrelang verwehrt haben, sich auszudrücken, vielleicht wütend darauf reagieren, daß attraktive, privilegierte junge Frauen es wagen, so frei und provozierend in die Welt des intellektuellen Diskurses einzutreten. Und tatsächlich wurden diese jungen Autorinnen schon wegen ihrer sexuellen Offenheit angeprangert.

Das bringt mich zu der Frage älterer und jüngerer Frauen und der Rivalität zwischen uns. Als ich jung und gerade in Mode war – wie Wolf und Roiphe heute –, war ich entsetzt über den Haß und die Feindseligkeit, die mir von älteren Frauen entgegenschlugen. Damit hatte ich nicht gerechnet. Und es schmerzte mehr als die Kritik, die ich von Männern bekam. Die hatte ich mehr oder weniger erwartet. Noch heute ist es schwer, sich an den Haß zu erinnern, der auf das Erscheinen von *Angst vorm Fliegen* folgte.

Journalistinnen, die mir unter vier Augen anvertrauten, sie identifizierten sich zutiefst mit dem Buch, griffen mich in der Öffentlichkeit an, oft unter Verwendung genau der Vertraulichkeiten, die sie mir entlockt hatten, indem sie von ihrer Identifikation sprachen. Das Gefühl des Verrats war extrem. Von diesen bitteren Kritikerinnen fühlte ich mich stärker mundtot gemacht als jemals von männlichen Kritikern.

Nach und nach begriff ich, daß diese Tendenz zu blutigen Angriffen kein weibliches Charaktermerkmal an sich ist, sondern typisch für eine Frau, der man wichtige Teile des Körpers und der Persönlichkeit vorenthält. Ihre Füße waren gefesselt, ihre Klitoris beschnitten worden, und sie hatte nur noch ihre Nägel und ihre Zähne. Das waren keine natürlichen Frauen, sondern Frauen, denen Teile fehlten. *Weiblicher Eunuch* war der brillante Ausdruck, den Germaine Greer für solche Geschöpfe prägte, da sie intuitiv verstand, daß volle weibliche Sexualität die volle weibliche Revolution impliziert. Doch Frauen, die man in Puritanismus und Zweitklassigkeit trainiert hatte, waren kaum bereit für die volle weibliche Revolution. Als Rivalinnen gegeneinander aufgehetzt, konnten sie sich eine Gesellschaft nicht einmal vorstellen, in der ältere Frauen jüngere emotional unterstützen, in der weibliche Sexualität gepriesen wird, in der man herausragende Frauen feiert. Das Kapo-System hatte Frauen jahrhundertelang voneinander abgespalten und zu Feindinnen ihresgleichen und des weiblichen Fortschritts gemacht.

Oft habe ich die Erfahrung gemacht, daß ich eine junge Journalistin willkommen hieß, die von meinen Büchern inspiriert oder bewegt war, und daß sie mir dann später einen Ausschnitt aus ihrer Zeitung mit der traurigen Entschuldigung schickte, man habe sie gezwungen, ihre eigenen Gefühle zu zensieren, ihre Zustimmung in Mißbilligung umzumünzen und mehr »Biß« zu beweisen (d. h., mir böse Schläge zu versetzen und meinen Charakter schlechtzumachen – ob wahr oder nicht). Oft ist der auftraggebende Redakteur, der diese Klitoridektomie verlangt, eine Frau – eine vom System gebeutelte Frau –, die ihren Job behalten hat, indem sie scheinbar die gleichen Meinungen hatte wie ihre Chefs und diese Meinungen daher strenger erzwingt, als diese selbst es vielleicht tun würden.

Wir müssen lernen, ganze Geschöpfe zu werden, um die

Freiheit der Frauen zu einem natürlichen Teil unserer Gesellschaft zu machen. Uns obliegt es, dieses Territorium abzustecken. Männer können das nicht für uns tun. Das ist nicht ihre Sache. Wir müssen lernen, einander zu lieben und zu unterstützen, ohne ideologische Konformität zu fordern. Wir müssen lernen, uns darauf zu einigen, daß wir verschiedener Meinung sind, zu kämpfen wie Erwachsene, und zwar fair zu kämpfen, damit wir viele Arten von Feminismus in das große Zelt einlassen und uns nicht in immer kleinere und immer machtlosere Gruppen spalten. Das nämlich führt zum Triumph des Sexismus – und wir sind dabei Komplizinnen. Der Feminismus kann sich keine »Große Lüge« leisten, doch in den letzten zwei Jahrzehnten lebte er eine. Teilweise ist das der Grund, warum das Wort so diskreditiert ist. Frauen sind nicht nur nett und lieb, nicht nur Opfer sexueller Gier, mit der sie nichts zu tun haben wollen, keine zahnlosen, krallenlosen, zum Neutrum gemachten Kreaturen. Im Namen eines falschen Feminismus hat man uns aber aufgefordert, uns als solche auszugeben. Und diejenigen von uns, die auf andere Weise über Frauen schrieben, wurden zu »schlechten Schwestern« erklärt und aus dem Zirkuszelt ausgesperrt.

Da dies mein Schicksal als Schriftstellerin in meinem eigenen Land war (im Ausland etwas weniger), glaube ich ein Recht zu haben, darüber zu sprechen. Für mich hatte es Perioden quälender Blockierung zur Folge, in denen ich zu schreiben versuchte und nicht konnte, weil ich wußte, daß alles, was ich sagte, falsch sein würde. Nach und nach erkannte ich, daß Frauen es geschafft hatten, mir etwas anzutun, was Männer mir nicht länger antun konnten: Ich fühlte mich total und absolut im Unrecht, haßte meine eigene Kreativität, mißtraute meinen eigenen Eindrücken, kritisierte mich im Nachhinein, bis nichts, was ich sagte, klar genug sein konnte, um verstanden zu werden. Ich setzte mich zum Schreiben hin und war so von Selbsthaß gepackt, daß ich nicht funktionieren konnte. Jedesmal, wenn ich die Feder aufs Papier setzte, sah ich einen Chor höhnisch johlender Frauen, die mir klarmachten, nichts von dem, was ich sagte, sei wert, gesagt zu werden.

Wenn Frauen die Krankheit des Sexismus so absorbiert haben, daß sie einander selbst damit anstecken können, haben wir natürlich ein perfektes, sich selbst erneuerndes Werkzeug für den Fortbestand des Sexismus. Unfähig, unsere Selbstbehauptung gegen Männer zu richten, wenden wir sie gegeneinander. So bleiben wir in den Schwierigkeiten stecken, die wir immer hatten. Es ist unabdingbar, daß wir das Werkzeug erneuern – nein, nicht erneuern, sondern völlig zertrümmern, damit wir Frauen erlauben, alles zu sein, was sie sein müssen.

Die jungianische Analytikerin Clarissa Pinkola Estes hat unter anderem aufgrund ihrer Einsicht in die Wildheit von Frauen ein breites Publikum erreicht.

Ein großer Teil der Frauenliteratur zum Thema weiblicher Macht stellt fest, daß Männer sich vor der Macht von Frauen fürchten. Ich möchte ausrufen: »Mutter Gottes!« So viele Frauen haben selbst Angst vor weiblicher Macht. Die alten weiblichen Attribute und Kräfte sind riesig, und sie sind bedrohlich... Wenn Männer lernen müssen, das auszuhalten, dann müssen Frauen es zweifellos auch lernen.

Doch wir stehen erst am Anfang. Und unsere scharfe Kritik aneinander beweist das. Das Erzwingen von Schlankheit, Nonsexualität, von »gutem« gegen »schlechten« Feminismus ist der Nachweis dafür, daß wir noch am Anfang und nicht am Ende eines Prozesses stehen. Feministinnen wie Naomi Wolf und Katie Roiphe begrüßen ihre Sexualität, und das ist ein Zeichen von Hoffnung, ein Zeichen dafür, daß das Leben von Frauen eines Tages weniger eingeengt, weniger ängstlich vor der dunklen Seite der Kreativität (zu der Eros den Schlüssel liefert) sein wird. Wenn das geschieht, werden wir endlich das volle Spektrum der Inspiration besitzen, das uns so lange verweigert wurde. Wir werden Zugang zu allen Teilen unseres Selbst haben, zu allen Tieren in uns, vom Wolf bis zum Lamm. Wenn wir lernen, alle Tiere in uns zu lieben, dann werden wir auch wissen, wie man die Männer veranlaßt, sie ebenfalls zu lieben.

Und was ist mit dem Altern? Zwingen Männer uns die Furcht vor dem Altern auf, oder haben wir selbst schreckliche Angst, weil wir nur eine Art von Macht kennen – die Macht jugendlicher Schönheit?

Ist es nicht möglich, daß, wenn wir uns an andere Formen weiblicher Macht gewöhnen würden, Männer dies vielleicht auch täten? In ihrem wunderbaren futuristischen Roman *Er, Sie und Es* ersinnt Marge Piercy einen Cyborg, dem beigebracht wird, die Körper älterer Frauen zu lieben. Ein köstlicher Vorschlag – weil er uns sagt, daß wahr werden kann, was immer wir uns ausdenken. Frauen hassen oft ihren eigenen Körper. Manchmal denke ich, das Wichtigste an wenigstens einer Beziehung zu einem Menschen des eigenen Geschlechts – vor allem, wenn man eine Frau ist – besteht darin, sich dem weiblichen Selbsthaß zu stellen und ihn in Selbstliebe zu verwandeln.

Als ich um die Vierzig war, verliebte ich mich in eine blonde Künstlerin, die aussah wie meine Zwillingsschwester. Wir hatten eine enge Freundschaft, und manchmal schliefen wir auch miteinander. Doch wenn wir uns einander verlangend zuwandten, war es die Lust von Doubles, die ihr Spiegelbild zu akzeptieren suchen. Es war eine Bestätigung – nicht nur der Freundschaft, sondern des Selbst. In einer geistig gesunden Welt wären Liebe und Sex nicht nach Geschlecht getrennt. Wir könnten Wesen lieben, die uns ähnlich sind, und solche, die es nicht sind, und wir könnten sie aus einer Vielfalt von Gründen lieben. Die ramponierten Adjektive für Homosexualität – andersherum, lesbisch, schwul – würden verschwinden, und es gäbe nur Menschen, die den Liebesakt auf unterschiedliche Weise und mit verschiedenen Körperteilen vollziehen. Die

Übervölkerung ist zu groß, als daß wir darauf bestehen dürften, daß Zeugung ein unveränderlicher Bestandteil des Verlangens ist. Das Verlangen braucht nur sich selbst, nicht den Beweis eines Babys. Wir täten gut daran, uns gegenseitig zu bemuttern, statt all die unerwünschten Babys hervorzubringen, die zu nähren oder zu lieben niemand Zeit hat.

An diesem Punkt meines Lebens bin ich beglückt über meine Freundschaften mit Frauen. Ich unterscheide nicht zwischen meinen lesbischen und heterosexuellen Freundinnen. Ich hasse sogar die Begriffe, da ich das Gefühl habe, daß jede von uns alles sein könnte, wenn wir nur das volle Spektrum unserer inneren Möglichkeiten erschließen würden.

Frauen sind nicht das einzige Geschlecht, das einen Rollenwandel durchmacht. Auch Männer sind aufgerufen, alles an ihrem Leben zu ändern. Sie verrichten immer mehr sitzende Arbeit, was schwer ist für rastlose Menschen voller Testosteron. Sie sollen sich um Babys kümmern und Verantwortung übernehmen, auf die ihre Mütter sie nie vorbereitet haben. Wenn wir Männer auffordern wollen, ihre übliche Art zu reagieren und Beziehungen zu knüpfen zu verändern, dann sollten wir bereit sein, dasselbe zu tun. Wir sollten uns daran erinnern, daß liebevolle Reaktionen auf andere Frauen uns aufgrund unseres eingewurzelten Selbsthasses vielleicht schwerfallen. Doch nach und nach werden wir lernen, andere Frauen zu nähren, nicht anzugreifen. Wir werden nicht zulassen, daß Männer uns voneinander trennen oder uns als Alibis benutzen. Mit zunehmender Übung wird es leichter werden. Wenn wir den Impuls verspüren, die Macht nicht zu teilen, nicht zusammenzuarbeiten, werden wir uns daran erinnern, daß weibliche Macht nicht nur von der Veränderung der Männer abhängt, sondern auch von unserer eigenen inneren Veränderung. Wir werden das so lange in unserer Psyche etablierte Haremsmodell durch ein Modell gegenseitiger Fürsorge, gegenseitiger Unterstützung ersetzen. Wenn Männer allmählich sehen, daß wir nicht zu trennen sind, dann wird unsere statistische Stärke in der Bevölkerung uns die Macht verschaffen, die wir schon vor vielen Jahrzehnten hätten haben müssen. Wenn wir aufhören, uns selbst und andere zu schlagen, werden wir fähig sein, mit vereinten Kräften die Mißhandler von Frauen und Kindern zu besiegen.

Alkestis auf Poesiereise
(In memoriam Marina Zwetajewa, Anna Wickham, Sylvia Plath, Shakespeares Schwester usw. usw.)

Die beste Sklavin
braucht man nicht zu schlagen.
Sie schlägt sich selbst.
Nicht mit einer Lederpeitsche
mit einem Stock oder Zweigen
nicht mit einem Totschläger
oder mit einem Gummiknüppel,
sondern mit der feinen Peitsche
ihrer eigenen Zunge
& dem subtilen Schlag
ihres Geistes.

Denn wer kann sie nur halb so gut hassen
wie sie sich selbst haßt?
& wer erreicht die Finesse
ihrer Selbstmißhandlung?

Jahre der Übung
sind dazu nötig.
Zwanzig Jahre
subtiler Zügellosigkeit
und Selbstverleugnung;
bis das Subjekt
sich selbst für eine Königin hält

& doch für eine Bettlerin –
beides zur gleichen Zeit.
Sie muß in allem an sich zweifeln
außer in der Liebe.

Sie muß leidenschaftlich
& schlecht wählen.
Sie muß sich als verirrter Hund fühlen
ohne ihren Herrn.

Sie muß alle moralischen Fragen
an ihren Spiegel verweisen.
Sie muß sich in einen Kosaken
oder einen Dichter verlieben.

Sie darf nie aus dem Haus gehen
ohne sich mit Farbe zu verschleiern.
Sie muß enge Schuhe tragen
damit sie immer an ihre Sklaverei denkt.
Sie darf nie vergessen
daß sie im Boden verwurzelt ist.

Obwohl sie rasch lernt
& als klug anerkannt ist,
sollte ihr natürlicher Zweifel an sich selbst
sie so schwach machen
daß sie brillant
in einem halben Dutzend Talenten dilettiert
& so unser Leben verschönt
aber nicht verändert.
Wenn sie Künstlerin ist
& beinahe ein Genie
sollte die bloße Tatsache ihrer Begabung
ihr solchen Schmerz bereiten
daß sie sich lieber das Leben nimmt

als uns zu übertreffen.
& nach ihrem Tod weinen wir
& machen eine Heilige aus ihr.

Das ist das alte Modell des weiblichen Selbsthasses – das wir zerschlagen müssen. Veränderung kommt nicht durch Verleugnung zustande, sondern durch Akzeptanz. Diejenigen Feministinnen, die gejammert haben, wir sollten nicht über weibliche Selbstquälerei, weibliche Selbstverachtung, zwanghafte Liebe schreiben, ignorieren eine entscheidende Phase der weiblichen Evolution. Unsere Selbstverachtung aufzugeben, die Sklavin in uns selbst aufzugeben, ist eine wesentliche Phase, die wir durchlaufen müssen, eine Art Gruppenexorzismus oder Massenanalyse. Wenn wir verlangen, daß Frauenliteratur Vorschriften macht statt beschreibt, werden wir die Sklavin nie austreiben. Eine Zukunft wie in der Kunst des sozialistischen Realismus (glückliche Feministinnen in blauen Overalls, die von glänzenden Traktoren winken) oder seinem zeitgenössischen Äquivalent bringt uns nicht dahin, wohin wir gehen müssen. Wir müssen die erschütternde Macht des Eros in der weiblichen Psyche freisetzen. Wir haben zugelassen, daß Eros Sklaverei bedeutet, aber Eros hat auch die Macht, uns zu befreien. Wir müssen das Recht einfordern, Frauenleben so zu beschreiben, wie wir sie kennen, nicht so, wie wir sie vielleicht gern hätten. Wir müssen aufhören, politische Vorschriften auf Kreativität anzuwenden.

Farbigen Frauen haben wir viel bereitwilliger das Recht eingeräumt, ihr Leben ohne politische Rezepte zu beschreiben, und ihre Schriften weisen eine Freiheit auf, die denen weißer Frauen oft fehlt. Die Fülle, Offenheit und das moralische Gewicht, die wir bei Autorinnen wie Gwendolyn Brooks, Toni Morrison, Maya Angelou, Alice Walker und Terry McMillan finden, haben eine gemeinsame Quelle. Schwarze Frauen sind weißen, was die Verbannung der Sklavin aus dem eigenen Selbst betrifft, mindestens ein Jahrhundert voraus. Sie hatten keine andere Wahl: Wenn man sowohl von der Welt der Weißen als auch von den schwarzen Männern entmachtet wird, tut man gut daran, sich nicht auch noch selbst zu entmachten. *Wilde Frauen haben keinen Blues* (sind also nicht schwermütig), schrieb die afroamerikanische Dichterin (verkleidet als Bluessängerin) Ida Cox. Die Energie, die wir in den Büchern der Afroamerikanerinnen so bewundern, ist die Energie, die frei wird, wenn wir aufhören, die Realität zu verleugnen. Es gibt keine Scham in diesen Schriften, kein Beschönigen der Realität, damit sie politischen Zielen entspricht. Der chronische Rassismus unserer Kultur gestattet nur der schwarzen Frau, mit den unterirdischen Impulsen unter dem Lack der Zivilisation in Berührung zu sein. Die schwarze Frau darf unsere Seherin sein, unsere *poeta laureata*, unser Orakel. Ich würde gern alle Schriftstellerinnen, welcher ethnischen Herkunft auch immer, diese Macht einfordern sehen, damit am Ende sowohl Hautfarbe als auch Geschlecht unbedeutend werden.

Ich betrachte meine eigene ethnische Herkunft, jüdisch, und stelle unter meinen Kolleginnen eine ambivalente Identifikation fest. Anscheinend haben wir unseren großen Dichterinnen wie Muriel Rukeyser den Rücken zugewandt – ein Spiegelbild der Verachtung intellektueller jüdischer Männer für ihre Schwestern. Diesen Zwiespalt müssen wir verstehen und besiegen, wenn wir unser Recht behaupten wollen, Lieder ohne Ambivalenz zu singen. Wir jüdischen Schriftstellerinnen haben unsere ethnische Herkunft meist unerwähnt gelassen, als sei sie unwichtig. Von Emma Lazarus, die sich mit den »bedrängten Massen« identifiziert, bis zu Gloria Steinem, die Alice Walkers Gedichte liest, um ihr eigenes, manchmal unterdrücktes Selbst zum Ausdruck zu bringen, haben wir die Rolle von Sozialarbeiterinnen und Freiheitskämpferinnen übernommen, aber nicht den ersten Akt der Freiheit gewagt – uns selbst zu befreien. In ihrem schönen Buch *What Is Found There: Notebooks on Poetry and Politics* (1993) geht Adrienne Rich ihrer eigenen Selbstakzeptanz als Dichterin, als Lesbierin, als Jüdin nach. Die

Jüdin kommt zuletzt, weil man uns beigebracht hat, uns mit dieser Identität nicht zu befassen. Aber vielleicht ist das der Grund, warum sie an erster Stelle stehen sollte.

Was bedeutet es, Frau zu sein in einer Tradition, die ihre Männer lehrt, sich darüber zu freuen, daß sie keine Frauen sind? Was bedeutet es, wenn Selbstverleugnung in die Prinzipien unserer Religion eingebaut ist? Solange wir diese Fragen nicht in Angriff nehmen, solange wir nicht aufhören, uns hinter den »bedrängten Massen« zu verstecken, können wir nicht unser Geburtsrecht fordern: freien Ausdruck. Wie würden die Schriften jüdischer Amerikanerinnen aussehen, wenn wir aufhörten, uns hinter dem Streben nach sozialen Verbesserungen zu ducken, und wirklich wagten, das auszudrücken, was in unseren eigenen Herzen ist?

Welche Ironie, daß wir diese Freiheit bei afroamerikanischen Autorinnen feiern, während wir sie uns selbst verweigern! Warum geben wir noch immer vor, an eine weiße männliche Gesellschaft angepaßt zu sein, die uns nur als kulturelle Fürsorgerinnen, nicht aber als Künstlerinnen will? Sicher wird der Selbstausdruck jüdischer Schriftstellerinnen aufblühen, wenn wir diese Frage zu beantworten wagen.

Es ist eigenartig, daß nur so wenige unserer Autorinnen den Mut hatten, ihr spezielles weibliches Judentum zu erforschen. Und diejenigen, die damit begonnen haben – Letty Cottin Pogrebin, Phyllis Chesler, Anne Roiphe, Marge Piercy – sind oft von denselben Kritikern angeschwärzt worden, die Ethnizität bei afroamerikanischen oder asiatisch-amerikanischen Schriftstellerinnen feiern. Diese Schwierigkeit, die doppelte Identität als Frau und Jüdin zu behaupten, verwirrt mich; ich sehe nämlich, daß Dichterinnen, die eigentlich in die Fußstapfen von Nelly Sachs und Muriel Rukeyser hätten treten sollen, sich statt dessen einer falschen Solidarität mit jüdischen Männern zuwenden, die sie als Mitbeterinnen an der Klagemauer der Literatur niemals akzeptieren würden!

Cynthia Ozick und Grace Paley gehören zu den wenigen

jüdischen Schriftstellerinnen, die sowohl ihren Feminismus als auch ihr Judentum vertreten durften, ohne dafür gesteinigt zu werden. Aber ihr vehementer Feminismus wird als Quelle ihres starken Talents größtenteils ignoriert. Es bleibt noch viel zu tun. Wir müssen unseren doppelten Selbsthaß zuerst vor uns selbst und dann in unserem Schreiben eingestehen. Wir müssen aufhören, Ledergamaschen und Chesterfieldmäntel zu tragen. Wir müssen unseren Klassensnobismus als Immigrantinnen hinter uns lassen und aufhören, so zu tun, als könnten wir als Jane Austen durchgehen. Wir müssen Emma Goldman und Muriel Rukeyser zurückgewinnen – und mit ihnen die Kraft, die ihre Stimmen darstellen.

Wir selbst haben nicht nur die Mysogynie unserer Kultur verinnerlicht, sondern auch den Antisemitismus. Wir selbst setzen Judentum gleich mit Vulgarität und Lautheit, und so sind wir versucht, leisezutreten. Wir überlassen den Ausdruck unseres Judentums unseren Musicalstars und Schauspielerinnen. Vielleicht erschreckt die jüdische Frau, weil sie Stärke, Sexualität, eine laute Stimme repräsentiert. Tatsächlich haben wir ihren Mut nie nötiger gehabt. Ich meine nicht, daß wir Feministinnen in jüdisch-amerikanisch, afroamerikanisch, asiatisch-amerikanisch, eingeboren amerikanisch unterteilen und so balkanisieren sollten. In Wahrheit ist die Universalität unserer Erfahrung viel bedeutsamer als die spezifischen Unterschiede zwischen uns. Ich weise nur darauf hin, wie eigenartig es ist, daß wir unsere Ethnizität unterschlagen, während wir die Ethnizität anderer Gruppen feiern. Wenn wir wirklich glauben, daß Selbsterkenntnis zu Freiheit führt, dann sollten wir uns die gleiche Erkenntnis unserer Ethnizität gestatten.

Nach meinem fünfzigsten Geburtstag fange ich an, meine ambivalente Beziehung zu meiner jüdischen Identität und den ungeprüften Assimilationismus in Frage zu stellen, über den ich früher geschrieben habe. Mir kommt es erstaunlich vor, daß einer Frau, die auf dem Höhepunkt des Holocausts geboren wurde, kein stärkeres Gefühl für ihr Judentum anerzogen wurde. Und ich beginne auch zu bedauern, daß ich Molly nicht jüdischer erzogen habe und nicht mehr jüdische Kinder bekommen habe, um die zu ersetzen, die mit den sechs Millionen untergingen. In letzter Zeit habe ich angefangen, mich nach Solidarität mit anderen jüdischen Feministinnen zu sehnen, mich der Suche nach nicht-sexistischen jüdischen Ritualen anzuschließen, mein Judentum ohne Scham, ohne verinnerlichten Antisemitismus zu feiern und mein jüdisches Erbe als Teil meiner Suche nach der Wahrheit durch mein Schreiben zu begrüßen. Dabei haben mich afroamerikanische und asiatisch-amerikanische Autorinnen inspiriert, die die falsche, assimilationistische Einstellung schon überwunden haben. Als weltliche Jüdin werde ich ein Erbe ebenso erfinden wie wiederentdecken müssen. Zum ersten Mal bin ich bereit. Mein Herz ist offen.

16

Frau genug: Interview mit meiner Mutter

Glaubt mir, die Welt wird euch nichts schenken. Wenn ihr ein Leben wollt, so stehlt es.
  Lou Andreas-Salome

Ein Gefängnis wird zum Freund...
  Emily Dickinson

Vieles, das man braucht, ist verloren. Die Gedichte, die wir kennen, sind bloß Fragmente... Wir müssen benutzen, was wir haben, um zu erfinden, was wir begehren.
  Adrienne Rich, *What Is Found There*

Das erste, woran ich mich bei meiner Ankunft in Amerika erinnere, war mein Vater, der mich am Dock erwartete. »Er ist nicht mein Vater!« sagte ich verächtlich. Ich hatte meinen Vater nicht mehr gesehen, seit er nach New York gegangen war. Da war ich zwei Jahre alt gewesen, und ich muß gedacht haben, er würde aussehen wie mein Onkel Boris – den ich anbetete.

Wir lebten in Bristol mit meiner Tante Sarah, der Schwester meiner Mutter, und unseren beiden Kusinen Minnie und Lennie. Von Zeit zu Zeit stritten sich meine Mutter und meine Tante heftig, und wir zogen in ein Haus mit Untermieterzimmern – doch das geschah seltener und seltener, nachdem meine Mutter tuberkulös wurde und zum Skelett abmagerte.

Wir kamen nach Amerika auf einem Schiff, auf dem es von Soldaten wimmelte, die nach dem Großen Krieg nach Hause fuhren. Selbst mager und abgehärmt war meine Mutter immer eine schöne Frau, die von Männern bemerkt und bewundert wurde. Sie merkte nicht, daß man sie bemerkte.

Auf der Überfahrt nach Amerika spielte ich hinter den Rettungsbooten (wo es keine Reling gab) und wäre beinahe ins Meer gefallen. Ein Soldat fing mich auf und rettete mich. Wir wurden zum Tagesgespräch der Überfahrt. Ich war das kleine Mädchen, das gerettet wurde!

Der erste Ort, wo wir lebten, war irgendwo oben in der East Bronx. Wir waren gekleidet wie nette, kleine englische Mädchen mit Haarschleifen, und wir konnten einen Knicks machen und sagen »Bitte, Miss Soundso« oder »Danke, Miss Soundso«. Verglichen mit den Kindern in der Bronx waren wir königlich. Daher fanden die Lehrerinnen, quietschende alte irisch-amerikanische Frauen, uns natürlich wundervoll. Sie führten uns durch die Schule als Beispiel dafür, wie man aussehen, sich kleiden und benehmen sollte. Das reichte. Die Kinder warteten nach der Schule auf uns und verprügelten uns. Wir wurden schnell amerikanisch. Keine braven, kleinen Engländerinnen mehr. Wir trugen Wollstrümpfe und sahen schon nach kurzer Zeit genauso aus wie die ruppigen Kinder in der Bronx.

Mama vermißte ihren Garten in Bristol, und so zog Papa mit uns in eine verlassene Vorstadt, Edgemere, Long Island – früher ein modischer Kurort, aber jetzt heruntergekommen. Das Meer war grau und kalt. Ich hatte dort eine Freundin, deren Vater Musiker am Capitol Theatre war, und ich erinnere mich noch, daß ich dachte, wir seien beide Kinder von Künstlern, die uns nicht wollten. Damals hatte Papa ein Studio an der Ecke Fourteenth Street und Union Square und kam selten nach Hause. Wenn er kam, pflegten er und Mama sich schrecklich zu streiten. Sie schrien sich auf russisch an, und Kitty und ich versteckten uns unter dem Küchentisch. Ich erinnere mich, daß Papa einmal mit der Hand durch die Glastür stieß und ins Meer marschierte. Er kam mit durchnäßten Hosen und noch blutenden Händen zurück. Mama schluchzte am Küchentisch.

Ich erinnere mich, daß sie später auf diesem Küchentisch eine Abtreibung hatte – etwas Geheimes und Furchtbares, über das auch *auf russisch geflüstert wurde. Hinterher brachte man sie eilig ins Krankenhaus, gemetzelt und blutend. Kitty und ich wußten, daß etwas Schreckliches passierte, aber wir konnten es uns nicht recht erklären. Erst später verstanden wir. Papa wollte kein weiteres Kind, und damit war die Sache erledigt. Er traf alle Entscheidungen. Mama war nicht nur unglücklich, sie war total elend. Ihr kam nie in den Sinn, daß sie gehen könnte.*

Doch solange meine Großeltern lebten, fuhren wir jeden Sommer nach England. Das war die große Flucht! Papa verdiente genug Geld, um uns dorthin zu schicken. Wir besuchten meine Großeltern, die ein Lebensmittelgeschäft im Londoner East End hatten. Meine Großmutter hatte hellblaue Augen und mein Großvater einen Spitzbart. Und er ritt. Er machte sich nie die Mühe, mit weiblichen Kindern zu sprechen, dachte, sie seien es nicht wert. Aber meine Großmutter betete uns an. Mein Großvater war in Rußland Förster gewesen, ein Holzhändler, der Waldstücke aufkaufte – obwohl Juden natürlich kein Land besitzen durften. Er konnte wunderbar reiten, und als sein einziger Sohn, Jacob, reich wurde – zuerst als Pelzhändler, dann als Kinobetreiber –, zogen er und meine Großmutter auf Jacobs Pferdefarm in Surrey, mit strohgedeckten Cottages, Koppeln und allem. Natürlich legte Onkel Jacob seine jüdische Ehefrau ab und heiratete eine Schickse. Pferde und Schicksen waren für jüdische Männer Beweise, daß sie sich im Stand der Gnade befanden. Er brachte meine Großeltern auf seine Farm und erlöste sie von dem Lebensmittelgeschäft. Im Alter studierte mein Großvater, um Rabbi zu werden. Aber mit Mädchen redete er immer noch nicht.

Mein Vater muß in den zwanziger Jahren ein kleines Vermögen verdient haben – zuerst als Ghostmaler für Agenten, die er »Bilderfälscher« nannte, dann als Maler der Köpfe von Filmstars auf Plakaten für Metro-Goldwyn-Mayer. Damals arbeitete man stückweise wie die Katalogmaler. Einige spezialisierten sich auf Körper, andere auf Köpfe. Er malte Köpfe.

Die »Bilderfälscher« waren Typen, die sich als Künstler in Badeorten wie Palm Beach niedergelassen hatten. Sie besaßen große

Ateliers, trugen Barette und weite Malerkittel und machten sich an die Damen der Gesellschaft heran. Sie gaben sich als Künstler aus und hielten die Leinwände auf ihren Staffeleien sorgfältig hinter Draperien versteckt. Nachts schlich sich dann Papa ins Atelier und malte das Porträt nach einem Foto, einer Haarlocke, einem Stückchen Stoff. Er malte Hunderte von diesen Porträts. Einmal erzählte er mir, er habe bei dem großen Börsenkrach von 1929 100 000 Dollar verloren – damals muß er also praktisch Millionär gewesen sein, und das alles durchs Malen. Nach dem Zusammenbruch mußte er sich ein ganz neues Vermögen aufbauen. Während der Depression arbeitete er für MGM.

Ich hätte aufs College gehen können, wo ich wollte – doch da Kitty die Schule verließ und zur National Academy of Design ging und immer, wenn sie nach Hause kam, berichtete, wie wunderbar es da sei, wie viele hübsche Jungen es gäbe und wieviel Spaß es mache, entschloß ich mich, ebenfalls von der Schule abzugehen. Papa ließ es zu. Er hatte für eine formelle Ausbildung nur Verachtung übrig. An der National Academy of Design sagten die Lehrer immer zu den Jungen: »Paßt bloß auf dieses Mirsky-Mädchen auf – sie wird den Prix de Rome gewinnen«, das große Reisestipendium. Aber sie vergaben es nie an Mädchen, und ich wußte das. Tatsächlich war ich wütend, als ich zwei Bronzemedaillen gewann, weil ich wußte, das waren bloß Spielereien – keine richtigen Geldpreise. Nur weil ich ein Mädchen war. Warum sagten sie: »Paßt auf dieses Mirsky-Mädchen auf!«, wenn nicht, um mich zu quälen?

Ohne einen Freund von Papa namens Rebas, einen Weißrussen, hätte ich deinen Vater nie kennengelernt. Er war einer dieser Katalogkünstler, der sich auf Köpfe spezialisiert hatte, und er und sein Freund, ein gewisser Mr. Hittleman, der Geige spielte, kauften eine Feriensiedlung in den Catskills und nannten sie Utopia. Ich sollte dort eine Art Kinderbetreuerin sein. Ich war siebzehn. Aber aus irgendeinem Grund bestand Mr. Rebas darauf, in meinem Zimmer zu schlafen. Er sagte, auf diese Weise wolle er mich beschützen. Er hat mich niemals angerührt. Ich glaube, er war schwul, und ich war sein Alibi. Wie auch immer, als dein Vater mit seiner Band ankam, muß es so ausgesehen haben, als schliefe ich mit dem Besitzer. Und ich trug wunderbare Kleider, einen schwarzen Samtumhang, den ich selbst genäht hatte, und tolle Hüte. Und ich schwebte durch die Felder mit den Kuhfladen wie eine Erscheinung aus dem Sommernachtstraum. Dein Vater war entschlossen, mich zu kriegen. Er war sehr gutaussehend. Und sehr aggressiv.

Er hatte blaue Augen und braunes Haar. Er war der Bodenakrobat, der Leiter der Freizeithalle, der Bandleader, der Hauptautor der Sketche – er machte alles. Ich fand es absolut schockierend, wie schlecht die Sketche waren, wie schamlos die Witze. Das Niveau des Humors war abgrundtief. Freitags abends scherzten sie über die Ankunft des steifen Zuges – die geilen Ehemänner aus der Stadt.

Aber meine liebe Schwester konnte nie etwas sehen, das mir gehörte, ohne es selbst haben zu wollen. Sobald sie also aus der Stadt auftauchte, scharwenzelte sie um Seymour herum. Hätte sie das nicht getan, wäre ich vielleicht nicht so sicher gewesen, daß er derjenige war, welcher – aber damit war die Sache besiegelt. Wenn Kitty ihn wollte, dann würde ich ihn bekommen. Solche Schwestern waren wir! Ich keinen Sinn darin, mich zu verheiraten. Ich war ein Freigeist, eine Künstlerin. Frauen sollten frei sein. Mein Idol war Edna St. Vincent Millay. Und sogar meine Mutter, die eine so schreckliche Ehe führte, war überaus stolz auf ihre Freundin, die Zahnärztin war. Es war eine Feder an ihrem Hut, daß sie mit einer Freundin aufwarten konnte, die Zahnärztin war. Sie glaubte sehr an das, was du Frauenbefreiung nennen würdest. Sie gehörte nicht zu denen, die auf die Straße gingen und demonstrierten, aber sie glaubte daran. Als ich vor deiner Geburt mit deinem Vater Probleme hatte, sagte sie: »Verlaß ihn, wenn du willst. Ich werde dir nach Kräften helfen.« Sie wünschte mir ein besseres Leben als das, das sie gehabt hatte. Sie wollte nicht, daß ich in einer schlechten Ehe gefangen wäre.

Einmal, auf einer Reise nach Japan mit Daddy, hatte ich einen Traum von meiner Mutter, den ich nie vergessen werde. Ihre Beine waren abgeschnitten, sie blutete, und sie war an eine Säule oder die Spitze eines Kirchturms gefesselt, und ich erinnere mich, wie ich auf dem Boden herumkroch und bei ihrem Anblick weinte, aber sie sagte dauernd: »Alles in Ordnung, Liebling, so schlimm ist es nicht.« Das war der Inbegriff unserer Beziehung.

Mein Vater war überhaupt kein Vater, als Kitty und ich klein waren, aber als deine Schwester Becca geboren wurde, entdeckte er plötzlich die Vaterschaft, als käme sie aus der Mode. Er vertrug sich nie mit meiner Mutter, also bestand er darauf, daß wir alle zusammenwohnten – er köderte uns mit dieser riesigen Wohnung und machte das Baby zum Mittelpunkt von allem. Ich war das Dienstmädchen, dein Vater war der Butler, Mama war die Köchin. Papa war der König und deine Schwester die Prinzessin. Der Großvater, den du so sehr liebtest, war also eine ganz neue Erfindung. Für mich war er überhaupt kein Vater gewesen. Du hast so wunderbare Erinnerungen an ihn – und für mich war er bloß ein verdammter Tyrann. Auf dem Markt des männlichen Chauvinismus war er praktisch konkurrenzlos. Er behandelte Mama, als sei sie eine Idiotin, ständig machte er sie nieder. Ich mußte eine Kämpferin sein, um mit so einem Vater aufzuwachsen. Und dann, bei seinen Enkelinnen, wurde er zum Heiligen! Zuerst ruinierte er mein Leben, und dann nahm er meine Kinder in Beschlag!

Als du während des Krieges geboren wurdest, wärest du um ein Haar gestorben. Du warst das einzige Baby, das überlebte. Ich hatte immer das Gefühl, dich am meisten zu lieben, weil ich so um dein Leben hatte kämpfen müssen.

Es ist ein schöner Spätsommertag Mitte September – etwa ein Jahr nach dem Interview mit meinem Vater. Wir sind in meinem Haus in Connecticut. Meine Mutter hat auf mein Drängen hin in ein Tonbandgerät gesprochen. Ungewollt hat sie die Ursache der Fehde mit Kitty verraten.

»Also sollten wir sie alle sehr lieb haben«, sage ich. »Ohne sie wären wir nicht hier.«

»Vermutlich«, sagt meine Mutter, ohne es zu meinen.

Es gibt einen anderen alten Streit zwischen uns: Sie nimmt mir die Idealisierung meines Großvaters übel, da sie das Gefühl hat, irgendwie hätte ich sein Bestes bekommen. Sie selbst hat ihre Bitterkeit ihm gegenüber nie überwunden. Sie möchte, daß ich genauso über ihn denke wie sie.

»Aber zu mir war er anders«, protestiere ich. »Kann ich nicht mein eigenes Bild von ihm haben?«

Offenbar nicht. Obwohl ich fünfzig bin, als ich meine Mutter interviewe, in der Hoffnung, für die Autobiographie Dinge zu klären, ist sie sauer, weil ich meine eigene Sichtweise habe. Ihre Sichtweise ist die einzig richtige.

»Warum bist du bei ihnen geblieben, wenn es dir so sehr mißfallen hat?« frage ich.

»Es war der Weg des geringsten Widerstandes«, sagt meine Mutter. »Am Ende entkamen wir ihnen. Und wir ließen sie nie wieder einziehen.«

Diese Fehde riecht nach altem Blut, und ich habe das Gefühl, daß ich ihr nie auf den Grund kommen werde. Meine Großeltern sind tot, aber die Fehde bleibt lebendig. Sie hat jahrelang all unsere Energie aufgezehrt, und sie ist darin verewigt, wie wir uns anreden. Ich nenne meine Großeltern ebenfalls Mama und Papa – und meine Eltern Eda und Seymour. Als ich erwachsen war, habe ich versucht, sie mit Mutter und Vater anzureden, aber das fühlte sich an wie aufgepfropft, irgendwie unnatürlich. Meine Großeltern sind noch immer die Herren im Haus, obwohl sie schon lange tot sind.

Mein Vater war gereizt, als meine Mutter und ich uns mit dem Tonbandgerät zusammensetzten. Er fühlte sich ausgeschlossen. Jetzt kommt er hereingeschlendert. Er hat eine Karte bei sich, auf die er ein längeres Zitat geschrieben hat. Er liest es meiner Mutter und mir laut vor, als sei es ein Gedicht:

> Ich bin geworden, wer ich bin,
> Alt, verlassen, unwirklich für mich selbst,
> Ein Opfer der schier unbegreiflichen
> Willkür des Lebens
> Und des grauenhaften Auslaufens der Zeit.
> Warum bin ich ich und nicht ein anderer?

Jung, nicht alt oder ungeboren –
Statt das Resultat
Zufälliger Paarung –
Fleisch geworden – und in eine
Harte Welt gestellt,
Um zu blühen – mich zu paaren und bald zu sterben.

»Wißt ihr, wer das ist?« fragt er.

Und ehe eine von uns antworten kann, sagt er: »Gore Vidal. Ein großer Schriftsteller. Aus seinem Buch *1876*.«

»Er hatte es auch schwer mit den Kritikern«, sage ich in der Hoffnung, meinen Vater zu trösten.

»Scheiß auf sie«, sagt mein Vater tapfer. »Du hast dich einmal trotz schlechter Chancen durchgesetzt, und das wirst du wieder tun.«

»Du wärst beinahe gestorben«, sagt meine Mutter, »als du auf die Welt kamst.« Dann hält sie inne und fügt ernst hinzu: »Aber ich wollte keines meiner Kinder sterben lassen.«

Es war ein außergewöhnlich milder Tag. Meine Mutter hat draußen auf der Veranda gemalt – ein Aquarell von einem überfließenden Faß voller Brunnenkresse. Ken hat für alle das Mittagessen zubereitet, und wir fühlten uns miteinander auf eine Weise wohl, die unmöglich gewesen wäre, bevor ich Ken heiratete. Und doch bleiben die Abgrenzungen bestehen. Ich kann mir die Einschränkungen im Leben meiner Mutter oder Großmutter nicht wirklich vorstellen, und ich kann die verwirrende Frage nicht beantworten, warum ich so viel freier war als meine Mutter und Großmutter. Ich weiß, im Kampf von Töchtern gegen mütterliche Grenzen liegt etwas, das uns antreibt, unsere eigene Identität zu finden. Ich sehe, wie meine eigene Tochter mich demoliert, mich auseinandernimmt. Sie muß das tun, um sich von mir zu befreien. Sie macht sich lustig über meine Zerstreutheit, meine Neigung, mir Sorgen zu machen, meine ewigen Ablieferungstermine. Sie macht Witze über meine Ehen, meine Freunde, meinen unwürdigen Ruf als Pornographin. Sie muß diese Dinge tun, um ihre Identität im Gegensatz zu meiner zu errichten. So wächst sie heran. Ich bin der Grund, aus dem sie wächst. Sie muß mich niederreißen, um das Gebäude ihres Selbst aufzubauen. Für sie bin ich nur eine Baustelle – und so sollte es sein.

Ist Liebe Freiheit oder Bindung?

Darüber stritten Ken und ich, wann immer wir über die Ehe sprachen. Und das ist auch das wesentliche Element, nicht wahr? »Liebe versus Freiheit«, schrieb ich irgendwo in meinen Notizen für diese Memoiren: »Wie man das ›versus‹ beseitigt.«

»Wenn wir wissen, daß wir uns lieben, wird es Freiheit sein«, pflegte Ken zu sagen. »Welche Freiheit zu wissen, zu wem du abends nach Hause kommst! Welche Freiheit, dich nicht an den grundlegenden Dingen deines Lebens aufreiben zu müssen! Welche Freiheit zu wissen, daß jemand dich für das liebt, was du bist!«

Zuerst bestritt ich das und dachte: Wie typisch für einen Mann. Für mich hatte Ehe immer Bindung und Unterwerfung bedeutet, aus der zu entkommen ich nie erwarten konnte. Ein Mann mochte sich in derselben Ehe »geerdet« fühlen, die eine Frau als Falle empfand.

Doch diesmal schwor ich mir, daß es anders sein würde. Unsere Grundregeln waren andere. Ich heiratete mit der festen Absicht, nicht so ein schreckliches Ding zu werden – eine Ehefrau. Ich bestand auf einer gleichberechtigten Partnerschaft, weil ich wußte, daß es anders nicht funktionieren würde.

Doch am Anfang der Ehe ertappte ich mich dabei, daß ich – trotz aller mir selbst gegebenen Versprechungen – in die Rolle der Ehefrau trieb: Ich konzentrierte mich auf die Renovierungsarbeiten in der Wohnung, tat alberne, kleine, häusliche Arbeiten, statt zu schreiben, benutzte die Rolle der Ehefrau als Flucht vor meiner Arbeit, die mich immer in so viele Kontroversen verwickelt hatte und vor der ein Teil von mir sich gern drücken wollte.

Ich konnte Ken die Schuld daran geben, aber es war nicht Kens Fehler. Es war vielmehr der Ehefrauen-Tropismus in mir. Noch mit siebenundvierzig, erfüllt von meiner eigenen Kraft, meiner eigenen Identität, wollte irgend etwas in mir aus dem Getümmel in die Rolle der Ehefrau flüchten. Sie schien so behaglich, so sicher. Ich war des Kämpfens müde. Ich trieb durch die Tage, schlief und ging einkaufen. Ich wollte den Krieg nicht fortsetzen.

Viele kämpfende Frauen haben von diesem Moment berichtet, dem Wunsch, zu ermatten und sich zu verstecken, dem Wunsch, einen Mann führen zu lassen. Wie konnte ich, solange ich diese spezielle Drachengestalt in ihrer Höhle hegte, auch nur vorgeben, für andere Frauen zu sprechen?

Wieder und wieder habe ich mich gefragt, wie es möglich ist, daß die Frauenrevolution in der Geschichte so viele Male begonnen und wieder aufgehört hat – angefangen mit der Plötzlichkeit eines Erdbebens und oft genauso schnell wieder erstorben. Frauen verbrauchen Meere von Tinte, ändern ein paar Gesetze, ändern ein paar Erwartungen – und dann ermatten sie und werden wieder ihre Großmütter. Welche Dialektik treibt sie an? Welches Schuldgefühl veranlaßt sie, ihre eigenen Gewinne zu sabotieren? Vielleicht sind es auch gar keine Schuldgefühle. Vielleicht »lächelt das Baby so viel« – wie Margaret Mead in *Brombeerblüten im Winter* sagt. Vielleicht ist es auch die emotionale Anstrengung, jeden Tag gegen die Welt kämpfen zu müssen.

Naomi Wolf hat jüngst behauptet, die Schlacht um die Frauenrechte sei gewonnen. Frauen seien die Siegerinnen, nicht die Opfer, sagt sie. Wir werden nie auf den Status der Zweitklassigkeit zurückfallen. Jetzt brauchen wir unsere Gewinne nur zu konsolidieren. Alles, was wir tun müssen, ist, unseren Sieg zu akzeptieren.

Ich wünschte, sie hätte recht, aber ich fürchte, sie ist partiell geblendet von Hoffnung, weil sie noch am Anfang ihrer Odyssee steht. Frauen können nicht sehen, wie hinterlistig die patriarchalischen Fallen sind, ehe sie nicht ein bißchen Erfahrung gewonnen haben. Naomi Wolf hat unterschätzt, wie eingefleischt die patriarchalische Macht ist und wie oft Frauen ihr im Innersten zustimmen. Sie sieht noch nicht den ganzen Bogen eines Frauenlebens. Wir willigen in die Rolle der Ehefrau ein, weil wir so daran gewöhnt sind, jemanden zu haben, dem wir die Schuld geben können, und weil Freiheit uns so ungewohnt ist. Wir bestrafen uns lieber selbst, als unsere Ängste zu besiegen. Wir ziehen unsere Wut unserer Freiheit vor.

Wenn die Frauen sich des Teils ihres Selbst, der die Macht den Männern überläßt, völlig bewußt wären, dann könnte der vorhergesagte Sieg Wahrheit werden. Aber von dieser Selbsterkenntnis sind wir weit entfernt. Und wir entfernen uns immer weiter davon, wenn wir das psychoanalytische Modell des Selbst ablehnen. Solange wir die Bedeutung unbewußter Motivationen und die Existenz des Unbewußten leugnen, können wir die Sklavin in uns selbst nicht ausmerzen. Freiheit ist schwer zu lieben. Freiheit beraubt einen aller Entschuldigungen.

Wenn uns dies bewußt wäre, wäre alles einfach und leicht zu ändern. Doch es ist tief vergraben. Gewöhnlich wissen wir nicht, daß wir das Männliche wertschätzen und das Weibliche abwerten. Gewöhnlich wissen wir nicht, daß wir uns selbst gegenüber gespalten sind. Wir wissen nicht, daß wir Papa als im Recht und Mama als im Unrecht verinnerlicht haben.

Jedes Buch, das ich geschrieben habe, wurde auf dem blutenden Leichnam meiner Großmutter geschrieben. Jedes Buch wurde mit Schuldgefühlen geschrieben, durch Schmerz angetrieben. Jedes Buch war ein Baby, das ich nicht in mir getragen habe, zehntausend Mahlzeiten, die ich nicht gekocht, zehntausend Betten, die ich nicht gemacht habe. Ich wünsche mir vor allem, ungeteilt zu sein, ganz zu sein (tatsächlich ist das das Thema all meiner Arbeiten), aber irgendwo bleibe ich gespalten. Wie jemand, der einst ein schreckliches Verbrechen begangen hat, das ungestraft blieb, warte ich immer darauf, daß das Beil fällt. Ich vermute, daß ich darin anderen Frauen nicht unähnlich bin.

Meine Großmutter starb 1969. Zehn Jahre später schrieb ich

dieses Gedicht und versuchte, etwas von den Gefühlen einzufangen, die ihr Beispiel in mir weckte:

Frau genug

Weil meiner Großmutter Stunden
aus Apfelkuchen im Backrohr bestanden,
& aus sich sammelnden Staubkörnchen,
& aus vergilbenden Leintüchern,
& aus Nähten und Säumen
die unweigerlich aufgingen –
führe ich fast nie einen Haushalt
obwohl ich in Wirklichkeit Häuser mag
& wünschte, ich hätte ein sauberes.

Weil meiner Mutter Minuten
in das Gebrüll des Staubsaugers
gesogen wurden,
weil sie mit der Wäscheschleuder Walzer tanzte
& sich die Haare raufte während sie auf Handwerker wartete –
gebe ich meine Wäsche weg
& bewohne ein staubiges Haus,
obwohl ich in Wirklichkeit saubere Häuser mag
wie jeder.

Ich bin Frau genug
das Brotteigkneten genauso zu lieben
wie das Gefühl
von Schreibmaschinentasten
unter meinen Fingern –
federn, federnd.
& der Duft sauberer Wäsche
& siedender Suppe
sind mir beinahe so lieb
wie der Duft von Papier und Tinte.

Ich wünschte, es gebe keine Wahl;
ich wünschte, ich könnte zwei Frauen sein.
Ich wünschte die Tage wären länger.
Aber sie sind kurz.
Also schreibe ich
während der Staub sich ansammelt.

Ich sitze an meiner Schreibmaschine
und denke an meine Großmutter
& an alle meine Mütter
& an die Minuten die sie verloren
weil sie Häuser mehr liebten als sich selbst –
& der Mann den ich liebe säubert die Küche
und beschwert sich nur ein wenig
weil er weiß
daß es nach all diesen Jahrhunderten
leichter ist für ihn
als für mich.

Wo bleibt da die schöpferische Frau? In einer Zwickmühle, wie üblich. Meine Großmutter sitzt mir im Nacken, und ich versuche, sie zum Schweigen zu bringen. Sie erinnert mich an meine Pflichten: Elternabend, einkaufen, ein Nest schaffen, die Privatsphäre hüten. Aber ich muß arbeiten und zu meinem Kind nein sagen. Mein Mann muß ebenfalls kochen und fürsorgen. Er muß auch putzen. Gibt es eine androgyne Freiheit jenseits von männlich und weiblich? Männer und Frauen brauchen sie beide.

Eine Erinnerung aus meiner Kindheit kommt durch die Synapsen zurück. Ich liege zwischen meinen Eltern im Bett. Vielleicht bin ich vier oder fünf. Ich bin aus einem Alptraum erwacht, und mein schläfriger Vater hat mich ins Elternbett geholt und zwischen sich und meine Mutter gelegt.

Seligkeit. Ein Vorgeschmack des Himmels. Eine Erinnerung an den Ozean aus Fruchtwasser – die Körperwärme meiner Mutter auf der einen Seite, die meines Vaters auf der anderen.

(Freudianer würden sagen, daß ich glücklich bin, sie zu trennen, und vielleicht haben sie recht, doch diese Frage wollen wir einstweilen beiseite lassen.) Es genügt zu sagen, daß ich glücklich bin, hier in der Urhöhle zu sein, gebadet in den Strahlen des Paradieses.

Zurück, zurück durch die Zeit. Ich liege, schaue nach oben, und die Decke scheint ein Kaleidoskop gewürfelter Erbsen und Karotten zu sein – Kinderessen –, tröstlich und warm. Die vermischten Gerüche meiner Eltern und mein eigener. Familienpheromone. Familiäre Düfte, aus denen wir geboren werden. Für den Augenblick gibt es keine andere Welt als diese, keine Geschwister, keine Lehrer, keine Straßen, keine Autos. Der Garten Eden ist hier zwischen meinen schlafenden Eltern, eine Verbannung nicht in Sicht. Absichtlich bleibe ich wach, um den paradiesischen Moment auszukosten, der durch das Fegefeuer des Alltagslebens schimmert, das Inferno von Schule und Schwestern, die Konkurrenzkämpfe im Sandkasten, die Grausamkeit anderer Kinder.

Dort beginnen wir alle – im Paradies der Kindheit. Und an diesen Ort sucht die Poesie uns zurückzuführen. Die Pole unseres Seins sind Liebe und Tod: das Bett der Eltern und das Grab. Unser Übergang führt von einem zum anderen.

Meine Großmutter in meinem Nacken ist empört. Sie möchte nicht, daß ich diese Dinge schreibe. Sie glaubt, der Weg der Weisheit in einem Frauenleben bestehe darin, über alle Wahrheiten, die man kennt, Stillschweigen zu bewahren. Sie hat gelernt, daß es gefährlich ist, intime Kenntnis zur Schau zu tragen. Die kluge Frau lächelt und schweigt. Mein Problem ist, daß man so keine Bücher schreibt. Vor allem keine Bücher, die auch nur ein Körnchen Wahrheit enthalten.

Also kommen wir unweigerlich zum Problem der Frauen zurück, die die Wahrheit schreiben. Wir müssen die Wahrheit schreiben, um unsere eigenen Gefühle, unser eigenes Leben für gültig zu erklären, und dieses Recht haben wir erst vor sehr kurzer Zeit errungen. Und erst vorläufig. Diktatoren verbrennen Bücher, weil sie wissen, daß Bücher Menschen helfen, ihre Gefühle zu behaupten, und Menschen, die ihre Gefühle behaupten, sind schwerer zu knechten.

Die patriarchalische Gesellschaft hat traditionell verhindert, daß Frauen öffentlich ihre Gefühle äußern, weil Schweigen Gehorsam erzwingt. Meine Großmutter glaubt, sie würde mich beschützen. Sie möchte nicht mit ansehen, daß ich auf dem Marktplatz gesteinigt werde. Sie will nicht, daß ich wegen meiner Worte an den Pranger gestellt werde. Sie möchte, daß ich in Sicherheit bin, damit ich die nächste Generation retten kann. Sie hat ein matriarchalisches Interesse daran, unsere Familie am Leben zu erhalten.

Pssst, Mama, die Welt hat sich verändert. Wir haben ein Anrecht auf unsere eigene Stimme. Wir werden nicht nur für uns selbst sprechen, sondern auch für dich. Und unsere Töchter, so hoffen wir, werden niemals ihre Großmütter töten müssen.

Ich mache einen kurzen Ausfall in die Küche, um Sandwiches aus Brot, Butter, Apfelsoße und Puderzucker zu holen, während meine ältere Schwester die Festung hält (und das Baby).

»Was machst du da?« fragt meine Großmutter.

»Ach, nichts«, sage ich und laufe mit den Sandwiches wieder in Deckung.

»Kinder!« ruft meine Großmutter. »Kinder!«

Wir tun so, als hörten wir nichts.

»Kinder«, ruft sie, »was spielt ihr?«

»Ach, nichts«, sagen wir, mampfen im Schrank unsere Sandwiches und verstecken uns vor imaginären Nazis.

Wir können nicht sagen, daß wir Liebe und Tod spielen. Wir wüßten nicht einmal die Worte zu bilden. Aber wir spielen um unser Leben, spielen um Zeit, spielen, um leben zu lernen.

Meine ältere Schwester, die dieses Spiel aufbrachte, wurde in den dreißiger Jahren geboren. Die Welt stand am Rande des Krieges, als sie ihr Licht erblickte, und sie nahm die drohende Gefahr mit der Milch unserer Mutter in sich auf. Ich folgte ihrem Beispiel, wie zweite Kinder das tun. Die Details hielten mich gefangen: das in den Puppenwagen gezwängte Baby, meine Mission, in die Küche zu schleichen und die Sandwiches zu schnappen, meine verrückte Flucht den Flur entlang durch imaginäre Wälder voll imaginärer Nazis mit geschulterten Maschinengewehren, das Gefühl meiner eigenen Wichtigkeit als Überlebende, Versorgerin, Ernährerin.

»In Träumen beginnt die Verantwortung«, sagt der irische Dichter Yeats. In Spielen beginnt das ernsthafte Geschäft unseres Lebens. Noch immer die Botin, noch immer die Versorgerin, verstecke ich mich noch immer in der duftenden Höhle des Wäscheschranks, um zu schreiben, eile dann hinaus, um in der Welt Nahrung zu besorgen, laufe wieder zurück, um das Baby und mich selbst zu füttern.

Das Baby, das ich nähre, ist manchmal meine Tochter, manchmal bin ich es selbst, manchmal sind es meine Bücher. Aber das Modell hektischen Überlebens ist klar. Ich wechsle hin und her zwischen Perioden der Ruhe und Perioden von äußerstem Streß. Der Zweite Weltkrieg tobt noch immer in meinem Kopf.

Ich versuche, mir das Leben meiner Großmutter im Vergleich zu meinem eigenen vorzustellen. Geboren um 1880 in Odessa, aufgewachsen in Odessa, kam sie als Backfisch nach England, heiratete und gebar zwei Töchter, ehe der Erste Weltkrieg begann. In den Zwanzigern erzog sie zwei kleine Kinder in New York, nachdem sie Pogrome, vorrevolutionäre Unruhen, die Grippeepidemie, Tuberkulose, den Ersten Weltkrieg, Vertreibung, Emigration, zwei neue Sprachen, zwei neue Länder überlebt hatte. Und ich, die zweite Tochter der zweiten Tochter einer zweiten Tochter, trage ihre Bürden in meiner Seele.

Ich begreife sie als Chancen. Ich begrüße den Mut und die Hartnäckigkeit, die sie mir vererbte. Aber ich habe das Recht erworben, darüber zu sprechen – ein Recht, von dem sie niemals träumte.

Wohin gehen all die Erinnerungen?

Jetzt, da sie weiß, daß ich eine Autobiographie schreibe, bringt sie mir Notizen auf gelben Post-its (sicher sollte ich »Haftnotizzettel« sagen, sonst riskiere ich einen dieser pompösen Briefe von Anwälten des Herstellers, die Autoren bekommen, wenn sie es versäumen, die linguistischen Legalitäten zu beachten). Auf der letzten Post-it-Notiz steht: »DeeDee, Funalike und der Berühmte Mann.«

»Ich habe nur eine ganz vage Erinnerung«, sage ich zu meiner Mutter. »Wer waren sie?«

»Ach, sie waren deine imaginären Freunde«, sagt sie. »Du hast dich stundenlang mit ihnen unterhalten. Du gingst nie irgendwohin ohne DeeDee, Funalike und den Berühmten Mann.«

Ich stehe inmitten eines Friedhofs. Jeden Tag stirbt jemand, der jünger ist als ich. Jeden Tag bringen die Todesanzeigen Nachricht über jemanden aus dem College, der High-School oder dem Camp, der mit sieben-, acht- oder neunundvierzig oder mit fünfzig gestorben ist. Manchmal sehe ich Klassenkameraden von mir im Fernsehen, und sie sehen aus wie alte Männer oder alte Frauen. Und manchmal treffe ich Leute, an deren Namen ich mich überhaupt nicht erinnere. Wann werde ich wie Tante Kitty? Wann vergesse ich alles?

Und jetzt haben sogar die geliebten imaginären Freunde meiner Kindheit das Zeitliche gesegnet. Alles, was ich habe, sind ihre Namen auf einem Post-it-Zettel. Ich weiß überhaupt nichts mehr über sie. Wer in aller Welt könnten sie gewesen sein? Sollen wir diese Freunde, ausgehend von den Namen, neu erfinden?

Der Berühmte Mann ist, vermute ich, irgendein heimlicher Stellvertreter meines Vaters. Er trägt einen schneeweißen Smoking mit einem leuchtend blauen Kornblumensträußchen im Knopfloch. Sein Haar ist mit Brylcreme zurückgekämmt, und er riecht nach Ice Blue Aqua Velva. Der Duft ruft Klaviergeklimper in der Nebenwohnung und mitternachtsblaue Limousinen mit phallischen Heckflossen in Erinnerung. Er tanzt traumhaft, gleitet mit seinen polierten anthrazitfarbenen Schuhen über polierte anthrazitfarbene Böden. Er ist Verlangen, Liebe, Glück, eine Reise zum Mond auf hauchdünnen Schwingen. Er kann alles aus seinem vorgetäuschten Buch spielen – vergessene Songs wie *So Many Memories* oder *The Jersey Bounce* und berühmte Songs wie *Love Walked In* und *Smoke Gets in Your Eyes*. Er kann Tango, Mambo und Rhumba tanzen – Rhumba mit »h« –, und wenn er dich verläßt, hast du den Blues, also die Wehmut (aber das ist einem lieber als jeder andere Mann). Er ist Daddy und der wilde rothaarige Junge mit dem Harvard-Schal, der die Türen der Untergrundbahn an der Haltestelle Achtundsiebzigste und Central Park West aufhielt. Einmal schwitzte er in ein T-Shirt, das er in deinem Wäschekorb zurückließ, und du zogst es heraus und wuschst es niemals. Seither schliefst du immer damit.

Jeder andere, den du geliebt oder geheiratet hast, ist ein Stellvertreter des Berühmten Mannes. Seine Augen sind blau und grün und braun und warmgolden, alles gleichzeitig. Er kann die Köpfe schneller wechseln als Prinzessin Languidere. Wenn du älter wirst, triffst du ihn seltener und seltener. Ein Melodiefetzen, der durch eine Wand weht, ein Duft nach Schweiß und süßem Eau de Cologne, und du scheinst ihn zu sehen. Einmal fuhrst du in einer Mitternachtslimousine durch die Stadt und suchtest ihn, sicher, wenn du ihn gefunden hättest, würdest du ihn hineinzerren und gleich da auf dem Boden mit ihm schlafen, während der Chauffeur mit den Braille-Augen und dem kristallenen Schädel dahinglitt wie auf nassem Samt und einem die Chance gab, dasselbe zu tun. Oh, Berühmter Mann – wann wirst du kommen und in meinem Leben leben?

»Niemals.«

»Warum?«

»Du weißt es.«

Denn das Verlangen ist eine Limousine, die nie aufhört, sich zu bewegen, ein fliegender Teppich, der über die Schornsteine dahingleitet, wie ein schwebender Peter Pan sie sehen würde, ein Liedfragment, an dessen Ende man sich nicht erinnern kann. Ach, Berühmter Mann, komm und liebe mich gleich jetzt.

»Das tue ich. Ich tue es, indem ich diese Worte diktiere.«

Und was ist mit DeeDee? DeeDee ist das All-American-Girl. Sie ist diejenige, die keine russischen Großeltern hat und auch keine balinesischen Batiken über dem Treppengeländer. Sie ist diejenige, die schneeweiße Eisschrankzähne und Haare aus blondem Dynel hat. Sie hat eine gestreifte Krinoline und darüber einen blauen Filzrock mit Pudeln – Pudeln, die an andere Pudel gebunden sind. Du hattest auch so einen Rock, aber du sahst darin niemals so aus wie DeeDee. Wie war das? Den Regeln entsprechend. DeeDee war ein den Regeln entsprechendes Mädchen, und das würdest du nie sein, und solltest du hundertundsechs Jahre alt werden. Du hattest den Pudelrock und das Twinset und die Perlen und die Anstecknadel, aber du täuschtest keinen. Du warst definitiv nicht den Regeln entsprechend. Und weißt du was? Du bist es noch immer nicht – sogar unter Schriftstellern entsprichst du nicht den Regeln. Du wirst niemals DeeDee sein. Du gehörst nirgends hin, hast einen komischen Namen, wirst immer als etwas gesehen, was du nicht bist. Du kannst deinen Namen nicht in DeeDee ändern, was immer du tust. Du bist Erica, Erotica, Eroica, wie sie dich in der High-School nannten. Oder Isadora, Fanny, Jessica, Leila, wie du dich selbst in Büchern nanntest. Aber niemals die normale, blonde, glückliche DeeDee, die den Kapitän der Football-Mannschaft heiratet und sich nie auch nur nach dem Berühmten Mann sehnt, ganz zu schweigen von Streifzügen durch die Stadt auf der Suche nach ihm, um ihn in die lange Limousine einzuladen.

DeeDee hatte eine Hochzeit in Weiß und zwei Komma fünf Kinder. Sie hatte nie etwas, was sie nicht wollte, und wünschte sich nie etwas, das sie nicht hatte. Warum in aller Welt spielte sie mit dir? Genau, das ist es. Sie hat ihre Murmeln genommen und ist nach Hause gegangen, ohne Erinnerungsspuren zu hinterlassen. Ihre Mutter ließ sie nicht. Sie gehörte überhaupt nie in dein Haus. Aber du vermißt sie. Und sie liest deine Bücher und versucht in Buchhandlungen und Einkaufspassagen dir zu erzählen, sie entspreche genausowenig den Regeln wie du, und DeeDee existiere in Wirklichkeit gar nicht. Sie liebt dich gerade, weil du nicht DeeDee bist, weil du den Mythos DeeDee gesprengt hast, weil du ihre Kleider genommen und ihren Kopf mit feuchten Träumen erfüllt hast, die nie davontreiben.

Funalike war ein Name, den ich für mich selbst erfand: mittleres Kind wie ich, zu Späßen aufgelegt, munter, gefallen wollend, ein nettes Kind, das nicht auffiel, höflich war, den Eltern für das Essen dankte, seine Erbsen aufaß, sich nichts zuschulden kommen ließ und niemals Pipi ins Badewasser machte. Funalike küßte die Jungen, die sie nicht so sehr mochte, weil sie nicht als unfreundlich gelten wollte. Sie machte Besorgungen, sparte Vierteldollars, rief am Dock der Fire-Island-Fähre die Waggons aus, bis sie genug Geld hatte, um sämtliche Nancy-Drew-Detektivgeschichten zu kaufen. Und dann las sie sie eine nach der anderen, bis sie wußte, wie ein gutes Buch gemacht wurde und wie man den Leser veranlaßte, die Seite umzublättern – was bei weitem den meisten Spaß machte, den Funalike je hatte.

Oh, Funalike, wirst du jemals den Berühmten Mann heiraten? Nur in Büchern, sagt sie, damit DeeDee ihn auch heiraten kann.

Der vierte imaginäre Freund war nicht meine Erfindung, sondern die meiner Mutter oder Großmutter oder sogar meiner Urgroßmutter. Es war Haschka die Meschuggene. (Sie steht nicht auf dem Post-it, aber irgendwie bringen die drei anderen sie mit.)

Wer war sie? (Denn sie war definitiv eine Frau.) Sie wurde angeführt, wenn jemand sich verrückt aufdonnerte (was in unserem Haus häufig vorkam), und jemand anderer sagte: »Du siehst aus wie Haschka die Meschuggene.« War sie eine Erscheinung aus irgendeinem fernen Shtetl? War sie die Verrückte von Grodno oder irgendeine Lumpensammlerin aus den Vororten von Odessa? Sie trug einen verrückten Hut – sommers wie winters. Ihre Kleider waren voluminös und schwarz und verbargen Eulen, Kinder, abgeschnittene Körperteile. Sie gackerte wie eine Henne, flatterte wie ein Schwan und hatte glitzernde, verrückte Augen. Sie erzählte Geschichten von Babys, die in Fruchtkompott und singende Würste verwandelt wurden, und von jungen Hunden, die zu wirklichen Kindern wurden.

Sie stand auf ziemlich gutem Fuß mit dem Berühmten Mann. Nächtens kam er in seiner langen Limousine zu ihr. (Keiner in diesem Shtetl hatte je auch nur ein Automobil gesehen, von einer Limousine ganz zu schweigen.) Was er bei ihr wollte, wußten wir nicht, aber wir dachten, daß ihn offenbar ihre Verrücktheit betöre.

Sie heirateten und hatten verschiedene Töchter. Eine war DeeDee, die natürlich vollkommen war. Eine war Funalike, die versuchte, alles besonders gut zu machen und Spaß, Spaß, Spaß um sich zu verbreiten. Eine weitere war Erica mit dem zweideutigen Nachnamen. Dauernd änderte sie ihren Nachnamen in der Hoffnung, an Geld zu kommen. Doch die Erinnerung ist ein launischer Freund. Und am Ende ist alles, was davon zurückbleibt, das, was man in Büchern liest.

Und so sehen wir, daß der ausgefranste Faden der Erinnerung wahrscheinlich an irgendeinem Irrlicht hängenbleibt. Wenn du eine Kindheit hattest, in der dich niemand für deine Phantasien bestrafte, in der die Mutter sich sogar entzückt an die Namen deiner imaginären Freunde erinnert, dann wächst du vielleicht zu diesem Trio von Alter egos heran: DeeDee, Funalike und die unscheinbare Erica. Von allen Dingen, für die ich meine Mutter segne, ist dieses Entzücken an der Phantasie, dieses Recht zu träumen, das sie an mich weitergab, das größte Geschenk, das sie mir machte.

Erst als Ken und ich eine Weile verheiratet waren, erreichte ich diesen Waffenstillstand mit meiner Mutter.

Zuerst fürchtete ich, ich würde meine Mutter werden – eine recht natürliche Entwicklung in einer Ehe, die viele Elemente aus der Ehe meiner Eltern wiederholte: die Nähe, die vehementen Streitigkeiten, das Gefühl der Sicherheit. Ich glaube, es ist nicht ungewöhnlich, daß Paare eine Phase der Nachahmung der elterlichen Ehe durchlaufen, aber es ist wichtig, diese Phase zu überwinden. Sonst läuft die Ehe Gefahr, dauerhaft entsexualisiert zu werden.

Als Kind fühlte ich mich zur Einsamkeit verurteilt, als Außenseiterin, als Märtyrerin. Nur bei meinen Eltern, wenn ich in dieser magischen Höhlung zwischen ihnen schlief, verlor ich diese Einsamkeit. Aber ich war, wie alle Kinder, ein Eindringling. Ich hatte keinen eigenen Partner. Jahrelang agierte ich Variationen ödipaler Träume aus. Meine ständigen Reisen, meine Treffen mit Männern in fernen Hotelzimmern waren, wie ich in meinen Vierzigern erkannte, verkleidete Träume darüber, meinen Vater bei seinen endlosen Reisen im Ausland zu treffen. Als ich das begriff – vielleicht passierte es bei dieser schicksalhaften Reise nach Umbrien –, wurde das Spiel mit dem Hotelsex plötzlich überflüssig. Ich würde meinen Vater nicht in einem ausländischen Hotel treffen und verführen. Er gehörte meiner Mutter. Als ich die Phantasie aufgab, ihn aus seiner Ehe zu lösen und für mich zu haben, konnte ich endlich einen eigenen Partner akzeptieren und aufhören, von Stadt zu Stadt zu fliegen und einen Mann nach dem anderen zu treffen. (Vielleicht war die Tatsache, daß ich mir verheiratete Männer aussuchte und dann entschied, sie sollten ihre Frauen nicht verlassen, ein weiteres ödipales Ungeschehenmachen – auf diese Weise hatte ich sie und hatte sie gleichzeitig auch nicht.)

Meine Mutter akzeptierte Ken, wie sie nie zuvor jemanden akzeptiert hatte. Vielleicht war es auch bloße Erschöpfung. Oder seine *mamaloschen*. Vielleicht merkte sie auch, daß ich ihre Ehe endlich anerkannt hatte. Ich war nicht länger ihre Rivalin. Ich hatte meinen eigenen Mann, der mich jeden Tag liebte. Meine Mutter und ich redeten jetzt anders miteinander. Vielleicht hatte ich gelernt, anders zuzuhören. Ich denke, wir sehen das Leben unserer Eltern in jedem Stadium unserer Reise anders, und mit fünfzig, als ich mit einem Freund verheiratet war und akzeptierte, daß ich geliebt wurde, konnte ich meine Eltern als Menschen betrachten.

Ich hatte nie gedacht, daß meine Mutter in ein Interview einwilligen würde, aber wie sich herausstellte, hatte ich mich geirrt. Ich habe mich über so vieles in meinem Leben geirrt – warum nicht darüber?

Meine Mutter ist jetzt so schwach, daß ich sie in die Arme nehmen und festhalten möchte, aber ich fürchte, ich könnte sie zerbrechen. In ihrer Nähe bewege ich mich wie auf Eiern – eine lustige Metapher, wenn man sie auf Mütter anwendet. Sogar während ich sie interviewe, gebe ich mir Mühe, sie nicht zu kränken. Die Wahrheit ist, daß ich an diesen Punkt nur gelangt bin, weil ich sie gekränkt habe, als ich in den Zwanzigern war. Ich rümpfte die Nase über ihr Leben. Ich emanzipierte mich mit *Angst vorm Fliegen* und befreite mich. Ich schrieb ein Manifest gegen meine Mutter. Und dabei hatte sie selbst mir den Mut gegeben, das zu tun.

»Ich habe ein Gefühl, als hätte ich gerade meinen Nachruf gelesen«, pflegte sie zu sagen, wenn sie gewisse Gedichte von mir gelesen hatte. Was die Romane betrifft, so gab sie vor, sie nie gelesen zu haben. Als Dichterin war ich ihr lieber.

»Das ist nicht dein Nachruf«, sagte ich. »Ich liebe dich.« Aber sie hatte recht und ich unrecht. Und außerdem, was hatte das mit Liebe zu tun? Man kann lieben und dennoch töten und hinterher trauern. Wann hat die Liebe je Mord ausgeschlossen?

Natürlich schrieb ich ihren Nachruf, genau wie sie in diesem gräßlichen Traum den Nachruf ihrer Mutter schrieb, genau wie Molly meinen schreibt. Den Nachruf seiner Mutter zu schreiben ist ein Zeichen, daß man am Leben ist. Es ist der unerläßliche Akt. So stiehlt man sich ein Leben.

Und die Mutter, der man das Herz ausgerissen hat, um es auf dem Altar der Poesie, der Fiktion, der Liebe oder der Freiheit zu opfern, sagt, wenn das erwachsene Kind strauchelt, noch immer: »Hast du dir weh getan, mein Kind?«

17

Geburten, Tode, Schlüsse

Handeln und erblühen lassen ...
    Muriel Rukeyser, *The Life of Poetry*

Es gibt ein endgültiges Gegenmittel: sie zu lieben und ihnen zu vergeben. Diese Einstellung fällt schwer und muß unter Qualen erreicht werden.
    Louise Bogan, *Journey Round My Room.*
    The Autobiography of Louise Bogan: A Mosaic

Während ich an das Ende dieses Buches gelange, gerät etwas in mir in Panik und möchte abblocken. Ich höre auf, vorwärts zu schreiben. Ich gehe zurück und versuche, die alten Kapitel meines Lebens umzuschreiben – sie zu revidieren, die Episoden, die Abfolge, den Schluß zu ändern. Die Wahrheit ist: Ich möchte das Buch nicht abschließen und loslassen. Es ist, als sollte ich mein Leben loslassen. Es wird aufhören, mir zu gehören; es wird in die Welt gehen und ein Hydrant werden, den jeder Köter anpinkeln kann. Es wird seine lange Reise von meinem Willen, meinem Gehirn, meiner Sprache in die Herzen derer antreten, die es brauchen. Aber dabei wird es möglicherweise wie ein Kind eine Menge Mißhandlungen ertragen müssen. Manchmal sind meine Bücher Boten, die die Leute am liebsten erschießen würden. Und dann bestehen sie trotz schlechter Chancen doch weiter.

Ich sehe mich in Amerika um, und der Wahnsinn regiert. Die Anti-Sex-Liga ist am Ruder. Einige Feministinnen meiner Generation haben ein mächtiges Bündnis mit dieser Anti-Sex-Liga geschlossen. Die Wahrheit ist: Sex ist erschreckend, voll unkontrollierbarer Dunkelheit und Unlogik, die zu unterdrücken viel einfacher ist. Einfacher, Vergewaltigung! zu schreien, als Komplizität im Begehren zu gestehen, einfacher, die moralische Plattform des Opfers für sich in Anspruch zu nehmen, als zuzugeben, daß wir selbst andere zu Opfern machen möchten, einfacher, das Böse nach draußen zu projizieren, statt es als Teil des anarchischen Selbst anzuerkennen.

Sollen wir das Fleisch lieber verbrennen, als ihm zu gestatten, von innen her zu brodeln? Frauen sind so bewegt von Sexualität, so unfähig, sie in einzelne Schubladen zu ordnen, daß wir stets leichte Beute für die Kasteiung des Fleisches sind, und Amerika ist immer noch ein puritanisches Land. Wir verehren nicht Maria, sondern den puritanischen Eiferer Cotton Mather, nicht die Mutter, sondern die verrückte, ausgeweidete Jungfrau, die Heranwachsende, die alle menschlichen Ausdünstungen für pfui erklärt und alles abtöten will, was in ihr selbst – und anderen – pfui ist.

Das, wofür ich in meinem Leben und in meinen Büchern gekämpft habe – Ironie, die Doppelsicht, die Gut und Böse als zwei Seiten derselben menschlichen Medaille betrachtet, Sinnlichkeit und Spiritualität, honigsüße Wollust und philosophische Strenge –, ist heute am meisten gefährdet. In Catherine MacKinnon haben wir eine zeitgenössische Version von Savonarola – bereit, die Kunst den Flammen zu opfern, weil sie Frauen »schaden« könnte. Dabei wurde den Frauen jahrhundertelang durch das Vorenthalten genau dieser Nahrung Schaden zugefügt. Doch es gibt keine Möglichkeit, dies in einer Welt argumentativ zu vertreten, die weder sprachliche Präzision noch Ironie, noch Satire kennt, einer Welt, in der Videoschnipsel, die in Millisekunden gemessen werden, als Kommunikation gelten.

Ich schreibe nun seit über zwanzig Jahren Bücher, und jedesmal, wenn ich ein Buch aus der Hand gebe, wird es schwerer. Ich sehe den Publikationsvorgang als Spießrutenlaufen, eine Lotterie nach Art von Shirley Jackson, bei der jede Reaktion ein

Steinwurf ist. Aber es ist nicht so, als würden nur Steine geworfen. Es gibt große Wertschätzung, sogar Liebe, von Lesern. Aber um sie zu erlangen, muß ich eine Art Spießrutenlauf absolvieren. Genau dieser Spott, diese Lächerlichkeit und Demütigung läßt Frauen davor zittern, sich Führerschaft (oder Autorschaft) anzumaßen. Der Haß ist so groß, die Wut so nachtragend, die Selbstverachtung so bodenlos. Worin besteht das Verbrechen? Darin, daß man es wagt, Meinungen zu haben? Daß man es wagt, überschwenglich, sexuell, lustig, eigensinnig, exzessiv zu sein? Wenn Sie daran zweifeln, daß diese Dinge als kriminell betrachtet werden, dann schauen Sie sich an, was über den Überschwang, die Sexualität, den Humor und die Exzesse von Frauen geschrieben wurde! Das wird Sie verstummen lassen.

Es scheint darum zu gehen, daß man uns zum Schweigen bringt, indem man uns veranlaßt, uns gegenseitig zum Schweigen zu bringen. Wann werden wir aufhören, dieses feige Spiel mitzumachen?

Es ist die Jahreszeit, die mir am meisten mißfällt: die Parenthese zwischen Thanksgiving und Weihnachten. Die Tage sind kurz. Die Dunkelheit schneidet schon in die Nachmittage. Die Stadt bewegt sich nicht, so sehr steckt sie in falscher Fröhlichkeit und leeren Ritualen.

Fast ein Jahr ist vergangen, seit Kitty in das Hebrew Home for the Aged aufgenommen wurde. Sie klagt, man gäbe ihr Pillen, um ihr ihre Erinnerungen zu nehmen, und vielleicht ist diese Erklärung so gut wie jede andere. Sie kann nicht malen. Ihre Sozialarbeiterin erklärt mir, vielleicht rege das Malen sie zu sehr auf, vielleicht erinnere sie sich auch nicht mehr daran, wie man malt, und das rege sie auf. Keiner scheint es zu wissen. Wenn sie nicht mehr malt, glaube ich, hat sie ihre Zeit überlebt. Aber das sage ich nicht. Halbherzig verabrede ich mich mit ihr und ihrem »Unterstützungsteam« und gehe zurück zu meinem Kampf mit meinem Buch.

Ende November gibt es eine Mondfinsternis. Ken und ich sind den ganzen Weg von Vermont unter seiner vollen goldenen Scheibe zurückgefahren, und um Mitternacht gehen wir die Hintertreppe unseres Appartementhauses hinauf bis in den achtundzwanzigsten Stock, treten auf das Dach und spazieren zwischen den Sternen umher. Die Stadt ist still. Das Dach sieht aus wie eine Mondlandschaft. Die Verkehrsgeräusche scheinen plötzlich verstummt. Und wir stehen allein mitten auf dem Dach, die Köpfe in den Nacken gelegt, bis er schmerzt, und beobachten, wie ein dunkler Schatten sich über das Gesicht des Mondes schiebt. Es dauert eineinhalb Stunden bis zur totalen Mondfinsternis. Wir stehen wie gebannt und fröstelnd und können uns nicht losreißen, bis die ganze Scheibe in Dunkelheit gehüllt ist. Als auf der anderen Seite wieder ein schmaler Lichtstreifen auftaucht, sage ich: »Ich bin froh, daß ich das gesehen habe.«

»Ich auch«, sagt Ken.

Keiner von uns könnte Ihnen den Grund dafür sagen.

Nach der Mondfinsternis kann ich nicht schlafen. Basil, der Kater, und Poochini, der *bichon frisé*, haben eine warme Höhlung zwischen mir und Ken gefunden und schlafen friedlich. Ken liegt im Tiefschlaf, sein Atem ist flach, sein bärtiges Babygesicht ruhig. Ich bin ein wenig hungrig, aber zu faul, um aufzustehen. Plötzlich spüre ich den Geschmack von frischem Farmerkäse und hausgemachter Pflaumenmarmelade mit verschrumpelten Schalen im Mund – und meine Großeltern sind da.

Das aßen sie immer zum Frühstück: frisches Roggenbrot oder Challah, frischen Farmerkäse, zu einem bröckligen Rechteck geschnitten, kalt, sauer und leicht kalkig auf der Zunge, die Marmelade meiner Großmutter aus granatfarbenen Haferpflaumen, in der noch die verschrumpelten Schalen und manchmal ein Stein enthalten waren. Der Käse kam auf das Brot, wurde leicht verstrichen, und dann löffelte man Marmelade darüber.

Man mußte es rasch essen, um sich nicht zu bekleckern. Dazu gab es Tee mit Milch und Honig.

Meine Großeltern sitzen an ihrem kleinen Frühstückstisch und essen mit mir zusammen.

»Patriotismus ist die Erinnerung an in der Kindheit gegessene Speisen«, sagte Lin Yutang.

Und plötzlich erinnere ich mich daran, wie ich nach seinem Tod den Haushalt meines Großvaters auflöste. Mir wird klar, daß ich dasselbe für meine Eltern und für Kitty werde tun müssen, und Molly wird es für mich tun müssen. Und der Geschmack dieser Speisen wird fort sein – verschwunden wie der Mond während der Mondfinsternis.

Was wird sie zurückbringen? Nichts.

Wir sind Geschöpfe, deren Erinnerungen für den Alltagsgebrauch zu groß sind, bis sie zu klein werden. In diesem schlaflosen Augenblick schmerzt mein Gehirn von der Fülle von Vergangenheit, Gegenwart und Zukunft. Doch ich fühle den Schlaf schon kommen.

Ich besuche Kitty im Hebrew Home for the Aged und finde sie zwischen zwei Männern sitzend. Einer von ihnen stellt sich als Zahnarzt vor und bewundert meine Zähne. »Der Schneidezahn ist der stärkste Zahn des Körpers – haben Sie das gewußt?« fragt er. Der andere Mann, ein gewisser Mr. Goldlilly, hat eine Hand auf Kittys Schenkel. Sie scheint vergessen zu haben, daß sie lesbisch ist.

»Schätzchen«, sagt sie, »ich freue mich so, dich zu sehen.« Sie sieht gut aus, munter, sogar rundlich. Sie nennt jeden »Schätzchen«, damit man nicht merkt, daß sie die Namen vergessen hat. (Vielleicht erklärt das auch, warum man sich in Theaterkreisen allgemein mit Schätzchen anredet.) Kitty verläßt ihre beiden männlichen Bewunderer und geht mit mir in einen anderen Aufenthaltsraum. Wir setzen uns und schauen auf den Fluß hinaus, der in der Dezembersonne glitzert.

»Ich freue mich so, dich zu sehen«, sagt sie.

»Ich auch«, sage ich. Und ich freue mich wirklich.

»Was machst du so?« frage ich.

»Nicht viel. Ich lebe einfach von Tag zu Tag. Aber ich mache mir Sorgen um meine Wohnung.«

»Keine Sorge, Kitty, ich werde mich darum kümmern.«

Ich sage ihr nicht, daß wir sie werden verkaufen müssen, um ihre Rechnungen in diesem glamourösen Kurhotel für alte Leute zu bezahlen.

»Warum nimmst du nicht die Wohnung und vermietest sie, Schätzchen? Dann könnte ich bei dir wohnen. Alles, was ich brauche, ist ein nettes Zimmer mit Nordlicht und ein Badezimmer. Ich bin niemand, der sich aufdrängt. Wir könnten uns von Zeit zu Zeit sehen.«

Plötzlich entsteht Bewegung auf der Station. Molly und zwei ihrer Freundinnen kommen durch den Gang gelaufen. Mit ihren langen Haaren, ihren zerschlissenen Jeans, den festen Arbeitsstiefeln und den schlampigen karierten Hemden verändern sie die Energie des Ortes. Sie sind so groß. Kitty ist geschrumpft, während sie gewachsen sind.

Eine weißhaarige Frau mit Babygesicht schiebt ein Gehgestell durch die Halle, während Kitty und ich uns unterhalten. Jetzt bleibt sie stehen und fragt Molly: »Wo ist mein Zimmer? Ich weiß nicht, wo mein Zimmer ist.« Molly führt sie sanft zum Schwesternzimmer und erkundigt sich, wo ihr Zimmer liegt. Dann sehe ich, wie sie die alte Frau hinführt.

»Wer ist das? Wer ist das?« fragt Kitty, als Molly und ihre beiden Freundinnen zu uns kommen. Molly stellt ihre Freundinnen vor, Sabrina und Amy.

Kitty sagt: »Sehr angenehm.« Ihr Gedächtnis ist dahin, aber ihr Charme ist intakt. Sie lächelt liebevoll.

»Schätzchen«, sagt Kitty zu Molly, »ich kann hier nicht für den Rest meines Lebens wohnen, nicht? Ich möchte bei euch wohnen.«

»Nein, Kitty«, sagt meine Tochter. »Hier hast du es viel besser. Du warst so einsam und ängstlich in deiner Wohnung.« Sie ist sehr stark und sehr direkt. Sie ist viel mutiger als ich. »Ich glaube, Mommy wird deine Wohnung verkaufen müssen«, sagt Molly.

»Und was ist mit meinen Gemälden?«

»Ich werde mich darum kümmern«, sagt Molly. »Ich liebe deine Gemälde.«

In dem Jahr, seit Kitty hier ist, ist meine Tochter ein Mensch geworden.

»Du hast wohl recht«, sagt Kitty zu ihr.

Ich verabschiede mich, um Molly, Sabrina und Amy in die Stadt zurückzufahren.

»Das ist meine Nichte«, höre ich sie zu dem Zahnarzt und Mr. Goldlilly sagen. Aber mein Name ist ihr noch immer nicht eingefallen.

Meine Mutter feiert am zehnten Dezember ihren zweiundachtzigsten Geburtstag. Umgeben von ihren Enkelkindern, lacht sie und sieht fast glücklich aus. Wenn ich meine Mutter entspannt sehe, entspannt sich auch etwas in mir. Wenn sie ihr Leben freudig begrüßt, kann ich es auch. Ich habe das Gefühl, mich mein ganzes Leben lang gequält zu haben, weil ich meinte, sie sei gequält. Mein ganzes Leben lang habe ich gelitten, weil ich irgendwie spürte, daß sie es so haben will. Sei glücklich, denke ich, während ich sie inmitten ihrer Enkel beobachte, bitte, sei glücklich, damit ich es auch sein kann.

Zwei Tage später kommt ein nächtlicher Anruf meines Vaters aus der Notaufnahme des New York Hospital.

»Mutter ist zusammengebrochen«, sagt er. »Wir sind in der Notaufnahme. Komm nicht.«

Wenn ich das wörtlich nehme, wird er wütend sein, das weiß ich. Aber dieses eine Mal trotze ich ihm, indem ich es wörtlich nehme. Später rufe ich ihn zu Hause an, um zu fragen, wie es meiner Mutter geht.

»Sie ist wütend auf dich«, sagt mein Vater, »weil du nicht gekommen bist.« Und er legt einfach den Hörer auf.

Ich schlafe wie eine Tote, in der Hoffnung, nie wieder aufwachen und meinen Eltern unter die Augen treten zu müssen. Ich träume, daß ich auf den himmlischen Feldern unter meinen Vorfahren umherwandere und jeden frage: »Bin ich schon tot?«

In der Tasche habe ich einen getrockneten Embryo von der Größe meines Zeigefingers. Er ist ein Kind, das ich nie hatte – oder er ist ich. Seine Beine sind abgebröckelt. Seine Arme auch. Warum habe ich dieses Baby nie bekommen? Warum zerbröselt es in meiner Tasche?

Am Morgen gehe ich wie ein Zombie durch die kalte Luft zum New York Hospital. Ich trage kein Make-up, schwarze Leggings, einen schwarzen Turtleneck-Pullover und eine schwarze Kapuzenjacke, als sei ich schon in Trauer. Nun gut, wenn ich die böse Tochter bin, dann bin ich eben die böse Tochter. Ich wandere durch die labyrinthischen Gänge im Souterrain und frage mich, wo ich einen Aufzug finden werde, der mich zur Herzstation bringt. Endlich finde ich ihn. Ich fahre in den zweiten Stock, suche den Weg zum Zimmer meiner Mutter und begrüße ihr knurriges Gesicht.

»Warum bist du überhaupt gekommen?« fragt sie.

»Weil ich dich liebe«, sage ich.

»Hah!« sagt sie. »Und wo warst du gestern nacht?«

»Daddy hat gesagt, ich solle nicht kommen.«

»Er ist aus dem Häuschen«, sagt sie. »Auf ihn kannst du nicht hören.«

»Ich weiß«, sage ich.

Aber ich warte, warte auf irgendein dickes Buch mit Lebensregeln (oder Sterberegeln), warte auf irgendeine ungeheure Zusicherung von Liebe, eine letzte Nahrung, eine Epiphanie, eine spirituelle Transzendenz. Meine Mutter lehnt sich in ihre Kissen zurück, das strähnige Haar im Nacken; ihre Augen sind gleichzeitig kühl und freundlich.

»Es ist nicht angenehm«, sagt sie, »über den eigenen Tod nachzudenken.«

Und ich denke, wenn ich meine Jahre nehmen und sie ihr

geben könnte wie eine moderne Alkestis, würde ich es tun? Würde ich mein Leben – das, was davon übrig ist – für ihres geben? Nein. Das würde ich nicht. Ich würde meine verbleibenden Jahre mit gierigen Händen festhalten. Ich würde dieses Buch beenden und weitergehen zum nächsten und übernächsten. Ich würde mein geheimes Entzücken an meiner eigenen Lähmung abwerfen.

Generationen von Frauen haben ihr Leben geopfert, um ihre Mütter zu werden. Aber diesen Luxus haben wir nicht mehr. Die Welt hat sich zu sehr verändert, als daß wir das Leben führen könnten, das unsere Mütter führten. Und wir können uns die Schuldgefühle darüber, daß wir nicht unsere Mütter sind, nicht mehr leisten. Wir können uns überhaupt keine Schuldgefühle leisten, die uns zurück in die Vergangenheit ziehen. Wir müssen erwachsen werden, ob wir wollen oder nicht. Wir müssen aufhören, Männern und Müttern die Schuld zu geben, und leidenschaftlich jede Sekunde unseres Lebens packen. Wir können es uns nicht länger leisten, unsere Kreativität zu vergeuden. Wir können uns keine spirituelle Faulheit leisten.

Meine Mutter will mir keine Lebensregeln geben, aber vielleicht kann ich sie mir selbst geben.

»Was denkst du?« fragt sie.

»Daß ich dich liebe und daß ich nicht möchte, daß du stirbst.«

»Ich werde nicht sterben«, sagt sie mit plötzlich aufgehellter Miene.

Blut schießt ihr in die Wangen; mir laufen Tränen über das Gesicht.

Als ich aus dem Krankenhaus komme, gehe ich nach Hause und betrinke mich zum erstenmal nach ewigen Zeiten mit Rotwein, während ich darauf warte, daß mein Mann und mein Vater zum Abendessen kommen.

»Meine Mutter wird sterben«, murmele ich vor mich hin, während ich immer verschwommener sehe. »Wenn nicht jetzt, dann nächstes oder übernächstes Mal ...« Ich warte darauf, daß der Wein mich inspiriert, aber er betäubt mich nur.

Als wir uns zum Essen hinsetzen, bin ich angetrunken und habe Kopfschmerzen und verpasse den größten Teil der Unterhaltung. Sie findet am Rande meines Bewußtseins statt. Ken und mein Vater singen als Verbrüderungsritual zusammen jiddische Music-Hall-Songs. Ich beginne, Kaffee zu trinken, um nüchtern zu werden. Als ich richtig wach bin, ist mein Vater bereit zum Aufbruch.

Am Morgen stehe ich wie üblich auf, um mit Molly zu frühstücken, und gehe dann wieder ins Bett. Es wird acht Uhr, neun Uhr, zehn Uhr, elf Uhr. Ich liege im Bett, als würde ich sterben – anstelle meiner Mutter. Und natürlich sterbe ich tatsächlich. Das tun wir alle, in jedem Augenblick. Aber meine Abtrennung von mir selbst ist extrem. Ich bin wütend, deprimiert und blockiert, und ich will dieses Buch nicht freigeben.

Was hat es für einen Sinn, meine Mutter zu lieben, da sie ja doch nur stirbt, und was hat es für einen Sinn, mich selbst zu lieben, da ich ja doch nur sterbe, und was hat es für einen Sinn, dieses Buch zu lieben, da es ja doch nur hinaus in den Malstrom der Veröffentlichung geht? Inzwischen liebe ich den Prozeß des Schreibens, aber ich fürchte den Spießrutenlauf der Publikation.

Ich habe meine Leser vergessen. Ich habe vergessen, daß es mein Job ist, eine Stimme zu sein. Ich habe nur an mein armseliges Ego und seine blauen Flecken gedacht. Ich denke an den Schluß, nicht an den Prozeß. Immer, wenn ich an den Schluß denke, bleibe ich stecken.

Den ganzen letzten Sommer lang habe ich, um abzunehmen und jung auszusehen, Pillen genommen, die meinen Appetit zügelten. Ich nahm eine Menge ab, aber ich wurde auch so fahrig, daß ich nicht stillsitzen konnte. Als ich die Pillen absetzte, schien meine Persönlichkeit zu zerfallen. In den Augenwinkeln sah ich wilde Tiere. Ich spürte ein Nagen an meinem Herzen und den Drang, auf der Straße zu schreien. Als diese Phase zu Ende war, fiel ich in ein tiefes Tal von Verzweiflung. Abgeschnitten von mir selbst, wünschte ich mir irgendein

Mittel, um mich wieder zu kitten. Ich trank wenig – aber was spielte das für eine Rolle, da das Wenige, was ich trank, mich so deprimierte? Ich hatte abgenommen, aber ich war auch so rastlos geworden, daß ich in keinem Flugzeug sitzen konnte ohne den Drang, jedermann anzuschreien. Die Substanz, die ich brauchte, war Geist, nicht Weingeist. Ich brauchte mich selbst, um dieses Buch zu beenden, und fand eine Million Wege, mir selbst auszuweichen.

Nach und nach schleppte ich mich aus dem Bett und begann den neuen Tag. »Ich kann nicht trinken«, sagte ich zu mir selbst. »Daran muß ich denken.« Ich machte Kaffee, setzte mich auf meinen Hometrainer und trainierte, zog mich an und ging über die Straße in mein Büro.

»Natürlich kann ich das Buch nicht abschließen, wenn ich mich selbst nicht habe«, sagte ich mir. Die Seele wird durch Dienen erweckt, und Schreiben ist meine Art des Dienens. Dienen ist meine Art, Geist und Psyche wieder zu verbinden. Ohne Geist bin ich Staub. Besser, meinen Kopf von Wein und Pillen freizuhalten, damit ich schreiben kann.

Das war kein berauschtes Versprechen an mich selbst. Es war eine vehemente Erkenntnis der Wahrheit. Ich hatte mich selbst von der Energie entfernt, die mich am Leben hält.

Am folgenden Tag trinke ich nichts und nehme auch keine Pillen. Meine Mutter wird aus dem Krankenhaus entlassen. Am darauffolgenden Tag trinke ich nichts und nehme auch keine Pillen. Meine Mutter geht zum Arzt, damit ihre Medikamentierung neu eingestellt wird. Am folgenden Tag trinke ich nichts und nehme keine Pillen. Ich gehe mit Freunden zum Lunch und gestatte mir einen seltenen Tag für meine psychische Gesundheit. Wenn das Buch nicht kommt, werde ich es in Ruhe lassen. Soll es doch seine eigenartigen Kristalle in der Dunkelheit sammeln.

Nach dem Lunch gehe ich meine Mutter besuchen. Sie liegt in einem gelben Seidenkimono auf ihrem Bett. Ihr Fenster geht auf den Central Park hinaus – vom elften Stock aus ein menschlicher Blick auf den Park –, auf Baumwipfel, das Dach der Tavern on the Green, die Skyline der Fifth Avenue. Ihr Schlafzimmer ist mit üppigen rosa Rosen auf chromgelbem Grund tapeziert. Zwischen den Rosen verstreut Bilder von Babys. Alle Babys sind auf dieser Wand versammelt, von ihrer kundigen Hand gemalt: Molly mit ihrem roten Haarknoten, ich mit meinen flachsblonden Ringellocken, Becca mit ihrem kastanienbraunen Haar, die kleine Claudia mit ihrem Rotschopf, meine dunkelhaarigen Neffen, meine blonden Nichten – alle Kinder und Enkel, ein oder zwei Monate nach der Geburt im Schlaf porträtiert.

»Warum bist du hier?« fragt meine Mutter. »Gibt es ein Problem?«

»Nein, ich möchte bloß wissen, was du für deine Gesundheit tust.«

Meine Mutter berichtet vage von ihren Medikamenten. All das scheint sie zu langweilen, sie ist unaufmerksam.

»Schau«, sage ich, »wenn du sterben möchtest, warum rufst du dann nicht alle zusammen und verabschiedest dich? Das ist eine ehrenwerte Entscheidung. Es ist deine Entscheidung. Aber wenn du leben möchtest, dann nimm deine Medizin und versuche, noch ein paar gute Jahre zu haben.«

»Ich möchte leben«, sagt sie.

»Ich liebe dich. Ich bin noch nicht bereit, ohne Mutter auszukommen«, sage ich, beuge mich hinunter und nehme sie in die Arme, als sei sie eines dieser Babys an der Wand. Ihr Körper ist leicht, in Seide gehüllte Knochen, aber ihr Duft ist meine ganze Geschichte. Dies ist die innigste Umarmung zwischen uns seit Jahren.

»Warum hast du dieses Buch nicht beendet?« fragt sie.

»Ich weiß nicht«, sage ich.

»Du hast Angst vor Kritik«, sagt sie. »Aber Kritik ist ein Zeichen von Leben. Weißt du, was nicht kritisiert wird? Das Nichts! Nur die Toten entgehen der Kritik.«

»Das stimmt«, sage ich.

»Wir werden alle sehr lange Zeit schlafen«, sagt sie. »Geh nicht mit Furcht schlafen. Glaubst du, ich hätte dich am Leben erhalten, während all diese Babys starben, damit du auf deinen Händen sitzen und zittern kannst?«

»Vermutlich nicht.«

»Also – geh nach Hause und schreib das Buch zu Ende!«

»Ja«, sage ich.

»So – wie lautet die letzte Zeile?«

Ich halte inne, um nachzudenken, und betrachte die Wand mit den Babys, auf der auch ich dargestellt bin. Plötzlich kommt mir eine Zeile in den Sinn. Ich spreche sie mit starker Stimme laut aus: »Ich bin nicht meine Mutter, und die nächste Hälfte meines Lebens liegt vor mir.«

Dank

Autorin und Verlag danken für die freundliche Genehmigung zum Abdruck aus:

Erica Jong: *Fanny* © 1980 Erica Jong Mann; Deutsche Ausgabe: © S. Fischer Verlag GmbH, Frankfurt am Main 1980.

Erica Jong: *Die Heidelberger Zimmerwirtin, Wir fliegen mit dir nach Hause, Der Mann unterm Bett*. Aus: dies., *Fruits & Vegetables*. © 1968, 1970, 1971 by Erica Mann Jong. Deutsche Ausgabe: *Blut & Honig*. © S. Fischer Verlag GmbH, Frankfurt am Main 1981.

Erica Jong: *Frau genug*. Aus: dies., *At the Edge of the Body*. © 1979 by Erica Mann Jong. Deutsche Ausgabe: *Blut & Honig*. © S. Fischer Verlag GmbH, Frankfurt am Main 1981.

Virginia Woolf: *Ein eigenes Zimmer. Drei Guineen*. © Reclam Verlag Leipzig 1989, 1992.

Erica Jong

Seliges Andenken

Der Roman von Müttern und Töchtern, Erica Jongs vielschichtige Saga der Frauen in unserer Zeit.

"Die umfassende Saga von vier Generationen jüdischer Frauen in Amerika. Erica Jong folgt dem Leben dieser Frauen und entwirft dabei eine behutsame Zeitreise durch die Entwicklungen des Jahrhunderts."
The Observer, London

"Erica Jongs bestes Buch. Ihre Heldinnen erzählen die Geschichte Amerikas im Zwanzigsten Jahrhundert aus einer authentischen und bedeutsamen Perspektive, eine Geschichte von Pogromen und Vorurteilen, Überlebenskampf und Widerstand. Es ist eine gewaltige Geschichte, geschrieben mit Würde und Gefühl."
The Irish Times, Dublin

400 Seiten, gebunden